MULHERES GUARANI E KAIOWÁ
MODOS DE EXISTIR E PRODUZIR TERRITÓRIOS

VOLUME IV

Editora Appris Ltda.
1.ª Edição - Copyright© 2023 dos autores
Direitos de Edição Reservados à Editora Appris Ltda.

Nenhuma parte desta obra poderá ser utilizada indevidamente, sem estar de acordo com a Lei nº 9.610/98. Se incorreções forem encontradas, serão de exclusiva responsabilidade de seus organizadores. Foi realizado o Depósito Legal na Fundação Biblioteca Nacional, de acordo com as Leis nos 10.994, de 14/12/2004, e 12.192, de 14/01/2010.

Catalogação na Fonte
Elaborado por: Josefina A. S. Guedes
Bibliotecária CRB 9/870

M956m 2023	Mulheres guarani e kaiowá : modos de existir e produzir territórios: volume 4 / Antonio Augusto Rossotto Ioris, Lauriene Seraguza, Elaine da Silva Ladeia (org.). – 1. ed. –Curitiba : Appris, 2023. 366 p. ; 23 cm. – (Ciências sociais). Inclui referências ISBN 978-65-250-5097-3 1. Mulheres indígenas. 2. Indígenas – Condições sociais. 3. Direitos fundamentais. I. Loris, Antonio Augusto Rossotto. II. Seraguza, Lauriene. III. Ladeia, Elaine da Silva. IV. Título. CDD - 305.488

Livro de acordo com a normalização técnica da ABNT

Appris editora

Editora e Livraria Appris Ltda.
Av. Manoel Ribas, 2265 – Mercês
Curitiba/PR – CEP: 80810-002
Tel. (41) 3156 - 4731
www.editoraappris.com.br

Printed in Brazil
Impresso no Brasil

Antônio Augusto Rossotto Ioris
Lauriene Seraguza
Elaine da Silva Ladeia
(Org.)

MULHERES GUARANI E KAIOWÁ

MODOS DE EXISTIR E PRODUZIR TERRITÓRIOS

VOLUME IV

FICHA TÉCNICA

EDITORIAL	Augusto Coelho
	Sara C. de Andrade Coelho
COMITÊ EDITORIAL	Marli Caetano
	Andréa Barbosa Gouveia - UFPR
	Edmeire C. Pereira - UFPR
	Iraneide da Silva - UFC
	Jacques de Lima Ferreira - UP
SUPERVISOR DA PRODUÇÃO	Renata Cristina Lopes Miccelli
ASSESSORIA EDITORIAL	Nicolas da Silva Alves
PRODUÇÃO EDITORIAL	Miriam Gomes
DIAGRAMAÇÃO	Bruno Ferreira Nascimento
CAPA	Eneo Lage

COMITÊ CIENTÍFICO DA COLEÇÃO CIÊNCIAS SOCIAIS

DIREÇÃO CIENTÍFICA Fabiano Santos (UERJ-IESP)

CONSULTORES
- Alícia Ferreira Gonçalves (UFPB)
- Artur Perrusi (UFPB)
- Carlos Xavier de Azevedo Netto (UFPB)
- Charles Pessanha (UFRJ)
- Flávio Munhoz Sofiati (UFG)
- Elisandro Pires Frigo (UFPR-Palotina)
- Gabriel Augusto Miranda Setti (UnB)
- Helcimara de Souza Telles (UFMG)
- Iraneide Soares da Silva (UFC-UFPI)
- João Feres Junior (Uerj)
- Jordão Horta Nunes (UFG)
- José Henrique Artigas de Godoy (UFPB)
- Josilene Pinheiro Mariz (UFCG)
- Leticia Andrade (UEMS)
- Luiz Gonzaga Teixeira (USP)
- Marcelo Almeida Peloggio (UFC)
- Maurício Novaes Souza (IF Sudeste-MG)
- Michelle Sato Frigo (UFPR-Palotina)
- Revalino Freitas (UFG)
- Simone Wolff (UEL)

Às novas gerações de mulheres e meninas Guarani e Kaiowá, que mantêm viva a semente de um novo mundo de justiça e a esperança de retomar suas terras ancestrais, que são inalienáveis e imprescindíveis.

AGRADECIMENTOS

A todas as comunidades, indivíduos e famílias Guarani e Kaiowá mencionados neste livro que contribuíram de forma generosa para que estas páginas contivessem uma mensagem universal de humanidade, sabedoria e encorajamento.

***

O livro foi possível a partir do apoio financeiro proporcionado em 2022 pelo *"UKRI GCRF and Newton Fund Consolidation Accounts (GNCAs)"*, administrado pela Universidade de Cardiff, Reino Unido.

SUMÁRIO

INTRODUÇÃO
Kuña Kuéra Reko Guarani e Kaiowá:
Modos de Existir e Produzir Territórios 13
Antônio Augusto Rossotto Ioris
Lauriene Seraguza
Elaine da Silva Ladeia

PROLEGÔMENO
Racismo e Indiferença no Brasil: Ação e Sentimento Anti-indígena 21
Antônio Augusto Rossotto Ioris

CAPÍTULO 1
História da aldeia Ñanderu Marangatu 51
Inaye Gomes Lopes

CAPÍTULO 2
Tekoha Ypo'i Antes e Depois da Retomada: O Impacto da Chegada dos _Karai_ (Brancos) 69
Holanda Vera

CAPÍTULO 3
A Participação das Mulheres Kaiowá do Acampamento de Laranjeira Ñanderu na Luta pela Reconquista da Terra 89
Clara Barbosa Almeida

CAPÍTULO 4
A Violência Doméstica Contra as Mulheres Indígenas Guarani e Kaiowá e a Lei Maria da Penha 99
Camila Rafaela Marques Moda
Amanda Cristina Danaga

CAPÍTULO 5
Miss Diversidade Indígena: Notas Etnográficas sobre Gênero e Sexualidade LGBTQIA+ entre Indígenas no Mato Grosso do Sul..........119
Diógenes Cariaga

CAPÍTULO 6
O Fogo no Manejo das Relações Sociais Tecidas pelas Mulheres Guarani e Kaiowá 133
Priscila Anzoategui

CAPÍTULO 7
Saberes de Mulheres na Reserva Indígena de Amambai, Aldeia Guapo´y ... 153
Lucia Pereira

CAPÍTULO 8
Concepções Guarani de Saúde entre Mulheres na Aldeia Pirajui......... 183
Tatiane Pires Medina

CAPÍTULO 9
Saúde e Cultura Indígena na Aldeia Jaguari, Amambai, MS: Saberes e Fazeres das Ñandesy e Ñanderu.. 195
Marlene Souza
Andréia Sangalli

CAPÍTULO 10
Conhecimentos, Práticas e Rituais Envolvidos na Preparação das Meninas Guarani e Kaiowá para o *Teko Porã* 221
Kelly Duarte Vera

CAPÍTULO 11
***Ikunhatai*: Os Cuidados com a Menarca no Saber Ancestral de Mulheres Guarani da Aldeia Potrero Guassu** 233
Eduarda Canteiro
Regiani Magalhães de Oliveira Yamazaki

CAPÍTULO 12
Mitã Kunha Ikoty Ñemondy'a: O Ritual da Menarca no Contexto Escolar Kaiowá da Aldeia Panambizinho em Dourados, MS.......................251
Tânia Fátima Aquino

CAPÍTULO 13
A Importância do Projeto _Sabor da Terra_ para o Ensino da Arte Indígena na Escola Extensão Loide Bonfim Andrade....................263
Cilene Gonçalves

CAPÍTULO 14
Etnomatemática de Tempo/Espaço (ára) na Condição de Reserva entre os Guarani e Kaiowá............................283
Issias Sanches Martins
Maria Aparecida Mendes de Oliveira

CAPÍTULO 15
Trajetórias docentes na reserva indígena de Dourados: Édina de Souza Guarani............................299
Marta Coelho Castro Troquez
Édina de Souza Guarani

CAPÍTULO 16
Mulheres Kaiowá e Guarani: Aprendizagens, Lutas e Sonhos............321
Bárbara Marques Rodrigues
Bárbara Battistotti Vieira
Júlia Medeiros Pereira
Cátia Paranhos Martins

CAPÍTULO 17
Trabalho das Mulheres Indígenas na Colheita de Maçã....................333
Dyna Vanessa Duarte Vera

CAPÍTULO 18
Pirakua: Território Sagrado e Símbolo da Resistência Histórica do Povo Kaiowá 345
Inair Gomes Lopes
Laura Jane Gisloti

Sobre as autoras e os autores 361

INTRODUÇÃO

KUÑA KUÉRA REKO GUARANI E KAIOWÁ: MODOS DE EXISTIR E PRODUZIR TERRITÓRIOS

Antônio Augusto Rossotto Ioris
Lauriene Seraguza
Elaine da Silva Ladeia

Kuña Kuéra Reko é uma das expressões utilizadas em língua guarani pelas mulheres guarani e kaiowá em Mato Grosso para se referir aos modos específicos de ser mulher entre estes indígenas. *Kuña Kuéra, Kuñague, Kuñaguera* – todos se referem as mulheres no plural. A diversidade feminina também é produtora do *ñandereko*, o modo de ser guarani e kaiowá. Desta maneira, mesmo o termo mulheres aqui utilizado, é feito sem ambicioná-lo enquanto categoria universalizadora. Dialogamos com mulheres distintas entre si e entre nós, constituídas de experiências individuais, mas não descoladas do coletivo. São formas possíveis de ser mulher no coletivo. Desta maneira, cabe às mulheres o compartilhamento dos ensinamentos da vida, cabe a elas a delineação dos estilos que se acentuam no cotidiano da organização social destes indígenas. Diz se em Guarani *kuña kuéra laja reta*, muitos estilos têm as mulheres, e todos eles compõem o que aqui percebemos como *kuña kuéra reko*. Trazer a autoria de mulheres, em sua multiplicidade, possibilita a compreensão de que existem formas de ser e agir específicas de diferenciação em relação às famílias e que o *kuña kuéra reko* é composto por vários *kuña kuéra laja reta*, mostrando a diversidade na produção das pessoas e na composição das parentelas nas *tekoha* guarani e kaiowá (SERAGUZA, 2023).

No diálogo com as mulheres evidenciamos aspectos pouco conhecidos de sua presença no mundo, humano e não humano, em detrimento do homem kaiowá e guarani, magnificado, de certa maneira, nestes âmbitos por pesquisadores, parceiros, indigenistas, entre outros. Assim, privilegiar autoras e interlocutoras mulheres significa possibilitar a investigação de outros aspectos da vida social, nos patamares terrenos e celestes do mundo guarani a partir da perspectiva feminina. O cotidiano das mulheres sugere a complexidade da organização social, a produção e reprodução da vida social, bem como, a relação com as práticas rituais, com o universo cosmológico – com a cosmopolítica. Frente a isso, sugerimos que os escritos das e com as mulheres indígenas proporcionam outras percepções sobre a organização social e cosmologia destes povos. Partimos do pressuposto, compartilhado pela antropóloga Luisa Elvira Belaunde, "de que a sexualidade coloca em movimento uma abertura à alteridade, corporal, social e temporal, nos convida a pensar as possíveis interconexões entre as cosmologias indígenas e a produção de subjetividades diferenciadas, genderizadas e vivenciadas no desejo por outrem" (BELAUNDE, 2015, p. 399).

Desta maneira, é possível observar as mulheres como protagonistas da criação e recriação da vida diante da invasão do Estado nos territórios indígenas, do esbulho de suas terras que gera uma violência crescente –, bem como, o doméstico como lugar privilegiado para se observar a política e o próprio protagonismo das mulheres no fazer político guarani e kaiowá. As mulheres arregimentam as pessoas a partir de suas palavras, moldadas pelas suas próprias substâncias, inspiradas pelas divindades, pelas suas experiências e pela escuta à experiência dos mais velhos, mas isto só pode ser observável na intimidade e no convívio (SERAGUZA, 2023). Estes caminhos apontados auxiliam na compreensão das mulheres como o centro do feixe das relações entre os Guarani e Kaiowá, mostrando que elas conectam as famílias a lugares e a questões intimamente ligadas ao cotidiano, alimentando suas redes de relações que contribuem com a retomada das suas redes de parentesco, seus conhecimentos e valores (SERAGUZA, 2023). A tentativa de reposicionar as mulheres no contexto das produções documentais e científicas produzidas sobre e com o povo Guarani é importante para a produção científica no Brasil e na América Latina, território por excelência, Guarani. Reposicionar as mulheres no pensamento, contribuindo para a percepção de sua agência na luta pela terra e na luta pela vida – pois, é no cotidiano, na intimidade, que se observa o poder das mulheres e suas ações de resistência, mas é também aí que se observa a derrocada delas – vítimas de violências de seus pares, das políticas estatais, empreendem inúmeros esforços na manutenção das *tekoha* e das parentelas, alimentando a luta e nutrindo as pessoas com coragem e afeto.

Nosso livro se justifica, ainda mais, porque os vários países da América do Sul são cada vez mais conhecidos como áreas de violência endêmica e baixíssima qualidade democrática. Tráfico de drogas, autoritarismo, o poder do latifúndio, alienação político religiosa e ataques à classe trabalhadora são alguns dos fatores que diretamente contribuem para os altos níveis de exploração e opressão (IORIS, 2020). Nesse contexto, ser mulher e ser indígena são condições de alto risco no Brasil e nos países vizinhos. A discriminação e os abusos contra as mulheres indígenas estão entre os piores indicadores sociais, causados por violências de gênero colonialistas patriarcais, racistas, sexistas, misóginas, latifundiárias, econômicas, patrimoniais, ambientais, sexuais, físicas e psicológicas. Por outro lado, a conscientização e reação das mulheres indígenas constituem uma das mais criativas e significativas demonstrações de resistência e agência política. Por todo o país, mas especialmente nas comunidades Guarani e Kaiowá, as mulheres indígenas de diferentes idades e profissões têm buscado enfrentar o cenário de desmonte das políticas afirmativas; lutam por um futuro com dignidade para seus corpos, suas identidades culturais e pela continuidade de seus povos (IORIS, 2022).

Este livro, o quarto da série 'Guarani e Kaiowá: Modos de Existir e Produzir Territórios' que vem sendo editada e publicada por uma parceria entre professores e professoras e alunos e alunas da Universidade de Cardiff (Reino Unido) e a Universidade Federal da Grande Dourados (UFGD), com a participação de grande número de colegas e líderes indígenas, trata das múltiplas dimensões da temática e da problemática de gênero. A equipe organizadora fez, em 2022, um amplo convite a autoras indígenas e não indígenas envolvidas na reflexão sobre a condição e ação das mulheres Guarani e Kaiowá, e a resposta superou todas as expectativas. Os capítulos que seguem tratam, cada um com sua perspectiva e metodologia específica, de assuntos da maior relevância e que se complementam mutuamente. As autoras (e dois autores masculinos, aceitos no grupo como prova da generosidade das colegas) utilizaram abordagens qualitativa e dedutiva da análise de várias formas de dados documentais e evidências primárias, inclusive o depoimento pessoal e a vivência comunitária. As diversas contribuições demonstram que é bastante necessário que medidas específicas sejam tomadas por governos e pelas próprias comunidades, para enfrentar os principais focos de manifestação da violência. Persistem muitos conflitos armados, os projetos de desenvolvimento excludente, de investimento e de extração de renda em áreas tomadas dos povos indígenas, a militarização do campo e da cidade, a carência de direitos econômicos e serviços públicos, e a falência do chamado estado de direito no Brasil contemporâneo, especialmente em áreas dominadas pelo agronegócio genocida (IORIS, 2021).

Não se pode entender a situação e as reivindicações do movimento das mulheres Guarani e Kaiowá sem devidamente se compreender que as violações são sistemáticas e se inserem em um contexto de transgressão estrutural dos direitos humanos dos povos indígenas. A luta pelo direito à vida das mulheres necessita ser compreendida em uma concepção profunda e reflexiva que conecte a luta pela existência enquanto povo à defesa do direito a *tekoha* (terra indígena coletiva) e ao *teko joja* (vida justa e em harmonia). Sabe-se que a palavra violência não possui tradução simples na língua Guarani e o termo que mais se aproxima seria *reko vaí* que corresponde a uma vida ou comportamento ruim e negativa. A superação do *reko vaí* requer uma rejeição coletiva e engajada da negação do direito à vida, não aceitar a comodificação das relações interpessoais e da natureza, assim como cuidado com os corpos e o pensamento das mulheres e meninas Guarani e Kaiowá.

Se o esforço das mulheres indígenas é a luta de todas as mulheres, as lutas dos povos indígenas são também campanhas por um mundo mais inclusivo e melhor para toda a sociedade nacional e a humanidade. Diz-se, entre os Kaiowá e Guarani, que quando uma mulher se levanta, ela levanta com ela todo o seu povo, pois, atentas a todas as lutas que perpassam suas vidas, são as mulheres, em sua diversidade, que possuem a capacidade de reconstruir os mundos arrasados pela presença e os desejos do não indígena. É neste sentido que os textos aqui apresentados dialogam entre si, em que as preocupações femininas destacadas, perpassam pela demarcação de seus territórios, pela produção de seus corpos e dos cuidados com seus espíritos, remédios, alimentação e geração da vida. Vejamos do que trata cada capítulo, após um prolegômeno sobre a sinergia perversa entre racismo, indiferença e sentimento anti-indígena no Brasil.

No primeiro capítulo, Inaye Gomes Lopes examina a retomada de sua tekoha, Ñanderu Marangatu, de onde as famílias foram expulsos e retornaram para a terra ancestral. A partir dos relatos dos mais velhos, Inaye descreve o processo de recuperação territorial a partir da percepção temporal, destacando o "tempo do massacre", "da luta" e "do retorno" ao *tekoha*. O segundo capítulo, de Holanda Vera, autora guarani ñandeva, relata o processo de retomada de seu *tekoha* Ypo í, depois da expulsão de seus parentes de suas terras tradicionais. A retomada garantiu a terra para a sobrevivência do povo guarani, mas levou com ela a vida de guerreiros, ceifadas durante o confronto que marcou a recuperação desta terra indígena. Capítulo Três, de Clara Barbosa Almeida, autora kaiowá, reúne dados a respeito da participação das mulheres kaiowá do acampamento de Laranjeira Ñanderu na luta pela reconquista da terra, onde a motivação maior para a realização das retomadas, vem 'da coragem de ser mulher e mãe' – potência de ação política guarani e kaiowá.

A quarta contribuição, de Camila Rafaela Marques Moda e Amanda Cristina Danaga, propõe uma discussão acerca da compreensão da distinção de gênero elaborada pelas mulheres kaiowá e guarani, com ênfase a violência contra as mulheres e a aplicabilidade da lei Maria da Penha no contexto indígena, oferecendo subsídios valiosos para pensar as relações de gênero entre os Guarani e Kaiowá e os efeitos das violências na organização social indígena. No intuito de destacar a diversidade dos corpos e pessoas guarani e kaiowá, foi que convidamos Diógenes Cariaga, que no quinto capítulo, reforça o aprendizado de que entre os ameríndios se é mulher, porque se faz coisas como mulheres (BELAUNDE, 2016; SERAGUZA, 2023). Cariaga nos presenteia com uma reflexão de suma importância acerca das indígenas LGBTQIA+, a partir da presença de uma candidata transsexual kaiowá em um concurso de beleza indígena, fornecendo elementos para pensar gênero e geração como ações políticas guarani e kaiowá.

Capítulo Seis, de Priscila Anzoategui, analisa a importância das mulheres indígenas na constituição do fogo doméstico, dado que sem mulher não há fogo, uma vez que o fogo é controlado por ela, que institui e organiza a vida social das pessoas, dando sentido à vida cotidiana, já que esse é o espaço de sociabilidade íntima e livre para os seus integrantes. A mulher controla o fogo e tem, assim, poder de unir e alimentar os membros da família. No Sétimo Capítulo, a autora kaiowá Lúcia Pereira apresenta uma reflexão dedicada aos cuidados realizados pelas mulheres, especialmente os dedicados ao canto- reza e os remédios do mato – do campo, do brejo e das florestas. São com estes cuidados específicos, que os corpos das mulheres são produzidos, no diálogo entre os mundos celestes e terrenos, conectados pelos cantos-rezas entoados por rezadoras e rezadores. O Capítulo Oito, de Tatiane Pires Medina, autora guarani Ñandeva, é dedicado a pensar nas concepções de saúde da mulher, envolvendo aspectos físicos e espirituais, demonstrando a conexão entre corpo e pessoa entre os Guarani Ñandeva e suas oposições entre saúde e doença, mediadas pela alimentação e a reza-canto.

O Nono Capítulo, trabalho da parceria entre Marlene Souza e Andréia Sangalli, demonstra que existe uma relação inseparável entre a natureza os indígenas tradicionais – as Ñhandesy e os Ñhanderu – sendo estes detentores de inúmeras experiências. Sua pesquisa teve o propósito de caracterizar a organização social na Terra Indígena Jaguari com foco nos conhecimentos tradicionais para a prevenção e cura de doenças através de ervas medicinais (as plantas mais utilizadas pelos mestres tradicionais, as indicações e as formas de preparo). O texto traz informações sobre os recursos naturais utilizados na medicina tradicional, pode subsidiar os moradores da aldeia quanto à tratamentos alternativos. O Capítulo Dez, de Kelly Duarte Vera, autora guarani ñandeva, dedica-se ao ritual da primeira menstruação, a partir da perspectiva das mulheres guarani, detalhando procedimentos de reclusão, alimentação e remédios utilizados neste período, fundamental para o 'tornar-se mulher' guarani e kaiowá entre os seus parentes, bem como a transformação das meninas e mulheres no decorrer do tempo e em paralelo as transformações do território que limitavam a realização de cerimônias e rituais.

Capítulo Onze, de Eduarda Canteiro e Regiani Magalhães de Oliveira Yamazaki, também trata da menstruação nas vozes do saber ancestral de duas mulheres guarani. A discussão é enriquecida com fotografias e desenhos que representam aspectos importantes da narrativa recolhida durante a pesquisa. Também histórias mitológicas precisam ocupar lugar na educação escolar indígena como meio de avivar os saberes ancestrais relacionados aos cuidados de corpo durante a menarca. O Décimo Segundo Capítulo, de Tânia Fátima Aquino, autora kaiowá, discute os rituais da primeira menstruação entre as meninas kaiowá, o *mitã kunhã ikoty ñêmondy'a*, que nos ensina a respeito de restrições alimentares e de olhares, os quais são fundamentais nos cuidados com o sangue entre estes indígenas, potência e perigo da mulheres, substância transformadora da vida social. Capítulo Treze, de Cilene Gonçalves, relata estudo conduzido na Escola Indígena Extensão Loide Bonfim Andrade e que teve o objetivo de refletir sobre a importância da educação escolar indígena. Os resultados demonstram tendências de enfraquecimento da cultura tradicional Guarani-Kaiowá na área de estudo, mas ao mesmo tempo como os professores indígenas, atuando junto com os alunos, conseguem valorizar a sua própria a identidade indígena.

O Capítulo Quatorze, escrito por Issias Sanches Martins e Maria Aparecida Mendes de Oliveira, considera as diferentes concepções de tempo, entender como os marcadores de tempo guarani estão presentes nas diferentes situações de lidar e viver no tempo e espaço da reserva. Assim, este trabalho objetiva identificar quais marcadores de tempo ainda são utilizados na perspectiva cultural entre os indígenas. As autoras argumentam que trazer para a escola, nas aulas de matemática, outras formas de percepção do tempo e espaço possibilita a valorização de conhecimentos dos mais antigos, dos conhecimentos produzidos no meio cultural e na vivência das crianças. No Capítulo Quinze, de Marta Coelho Castro Troquez e Édina de Souza Guarani, analisa trajetórias de professores e professoras, refletir sobre elas e analisar as condições em que estes/as atores/as sociais se tornaram professores/as em contextos bastante adversos. Foi examinada a construção histórica do papel de professor/a na Reserva de Dourados através do levantamento de experiências e trajetórias pessoais, assim como o protagonismo histórico e o papel dos vários atores sociais.

O Capítulo Dezesseis, produzido pela equipe formada por Bárbara Marques Rodrigues, Bárbara Battistotti Vieira, Júlia Medeiros Pereira e Cátia Paranhos Martins, problematiza os impactos da realidade neocolonial vivida pelos(as) Kaiowá e Guarani do Mato Grosso do Sul, tomando como ponto de partida as narrativas da Aty Guasu, o movimento étnico, social e político destes povos. Foi realiza uma leitura das notas publicadas pelo movimento entre 2011 e 2013 para melhor compreender as denúncias e as reivindicações, em especial sobre três dimensões fundamentais, a saber, saúde, violência e resistência. O próximo texto (Capítulo 17), da pesquisadora guarani ñandeva Dynna Vera, traz-nos as narrativas de mulheres obrigadas a passar meses longe de suas famílias na busca de recursos para sustentá-las, diante da ausência do Estado e da escassez dos recursos naturais em suas aldeias no Mato Grosso do Sul. São mulheres que saem para o trabalho na colheita e processamento da maçã em empresas agrícolas no sul do Brasil, enfrentando medos, preconceitos, em busca de uma vida digna e com autonomia. O capítulo final (o Décimo-Oitavo), da pesquisadora kaiowá Inair Lopes e de sua orientadora não indígena Laura Gisloti, debruça-se sobre as transformações da paisagem e do território, tendo como referência a terra indígena de Inair, Pirakua, e as relações estabelecidas com os alimentos verdadeiros, os remédios do mato e os cantos e rezas, fundamentais para o levantar da vida e dos corpos guarani e kaiowá.

Temos certeza de que o conjunto de textos oferece uma contribuição única e bastante inovadora de várias questões fundamentais que afetam as mulheres e meninas Guarani e Kaiowá, assim como seu pensamento, sua criatividade e suas formas de pensar e produzir o espaço vivido e compartilhado. O resultado que temos é um livro que oferece um olhar interseccional e revela a dupla e simultânea discriminação sofrida pelas Guarani e Kaiowá no entrecruzamento entre gênero e etnia. Uma das conclusões comuns a todos os capítulos é que há um longo caminho a ser percorrido a fim de que alcancem, com alguma segurança, seu legítimo direito de viver com respeito e justiça. Os diversos capítulos comprovam a vulnerabilidade das mulheres indígenas tanto dentro das suas comunidades, quanto fora delas, mostrando-as, todavia, como autênticas propulsoras de movimentos de lutas por um maior protagonismo local, nacional e global.

Referências Bibliográficas

BELAUNDE, L. E. O estudo da sexualidade na etnologia. *Cadernos de Campo*, São Paulo, n. 24, p. 399-411, 2015.

BELAUNDE, L.; DAINESE, G.; SERAGUZA, L. Sobre gêneros, arte, sexualidade e a falibilidade desses e de outros conceitos: entrevista com Luisa Elvira Belaunde Olschewski. *Revista Ñanduty*, n. 5, p. 286-308, 2016.

IORIS, A. A. R. Ontological politics and the struggle for the Guarani-Kaiowa World. *Space and Polity*, v. 24, n. 3, p. 382-400, 2020.

IORIS, A. A. R. *Kaiowcide:* living through the Guarani-Kaiowa Genocide. Lanham: Lexington Books, 2021.

IORIS, A. A. R. Indigenous peoples, land-based disputes and strategies of socio-spatial resistance at agricultural frontiers. *Ethnopolitics*, v. 21, n. 3, p. 278-298, 2022.

SERAGUZA, L. *As donas do fogo:* política e parentesco nos mundos Guarani. Tese (Doutorado em Antropologia Social) - Universidade de São Paulo, São Paulo, 2023.

PROLEGÔMENO

RACISMO E INDIFERENÇA NO BRASIL: AÇÃO E SENTIMENTO ANTI-INDÍGENA

Antônio Augusto Rossotto Ioris

Introdução

É cada vez mais evidente que o Brasil continua sendo um país de contrastes, tensões e dilemas não resolvidos. Antes uma das nações mais industrializadas e tecnificadas do Sul Global, a economia brasileira é agora amplamente dependente do agronegócio e das exportações minerais, outras formas de rentismo e especulação financeira (TRINDADE et al., 2016). A frágil democracia, lentamente reconstruída desde 1985 com o fim da ditadura militar, tem sofrido constantes ataques de predadores neoliberais e setores conservadores, que estabeleceram uma aliança estratégica para eleger um governo proto-nazista em 2018 (ARSEL et al., 2021). Depois de algumas importantes concessões sociais e políticas pelos governos precedentes (por exemplo, quotas étnicas nas universidades, rendimento mínimo para famílias em situação de pobreza extrema, reconhecimento dos direitos das mulheres, crianças e idosos, apoio à produção local de alimentos e esquemas de distribuição, soberania nacional sobre vastas reservas de petróleo e gás etc.), a última década foi marcada por renovada de intolerância, militarização de políticas públicas, proteção feroz da propriedade rural privada (independentemente de sua legalidade e legitimidade) e manipulação política baseada em preconceitos religiosos e moralistas (SALEM; BERTELSEN, 2020). No centro dessas tendências perturbadoras, está a mais antiga e embaraçosa de todas as questões nacionais: o tratamento genocida de sua população ancestral (NORMANN, 2022). Por mais de cinco séculos, desde os primórdios da invasão portuguesa, a construção nacional foi um projeto elitista e colonialista contra os povos indígenas, bem como contra os africanos escravizados e trabalhadores de todas as origens étnicas. O país comemorou 200 anos de independência em 7 de setembro de 2022, mas há apenas soberania e independência limitadas. A elite político-econômica continua garantindo a inserção subordinada do Brasil nas redes globalizadas (SADER, 2002), enquanto a maioria não branca da população luta para sobreviver (FISCHER, 2022). Nesse contexto difícil, a voz e a atuação dos povos indígenas representam o desafio mais agudo ao status quo e a principal fonte de política criativa.[1]

Nosso objetivo neste capítulo introdutório é examinar e refletir sobre o elemento persistente e importante do racismo que continua a sustentar a história e a geografia brasileiras. Um objetivo adicional é discutir a apropriação e manipulação de diferenças étnicas e socioeconômicas de acordo com influências político-econômicas. A análise se valerá de publicações acadêmicas e literárias, dados secundários e, em especial, um estudo de caso sobre os desafios enfrentados pela nação indígena Guarani-Kaiowá em um contexto de grilagem extrema e racismo estrutural. Essas diversas formas de dados qualitativos foram analisadas por meio de uma abordagem temática indutiva, que exigiu um procedimento interpretativo crítico desde o processo inicial de seleção de evidências e temas comuns. Os resultados revelam que a experiência socioespacial única, mas também universalista, dos povos indígenas no território brasileiro e sua luta para resistir às atrocidades constantes não apenas dizem muito sobre a direção do desenvolvimento hegemônico, mas também sobre as arraigadas tendências antidiferença nas relações socioespaciais. A maior parte do trabalho braçal foi historicamente atribuída a trabalhadores não-brancos empobrecidos, enquanto o sucesso e o prestígio estão associados a fenótipos brancos, bem como a outros atributos estereotipados, como hetero, proprietário, graduado universitário etc. (DOS SANTOS *et al.*, 2006). A depreciação de grande parte da sociedade brasileira é uma degradação autoinfligida alimentada pelos supostos gostos superiores e melhores tradições das tradições europeias e norte-americanas. Nesse contexto, a chamada "classe média" se esforça para copiar os preconceitos dos grupos mais abastados nacionais e estrangeiros, muitas vezes exacerbando manifestações de mau gosto e arrogância para manter distância da massa da população. Os hábitos dessa classe média são hoje marcados pelo consumismo 'orientado por e para Miami' e pela proteção de seus bens privados

---

[1] Não por acaso, uma das prioridades de Bolsonaro entre 2019-2022 foi evitar o reconhecimento de terras indígenas pendentes (ele declarou em 2018, durante a campanha, 'nem um centímetro quadrado a mais para os índios'). Comentários anti-indígenas foram novamente repetidos durante a campanha eleitoral de 2022 (perdida apenas por uma margem estreita).

vivendo em prédios bem guardados ou condomínios residenciais murados (KOPPER, 2020; TELLES, 1992). A maioria das pessoas continua a sofrer diariamente as consequências duradouras da escravidão e da discriminação institucionalizada, particularmente a humilhação oculta, mas reiterada, e o desprezo pela cor de pele 'errada' e pela ascendência familiar 'duvidosa' (relacionada à origem africana ou indígena). A exploração sistemática do trabalho é facilitada por altos níveis de opressão e desorientação política (agravada pela má educação pública e, nas últimas décadas, pelo funcionamento intransigente das igrejas evangélicas que não apenas impõem pesados encargos financeiros aos fiéis, mas muitas vezes indicam em quem devem votar) que obstrui a identificação de circunstâncias étnicas ou de classe comuns (MCKENNA, 2020).

Os mais discriminados entre os grupos sociais empobrecidos tendem a permanecer à margem da democracia e do estado de direito, em um espaço onde o Estado nacional só tardiamente e com relutância começou a prestar alguma atenção (como no caso das cotas étnicas nas universidades e serviços públicos mencionados acima). Esta última categoria inclui os descendentes de escravos (chamados quilombolas), residentes em periferias urbanas irregulares (favelados) e os milhares de comunidades indígenas em todo o país (incluindo um número crescente de pessoas que nos últimos anos começaram a reivindicar e reafirmar sua herança, os "índios ressurgidos"). Um atributo sutil, mas duradouro, das relações interpessoais e das políticas públicas no Brasil é culpar os pobres por sua pobreza (assim como condenar a mulher pela violência sexual que sofreu). É comum ver escravos censurados por sua escravidão e indígenas criticados por sua insistência em ser indígena (DRYBREAD, 2018). É uma construção teleológica que valoriza o que já é valorizado e condena o que sempre foi desprezado, sem nunca questionar razões e responsabilidades. Os descendentes dos colonizadores portugueses e outros migrantes europeus, que constituem a maioria da elite dirigente, exercem poder para salvaguardar privilégios socioespaciais profundamente enraizados (como no caso da mão-de-obra doméstica e industrial barata, bem como tratamento preferencial por parte judicial e serviços estatais, ainda que flagrantemente ilegais). Tudo indica que o Brasil continua sendo um país de grandes paradoxos e atitudes mal resolvidas em relação às diferenças étnicas e de classe do passado e do presente. A classe trabalhadora é diariamente explorada e compelida a trabalhar arduamente, mas ao mesmo tempo é considerada "preguiçosa" e "não confiável". espaço muito limitado para uma mudança efetiva. A próxima seção explora a resistência do racismo desde os tempos coloniais até o período pós-independência.

Racismo como Pilar do País "Independente"

O Brasil é um país onde relações de trabalho altamente exploradoras evoluíram intimamente associadas ao racismo renitente e ao individualismo conservador (AQUINO; de ASSIS, 2021). Mesmo quando os excessos do racismo são condenados verbalmente, as ações concretas replicam os velhos estereótipos que, como observado por Hall (1996), reduzem as pessoas a categorias artificiais que são impostas em nome do progresso (por exemplo, a mudança da imagem do indígena pessoas como brutos e violentos para a versão romantizada do nobre selvagem). Nas salas de aula ainda se ensina aos alunos que a colônia sul-americana foi 'descoberta', quase por acaso, por marinheiros portugueses a caminho da Índia sob o comando do almirante Álvares Cabral. A data histórica de 22 de abril de 1500 é celebrada nos livros didáticos como o 'descobrimento' do novo território que mais tarde se chamaria Brasil. Com efeito, foi muito mais um processo de 'ocultação' (encobrimento) e apagamento do mundo indígena em nome de valores completamente estranhos e de relações socioespaciais exógenas. Os europeus estavam armados com cavalos, armas e micróbios, e até tiveram seu plano de anexação legitimado pelo Papa, que ao ratificar o Tratado de Tordesilhas dividiu todo o planeta entre apenas Portugal e Espanha. Foi ignorado sem cerimônia pelos conquistadores que os residentes nativos dos continentes disputados entre as coroas ibéricas, viveram e deixaram sua marca no território por milhares de anos (MARTINIERE, 1978). As populações indígenas foram, assim, permitidas pela Igreja e pelos monarcas a serem subjugadas, ludibriadas e deslocadas, tanto quanto submetidas a assassinatos sistemáticos por ataques armados e doenças endêmicas.

Ao longo da sua história, o Brasil foi continuamente considerado um reservatório de recursos quase míticos e oportunidades abundantes, mas a típica abordagem europeia foi traduzi-los em fontes rápidas de enriquecimento e desconsiderar os impactos socioecológicos daí resultantes (HOLANDA, 2000). Para maximizar o ganho e reduzir os riscos, os objetivos político-econômicos eram bem defendidos pela elite, enquanto escravos africanos e as nações indígenas eram considerados uma população inferior e degenerada, embora a produção econômica dependesse em grande parte de seu trabalho, terra e conhecimento. Ao contrário da historiografia oficial que despreza a contribuição da mão-de-obra indígena, nos primeiros dois séculos a maior parte do trabalho era realizada por trabalhadores indígenas nas mesmas condições abjetas que mais tarde se associaram aos escravos africanos (MONTEIRO, 2018). Mesmo com a crescente chegada de cativos da África a partir do Século XVIII, os escravos (escravizados) indígenas continuaram sendo uma importante parcela da classe trabalhadora nacional. Ao contrário da narrativa convencional, a sujeição dos povos indígenas à escravidão persistiu independentemente de quaisquer restrições legais, uma vez que os colonos assentados continuaram a fazer uso de trabalho forçado sempre que possível e conveniente. Diferentemente dos escravos romanos que eram educados e treinados para todo tipo de trabalho, no continente americano o escravo indígena era brutalizado a um nível inimaginável e "reduzido à sua condição mais baixa, pouco mais que um animal irracional" (PRADO JR., 1967, p. 317). As ideias predominantes no período inicial da independência brasileira eram paralelas à opinião sobre a experiência equivalente na América do Norte, quando Alexis de Tocqueville entendeu que "seus preconceitos implacáveis, suas paixões indomáveis, seus vícios e, talvez mais ainda, suas virtudes selvagens, os expuseram à inevitável destruição" (TOCQUEVILLE, 2003, p. 36).

A escravidão indígena, apesar de formalmente ilegal, ressurgiu com força no Século XIX, acentuando o suposto atraso do cativo por sua não brancura (MIKI, 2014). A depreciação dos escravos foi facilmente incorporada por novas levas de imigrantes miseráveis que chegaram após a independência nacional em 1822. A maioria migrou de Portugal, Itália ou Alemanha, e logo aprendeu o papel reservado a eles como camponeses e trabalhadores de baixa remuneração, mas que foram, no entanto, encorajados a manter distância e desprezar os membros não brancos da classe trabalhadora (DE SOUSA; NASCIMENTO, 2008). As ideias liberais e nacionalistas alimentadas por uma elite ideologicamente europeizada certamente não incluíam a maioria dos habitantes. Pelo contrário, trabalhadores e camponeses brancos pobres viviam em uma condição de limbo por serem degradados e explorados como o resto da população empobrecida, mas com a possibilidade de degradar e discriminar ainda mais os não-brancos com base em sua etnia. Para as massas não-brancas, as oportunidades econômicas e a promessa de um 'grande futuro' permaneceram extremamente restritas e presas em um círculo vicioso de discriminação-pobreza-mais discriminação (HANLEY, 2013). Nesse sentido, a miscigenação ou mestiçagem de brancos e menos-que-brancos foi considerada ao longo do Século XIX como um sério risco ao progresso e ao desenvolvimento nacional. As sociedades indígenas já extintas eram consideradas grupos inexoravelmente condenados a desaparecer por suas próprias falhas, enquanto as nações restantes eram desprezadas como relíquias inconvenientes do passado, muitas vezes idealizadas e romantizadas como um elemento vago do crescente sentimento nacionalista (DORNELLES, 2018).

Um dos exemplos mais notórios da literatura romântica brasileira foi o livro *O Guarani* (seu título original é O Guarani: Romance Brasileiro), de 1857, de José de Alencar (1829-1877; deputado, ministro e o mais importante romancista brasileiro do Século XIX), onde o protagonista é Peri, um homem com poderes quase sobre-humanos que se assemelha a um cavaleiro medieval, mas é extremamente submisso e disposto a obedecer a uma família luso-brasileira sob ataque de outros indígenas. O romance de Alencar teve grande impacto na literatura brasileira e reverbera a história de amor impossível da virgem Atala e do guerreiro indígena Chactas no livro de René de Chateaubriand (1971) que também teve imensa repercussão no início do romantismo europeu. Ilustrativa do nacionalismo de elite foi a polêmica travada em uma série de reportagens semanais publicadas no jornal *O Globo* (de propriedade do ativista republicano Quintino Bocaiuva e que circulou entre 1874 e 1883) envolvendo o célebre José de Alencar, considerado o principal autor da a nascente literatura nacional e importante parlamentar, e o jovem intelectual Joaquim Nabuco (filho do proeminente senador José Nabuco e posteriormente figura central do movimento antiescravagista). Nabuco havia retornado recentemente de uma viagem à Europa (experiência típica dos jovens homens da aristocracia na época) e decidiu polemizar com Alencar, atacando-o pela representação artificial da natureza e dos povos do país. Segundo Nabuco, os livros e as peças teatrais de Alencar não passavam de uma farsa, carregados de estereótipos incoerentes, principalmente de seus personagens indígenas. Apesar da crítica certeira à descrição superficial e errônea de Alencar sobre a população indígena, a posição de Nabuco era ainda mais europeizada, elitista e arrogante. No decorrer da ácida troca de palavras, Joaquim Nabuco apresentou o que parece ser sua opinião mais genuína: "Somos brasileiros e não guarani; a língua que falamos ainda é o português" (MARTINS, 2010, p. 23). Esta longa, mas estéril controvérsia demonstra a distância da elite político-intelectual e da maioria não-branca do povo, que foi marginalizada e grosseiramente mal representada nos debates públicos.

Durante o primeiro século após a independência, o pequeno círculo de artistas brasileiros e estudiosos provincianos apropriou-se sistematicamente das luxuosas paisagens e características da população nativa para suas necessidades estéticas, mas nunca tentou realmente entender, ou mesmo visitar pessoalmente, os cantos remotos do país onde a maioria dos povos indígenas estava confinada. O Imperador Pedro II (no trono entre 1840-1889) encarregou Victor Meirelles (1832-1903) e outros pintores de retratar os acontecimentos mais emblemáticos do passado nacional e os supostos locais onde estes ocorreram, criando basicamente, nas grandes telas, a historiografia oficial que ainda hoje prevalece. O músico e maestro Carlos Gomes, contemplado com uma bolsa de estudos pelo rei, encenou a bem-sucedida ópera *Il Guarany* no teatro La Scala (Milão) em 1870, com libreto baseado no próprio livro de Alencar, mas ainda mais incongruente e esquemático do que o romance (ANDREWS, 2000). Ao mesmo tempo em que Carlos Gomes assegurava sua reputação na mais prestigiada casa de ópera do mundo, com um espetáculo grandioso que vagamente se relacionava com o que realmente aconteceu com os povos indígenas durante a colonização, as comunidades indígenas foram sendo ainda mais agredidas, deslocadas e exploradas. A brutalidade desses ataques foi racionalizada em nome do progresso e da construção da nação. Pai da antropologia brasileira, a médica Nina Rodrigues (1894) afirmava, em livro muito influente na época, que a população indígena (descrita no texto como *brasílio-guarany*) não tinha aptidão para a civilização e, mesmo quando aprisionada e forçada a trabalhar para os brancos 'superiores', manteria sua 'natureza degenerada'. Segundo Nina Rodrigues, que se valeu de uma teorização abertamente supremacista, o indígena tem uma compreensão muito inferior da moralidade, o que deveria justificar, inclusive, uma legislação penal talhada com penas atenuadas (não como medida de compaixão ou compensação, mas simplesmente por causa de sua suposta deficiência de compreensão comum de normas e regras).

Tal pessimismo sobre a 'mistura das raças' foi substituído na primeira metade do Século XX pela ideologia da 'democracia racial' como uma característica positiva e central da sociedade brasileira (SCHWARCZ, 1999). Mas assim como a democracia política estava então restrita a eleições regulares controladas pelos poderosos e com oportunidades mínimas de mudança político-econômica (que sempre dependia do uso da força na forma de tomadas de poder políticas, como aconteceu em 1822, 1889, 1930, 1937, 1964 e finalmente em 2016), a democracia racial foi evidentemente definida e operada pela minoria branca. Com o golpe de estado militar-republicano-positivista de 1889, o jogo político dominante era disfarçar tacitamente as diferenças socioespaciais em nome de liberdades liberais formais. A maioria dos 'índios' e 'negros' pode ter se tornado formalmente cidadãos, mas também se esperava que, como 'cidadãos livres', permanecessem ocupados e passivos em roças, indústrias, cozinhas domésticas e periferias urbanas. Assuntos políticos nacionais e empregos bem remunerados certamente não estavam disponíveis para a maioria, com pouquíssimas exceções notórias (SALVADOR; SILVA, 2020). Se os afrodescendentes eram associados aos estereótipos da música e da culinária brasileira, os indígenas eram rotulados por ideias românticas de primitivismo, selvageria e proximidade com uma 'natureza' abstrata. Economia, artes e história não eram para os pobres interferirem, mas apenas para serem involuntariamente referidos em livros, canções e pinturas. Uma crítica mordaz ao status quo foi fornecida por Lima Barreto em seu livro principal *Triste Fim de Policarpo Quaresma*, texto pré-modernista inicialmente publicado em fascículos em 1911. Barreto, descendente de escravos, conta a história do ultranacionalista Quaresma, funcionário público que, entre tantas outras iniciativas excêntricas, exigiu que o tupi-guarani seja adotado como língua nacional. Para ele, os únicos verdadeiros brasileiros são 'nossos ancestrais, os índios'. Ao abrir a porta para um visitante, desatou a chorar, deixando-o perplexo, mas depois respondeu que nossa saudação natural é chorar quando encontramos nossos amigos. "Assim faziam os Tupinambás" (BARRETO, 2014, p. 26). Quaresma lança-se então em um projeto agrícola para provar a riqueza e fertilidade da terra nacional, alegando que qualquer dúvida sobre a sua fertilidade é falta de patriotismo. O livro é uma representação satírica da atitude elitista e racista das elites políticas e sociais, que recorrem à violência quando necessário para suprimir a dissidência. Policarpo Quaresma é um Dom Quixote tropical, lutando por uma causa impossível, querendo retroceder a história e tentando ridiculamente impor generalizações equivocadas. Seus últimos dias foram realmente tristes, como o título sugere, com sua execução pelo tirano militar e a rejeição de seus planos ambiciosos, mas ingênuos. O acúmulo de injustiças e racismo durante os primeiros 100 anos de independência do Brasil (1822-1922) continuou a afetar e minar amplamente os sonhos e ambições modernistas.

Os Traços Racistas da Modernidade Brasileira do Século XX

Se as políticas assimilacionistas prevaleceram durante o período colonial anterior à independência e durante todo o Século XIX, a legislação introduzida a partir de 1910 iniciou uma nova fase caracterizada pela tutela indígena (PACHECO DE OLIVEIRA; FREIRE, 2006). Através da execução de planos rígidos e positivistas que permeavam as mentes dos oficiais do exército republicano, os assentamentos e populações indígenas foram controlados e grupos isolados foram contatados e 'pacificados' (RODRIGUES, 2019). O novo regime republicano, pós-1889, removeu o papel central da Igreja Católica, enquanto o Estado nacional assumiu um controle mais direto (tutela) da vida indígena e suas relações com os vizinhos não indígenas. As atitudes oficiais foram extremamente negativas para com a população indígena, como no relatório publicado pelo Ministério da Agricultura entre 1913 e 1917 que os descreveu como reduzidos à condição de "brutos, inúteis para si mesmos e para a sociedade em geral, além de impossibilitar a uso da terra e dos recursos naturais" (ALMEIDA, 2019, p. 140). Tais ideias perduraram nas primeiras décadas do Século XX e informaram diretamente a criação do Serviço de Proteção ao Índio (SPI) em 1910 por um político afro-brasileiro que, inesperadamente, assumiu a presidência entre 1909 e 1910: Nilo Procópio Peçanha. Além disso, o SPI provou ser uma agência repressiva, ineficiente e altamente corrupta.[2] Seu modus operandi também traiu os planos de integração e assimilação de influentes antropólogos evolucionistas, notadamente Lewis Henry Morgan. A agência indigenista foi criada principalmente para permitir que a população indígena fosse gradativamente e de forma mais 'humanitária' absorvida pelo restante da sociedade brasileira. Tratava-se de uma gestão autoritária da diferença em que as características e práticas dos grupos indígenas eram consideradas obsoletas e passíveis de desaparecer, embora a eliminação física desses grupos se tornasse cada vez menos aceitável pela opinião pública.

As primeiras décadas do século passado foram um período de algum modernismo restrito e inovação social controlada. Em seu famigerado livro, originalmente publicado em 1933 com o título *Casa-Grande e Senzala*, Gilberto Freyre (2003) forneceu um relato pseudocientífico da suposta 'democracia racial' que resultou da mistura de Europeus, africanos e indígenas. Freyre desenvolve um argumento sofisticado sobre a integração social, mas sob uma bibliografia abundante e citações generosas existem preconceitos profundamente racistas e de classe. Centra-se na suposta degradação inata da população indígena e, consequentemente, na sua incapacidade de lidar com

---

[2] A escala dos abusos foi posteriormente divulgada em um relatório infame que detalha a extensão e a crueldade dos crimes cometidos contra os povos indígenas em todo o país, conforme descrito posteriormente no doloroso relatório de Figueiredo Correia (1968).

a sociedade portuguesa mais 'avançada', que também era em si uma força de colonização degradada quando comparada com a civilização espanhola e inglesa mais competente. O autor descreve a colonização como destruição do 'equilíbrio' entre o homem indígena e seu meio físico. Os indígenas são, portanto, vistos como crianças crescidas, preguiçosas, ignorantes e vivendo em uma condição de luxo e desperdício. Os nativos são infantilizados e condenados a desaparecer por causa de suas diferenças degradantes. Influenciados pelo esquema 'democracia racial' de Freyre, grande número de sociólogos e antropólogos sociais brasileiros, do pós-guerra, também investigaram os embates entre povos indígenas e outros grupos sociais valendo-se de categorias como contato intercultural, assimilação e etnicidade (por exemplo, CARDOSO DE OLIVEIRA, 1962). Tem sido descrito como o estudo da 'fricção interétnica', como alternativa ao conceito de aculturação, que foi um dos temas dominantes na antropologia norte-americana das décadas de 1930 a 1950 (tacitamente distante da noção britânica de 'contato cultural').

Uma influente interpretação que considera a sociedade brasileira como profundamente dividida foi apresentada por Lambert (1970), que argumentou que na realidade existem 'Dois Brasis', ou seja, uma elite desenvolvida que prospera, mas sempre cercada pela maioria subdesenvolvida da população. Segundo esta tese, elementos arcaicos políticos e econômicos persistem em meio ao fluxo da modernização, como um arquipélago de atraso causado por sua incapacidade de se integrarem no processo superior de desenvolvimento. No entanto, Lambert, e muitos outros, falharam em compreender que tal dualismo verticalizado é, de fato, não uma rachadura social, mas a face real de um país altamente contraditório que opera de acordo com diferenças socioespaciais instrumentalizadas. Esse dualismo operacional foi demonstrado por Oliveira (2003), em livro publicado inicialmente em 1973, onde se argumenta que o capitalismo no Brasil evolui organicamente por meio da reprodução de velhas relações que preservam o potencial de acumulação envolvido na expansão urbano-industrial que se considera novo. Para Oliveira (2003), o país funciona segundo uma lógica socioespacial 'dualista' que mantém um movimento diferencial de acumulação entre regiões e grupos sociais, em um processo global implacável que leva à concentração monumental de renda, propriedade e poder, tornando quase impossível garantir mudanças em favor das classes trabalhadoras. As preocupações raciais continuaram a influenciar os debates públicos e acadêmicos durante o último quarto do Século XX, com crescentes ataques ao racismo 'científico' patrocinado por intelectuais de direita e autoridades públicas (incluindo a proposta de limitar a fertilidade de mulheres pobres e não brancas nos anos 1980). Esse debate era importante, uma vez que ainda se podiam ver alguns argumentarem que os brancos eram intelectualmente superiores e sofreriam efeitos degenerativos como resultado da miscigenação irrestrita (REICHMANN, 1999). A modernização urbana brasileira produziu uma polis que é, na prática, o lócus do desencontro, onde a violência tornou-se a *língua franca* e a mercadoria da qual se pode lucrar (SILVA, 2000).

Seguindo a análise de DaMatta (1997), fica mais fácil perceber que o Brasil sempre funcionou como uma sociedade em que as desigualdades sistemáticas são aceitas, esperadas e até valorizadas. A vida social desenrola-se numa tensão permanente entre as atitudes autoritárias e opressoras da elite nacional, com a sua idiossincrática reinterpretação de referências europeias ou norte-americanas, e as práticas criativas e maleáveis da população em geral na sua luta quotidiana pela sobrevivência. As regras são negociáveis, e sua aplicação depende do status do indivíduo, exemplificado na expressão 'aos amigos, todos os favores; aos inimigos, a lei'. Em outras palavras, o reino da igualdade (perante a lei) é algo perverso, exasperante e reservado para aquelas situações em que alguém deveria ser punido. DaMatta identifica vestígios nas origens aristocráticas, escravistas e latifundiárias do país; ainda hoje, uma trabalhadora doméstica (normalmente mulher e não branca) pode receber legalmente menos do que outras trabalhadoras porque as tarefas domésticas são consideradas inferiores ou não quantificáveis. DaMatta (2019) demonstra ainda a inquietante crise no centro da identidade brasileira com a notória e popular indagação 'com quem você pensa que está falando?', comumente invocada para reagir contra a autoridade; lembra que as equivalências perante a lei são, na prática, menos importantes do que as hierarquias sócio étnicas. Essas tendências são constantemente reforçadas pelos empregos exploradores predominantes no mercado de trabalho e pelas prioridades elitistas do aparato do Estado, que segrega comunidades não-brancas em espaços degradados, mas mantém tacitamente oportunidades para que os brancos cheguem às melhores universidades e aos altos cargos da função pública (PAGANO, 2014). Quase todos os presos são indivíduos não brancos confinados nas horríveis prisões brasileiras, visto que os juízes impõem uma punição extremamente severa, muitas vezes ilegal, e tendem a ser mais amigáveis e diligentes com os réus brancos (FIOCRUZ, 2020).

Os maus tratos à maioria empobrecida da população só são ampliados nos abusos continuados cometidos contra os povos indígenas que vivem no território brasileiro. As políticas públicas e as atitudes privadas em relação às nações ancestrais denunciam formas exacerbadas de discriminação e indiferença. Isso ajuda a explicar a dificuldade de mudar a legislação indigenista em favor dos próprios indígenas. A classificação legal dos adultos indígenas como uma espécie de degenerado ou infantil (especialmente aqueles que não falavam português e viviam em relativo isolamento) persistiu por várias décadas. Durante a maior parte do século passado, os indígenas não tinham direito a voto, a serem eleitos, a ter negócios comerciais ou mesmo a ter documentos e passaportes, a menos que renunciassem ao seu próprio caráter étnico e adotassem uma identidade brasileira genérica (tornou-se um escândalo internacional quando, em 1980, o governo brasileiro tentou impedir que o renomado Cacique Juruna participasse, como seu presidente convidado, de uma sessão do Tribunal Bertrand Russell para julgar vários genocídios indígenas recentes nas Américas, conforme graficamente descrito em Juruna, 1982). Os textos constitucionais anteriores de 1934, 1937, 1946, 1967 e 1969 traziam disposições específicas para a proteção das áreas indígenas, mas o objetivo era dar aos povos indígenas a chance de serem gradualmente absorvidos pela sociedade nacional. O artigo 8º do texto de 1969, introduzido no período mais sombrio da brutal ditadura militar, estabelecia que o governo federal tinha a responsabilidade de incorporar os 'índios' (silvícolas) à comunhão nacional. Duas décadas depois, após o fim da autocracia militar (1964-1985), a Constituição de 1988, pela primeira vez, reconheceu os direitos ancestrais e a autonomia das nações indígenas, que tinham o direito de sobreviver em seus próprios termos. O artigo 231 da Constituição de 1988 garante que devem ser reconhecidos a organização social, os costumes, as línguas, os credos e as tradições dos povos indígenas, bem como seus direitos originários sobre as terras que tradicionalmente ocupavam.[3]

Em tese, o atual texto constitucional reinventou o Brasil como um Estado-nação 'multicultural', onde a diferença e a tolerância interétnica deveriam definir as relações sociais. A Constituição de 1988 foi aprovada em um contexto otimista de redemocratização e recuperação de direitos sociopolíticos após a longa e cruel ditadura militar. Havia então grande expectativa com a decisão de finalmente respeitar e engajar significativamente a população indígena para além dos massacres e das políticas de contenção. Inegáveis conquistas e concessões foram conquistadas, como o reconhecimento da

---

[3] Ver legislação brasileira em: http://www4.planalto.gov.br/legislacao.

voz política e organização de associações representativas locais, regionais e nacionais, a criação de jornais e sites para dar visibilidade às suas demandas (algumas adotaram línguas indígenas, além do português, espanhol e inglês, para transmitir sua mensagem) e a demarcação de algumas novas reservas indígenas. Houve mais oportunidades universitárias e escolares, incluindo programas adaptados para grupos étnicos específicos, e a crescente eleição de representantes indígenas como vereadores, deputados e prefeitos. No entanto, mesmo um código legal avançado não poderia produzir mudanças sociais diretas e imediatas. O que prevalece, desde a década de 1990, é uma pressão coordenada para incorporar a população indígena por meio de estratégias de assimilação individualistas e baseadas no mercado (POKORNY *et al.*, 2021). O mito da comunhão nacional foi substituído pelo novo folclore do empreendedorismo que, de fato, promove tentativas renovadas de extrair recursos, explorar o trabalho e administrar a dissidência política. O problema crucial e mais delicado, como sempre, é a recuperação e proteção de áreas ancestrais, que em grande parte passaram despercebidas pelo aparelho do Estado (apesar de todas as disposições legais).

As grandes contradições de um longo processo de modernização elitista, desde o início do Século XX, e a falta de uma genuína democratização da sociedade civil, não obstante as conquistas formais no texto da Constituição de 1988, conduziram a uma ruptura institucional em 2016, a que se seguiu pela apropriação de cargos governamentais por políticos e militares hiper-conservadores e com uma atuação verdadeiramente 'anti-Brasil' (AKKOYUNLU; LIMA, 2022; BIN, 2022; VALLE, 2022). A consolidação de um regime protofascista em 2018 demonstrou a desmobilização da oposição política e os lucros que podem ser obtidos com o ataque sistemático aos movimentos sociais (notadamente o movimento indígena) e a captura de bens públicos e fundos estatais (CARNUT, 2021; RICUPERO, 2022; WEBBER, 2020). A convergência entre rentismo e reprimarização tem dependido da instrumentalização das diferenças segundo prioridades político-econômicas. Não só o Brasil, mas também a América Latina, são notoriamente conhecidos por seus altos níveis de desigualdade, violência e indiferença pela condição da maioria de sua população doméstica (de baixa renda, não branca). Essas tendências refletem disputas arraigadas e a dificuldade de superar práticas intolerantes e valores antidemocráticos por meio de políticas oficiais e de um estado de direito excludente. Sánchez-Ancochea (2021) demonstrou que a discriminação racial na América Latina contribuiu para a desigualdade de renda e também resultou dela; o autor argumenta que é realmente difícil diferenciar entre desigualdades sociais e de renda, com raízes nos processos de colonização que afetaram terrivelmente os povos indígenas e os escravos africanos trazidos para a América. No entanto, a questão é muito mais profunda do que a desigualdade de bens e rendimentos, mas diz respeito à qualidade da desigualdade e ao significado da inclusão, incluindo momentos importantes em que a igualdade faz parte do processo de ocultação de injustiças. Hegel (1977) já alertava contra confiar excessivamente em avaliações quantitativas da diferença, porque tende a ignorar as conexões entre os indivíduos (para Hegel, não há realidade que não seja a própria natureza e ação da individualidade). O que é necessário é uma 'reflexão comparativa' e uma avaliação qualitativa de indivíduos que são autorrelacionados e devem ser capazes de avaliar a si mesmos além da conclusão generalizada e tendenciosa de que o que existe 'é bom' (HEGEL, 1977, p. 241). Se há algo que não vai bem hoje no Brasil, certamente é o setor do agronegócio (uma das melhores expressões do capitalismo rentista e da pilhagem dos bens comuns descritos por STANDING, 2021).

Racismo e Indiferença Cultivados pelo Agronegócio

A economia brasileira, desde a década de 1990, tornou-se cada vez mais desindustrializada e dependente da exportação de commodities primárias, especialmente aquelas produzidas por agricultores do agronegócio. Embora o agronegócio exija novas tecnologias de produção e abordagens gerenciais inovadores (em grande parte controladas pelo capital financeiro e pelas empresas da agroindústria), ele também reformula a base conservadora, extrativista e rentista da economia nacional que prevalece há séculos (SAUER *et al.*, 2018). Substituiu-se a rígida gestão das diferenças étnicas e de classe por meio da integração hierárquica, desde os últimos anos do século passado, quando o agronegócio neoliberal se tornou o principal setor econômico, com a também perversa e destrutiva manifestação da indiferença pelas necessidades específicas e pelo acúmulo de injustiças, violações e ilegalidades (IORIS, 2019). Em vez de enfrentar os graves problemas causados pela irresponsabilidade do governo e múltiplas violações de leis, a intenção de muitos políticos é renovar o ataque às 1.298 terras indígenas até agora identificadas no Brasil, agravado pelo fato de que 829 delas têm algum tipo de irregularidade em sua demarcação e 536 foram abandonados pelo governo por anos, como no caso das muitas demarcações pendentes (Eloy Terena, advogado e antropólogo da Articulação dos Povos Indígenas do Brasil (APIB), desde 2023, secretário-executivos do Ministério dos Povos Indígenas, comunicação pessoal, setembro de 2021). O país passou por uma desindustrialização acelerada e rentismo crescente nas últimas décadas (especialmente sua capacidade de extrair renda do estado e da sociedade devido a taxas de juros disparadas e condições de empréstimo intimidantes), juntamente com o reforço de antigas oligarquias agrárias e por meio da violência policial e de esquadrões paramilitares (as chamadas milícias) que visam camponeses e comunidades indígenas (IORIS, 2016). A atividade econômica que melhor representa a complexa instrumentalização de diferenças duradouras em meio à crescente indiferença é hoje o cluster do agronegócio de produção e exportação de soja.

A soja tornou-se a principal *commodity* brasileira, cultivada principalmente em grandes propriedades privadas no centro do país com uso intenso de produtos químicos e tecnologias eletrônicas, que gera pouquíssimos empregos, quase não paga impostos (quando exportada) e deixa um legado de devastação socioambiental (IORIS, 2017). Sua principal função é gerar dólares a partir da exportação de grãos (cada vez mais para a China), com contribuição muito limitada para a economia local além do enriquecimento momentâneo dos latifundiários. A produção de soja floresceu e ajudou a inserir a agenda indígena na arena limitada do regime representativo e neo-oligárquico brasileiro, que é cada vez mais percebido como uma 'democracia' e pode ser melhor entendido como um exemplo concreto do 'Calcanhar de Ferro' descrito por Jack London (1908). O narcisismo do setor do agronegócio, para além dos parâmetros mínimos de inclusão social e do estado de direito, é uma expressão clara de um universalismo abstrato que igualmente desorganiza lugares e localidades em todo o mundo. A autoconfiante superioridade do agronegócio é alimentada constantemente pela negação ideológica e pela ação articulada contra a inclusão social e os direitos básicos. O que ocorre no Brasil reproduz a experiência semelhante em outras sociedades organizadas segundo a indiferença que permeia o capitalismo colono. Se os povos indígenas

> [...] tivessem sido reconhecidos, não haveria nenhuma fronteira real no continente e nenhum espaço aberto a preencher. Eles existiam fora da Constituição [norte-americana] como seu fundamento negativo: em outras palavras, sua exclusão e eliminação eram condições essenciais do funcionamento da própria Constituição. (HARDT; NEGRI, 2000, p. 170).

A nação indígena mais severa e sistematicamente atacada pelo agronegócio no Brasil são os Guarani-Kaiowá que vivem no estado do Mato Grosso do Sul, na fronteira com o Paraguai. Os Guarani-Kaiowá são o segundo maior povo indígena do território brasileiro e, ao longo das últimas cinco décadas, foram deslocados, explorados e massacrados devido ao avanço da grande propriedade privada e da produção do agronegócio em áreas tomadas pelo Estado nacional e pela fronteira colonos (FIAN, 2013). A grande maioria das terras ancestrais Guarani-Kaiowá – cerca de oito milhões de hectares – foi perdida para o desenvolvimento, mas agora está sendo disputada com proprietários de terras e autoridades, normalmente envolvendo grande animosidade e violência sistemática (IORIS, 2021). Por causa do sentimento forte e orgulhoso de suas diferenças, os Guarani-Kaiowá têm oferecido resistência efetiva e desafiado criativamente as tendências dominantes (IORIS, 2022a). A resposta da polícia e da milícia privada mantida pelos fazendeiros tem sido inclemente. Os Guarani-Kaiowá sofreram uma terrível violência genocida por muitas gerações, agravada desde o final dos anos 1970, quando iniciaram uma campanha para recuperar suas áreas sagradas familiares (chamadas de tekoha na língua guarani). Dezenas de lideranças indígenas, idosos, jovens e crianças morreram nos últimos anos e continuam morrendo quase todas as semanas, conforme noticiado regularmente no site do Conselho Indigenista Missionário (https://cimi.org.br). Em maio de 2022, fruto da mobilização das famílias Guarani-Kaiowá para a recuperação do tekoha Joparã no município de Coronel Sapucaia, próximo à antiga reserva Taquaperi (com 3.300 pessoas vivendo em péssimas condições e espremidas em apenas 1.777 hectares), Alex Vasques Lopes, de 18 anos, foi assassinado, mas as autoridades nunca se preocuparam em investigar o crime. Um mês depois, em uma área chamada Guapo'y, os indígenas manifestantes foram expulsos da terra por fazendeiros (sem qualquer autorização judicial) e Vitor Fernandes, 42 anos, também foi assassinado. Nas semanas e meses seguintes, outros membros das comunidades Guarani-Kaiowá continuaram sendo baleados e mortos (como Vitorino Sanches, 60 anos, também morto em Guapo'y em setembro de 2022).

Outra estratégia anti-indígena comum em Mato Grosso do Sul tem sido a disseminação de preconceitos que ajudam a manter os Guarani-Kaiowá separados e humilhados. Conforme relatado no relatório anual do Cimi (2021) sobre a violência contra os povos indígenas do Brasil, em agosto de 2020 dois apresentadores da Rádio Grande FM de Dourados zombaram do fato de Guarani-Kaiowá desesperados procurarem regularmente comida em sacos de lixo doméstico deixados na rua. a calçada da rua. Uma das emissoras afirmou que 'índios' são piores que gatos rasgando sacolas e que a melhor solução era acrescentar um fedor ainda mais intenso para protegê-lo do 'ataque' de famílias indígenas empobrecidas (CIMI, 2021, p. 31). Tais comentários sarcásticos veiculados pela rádio local foram denunciados pelas lideranças Guarani-Kaiowá à polícia local (notícia-crime), mas foram prontamente descartados pelos investigadores da polícia e dificilmente resultarão em qualquer condenação, devido à desculpa muito conveniente do direito à liberdade de expressão (não por acaso, foram cada vez mais invocado por grupos neofascistas associados ao projeto político de Bolsonaro de acobertar incitações à violência racista). Ao mesmo tempo em que a situação desesperadora de muitas famílias indígenas é ridicularizada, políticos e empresários oferecem a eles a única opção de se tornarem cidadãos brasileiros indiferenciados. Em vez de uma existência indígena valorizada e digna, espera-se que renunciem a todas as reivindicações e aceitem a mesma condição subalterna de outros brasileiros pobres. Na perspectiva de quem está no poder, ser indígena é um incômodo e uma aberração. O próprio Bolsonaro afirmou em 23 de janeiro de 2020 que "índio tá evoluindo, cada vez mais é ser humano igual a nós" (G1, 2020, s/p).

Particularmente nas áreas periféricas e subordinadas do agronegócio, como Mato Grosso do Sul, a população indígena continua sendo sistematicamente agredida e ainda considerada um obstáculo ao progresso e ao crescimento econômico. As famílias indígenas, mesmo as que vivem em reservas, estão sempre sujeitas a novas rodadas de grilagem, como por meio do arrendamento de terras que deveriam ser utilizadas apenas pela comunidade indígena. No difícil contexto de suas múltiplas lutas pela terra e por oportunidades socioeconômicas, a etnicidade está ainda mais entrelaçada com as lutas socioeconômicas e a necessidade de forjar alianças com outros segmentos da classe trabalhadora (IORIS, 2020). Essas reservas caóticas encapsulam as pressões fundamentais e contraditórias da diferença instrumentalizada (enquanto indivíduos degradados, os mais baixos da escala social) e da indiferença generalizada (a impossibilidade prática de ser um indígena com níveis mínimos de decência de vida). As principais reservas foram estabelecidas pelo referido SPI, a partir de 1910, para acomodar famílias indígenas e grupos dispersos, considerados uma ameaça perene à crescente população urbana e rural na fase inicial do capitalismo agrário. Suas localizações não tinham nenhuma relevância ancestral específica para a população indígena, mas foram apontadas pelo governo de acordo com critérios exógenos, principalmente a proximidade de cidades e indústrias onde os trabalhadores nativos poderiam ser empregados (IORIS, 2021). Sob pressão massiva, as reservas foram o principal refúgio de centenas de famílias Guarani-Kaiowá, além de membros de outras nações indígenas e também de muitos brasileiros e paraguaios que ocuparam terras indevidamente nas reservas. As reservas representam, efetivamente, uma resposta burocrática do positivista Estado brasileiro à percebida questão indígena, tida como um grande incômodo e obstáculo ao avanço das fronteiras econômicas.

As reservas, na verdade, tornaram-se um estoque útil de mão-de-obra, incluindo empregados domésticos e industriais, mas têm sido principalmente um depósito de 'resíduos humanos' (aqueles que foram deslocados de áreas confiscadas e transformadas em fazendas particulares). A altamente problemática reserva indígena de Dourados oferece não apenas evidência concreta de intrincada interação social, mas também os mais altos níveis de violência étnica. Localizada perto da cidade de Dourados, é hoje a reserva indígena mais conturbada, não só do estado, mas de todo o país (agora é foco de tráfico de drogas, agressões relacionadas ao álcool e violência nas ruas). Devido à rápida expansão urbana e à especulação imobiliária, a reserva tornou-se um bairro suburbano na periferia de Dourados e cada vez mais cercada por condomínios fechados de alta renda que contam com segurança privada e muros em todo o perímetro. A reserva de Dourados, em particular, é uma verdadeira bomba-relógio sociopolítica, principal epicentro de atritos socioespaciais que reverberam as pressões e fracassos das tendências de desenvolvimento voltadas para o agronegócio. Com mais de 12.000 habitantes em 3.474 hectares, a densidade populacional da reserva de Dourados é assombrosa: apenas 1,46 hectares por família, totalmente insuficiente para a subsistência básica das famílias, quanto mais para a manutenção das práticas tradicionais indígenas. Existe um vasto número de pequenos comércios, garagens e postos de serviço público, que conferem ao visitante uma imagem inquietante de uma franja urbana caótica (ALMEIDA, 2019). Na década de 1960, a área foi dividida em loteamentos individuais familiares, passo crucial dos planos assimilacionistas (mas contra a vontade dos indígenas), sob o pressuposto de que estimularia uma atitude mais empreendedora (em certa medida, a expansão famílias tentaram permanecer juntas em lotes adjacentes, mas cresceram as tensões interpessoais por causa da fragmentação espacial). Além de violações territoriais e abusos relacionados ao trabalho, há um enfraquecimento sistemático do direito mais básico à alimentação, água, saúde e nutrição (IORIS, 2023). Em pesquisa realizada com famílias

Guarani-Kaiowá, Franceschini e Burity (2016) constataram que 81,8% das crianças menores de cinco anos viviam em situação de insegurança alimentar moderada ou grave.

Intimamente ligada à política partidária e às disputas micropolíticas está a rápida expansão de igrejas neopentecostais na reserva (mais de 100 igrejas cristãs já estão em atividade, o que espreme e debilita brutalmente a prática da religião tradicional indígena e a legitimidade dos xamãs). O protestantismo foi trazido para a reserva em 1928, quando a Missão Cauiá, de matriz metodista, foi fundada por missionários religiosos. Até a década de 1970, o número de protestantes convertidos era relativamente pequeno (em torno de 15% da população total), mas com a expansão das igrejas evangélicas nas últimas quatro décadas estas passaram a incorporar mais da metade da população local. Desde 1990, a maioria das igrejas neopentecostais tem um pastor indígena ou, pelo menos, um pastor auxiliar indígena (CHAMORRO; COMBÈS, 2015). O nível de fragmentação é impressionante, e a maioria das igrejas acaba tendo menos de 30 membros (em média, são 50 fiéis por igreja). Novas igrejas evangélicas surgem constantemente (especialmente por causa do treinamento relativamente direto e sucinto para se tornar um pastor) e algumas até adotam nomes sincréticos na tentativa de evocar sensibilidades indígenas (por exemplo, a Igreja Pentecostal Indígena Cantares de Salomão). Por outro lado, apesar da má imagem comum do movimento neopentecostal (frequentemente associada a altos níveis de alienação política, comercialização da fé e eleição de políticos de direita), a conversão de novos crentes é mais complicada do que parece. Em primeiro lugar, muitas comunidades indígenas optaram por organizar suas igrejas locais na perspectiva de uma resistência religiosa, uma reação que visava evitar a exploração religiosa por parte de padres não indígenas (incluindo a influência mais tradicional da Igreja Católica). Em segundo lugar, num contexto de grande turbulência social e graves incertezas econômicas, a igreja é uma fonte de orientação moral e apoio coletivo, que não pode ser minimizada (PEREIRA, 2016). Terceiro, e mais interessante, a teologia cristã e os rituais da igreja foram impactados e parcialmente transformados pela religiosidade indígena (embora na mesma medida também possa oferecer uma oportunidade para impulsionar práticas xamânicas disfarçadas de pentecostalismo, como no ritual de falar em línguas, supostamente uma incorporação da linguagem dos anjos, mas na verdade um momento de êxtase indígena). Diferentemente das igrejas pentecostais fora da reserva, é comum ver suas animadas celebrações religiosas que duram a maior parte da noite, lembrando as práticas tradicionais indígenas que envolvem intensa dança e música noturna. Da mesma forma, é possível inferir que os pastores de hoje são em grande parte 'neo-xamãs' que agem para preservar, mesmo que inconscientemente, alguns elementos importantes da teologia e cosmologia guarani.

As questões de gênero – tema central desse livro – também estão diretamente ligadas aos processos de mudança espacial, trabalhista e religioso. Em condição de deslocamento e violência sistemática, a vida doméstica e as diferenças homem-mulher entre os Guarani-Kaiowá não podiam mais se conformar à configuração tradicional, embora o núcleo doméstico e a família extensa tenham sobrevivido e até prosperado no século passado. As relações familiares eram, de fato, a melhor chance que eles tinham de continuar com seu senso de humanidade e sua etnia valorizada. As lideranças dos Guarani-Kaiowá têm mobilizado criativamente sua sabedoria e conhecimentos obtidos nas relações próximas com os não indígenas, justamente para se diferenciar e produzir novos padrões de comportamento, mas sempre principalmente pela força das redes familiares organizadas em torno dos 'fogos domésticos', gerenciados principalmente por mulheres (PEREIRA, 2016). Esse cultivo astuto da alteridade, incluindo elementos de sua antiga religiosidade e redes familiares, são de extrema importância para o apoio e incentivo dos familiares, principalmente em tempos difíceis e sob o ataque dos fazendeiros. Ao mesmo tempo, nos últimos anos, têm sido relatados com mais frequência casos de brigas domésticas entre cônjuges, incluindo incidentes de violência doméstica e sexual em famílias Guarani-Kaiowá. Essa situação sugere uma deterioração das formas tradicionais de autoridade indígena, mudanças comportamentais devido a novos hábitos sociais e também degradação moral causada pela situação material miserável (CARIAGA, 2015). É um tema delicado envolto em silêncio, onde os abusos muitas vezes são encobertos por causa do poder patriarcal do marido e da vulnerabilidade de esposas e filhos. Devido à necessidade de lidar com a opressão simultânea de uma sociedade racista e do patriarcado indígena, as mulheres Guarani-Kaiowá têm sido incentivadas a buscar empregos fora da comunidade e a assumir cada vez mais funções antes reservadas aos homens. Nesse contexto de tentar ser diferente para permanecer o que é (e quer permanecer), há pelo menos oportunidades de aprender e reagir da melhor forma possível.

Resistência indígena e reações criativas (apesar de tudo)

Em regiões subalternas dominadas por forças socioeconômicas impostas e controladas de fora, como é o caso do Mato Grosso do Sul, há um constante ingresso e revitalização de práticas que já marcavam os centros político-econômicos consolidados em outras regiões. O setor do agronegócio requer importantes insumos químicos, genéticos e biológicos, mas seu principal elemento é a indiferença pelas peculiaridades de antigas e novas áreas de cultivo, tanto quanto pelas características sociais de quem trabalha na produção ou pelo gosto e necessidades dos consumidores. As qualidades apregoadas do desenvolvimento regional baseado no agronegócio são racionalizadas com base em suas práticas produtivas mais adaptadas e em sua racionalidade superior. Isso abre caminho para a tentativa de eliminar quaisquer bolsões de diferença e resistência que questionem sua importância, especialmente a valente população indígena que constantemente desafia a superioridade do agronegócio. Segundo Lacan (2006, p. 98), a agressividade é preeminente no mundo contemporâneo porque na moral cotidiana costuma ser confundida "com a virtude da força. [...] O sucesso de Darwin parece derivar do fato de ter projetado as depredações da sociedade vitoriana e a euforia econômica que sancionou para aquela sociedade a devastação social que ela iniciou em escala planetária". Os agricultores comerciais e seus parceiros e aliados mais próximos insistem, e parecem acreditar neuroticamente, na evidente contribuição do agronegócio para a sociedade regional e nacional, o que alimenta, em termos lacanianos, uma tensão entre a configuração geométrica (aparentemente lógica) da economia dominante e a ordem caleidoscópica e fraturada das relações interpessoais e das subjetividades. Mesmo os poderosos defensores do agronegócio não conseguem esconder os crescentes impactos e inconsistências. Como alerta Lacan (2006, p. 139), "se um homem que se julga rei é louco, um rei que se julga rei não é menos louco".

Apesar da insistência de que as exportações do agronegócio são a prova inegável do progresso, o setor mantém ataques persistentes ao que é considerado diferente, em especial aos nativos da terra. Sugere duas coisas principais: primeiro, o agronegócio não pode prescindir do cultivo proto-fascista de inimigos para justificar sua operação. Em segundo lugar, as diferenças étnicas e socioeconômicas indígenas (assim como não indígenas) continuam a ser instrumentalizadas, como exigência de processos de exploração e controle político. Existe uma conceituação autocomplacente dos campos do agronegócio como um espaço vitorioso, em termos econômicos e tecnológicos, mas é realmente um discurso teleológico da superioridade da sociedade ocidental e das limitações dos povos não ocidentais. No entanto, a teleologia do agronegócio contrasta com os espaços vividos, dinâmicos e não teleológicos da indigeneidade. A presença de grupos indígenas não é uma sinédoque da economia do agronegócio, mas uma realidade que contrasta profundamente com a lógica agroextrativista. Essa oposição entre indigenismo e agronegócio neocolonial não é dada de antemão, mas é projetada pelas tendências político-econômicas do desenvolvimento regional. O agronegócio em áreas de fronteira como o Mato Grosso do Sul evoluiu em um terreno de suposta universalidade e com contribuição socioeconômica essencialmente positiva, mas na verdade é uma atividade produtiva que realmente evoluiu dentro de uma lacuna. Em termos hegelianos, o surgimento do agronegócio é algo que surge na brecha ontológica que separa o real de si mesmo. É o aparecimento de uma lacuna, uma falácia, uma insuficiência perene. Para discutir a lacuna entre o real e a aparência, Žižek (2006) lança mão do argumento materialista de que talvez o homem (ou seja, as pessoas) exista, porque Deus não é totalmente Ele mesmo, ou seja, porque há algo não realmente divino nele. Dado que "existe o Particular porque o Universal não é totalmente ele mesmo" (ŽIŽEK, 2006, p. 107), o particular é evidência da lacuna no universal. No caso do Mato Grosso do Sul, a presença e agenciamento dos Guarani-Kaiowá é a prova de que o agronegócio não é apenas recente e incompetente, mas incapaz de fazer a ponte entre seu real e sua aparência de suposto ganho universal (IORIS, 2022b).

A economia baseada no agronegócio representa a principal prova da racionalidade limitada das sociedades capitalistas como evidência convincente de algo muito mais profundo e perturbador, que pode ser resumido como a formidável erosão das diferenças sociais, espaciais e ecológicas em nome da agricultura industrial e rentabilidade máxima. Alimentos locais, tradicionais e ecologicamente identificáveis foram amplamente substituídos por apenas algumas espécies e um punhado de variedades, cuja seleção é normalmente determinada pelas necessidades de embalagem e processamento, e não pela nutrição ou pelas demandas do consumidor. Da mesma forma, a agricultura e a agricultura são progressivamente separadas de conhecimentos, ferramentas e práticas que foram acumuladas e usadas por gerações anteriores de acordo com condições específicas e relevantes do local. As tendências viciosas da capitalização da agricultura foram denunciadas há muito tempo por Thoreau (2016, p. 31-35) quando observou que o "agricultor está se esforçando para resolver o problema da subsistência por uma fórmula mais complicada do que o próprio problema... tornaram-se as ferramentas de suas ferramentas". Os sistemas agroalimentares globalizados passaram a ser dominados por grandes corporações, que controlam grande parte do mercado explorando o conhecimento indígena e os recursos comunitários em nome do lucro e da acumulação privada (SHIVA, 2020). A ortodoxia econômica ensina que o aumento de escala é um caminho para redução de custos financeiros, maior eficiência e maior lucratividade, mas, na prática, o aumento de escala é uma espécie de esteira rolante, impulsionada por decisões, políticas e interesses em todo o sistema alimentar, que conduz os negócios em uma certa direção porque parece não haver caminho alternativo para rentabilidade e credibilidade com os investidores.

Apesar de todas as dificuldades e do racismo sustentado que sustenta a produção do espaço regional do Mato Grosso do Sul, a resistência e a agência dos Guarani-Kaiowá abreviam a linearidade do tempo-como-crescimento econômico para a profundidade do tempo como diferenças vividas. Tudo demonstra o fracasso final da conquista, da privatização da terra e agora do agronegócio, uma vez que a expropriação ilegal de terras e o sofrimento absurdo envolvido apenas aumentaram a importância de suas diferenças sagradas e queridas. Certamente não há um 'outro' estável e descomplicado nessa geografia complicada, mas sempre um caráter diferente ('impuro') que precisa de seu próprio outro, o que leva a uma busca perene e à perspectiva de liberdade. A experiência socioespacial dos Guarani-Kaiowá e de centenas de outros povos indígenas ao redor do mundo demonstra vividamente a importância política de seu pensamento sobre e em relação à diferença. Ecoando os pilares da ética e da dialética hegeliana, os povos indígenas priorizam a diferença no mundo e consideram o presente como um passo para uma sociedade mais unificada, mas também mais diversificada. Um sinal de razão é perceber que definitivamente não há oposição ontológica entre ricas diferenças socioespaciais e a resultante unidade aberta entre lugares e escalas. A diferença está no centro das múltiplas interações que produzem o espaço, e é também a pré-condição para a mudança efetiva, a democracia e a liberdade.

Conclusões

As seções anteriores dessa breve análise das bases racistas e discriminatórias do desenvolvimento nacional e regional ofereceram uma investigação sobre a persistência do racismo e o controverso significado de ser sócio-etnicamente diferente na sociedade brasileira. Fazendo uso de textos históricos e literários, examinou múltiplas estratégias para oprimir e explorar grupos sociais marginalizados e conter reações de base. O argumento básico é que a instrumentalização da diferença consolidou ao longo do tempo uma poderosa geografia da indiferença em relação à condição de grupos subalternos considerados portadores de diferenças pejorativas. A complexidade da diferença, transformada em indiferença, não pode ser dissociada ontologicamente das realidades do poder e da ideologia. Se a diferença, assim como a diversidade e o multiculturalismo, tornou-se uma palavra da moda no início do Século XXI e é frequentemente usada por autores pós-modernos para criticar privilégios e poder associados a etnia, gênero, sexualidade, religião e outros qualificadores socioespaciais, não pode ser tomada como uma categoria reificada, algo simplesmente descritivo e contido em si, mas a manifestação de padrões injustos de interação entre nações, grupos de pessoas e indivíduos. No centro dessas controvérsias está a sinergia existencial entre etnia e classe, o que não é novidade, mas continua a exigir uma reação intelectual e política adequada, antirracista e enraizada em críticas anticapitalistas. As diferenças etnoclasses vividas e percebidas são mais do que um identificador ou uma avaliação *post factum*, mas um campo de interação e contestação.

Também foi considerado o genocídio em curso do povo indígena Guarani-Kaiowá no centro da América do Sul por causa do racismo implacável e persistente. Os Guarani-Kaiowá são a segunda maior nação indígena brasileira e, nas últimas cinco décadas, foram deslocados, explorados e massacrados devido ao avanço de grandes propriedades privadas e da produção do agronegócio em áreas tomadas pelo Estado nacional e por colonos fronteiriços. A grande maioria do território Guarani-Kaiowá foi perdida para o desenvolvimento rural convencional e disputada com fazendeiros e autoridades, normalmente envolvendo grande animosidade e violência sistemática. Embora o agronegócio brasileiro exija novas tecnologias de produção e abordagens gerenciais inovadoras (em grande parte controladas pelo capital financeiro e pelas empresas da agroindústria), ele também reformula a base conservadora, extrativista e racista da economia nacional que prevalece há séculos (fortemente revigorada e expandida por governos reacionários e anti-povo entre 2016-2022). Por outro lado, a ontologia da persona indígena em circunstâncias conturbadas envolve a constante recuperação de traços grupais herdados do passado, que se renovam ativamente para desempenhar um papel importante em termos de resistência e convivência com o avanço do agronegócio. A agência socioespacial dos Guarani-Kaiowá e de centenas de outros povos indígenas ao redor do mundo demonstra vividamente a importância política de seu pensamento e reações ao racismo que segue relegando a sociedade brasileira a uma caricatura de si mesma.

Referências Bibliográficas

AKKOYUNLU, K.; LIMA, J. A. Brazil's stealth military intervention. *Journal of Politics in Latin America*, v. 14, n. 1, p. 31-54, 2022

ALENCAR, J. *O Guarany:* romance brasileiro. Rio de Janeiro: Empreza Nacional do Diario, 1857.

ALMEIDA, M. A. D. Reserva indígena de Dourados: deslocados internos entre inimigos e/ou indiferentes. *In*: MOTA, J. G. B.; CAVALCANTE, T. L. V. (org.). *Reserva indígena de Dourados:* Histórias e desafios contemporâneos. São Leopoldo: Karywa, 2019. p. 135-159.

ANDREWS, J. Carlos Gomes' 'IL Guarany': the frontiers of miscegenation in nineteenth-century grand opera. *Portuguese Studies*, v. 16, p. 26-42, 2000.

AQUINO, R.; DE ASSIS, F. A way of living and coexisting. *In*: ECKERSALL, P.; FERDMAN, B. (org.). *Curating dramaturgies:* how dramaturgy and curatorial practices are intersecting in the contemporary arts. Milton Park: Taylor e Francis, 2021. p. 28-37.

ARSEL, M.; ADAMAN, F.; SAAD-FILHO, A. Authoritarian developmentalism: the latest stage of neoliberalismo? *Geoforum*, v. 124, p. 261-266, 2021.

BARRETO, L. [1911]. *The sad end of Policarpo Quaresma*. Trans. M. Carlyon. London: Penguin, 2014.

BIN, D. The dispossessing 2016 coup d'état in Brazil. *International Journal of Politics, Culture and Society*, v. 35, n. 3, p. 433-461, 2022.

CARDOSO DE OLIVEIRA, R. Estudo de áreas de fricção interétnica do Brasil (projeto de pesquisa). *América Latina*, v. 5, n. 3, p. 85-90, 1962.

CARIAGA, D. Gênero e sexualidades indígenas: alguns aspectos das transformações nas relações a partir dos Kaiowá no Mato Grosso do Sul. *Cadernos de Campo,* São Paulo, v. 24, p. 441-464, 2015.

CARNUT, L. Neo-fascism and the public university: the Brazilian conjuncture in the Bolsonaro Government. *Journal for Critical Education Policy Studies*, v. 19, n. 1, p. 312-342, 2021.

CHAMORRO, G.; COMBÈS, I. (org.). *Povos indígenas em Mato Grosso do Sul:* História, cultura e transformações sociais. Dourados: UFGD, 2015

CHATEAUBRIAND, F-R. [1826]. *Atala René:* Les adventures du dernier abencerage. Paris: Gallimard, 1971.

CIMI. *Relatório violência contra os povos indígenas no Brasil.* Dados de 2020. Brasília: Conselho Indigenista Missionário, 2021.

DaMATTA, R. [1979]. *Carnavais, malandros e heróis:* para uma sociologia do dilema brasileiro. 6. ed. Rio de Janeiro: Rocco, 1997.

DAMATTA, R. *Você sabe com quem está falando?* Estudos sobre o autoritarismo brasileiro. Rio de Janeiro: ROCCO. 2019

DE SOUSA, L. C.; NASCIMENTO, P. Brazilian national identity at a crossroads: the myth of racial democracy and the development of black identity. *International Journal of Politics, Culture, and Society*, v. 19, n. (3/4), p. 129-143, 2008.

DORNELLES, S. S. Compulsory labor and indigenous slavery in Imperial Brazil: reflections from the province of São Paulo. *Revista Brasileira de História*, v. 38, n. 79, p. 87-108, 2018.

DOS SANTOS, S. A.; INOCÊNCIO DA SILVA, N. O.; HALLEWELL, L. Brazilian indifference to racial inequality in the labor market. *Latin American Perspectives*, v. 33, n. 4, p. 13-29, 2006.

DRYBREAD, K. When corruption is not a crime: 'innocent' white politicians and the racialisation of criminality in Brazil. *Culture, Theory and Critique*, v. 59, n. 4, p. 332-353, 2018.

FIAN. *The struggle of the Guarani-Kaiowá:* land shortage and hunger in a land of plenty. FIAN Fact Sheet, December 2013. Heidelberg: International Secretariat, 2013.

FIGUEIREDO CORREIA, J. *Relatório Figueiredo*. Comissão de Inquérito, Portaria 239/1967. Brasília: Ministério do Interior, 1968.

FIOCRUZ. *Dia da Consciência Negra*: Por que os negros são maioria no sistema prisional? Informe ENSP, 2020. Disponível em: https://informe.ensp.fiocruz.br/noticias/50418. Acesso em: 12 mar. 2023.

FISCHER, B. Historicising informal governance in 20th Century Brazil. *Contemporary Social Science*, v. 17, n. 3, p. 205-221, 2022.

FRANCESCHINI, T.; BURITY, V. *The Guarani and Kaiowá Peoples' human rights to adequate food and nutrition:* A holistic approach. Executive Summary. Brasília: FIAN, 2016.

FREYRE, G. [1933]. *Casa grande e senzala:* formação da família brasileira sob o regime da economia patriarcal. 48. ed. São Paulo: Global, 2003.

G1. 'Cada vez mais, o índio é um ser humano igual a nós', diz Bolsonaro em transmissão nas redes sociais, 2020. Disponível em: https://g1.globo.com/politica/noticia/2020/01/24/cada-vez-mais-o-indio-e-um-ser-humano-igual-a-nos-diz-bolsonaro-em-transmissao-nas-redes-sociais.ghtml. Acesso em: 10 nov. 2022.

HALL, S. *Critical dialogues in cultural studies*. London and New York: Routledge, 1996.

HANLEY, A. G. A. failure to deliver: municipal poverty and the provision of public services in Imperial São Paulo, Brazil 1822-1889. *Journal of Urban History*, v. 39, n. 3, p. 513-535, 2013.

HARDT, M.; NEGRI, A. *Empire*. Cambridge and London: Harvard University Press, 2000.

HEGEL, G. W. F. [1807]. *Phenomenology of spirit*. Trans. A. V. Miller. Oxford: Oxford University Press, 1977.

HOLANDA, S. B. *Visão do paraíso*. São Paulo: Brasiliense, 2000

IORIS, A. A. R. Rent of agribusiness in the Amazon: A case study from Mato Grosso. *Land Use Policy*, 59, 456-466, 2016.

IORIS, A. A. R. *Agribusiness and the neoliberal food system in Brazil*: frontiers and fissures of agro-neoliberalism. London: Routledge, 2017.

IORIS, A. A. R. Peasant farming in the southern tracts of the Amazon: the reluctant alterity of agribusiness. *Perspectives on Global Development and Technology*, v. 18, p. 375-400, 2019.

IORIS, A. A. R. Ontological politics and the struggle for the Guarani-Kaiowa World. *Space and Polity*, v. 24, n. 3, p. 382-400, 2020.

IORIS, A. A. R. *Kaiowcide*: Living through the Guarani-Kaiowa genocide. Lanham: Lexington Books, 2021.

IORIS, A. A. R. Indigenous peoples, land-based disputes and strategies of socio-spatial resistance at agricultural frontiers. *Ethnopolitics*, v. 21, n. 3, p. 278-298, 2022a.

IORIS, A. A. R. Guarani-Kaiowa's political ontology: singular because common. *Cultural Studies*, v. 36, n. 4, p. 668-692, 2022b.

IORIS, A. A. R. Genocide today: the Guarani-Kaiowa struggle for land and life. *Fourth World Journal*, v. 23, n. 1, p. 50-62, 2023.

JURUNA, M. *O gravador do Juruna*. Porto Alegre: Mercado Aberto, 1982.

KOPPER, M. Measuring the middle: Technopolitics and the making of Brazil's new middle class. *History of Political Economy*, v. 52, n. 3, p. 561-587, 2020.

LACAN, J. [1966]. *Écrits*. Trans. B. Fink. New York and London: W.W. Norton e Company, 2006.

LAMBERT, J. *Os dois Brasis*. 6. ed. São Paulo: Companhia Editora Nacional, 1970.

LONDON, J. *The iron heel*. New York: Macmillan Company, 1908.

MARTINIERE, G. Les strategies frontalieres du Brésil colonial et l'Amerique espagnole. *Cahiers des Ameriques Latines, Serie Sciences de l'Homme*, v. 18, p. 45-68, 1978.

MARTINS, E. V. Nabuco e Alencar. *O Eixo e a Roda*, v. 19, n. 2, p. 15-32, 2010.

MCKENNA, E. Taxes and tithes: the organizational foundations of Bolsonarismo. *International Sociology*, v. 35, n. 6, p. 610-631, 2020.

MIKI, Y. Slave and citizen in black and red: reconsidering the intersection of African and Indigenous slavery in Postcolonial Brazil. *Slavery and Abolition*, v. 35, n. 1, p. 1-22, 2014.

MONTEIRO, J. M. *Blacks of the land:* Indian slavery, settler society, and the Portuguese colonial enterprise in South America. Trans. J. Woodard; B. Weinstein. Cambridge: Cambridge University Press, 2018.

NINA RODRIGUES, R. *As raças humanas e a responsabilidade penal no Brazil*. Rio de Janeiro: Editora Guanabara, Waissman, Koogan, 1894.

NORMANN, S. Re-living a common future in the face of ecological disaster: exploring (elements of) Guarani and Kaiowá collective memories, political imagination, and critiques. *Human Arenas*, 5, p. 802-825, 2022.

OLIVEIRA, F. [1973]. *Crítica à razão dualista:* o ornitorrinco. São Paulo: Boitempo, 2003.

PACHECO de OLIVEIRA, J.; FREIRE, C. A. R. *A presença indígena na formação do Brasil.* Brasília: Ministério da Educação/Museu Nacional, 2006.

PAGANO, A. Everyday narratives on race and health in Brazil. *Medical Anthropology Quarterly*, v. 28, n. 2, p. 221-241, 2014.

PEREIRA, L. M. *Os Kaiowá em Mato Grosso do Sul:* Módulos organizacionais e humanização do espaço habitado. Dourados: UFGD, 2016.

POKORNY, B.; PACHECO, P.; DE JONG, W.; ENTENMANN, S. K. Forest frontiers out of control: The long-term effects of discourses, policies, and markets on conservation and development of the Brazilian Amazon. *Ambio*, v. 50, n. 12, p. 2199-2223, 2021.

PRADO JR., C. [1963]. *The colonial background of modern Brazil.* Trans. S. Macedo. Berkley and Los Angeles: University of California Press, 1967

REICHMANN, R. (ed.). *Race in contemporary Brazil:* from indifference to inequality. Pennsylvania: Pennsylvania State University Press, 1999

RICUPERO, B. Fascism: past and present. *Lua Nova*, v. 116, p. 27-36, 2022.

RODRIGUES, C. R. The positivista apostolate of Brazil and SPILTN: proposals and policies for indigenous issues in Brazil. *Topoi (Brazil)*, v. 20, n. 40, p. 185-203, 2019.

SADER, E. Brazil: Neoliberal decades bring down "emerging power". *North American Congress on Latin America (NACLA) Report on the Americas*, v. 35, n. 4, p. 28-31, 2002.

SALVADOR, M. R. D.: SILVA, R. L. S. Slavery and liberalism in the Empire of Brazil (1822-1889): Historical and legal aspects of an incoherent relation. *European Journal of Interdisciplinary Studies*, v. 12, n. 1, p. 1-14, 2020.

SÁNCHEZ-ANCOCHEA, D. *The costs of inequality in Latin America:* Lessons and warnings for the rest of the world. London: I.B. Tauris, 2021.

SALEM, T.; BERTELSEN, B. E. Emergent police states: Racialized pacification and police moralism from Rio's favelas to Bolsonaro. *Conflict and Society*, v. 6, n. 1, p. 86-107, 2020.

SAUER, S.; BALESTRO, M.V.; SCHNEIDER, S. The ambiguous stance of Brazil as a regional power: Piloting a course between commodity-based surpluses and national development. *Globalizations*, v. 15, n. 1, p. 32-55, 2018.

SCHWARCZ, L. M. Questão racial e etnicidade. *In*: MICELI, S. (org.). *O que ler na ciência social brasileira (1970-1995)*. Brasília: Sumaré/Anpocs/Capes, 1999. p. 267-325.

SHIVA, V. *Reclaiming the commons:* biodiversity – indigenous knowledge, and the rights of the Mother Earth. Santa Fé/London: Synergeticpress, 2020.

SILVA, H. R. S. Do caráter nacional brasileiro à língua-geral da violência. *In*: ARANTES, A. A. (org.). *O espaço da diferença*. Campinas: Papirus, 2000. p. 288-304.

STANDING, G. *The corruption of capitalism:* Why rentiers thrive and work does not pay. London: Biteback, 2021.

TELLES, E. E. Residential segregation by skin color in Brazil. *American Sociological Review*, v. 57, n. 2, p. 186-197, 1992.

THOREAU, H. D. [1854]. *Walden*. London: Penguin, 2016.

TOCQUEVILLE, A. *Democracy in America*. Trans. G. E. Bevan. London: Penguin, 2003.

TRINDADE, J. R.; COONEY, P.; DE OLIVEIRA, W. P. Industrial trajectory and economic development: dilemma of the re-primarization of the Brazilian economy. *Review of Radical Political Economics*, v. 48, n. 2, p. 269-286, 2016.

VALLE, A. F. P. Financial capital and the parliamentary coup in Brazil: Division, reunification, and crisis of hegemony. *Latin American Perspectives*, v. 49, n. 5, p. 34-50, 2022.

WEBBER, J. R. Late rascismo in Brazil? Theoretical reflections. *Rethinking Marxism*, v. 32, n. 2, p. 151-167, 2020.

ŽIŽEK, S. *The parallax view*. Cambridge, MA and London: MIT Press, 2006.

CAPÍTULO 1

HISTÓRIA DA ALDEIA ÑANDERU MARANGATU[4]

Inaye Gomes Lopes

Introdução

Na aldeia Ñanderu Marangatu, antes de seus moradores serem expulsos pelos fazendeiros, moravam 45 famílias da etnia Kaiowá, que moram no Brasil, e também no Paraguai com o nome de *Pãi Tavyterã*. É a área Pysyry, a qual fica na fronteira com o Paraguai. Dentro da aldeia tinha vários lugares e cada família ocupava o seu *tekoha*, o lugar próprio de cada família grande. O nome desses *tekoha* eram *Mborevi, Marangatu, Teju Jagua, Estrelão, Estrelinha, Jaraguaty* e outros.

Em 1940 seus habitantes foram despejados pelo fazendeiro Pio Silva. Com desculpa que ele tinha comprado a terra, as famílias se separaram após ajudar a construir a sua propriedade, algumas foram para o Paraguai e outros para Dourados e para Pirakua, atualmente tem 250 famílias, aproximadamente 1.600 pessoas, que ocupam 601 hectares. Em 1999, essas famílias Kaiowá voltaram retomar seu *tekoha*. Hoje, na Aldeia Ñanderu Marangatu do total da área pretendida que é de 9.317 hectares. Ñanderu Marangatu está localizada no município de Antônio João, Mato Grosso do Sul. Ñanderu Marangatu é um nome sagrado por causa de um rezador que rezava muito e antes de ele partir deixou a sua cruz – seu *xiru,* no morro sagrado (Cerro Marangatu) por isso hoje chamamos Ñanderu Marangatu. O mapa a seguir (Figura 1.1) como é a organização da Terra Indígena Ñanderu Marangatu.

---

[4] Este capítulo é resultado do trabalho apresentado como requisito para conclusão do curso de Licenciatura Intercultural Indígena Teko Arandu, Área de Ciências Humanas, UFGD, 2016, orientado pela professora Rosa Colman.

Figura 1.1 – Terra Indígena Ñanderu Marangatu

Fonte: SED/MS – Curso Ára Vera, 2011

A população após a retomada vivia amedrontada pelas ameaças dos capangas dos fazendeiros e pelo próprio fazendeiro. Tinha medo até para construir sua própria casa; não era permitido sair do pequeno espaço que ocupavam. As crianças não se sentiam felizes por causa dessas ameaças. O Dorvalino Rocha foi assassinado pelos pistoleiros e a justiça não foi feita até hoje Ao lado da terra reocupada tem a aldeia Campestre, que também faz parte do mesmo território, mas só tem oito hectares onde o Alziro ganhou do seu compadre para ele morar com a sua família. Atualmente a aldeia Ñanderu Marangatu Campestre está na espera aguardando a indenização, com o crescimento de população. A comunidade retornou a reocupar a área pretendida no mês de agosto de 2015, dia 22 na área primavera. Ao oitavo dia da reocupação os fazendeiros começaram a atacar, no dia 29 de agosto de 2015 por volta das 11:30 com mais de 150 carros

Neste trabalho fiz uma descrição do modo de vida da população da Marangatu, antes da expulsão e depois da retomada da terra a partir de 1999. Comparei os modos de vida nos dois tempos e analisei as diferenças. E descrevi a reocupação que houve no mês de agosto, dia 22, de 2015. Considero muito importante divulgar a história da luta dessa aldeia. A partir da reocupação aconteceram muitas coisas como violência, massacre, assassinato, dentro de uma semana aconteceram muitas coisas, mas a comunidade em nenhum momento pensou em desistir, só pensaram em fortalecer a luta. Também descrevi a participação dos jovens e das crianças na reocupação, entrevistei algumas pessoas que participaram do massacre na fazenda Alto Barra e Fronteira.

O objetivo geral deste trabalho e o que me levou a pesquisar sobre aldeia Marangatu é porque tenho interesse de não deixar morrer a luta das lideranças que lutaram incansavelmente e manter viva a luta de cada uma das lideranças que teve um sonho de ver seu *tekoha* demarcado e ver sua comunidade feliz. E é muito importante porque eu não quero deixar morrer o passado da minha aldeia e toda riqueza cultural do nosso povo. Marçal de Souza era uma liderança que representava os Guarani Kaiowá e Amilton Lopes tinha mesma ideologia do Marçal. Pretendia através deste trabalho passar esse conhecimento para os meus alunos da escola, pois eles precisam muito entender as mudanças que ocorreram na vivência da comunidade. Minha intenção era passar esse fato real. Como era antigamente e atualmente. Comparar e entender os modos de vida nas duas épocas da comunidade, analisando as diferenças sobre a organização social e política dos grupos familiares, moradia, convivência, jeito de educar as crianças, casamento, alimentação, comportamento dos jovens e das crianças, valores, lazer, crenças, rituais, divisão de tarefas, castigos, como evitar doenças, regras de comportamento, vestuário e outros aspectos.

Para a coleta de informações sobre o jeito de viver antigamente, entrevistei o senhor Salvador Reinoso, Loretito Vilhalva e dona Regina Vilhalva e coletei informação dos antigos e também entrevistei os jovens que fizeram parte da reocupação. Pensei bem em como entrevistar essas pessoas porque tenho que coletar dados bem detalhados. Primeiro retirei do laudo antropológico do *Tekoha* Marangatu o nome de cada família extensa da antiga aldeia. Escolhi os três que eu queria entrevistar, marquei a visita com cada um, explicando o meu objetivo. Ouvi a angústia de cada um, porque já são poucos os que estão vivos e muitos outros já se foram. Descrevi a entrevista gravada, tirei fotos dos entrevistados.

Modo de Vida Antes da Expulsão da Terra

O senhor Arcenio da Silva, 65 anos de idade, nascido na aldeia Ñanderu Marangatu até o ano de 1940, quando foram expulsos, disse que havia aproximadamente 45 famílias no *tekoha*. Cada família morava em lugares diferentes: os pais do Salvador Reinoso moravam em *Jaraguaty*, uma região do *tekoha* que tinha três famílias; outras famílias: do Nelson, Benites, Benjamim, Alziro, Py'y, eles tinham liberdade de morar onde quisessem. O nome dos lugares eram porque não tinha nenhum incômodo: *Teju Jagua, Marangatu, Mborevi*.

Naquela época, a Aldeia Ñanderu Marangatu era só mato, tinha muita caça e pesca. As famílias mantinham-se da caça, pesca e da coleta, tinha também muito mel, a alimentação deles era só nativa, não existia alimento de fora, ou seja, industrializado. Quando os homens iam para a caça, as mulheres ficavam para preparar farinha de milho, de mandioca e também mandioca cozida e assada. Os homens sempre caçavam tatu, queixada, veado, anta, pescavam. Eles conseguiam a caça para alimentação da família porque na época havia animais suficientes para sustentar a família.

Educação Tradicional

Os pais ensinavam seus filhos desde pequenos para poder viver, saber fazer as coisas como construir suas casas. Eles também ensinavam o artesanato, a arte como rede de *karaguata*, roupas e a reza que as crianças acompanham desde pequenas. Segundo Arsênio da Silva ele sempre praticou com seus pais a reza por isso hoje ele é o nosso rezador. As mocinhas não podiam comer qualquer carne, porque aos 14 anos de idade ainda eram consideradas meninas, sendo totalmente proibido comer carne de veado, se elas comessem, poderiam ter problemas de desmaio. Quando as meninas ficavam moças, quando menstruam pela primeira vez, o costume era sempre se guardarem, ficando uns 15 dias em casa, no quarto, separadas, e os cabelos eram cortados, ficando só um fio de cabelo na cabeça; também não podiam comer sal. Depois de passado os 15 dias, elas saíam e começavam a trabalhar, podiam fazer qualquer coisa, assim começavam uma vida nova e trabalhadora.

Naquela época, segundo o senhor Reinoso, havia o *Kunumi Pepy*, que é o ritual de iniciação dos meninos, quando eles furavam o lábio e colocavam o *tembetá*. Tinha também *avati kyry*, que é o batismo do milho branco, e as crianças eram batizadas; essas duas coisas eram sagradas para a comunidade. Nesse ritual sagrado havia participação de outras famílias que moravam no outro *tekoha* como na época as famílias que moravam na região da aldeia Pirakua vinham no *tekoha* Ñanderu Marangatu participar do ritual. A duração do ritual durava um mês, às vezes quinze dias, era um momento muito sagrado, os parentes se reuniam com esses rituais sagrados, os pais ensinavam seus filhos, porque não existia escola naquela época. Então os pais ensinavam seus filhos, na prática eles educavam e os filhos ouviam e obedeciam. E assim os filhos aprendiam para a sua vivência.

Organização Social

Naquele tempo não tinha capitão, porque cada família tinha o seu chefe; aquele que era o mais velho. Todos eram felizes e unidos, trabalhavam todos juntos na roça, plantavam milho, batata, *kara*, *kumanda*, cana, banana. Na época de *kopi pepy* ou mutirão, os homens se ajudavam para a realização das roças de cada um do grupo. Nesta época o arroz era uma comida que eles não conheciam. Fiquei impressionada com uma coisa que o meu informante me contou. Ele explicou como era feita a pipoca: primeiro eles esquentavam a panela, que era de ferro, só os talheres eram feitos de laje. Então eles pegavam aquela terra onde se faz fogo, tiravam toda a cinza e depois pegava areia cozida e colocava na panela; tinha que estar fervendo para pôr o milho, depois era só colocar na panela. A pipoca estourava normal, só que ainda mais gostosa. Com essas comidas tradicionais os dentes deles não estragavam e usavam a casca da aroeira para ajudar a limpá-los.

Também naquela época não existia sabão, eles lavavam as roupas com a folha do *ipê* e com uma espécie de sabão de milho. Dizem que limpava bem a roupa e usavam sabugo queimado para poder escovar as roupas. Suas casas eram feitas de sapé que iam até o chão, eram chamadas de *ogajekutu* ou *ogakulata*. As festas eram assim: quando saia *chícha* num *tekoha*, por exemplo, no *Mborevi*, todo o pessoal das outras regiões era convidado, eles iam para ficar durante a festa, independente de quantos dias durasse. As crianças obedeciam a seus pais, porque tinham muito respeito por eles, por isso eram obedientes e acreditavam no que seus pais lhes transmitiam. As meninas não usavam calcinhas para não esconder a primeira menstruação, mas depois disso já podiam usar, que eram feitas de algodão. O casamento deles era muito bom, a sogra escolhia a nora para seu filho, mas o noivo não deve conhecer a noiva antes do casamento e não a recusava, o amor era construído depois do casamento, assim não desabava nunca, só a morte que os separava.

Segundo Dona Eleuteria Vilhalva, de 85 anos de idade, nascida na Aldeia Marangatu, o costume dos homens era comerem todos juntos e as mulheres juntas com as crianças. Naquela época a comunidade não conhecia computadores e celulares, até mesmo porque ainda não existiam, eles viviam de modo natural, as crianças brincavam de animais do mato, ouviam histórias dos pais e dos avós. As donas de casa gostavam muito de plantar frutas ao redor das casas e criavam bichos do mato, como o *kuati*, veado, macaco, os que não são bravos.

Os pais conseguiam educar seus filhos, porque eles ouviam o que os pais falavam e as crianças já cresciam com boa educação, sem consumir drogas ou álcool (ilícitas ou lícitas). As mulheres tinham muitos filhos, pois não existiam métodos anticonceptivos, o número chegava de 15 a 20 filhos; algumas tomavam remédios caseiros que chamavam de *memby kakuaaja* (remédio caseiro que se tomava para o bebê crescer bem para depois engravidar outra vez) que era encontrado no brejo e nas árvores hospedeiras, que na sua concepção, ajudava a evitar a gravidez até uns dois ou três anos. Dona Cristina, de 72 anos de idade, nascida na Aldeia Ñanderu Marangatu, contou que difícil eram remédios para tuberculose, sarampo e catapora. Os velhos eram atacados por tuberculose e as crianças também e não conheciam remédio para esses tipos de doenças, mas os outros remédios naturais eles conheciam. Os remédios naturais eram: *icencio*, cedro, aroeira, *chiru* e outros. Tinha remédios quentes e frios. Quando uma pessoa ficava com febre, eles já ferviam a casca de cedro e davam banho, dali a pouco o doente ficava suando, mas não podia pegar vento e a febre baixava. Também as crianças morriam muito de pontada de pneumonia.

Segundo esta informante antigamente eles faziam *chicha* só no cocho, que era feito de cedro, onde colocavam a bebida tradicional. No *tekoha* sempre tinha *yvyra'i*, o lugar onde se faz *jerojy* (ritual de canto e dança). Ela disse que, mesmo quando não havia batismo, o costume deles era fazer reza sempre na sexta-feira, junto com sua família, todas as manhãs quando o sol nasce e quando se põe. Perguntei à Dona Cristina como se fazia as roupas. Ela contou que o Senhor Alziro Vilhalva ia até o quartel de Bela Vista para conseguir roupas, que tinha o nome de "corte", não usavam agulha, mas costuravam com espinhos grossos de uma árvore que se chama *jukeri*. Do "corte" de tecido as mulheres faziam uma saia rodada chamada "sanfonia". Naquela época a comunidade não conhecia a equipe do Serviço de Proteção ao Índio – SPI.

O córrego Estrelinha e o Rio Estrelão eram os principais rios de pesca para a comunidade Ñanderu Marangatu, onde os filhos praticavam a pesca, se banhavam e se divertiam. Dona Cristina contou que quando uma pessoa morria enforcada eles a queimavam. Isso acontecia porque existia *ñembo'evai*, que é uma reza ruim, por isso eles não enterravam os que morriam enforcados.

A Chegada do Pio Silva

Depois da chegada dos fazendeiros a vida dos kaiowá virou um pesadelo as mulheres eram estupradas, os homens trabalhavam feito escravos, as crianças viviam amedrontadas, não respeitavam suas casas. Quando o Pio Silva, fazendeiro da região, chegou, disse para os indígenas que havia comprado a terra e que lhe pertencia. E começou a trabalhar desmatando, derrubando a mata, plantando braquiária nas roças dos moradores indígenas. Quando os fazendeiros expulsaram da terra a comunidade se espalhou, segundo Arcenio da Silva as famílias foram expulsas com a criação de porcos e plantação de braquiária e colonião e queimavam suas casas sem dó sem nenhuma piedade. Uma família que enfrentou a expulsão foi a do Alziro Correia Vilhalva que corria de canto para canto. Até que um dia um compadre não indígena do Alziro Correia Vilhalva deu uma área de 8 hectares que se chama Campestre, no coração de Ñanderu Marangatu, porque o compadre não queria ver mais o Alziro correndo com suas famílias sem ter onde morar. Com a conquista dessa família, outras famílias retornaram para Campestre. Nesse esparramo, as famílias perderam as referências culturais, pois "sem *tekoha* não há *teko*", como disse Meliá (2004, p. 160).

A aldeia Campestre possui 8 hectares, mas com o passar do tempo as famílias que foram expulsas voltaram a morar nesses 8 hectares que seria só aldeia, mas, em torno dela foi construída a vila Campestre na época de 1970 e muitos não índios começaram a morar nesta vila. Nessa área pequena quem era líder da aldeia era Dom Quitito que organizava a sua comunidade. Eles conquistaram uma escola que na época tinha um funcionário da FUNAI. Mas, antes de mais nada, o representante do Guarani Kaiowá era Marçal Tupã'i que morou no Campestre. Ele era enfermeiro, representante do povo Guarani e Kaiowá. Nessa época, em 1980 aproximadamente, ele visitava a aldeia Pirakua. Ele era um líder que se preocupava com o seu povo, tinha um sonho de ver seu povo recuperar o seu território. Mas, em 1982, ele foi assassinado por pistoleiros na aldeia Campestre, mas o assassino nunca foi preso. Amilton Lopes também marcou a sua vida, ele era um dos articuladores do Aty Guasu desde quando a luta iniciou na aldeia Pirakua e também acompanhou a luta da demarcação de terra. Amilton Lopes, hoje falecido, se mudou para Campestre em 1988 a pedido de Dom Quitito e desde então acompanhou o movimento da retomada.

Retomada em 1998

A retomada aconteceu em 1998, segundo a entrevistada Nilza Gonçalves. Ela conta que a comunidade fez seu ritual tradicional durante 15 dias na aldeia Campestre. Após quinze dias a comunidade retomou o seu *tekoha* Ñanderu Marangatu, retomaram as 2:00 horas da madrugada em torno de quarenta pessoas junto com rezadores e as crianças, era algumas crianças e foram parar perto do *Teju Jagua* que é perto da sede do Pio Silva que hoje se chama Cedro. Amanheceram no local e logo cedo os fazendeiros chamaram o exército para retirar os indígenas do local. O exército veio dando tiro por cima para intimidar os índios, mesmo assim eles conseguiram manter a calma e montaram uma estratégia para caso alguém os atacasse.

Então, nesse episódio, os indígenas recuaram um pouco. A informante disse que eles eram unidos, se ajudavam muito, quando houve acordo recuaram mais um pouco e ficaram numa área de 27 hectares. Em 2003 os fazendeiros entraram com pedido de reintegração de posse, mas não houve despejo, foi suspendido. Depois disso em 2005 a área foi delimitada, demarcada e homologada, mas o Supremo Tribunal Federal (STF) suspendeu a homologação. Nesse decorrer do tempo perceberam que a área é muito pouca e a comunidade retomou outra área em nome do suposto proprietário Altamir Dalla Corte que fica ao lado da área de 27 hectares e também houve retomada no Piquiri, os fazendeiros entraram de novo com pedido de reintegração de posse no ano de 2005. Infelizmente aconteceu o despejo. Mas, depois que a comunidade desocupou a área do Piquiri.

A comunidade da aldeia Ñanderu Marangatu em dezembro de 2005 foi despejada e a comunidade morou por volta de seis meses na beira da estrada, mesmo assim a luta continuou. Com sofrimento, muitas crianças desnutridas, passando necessidade, os alunos seguiam estudando. E aconteceu encontro das mulheres, a mobilização não parava, a luta foi imensa, uma das lideranças que se chamava Dorvalino Rocha foi assassinado no dia 25 de dezembro na entrada da aldeia onde houve a primeira retomada, ele estava buscando mandioca da roça dele para comer carne assada com a sua comunidade na beira da estrada quando os pistoleiros atiraram nele a queima roupa e ele morreu. O assassino nunca foi preso. Depois de seis meses retornaram de onde foram despejados, houve acordo porque o projeto do governo do estado era asfaltar a BR 384 que estava próximo do acampamento da comunidade da aldeia Ñanderu Marangatu. Mas, houve muita mobilização.

Modo de Vida Depois da Retomada em 1998

Hoje a comunidade vive em confinamento, não tem liberdade para poder plantar, porque não tem espaço suficiente, os moradores vivem amontoados. Mesmo assim, cada um faz sua parte, plantam ao redor de suas casas, às vezes o chefe de uma das famílias convida outros moradores para fazer mutirão, eles ajudam uns aos outros. Além do confinamento, a comunidade era cercada por pistoleiros; os indígenas não podiam procurar madeira para a construção de suas casas, nem caçar, pois ficavam com medo. Mesmo para procurar lenha, os pistoleiros davam tiro por cima de suas cabeças. A Aldeia Ñanderu Marangatu está melhorando, existe uma escola grande que atende os alunos da Educação Infantil e todos os anos da Educação Fundamental; também já tem professores terminando o nível superior e já alguns formados.

De acordo com o Sr. Salvador, a educação escolar está melhorando, porque as crianças que haviam estudado na época de 1990, hoje já estão empregadas, terminaram o ensino médio e já fazem graduação, isso já é um grande avanço para nós. Há também um posto de saúde que atende a comunidade com duas equipes médicas: a equipe da Fundação Nacional de Saúde – FUNASA – e a equipe do município. Mas é um caso sério quando os indígenas precisam fazer um exame de saúde em outro município, porque a Secretaria Municipal de Saúde não quer autorizar o veículo para entrar na aldeia. O Sr. Salvador ainda firmou que a situação era muito difícil.

Temos duas lideranças na aldeia, como é normal: Loretito Vilhalva, que é filho de antiga liderança tradicional Dom Quitito e Isaias Sanches Martins, que é professor. Como liderança, o Isaias está ensinando o que é correto, a comunidade está tendo um bom avanço nas questões de disciplina, como por exemplo, com aqueles homens que gostam de fazer arruaça e também os adolescentes que consomem bebidas alcoólicas até de madrugada. A tecnologia está entrando mais nas famílias através da televisão, rádio, aparelho de CD, geladeira, energia elétrica, fogão a gás, celular.

Ele conta que os jovens não ajudam mais seus pais na roça e nem em casa, até mesmo os deveres da escola não são feitos pelas crianças. As meninas não ajudam mais as mães nos deveres domésticos, porque os pais não dominam mais seus filhos. Por isso também é que os jovens se casam mais cedo e desistem da escola.

A Cultura Tradicional Não é Valorizada

Conversando sobre religião, o Sr. Salvador disse que na aldeia o que está invadindo mesmo são as religiões evangélicas, tem poucos Ñanderu – que são os rezadores tradicionais - e pouco espaço para eles, por isso os jovens hoje frequentam mais as igrejas e acabam deixando a cultura para trás. Completou dizendo que tinha ñanderu ou cacique que ainda rezava, mas eles estão se excluindo, porque os evangélicos os chamam de diabo, por isso não rezam mais. O batismo agora acontece praticamente só nas igrejas evangélicas para as crianças e adultos convertidos. Então os caciques estão desanimados.

Sustentabilidade

Quanto à alimentação, a comunidade recebe do governo cesta básica como ajuda e também os homens saem da comunidade para trabalhar fora, como nos canaviais e nas fazendas da região, para poderem sustentar suas famílias. Atualmente os alimentos tradicionais estão bem reduzidos na comunidade, apenas alguns plantam mandioca, batata e banana. Porque tem pouco espaço, não há condições para pantar nada em casa, disse o Sr.

Ciriaco Ribeiro, reclamando da falta de terra para plantar. Ribeiro disse que não está plantando nada, primeiro porque o estado de saúde dele não está bem e mesmo que se ele quisesse plantar; a terra é muito pequena. Alguns pais recebem bolsa família do governo, que é um salário mensal, de acordo com o número de filhos que estão na escola. Dona Cristina disse que hoje o casamento é pela estrada, nem os homens consultam mais os pais da moça e, mesmo assim, os pais não admitem o erro dos filhos.

Observo que as crianças hoje se comportam como filhos de não-indígenas, é tudo moderno, escutam músicas só no MP3, no celular, brincam com *"play station"* e *"vídeogame"* no computador etc. As crianças da nova geração escutam e dançam músicas como os não-indígenas; gostam de *"hip hop"* e *"dance"*; o corte de cabelo é com "topete", "surfista" e até pintam os cabelos. Dona Cristina analisa que o comportamento das crianças mudou porque hoje, depois que a escola entrou na aldeia, a maioria dos alunos enxerga mais na visão do não-indígena. Antigamente as crianças cresciam na educação da família, respeitavam as crenças e a cultura. Eles, tendo uma casa de sapé e uma lavoura que sustentava a família, para eles isso era o suficiente e vivendo da caça e da pesca. Hoje, de acordo com a informante, o próprio homem branco parece ter deixado os indígenas deste jeito, porque deu a escola para as crianças que já começaram a ter uma visão diferente, mesmo sendo os professores indígenas. Enfiem, a escola ensina muitas coisas que não é bom ensinar para as crianças. Ela disse que a partir disso mudou tudo: hoje as crianças já pensam num futuro diferente, deixam a cultura de lado, seguem crença dos não-indígenas e algumas crianças já não aprendem mais a língua materna, elas crescem querendo aprender só a língua portuguesa e viver como eles, e ainda querem ser mais independentes dos pais do que antes.

Reocupação 2015

A reocupação da aldeia Ñanderu Marangatu aconteceu no dia 22 de agosto de 2015, uma sexta-feira, com a participação de 55 pessoas adultos jovens e crianças e rezador, este foi o grupo que tomou iniciativa de reocupar a aldeia. A ação durou três dias para se organizar. Como não houve a resposta do Supremo Tribunal Federal, a comunidade se organizou para reocupar o seu *tekoha*, como forma de pedir para que os órgãos federal e estadual pudessem apressar a solução o mais rápido possível. Cansaram de esperar dez anos após a demarcação e homologação. Porque a ocupação após a retomada em 1998 a população cresceu e o espaço ficou pequeno para aproximadamente 2000 pessoas.

A primeira reocupação ocorreu na fazenda Primavera. Reocuparam no período da noite às 2:43 da madrugada, reocuparam pacificamente ninguém se feriu, os capatazes que estavam na fazenda saíram da fazenda pacificamente de manhã cedo por volta das 8:00 h. A DOF compareceu na fazenda Primavera perguntando pela esposa do capataz que havia fugido na noite que retomamos a fazenda, então a comunidade começou a chegar para dar apoio dia e noite. Dentro de quatro dias os guerreiros e guerreiras jovens, crianças, rezadores e os pais ficaram atento, mas com a graças de Deus, não houve nada. O proprietário desta fazenda Primavera agiu de boa-fé, apenas o e gerente que queria agir junto com outros fazendeiros, mas não aconteceu nada a comunidade e dentro desses quatro dias conseguiram reocupar a fazenda e o retiro da mesma fazenda.

Na terça feira, por volta das 17:30 da tarde, a família dos Vilhalva Fernandes e Silva se uniram e fizeram a reocupação na fazenda dos pioneiros, a partir do momento que aconteceu uma reação a comunidade que estava na Primavera. Se uniram em 60 pessoas e foram encontrar com as outras famílias que estavam fazendo reocupação pela fronteira, nesse local todos se encontraram, mas ninguém dos fazendeiros foram encontrados nesta fazenda. Então, os grandes grupos se dividiram para finalizar outra reocupação, porque os outros retiros foram totalmente ocupados e só restou duas fazendas. Nesse momento avistaram a DOF saindo de uma fazenda, levando os peões dos fazendeiros, então, os parentes deram a continuidade de reocupar outras fazendas. Uma mulher disse que estava cheio de policial na fazenda CedroAA, mesmo assim os guerreiros seguiram em frente. Em nenhum momento ninguém pensou em desistir e seguiram em frente.

Quando chegaram na fazenda Cedro ninguém foi encontrado, simplesmente a fazenda estava vazia. Um grupo ficou nesta fazenda e fizeram *guachire*, reza e comemoraram a chegada e outro grupo foi para o destino que era a fazenda Barra e assim permaneceram durante mais cinco dias. Enquanto isso, os produtores rurais bloquearam a rodovia 384, em manifestação, mas também espancando os indígenas que circulavam por essa rodovia, porque eles não quiseram deixar passar os índios com alimentação nem com o combustível. Essa tortura durou cinco dias. No dia 29 de agosto de 2015 sábado por volta de 11:30 os fazendeiros entraram com aproximadamente 150 carros nas retomadas e entraram pelo retiro da fazenda Itaquirai e foram chegando na fazenda Cedro, não atacaram na fazenda Cedro, mas deram dois tiros porque havia crianças, jovens e adolescentes juntos com os pais transitando pela estrada. Eles acertaram num tanque de moto e foram direto atacar os índios ocupantes da fazenda Barra. Chegaram lá e mostraram bandeira do Brasil para os ocupantes porque a proprietária dizia para a mídia que não eram os índios da mesma aldeia, ou seja, da Ñanderu Marangatu, dizia que os índios seriam do Paraguai e pediram para os índios saírem da fazenda, mas mesmo assim os índios resistiram e para eles disseram que não sairiam.

Figura 1.2 – Ataque dos Fazendeiros e Jagunços

Fonte: foto de Cassiane Ramos, 2015

Figura 1.3 – Carros de Fazendeiros e Jagunços

Fonte: foto de Cassiane Ramos, 2015

Nesse momento, o deputado federal à época (depois ministro durante o governo Bolsonaro) Luiz Henrique Mandetta desceu do carro e disse que queria conversar, mas era só para distrair os índios. Enquanto isso os fazendeiros já rodearam a fazenda, entrando, queimando moto e já começou dando tiro, primeiro foi com bala de borracha. Aconteceu um massacre, porque os índios tentaram resistir e uma menina de um ano foi atingido na cabeça com a bala de borracha, mas não houve coisa pior com ela, os homens levaram pancadas na cabeça, as mulheres também, foram cruelmente massacrados. Em todo momento os índios guarani kaiowá ocupante da fazenda mantiveram cautela, calma ninguém agiu da maneira brutal, mesmo vendo o sangue derramando.

Também não tinha chance, pois, havia naquele momento apenas 30 pessoas com crianças, jovens, adolescentes e adultos. Eram muitos fazendeiros juntos com seus capangas e assim os guerreiros correram para o mato para defender a sua própria vida, mas nesse conflito ficou uma criança de sete anos de idade dentro da fazenda. Ela se escondeu de baixo da cama num quarto. Essa menina contou que quando ela tentou sair para fora e não viu mais os pais, ela pensouque seus pais e os guerreiros indígenas todos haviam morrido. Nesse exato momento um homem a encontrou na porta e perguntou para ela sobre os pais dela. Enquanto isso a DOF e Força Nacional chegaram na fazenda Cedro e fomos três pessoas para acompanhar eles na fazenda Barra. Quando chegamos na fazenda Barra os fazendeiros já havia atacado os índios na fazenda Fronteira e não encontramos ninguém dos índios na fazenda Barra, todos correram. Então fomos para fazenda Fronteira que estava tendo tiroteio.

Quando chegamos lá, os índios estavam tendo confronto com os fazendeiros, após a nossa chegada junto com os policiais, eu tentei acalmar o pessoal que estava tendo confronto com os fazendeiros. Conseguimos manter calma ambas as partes. Simeão Fernandes Vilhalva disse agora que os policiais já estavam ali, ele ia então procurar sua esposa e filho. Ele saiu seguindo o rio acima, quando um dos capangas dos fazendeiros atirou nele, que morreu na hora. Três rapazes foram correndo atrás do guerreiro e quando chegaram no local, já não adiantava mais nada, então pegaram o corpo de Simeão e levaram para mostrar para os policiais para comprovar que realmente ele levou tiro e que estava morto.

Os fazendeiros se acalmaram, porque já cumpriram a sua fala - antes e depois da retomada uma das proprietárias disse que iria entregar a terra só depois de derrubar um índio, a promessa foi cumprida. O velório e o enterro aconteceram no mesmo local onde ele foi assassinado e a partir desse conflito permanecemos em cada local que reocupamos o nosso território, menos na fazenda Barra. Mas, não foi fácil porque entraram com o pedido de reintegração de posse, mas conseguimos a posse da terra porque os fazendeiros perderam a reintegração. No início foi tenso, mas, hoje estamos permanecendo e a comunidade explorando o espaço que conquistaram como se fosse uma vitória final porque a batalha ainda não chegou ao fim, ninguém ainda resolveu a situação. Continua na lista de espera para indenizar os proprietários, mas estamos aguardando ainda. Essa história não chegou ao fim. Precisamos conquistar o nosso território definitivamente.

Considerações finais

Segundo as informações coletadas para este texto, percebi que antigamente era mais fácil de viver, que a comunidade vivia em liberdade sem ninguém atrapalhar, cada um do seu jeito, não tinha confinamento. Cada um morava onde queria e mudava de lugar à vontade dentro do território grande. Mas também era triste, porque naquela época morriam muitas crianças de doenças como tuberculose, sarampo e catapora – doenças trazidas pelos não indígenas. Todos os recursos eram tirados do meio ambiente, como para fazer casas, remédios, alimentação, sabão, redes e até cobertas. Todos sabiam fazer as coisas para viver bem, porque os pais ensinavam desde pequenos. As famílias se ajudavam nos mutirões, como na caçada, na roça etc.

Hoje vivemos, na verdade, em confinamento e ameaçados pelos pistoleiros dos fazendeiros. Também dependemos de recursos de fora. São recursos para a saúde que vêm da SESAI, da cesta básica, do bolsa família e outros. A diferença entre os três tempos é que naquela época era muito bom de viver. Tradicionalmente, os Kaiowá quase não dependiam de ninguém. Hoje somos mais dependentes, apesar de termos tecnologia mais avançada à nossa disposição. Mas é justamente isto que está ameaçando nossas famílias, prejudicando o comportamento das crianças e jovens e também deixando a nossa cultura e as crenças de lado, mas temos que acompanhar as novas mudanças. E a nossa luta pela terra é imensa porque ela foi tirada de nós após a expulsão, nada tem sido fácil desde então, gerou só violência, massacre, assassinato, mas os Kaiowá e Guarani sempre foram guerreiros fortes, nunca desistiram fácil da batalha e temos a missão de continuar a luta das lideranças que lutaram desde o início e que deixou essa história para nós, uma história viva e sagrada.

Eu me senti muito feliz e honrada por escrever e também vivenciar essa realidade da história no presente e poder escrever a história das pessoas que moravam no antigo *tekoha*. Ganhei uma coisa muito especial, porque aprendi coisas que nunca passaram pela minha imaginação, como conhecer a história da comunidade, o cuidado com as meninas na primeira menstruação e também o jeito de fazer pipoca, porque se esse conhecimento morrer de vez, eu não conseguiria registrar, pois mais tarde essas famílias antigas vão morrer. Se eu consegui essas informações, não vou guardá-las só para mim, vou passar esses conhecimentos para os alunos e também deixarei esta pesquisa registrada na Escola *Mbo'eroy Tupã'i Arandu Reñoi* e que essa história escrita seja divulgada, porque o massacre que aconteceu na aldeia Ñanderu Marangatu seja denunciado a nível internacional e nacional. O Ñanderu Marangatu vai construindo sua história que ainda não chegou ao fim.

Referências Bibliográficas

FUNAI. *Laudo antropológico da TIN Nhanderu Marangatu*, 2007.

LOPES, I. *Aldeia Nhanderu Marangatu antes e hoje*. Trabalho final do Curso Normal Médio Formação de Professores Guarani e Kaiowá, 3ª turma 2006-2010.

MELIÀ, B. El pueblo guaraní: unidad y fragmentos. *Tellus*, v. 4, n. 6, p. 151-162, 2004.

SED/MS/Mbo'ehára *Guarani ha Kaiowá. Tekoha Ra'anga Kuatia Ñe'ẽme*. Curso Ára Vera Secretaria de Estado de Educação, Mato Grosso do Sul, Brasil, 2011.

CAPÍTULO 2

TEKOHA YPÓ I ANTES E DEPOIS DA RETOMADA: O IMPACTO DA CHEGADA DOS KARAI (BRANCOS)[5]

Holanda Vera

Introdução

A pesquisa foi muito importante para os jovens conhecerem melhor a história do *tekoha* e a experiência de vida das gerações de seus pais e avós. Assim, também posso conhecer como as famílias viviam antes da demarcação do SPI. Também conhecer os nomes dos meus antepassados que já morreram e que deixaram suas história e narrativas de como era a vida no passado, quando a comunidade gozava de mais autonomia e dominava o seu território. A pesquisa é importante também para identificar as transformações nas formas de convivência entre as famílias nas distintas situações por elas vividas ao longo das últimas décadas. Escolhi o tema, pois desde criança eu escuto meus pais conversando sobre o *tekoha*, como eles viviam e agora que eu tive oportunidade de pesquisar. E também porque vivo aqui e queria saber mais sobre a história dos meus pais, porque meu irmão era um dos professores que perdeu a vida na retomada.

---

[5] Este capítulo é resultado do trabalho apresentado como requisito para conclusão do curso de Licenciatura Intercultural Indígena Teko Arandu, Área de Ciências Humanas, UFGD, 2017, orientado por Lauriene Seraguza e coorientado por Sandra Procópio.

Figura 2.1 – Rolindo e Jenivaldo

Fonte: foto do arquivo pessoal de Holanda Vera

Antes, quando morávamos na Pirajuí, eles já falavam sobre isso. Quando fui para o Ypo í percebi que a história que os meus pais junto com os irmãos deles e meu avô contavam sobre viver aqui antigamente é diferente de como vejo hoje. E agora estando aqui, vi que está realmente diferente de tudo que eles contaram. Quando era pequena meu pai me contava sobre o Ypo í, lembrava onde era a casa meu avô, como era paisagem antes da chegada do branco, mas eu não sabia. Eu nunca havia saído da Pirajuí e lá era tudo o que eu conhecia.

Para realizar a pesquisa fiz visitas a parentes, conversas com tereré, e também entrevistas específicas para a pesquisa, mas fiz tudo sem levar caderno, sem anotar na hora. Depois, redigia tudo no meu caderno de campo. Fiz conversas com o meu pai Bernardo Vera e com o meu tio Catalino que foram mais tranquilas porque eles gostam de falar estas coisas. Meu pai Bernardo gosta de falar porque nem todos os alunos que fazem perguntas, pesquisas, gostam de falar sobre isso.

Ele também gosta de falar sobre isso para não esquecer, quando ele começa a falar, ele começa a lembrar de muitas coisas que ele já não lembrava porque nunca fala sobre elas. Nas reuniões eles sempre falavam de como eles viviam aqui antigamente, por isso gosto de conversar com eles, para saber da nossa história. Eu sempre ouvia essa história, mas não perguntava, comecei a investigar com a pesquisa.

A vida antes do *kara'i*

Antigamente aqui no Ypo í, nós vivamos felizes, cada um tinha suas roças, suas casas e tínhamos muitas coisas para comer com nossos filhos. Ninguém passava fome. Aqui também tinha casa de reza, *oga pysy*, a pessoa que ficava doente era levada até a casa do rezador para benzer. Toda a comunidade participava da reza, pois ela acontecia todas as noites, e o rezador "cacique" era muito respeitado. Os homens caçavam, pescavam, plantavam os seus alimentos e as mulheres ajudavam junto com os filhos(as). E assim nossas vidas eram tranquilas e felizes. No Ypo í tinha muitas matas e frutas silvestres, muitos animais como tatu, quati e pássaros. As famílias que compunham o Ypo í eram a Vera, família Morales, família Vilhalva, família Moreira, família Gauto, entre outros.

Em conversa com meu pai Bernardo Vera, e o seus irmãos, meus tios Catalino Vera e Venido Vera, eles relataram que na época ainda eram crianças ainda, mas espertos e já sabiam como viviam felizes sem a presença de estranhos. Meu pai Bernardo lembra e afirma que seus pais e seus avós, eram mesmo do Ypo í, os avós morreram aqui e estão enterrados aqui mesmo. Eles são em onze irmãos e um morreu lá em Ypo í, ficando em cinco irmãos e cinco irmãs, só que uma irmã, a Susana Vera já nasceu em Pirajuí, pois quando ela nasceu o SPI já tinha demarcado as reservas. No caso a de Pirajuí, os seus pais já tinham ido para lá, mas não foram com a vontade própria, porque foram obrigados a deixar o seu *tekoha*. Susana e os outros já nasceram no Ypo í, ela se casou e teve dois filhos, o irmão Catalino também se casou aqui, mas não teve filhos, só depois na reserva.

Quando conversei com Maximino Morales ele contou que quando morava no Ypo í, antes do SPI, ele perdeu uma irmãzinha de 11 ou 12 anos mais ou menos que morreu de diarreia, porque não tinha remédio. Eles davam o remédio tradicional, mas isto não ajudava muito naquele caso. O cemitério dela está lá, no Ypo í, não tem a cruz, mas ele lembra onde fica localizado, afirmando que seu avô, sua mãe, moravam aqui e ele nasceu no lugar e depois foram obrigados a ir para Pirajuí. Os próprios *karai* deram lotes uns para os outro, e assim os expulsaram. A lembrança de Maximino rememora a criação do SPI, Serviço de Proteção ao Índio, em 1910, tendo a sua frente Marechal Cândido Rondon que reservou 8 pequenas porções de terra em Mato Grosso do Sul para os Guarani e Kaiowá, em 1928, a reserva de Pirajuí em Paranhos, MS, expulsando os índios de seus territórios tradicionais, dividindo em lotes para os brancos (BRAND, 1997). A expulsão de seus territórios causou muito sofrimento pela obrigação de se viver em reserva e interferir radicalmente no modo de vida, acabando com rios e matas, transformando a paisagem, como também foi verificado por Brand e Colman (2008):

> Tradicionalmente, os Kaiowá e Guarani se relacionavam com a natureza harmoniosamente, não a explorando de forma agressiva. No manejo dos recursos respeitavam a vitalidade do solo. A própria agricultura era de itinerância, isto é, faziam suas derrubadas, que eram queimadas, cultivadas e depois de dois ou três anos deslocavam-se para outro espaço, deixando que aquela terra se recuperasse. (BRAND; COLMAN, 2008, p. 155).

Meu pai Bernardo conta que lá na reserva não conseguiam participar diretamente das atividades e do cotidiano, porque as pessoas de lá sabiam que eles não eram de lá, e não deixavam eles participarem dos assuntos e reuniões.

A chegada do *Karai*

Nós vivíamos em harmonia, mas isto não durou por muito tempo. Quando houve um desentendimento entre os partidos no Paraguai, entre o partido Colorado e o partido Liberal e os outros partidos os perseguiram e se conseguissem pegá-los, os matariam e então, muitos paraguaios correram para o Brasil. O primeiro não indígena que entrou aqui foi o senhor Toko Lemes, pouco depois, antes da demarcação veio Ramon Escobar que também correu para cá para escapar da guerra. Bernardo Vera, meu pai, conta que ele chegou na casa de seu pai, meu avô, quase sem aguentar mais, quase engatinhando. Ele se lembra, nas suas palavras, *"amete opoñy hape ntema oguahe aguelo rogape"*. Segundo Seraguza e Foster,

> Na primeira metade do século XX, o Governo Federal iniciou um forte processo de colonização das áreas de fronteira e, neste sentido, inicia-se a inserção do branco nos territórios

> dos índios. Para que esse processo de territorialização se concretizasse, uma das estratégias foi a criação de reservas para o confinamento dos índios. (SERAGUZA; FOSTER, 2010, p. 4).

Quando tinha reza aqui as pessoas do Triunfo vinham até aqui para nos acompanhar e no outro dia nós íamos até o *tekoha* Triunfo para acompanhar o rezador. Aqui no Ypo í e no Triunfo tinha casa de reza. Quando morriam os nossos parentes as pessoas do Triunfo todos vinham dar força para nós e nós também íamos andando, assim nós vivíamos. Assim o pai do senhor Fermino Escobar, Ramon Escobar, adentrou as terras do Ypo í e os parentes deles quase todos foram mortos no Paraguai. Os quatro irmãos escaparam porque conseguiram chegar até o Ypo í. Assim, os irmãos do Escobar, Daniel Escobar, Roberto Escobar e Herminio Escobar conseguiram escapar chegando até o *tekoha* Ypo í. Mesmo depois de chegarem, um dos irmãos foi morto, o Roberto Escobar, durante uma caçada. Quando saiu do Ypo í, foi pego pelo inimigo. Assim, sobraram somente os três irmãos e ficaram aqui no Ypo í.

No começo eles pediram para ficar somente até a perseguição acabar, só que com o tempo eles foram ficando e depois já começaram a derrubar as árvores para plantar cana de açúcar, a primeira plantação realizada no *tekoha*. Mas para plantar, quem era contratado para derrubada das árvores eram os próprios indígenas que recebiam compras ou um pouquinho de dinheiro para isto. E assim, os indígenas começaram a trabalhar para o *karai*. O próprio morador do *tekoha* derrubou nossas árvores em troca de mercadoria ou dinheiro, nossa mata era grande e tinha vários tipos de árvores como: *tajy, laure, yvyra pyta,* entre outros, mas com o tempo nossas árvores foram acabando, ficando tudo destruído.... A violência contra os povos indígenas, com foco nos processos de territorialização já foi percebido neste local por Seraguza e Foster:

> As consequências desse processo de territorialização explodem hoje, em Mato Grosso do Sul, em toda a extensão de sua violência. Durante décadas, os Guarani e Kaiowá sofreram esta violência sendo encurralados, expulsos a cada frente de expansão, até não terem lugar para ir. Foram vendo suas crianças morrerem de fome, vendo seus jovens se suicidar. Morando nos fundos de fazendas, nas periferias das cidades, nas beiras de rodovias. (SERAGUZA; FOSTER, 2010, p. 4).

Antes da demarcação do SPI, pouco antes de morrer, o Ramão Escobar disse ao Marciano Vera que um dia aquela terra seria comprada e um pedaço ele deixaria só para a família de Marciano, para que se caso um dia ele quisesse sair dali, um pedaço de terra estaria reservado para sua família, por conta das ações do governo de loteamento. O Ramão dizia que isto era pelo seu Marciano Vera e sua generosidade em recebê-lo naquele momento difícil e que aquela terra era de Marciano, ele sabia. Mas os seus filhos já não sabiam mais como tinha sido a chegada de seus pais em nosso *tekoha*. Segundo meu pai Bernardo, Ramão Escobar era um homem pobre, todos os dias de manhã ele aparecia com um bezerro, que ele não sabia se era roubado ou de onde viria, e assim começou a criar gado e ele começou a ter dinheiro. E então o Governo começou a dar as terras dos Guarani para os *karai*.

Depois que o senhor Ramão Escobar morreu, o senhor Fermino, filho do Ramão, já começou a falar que a terra era deles, que eles compraram do Governo e começou a falar para os indígenas saírem para a reserva porque lá teria sido comprado para eles. Depois veio a FUNAI, entraram aqui e falaram para nós levarmos nossos filhos para a reserva, onde tinha a escola e onde a FUNAI poderia atendê-los. Fermino morava em Amambai, de lá ele ia para o Ypo í, mas tinham pessoas que trabalhavam para ele ali em Ypo í. Na época ele já tinha dois filhos. Desde então, os moradores de Ypo í não puderam mais viver em paz. Depois do loteamento do SPI no Ypo í, veio um alemão missionário de nome Araldo, que levava um por um para a reserva de Pirajuí, mas ele não obrigava, só levava quem quisesse ir, mas incentivava as pessoas de lá para poder levá-las. Enquanto ocorria o loteamento, meu vô Marciano Vera trabalhou na medição dos lotes, por não saber que consequência teria o trabalho deles, outras pessoas ajudavam nesse trabalho. Catalino Vera relata que se lembra da época em que levava água e comida para o seu pai Marciano no lugar onde ele estava ajudando os engenheiros do Rondon, que estavam dividindo o nosso *tekoha* em lotes para os brancos.

Muitos foram para a reserva de Pirajuí e também para o Paraguai, assim nossos parentes se esparramaram, e muitos também ficaram. Com o passar do tempo, não houve mais tranquilidade entre as pessoas, segundo meu pai Bernardo, eles ficaram para para trabalhar para o seu Fermino, para poder alimentar os filhos. Os que ficaram, permaneceram por mais algum tempo, só que depois vieram algumas doenças e ninguém sabia quais eram na época, hoje sabemos que foi gripe, febre, febre amarela, malária, onde o senhor Amâncio Morales perdeu três filhos com essas doenças e todos estão enterrados em Ypo í. Isso ocorreu depois da criação da reserva de Pirajuí.

E com isto se justificava a ida para reserva, onde tinha remédio. Meu avô Marciano Vera ficou mais um pouco, só que um dia a tarde, o Fermino foi até a casa dele com o revólver, e falou para ele para sair de lá, pois a terra já não pertencia mais a eles. Meu pai Bernardo lembra que seu pai não queria sair, mas ele tinha medo, por isso saiu, pois antigamente os velhos tinham muito medo das armas. Depois de quase todos os indígenas terem saído, meu pai Bernardo Vera ficou com sua esposa, minha mãe, Francisca Gonsales para trabalhar, com um pouco de dinheiro ou compras que recebia pelo trabalho na derrubada de arvores e em outros trabalhos que existiam lá, e em de 1975, mais ou menos, se mudaram de lá. Se iam trabalhar em outro canto ainda dentro do Ypo í, mudavam sua a casa, mas não.era mais casa, era um barraco, uma forma de resistir para não deixar o seu *tekoha,* onde nasceu.

Meu pai trabalhou cortando árvore e assim vivia na *changa,* pois já tinha dois filhos, meus irmãos Rodolfo e Dilson que já eram grandes e tinha que levar onde tinha escola para que pudessem estudar. Entre 1975 e 1978 meu pai Bernardo Vera saiu e foi para Reserva de Pirajuí. Já os outros saíram mais cedo, mas Marciano não se conformava em ter saído de lá do Ypo í. Quando ocorreu o primeiro *Aty Guasu,* em meados dos anos 80, meu avô Marciano Vera já começou a participar e lutar pelo Ypo í, junto com o Aveliano que queria retomar suas terras do Triunfo. Assim, eles participavam do *Aty Guasu* e começaram a conversar com os antropólogos. Mas, meu avô morreu em 2002 sem realizar o seu sonho de voltar para o seu *tekoha.* Meu pai Bernardo Vera que pouco antes de seu pai Marciano morrer conta que ele falou para que continuasse no lugar dele, para participar dos *aty guasu* e conhecer os companheiros da luta. Ele afirma que seu pai ordenou para levar a família para o seu *tekoha* e fez meu pai prometer que um dia ele iria entrar em seu *tekoha.*

Desde então começou a participar junto dos *aty guasu* com Aveliano e Mario Vera e foi apresentado por estes no *aty guasu,* como quem ficou no lugar de Marciano para continuar a luta, dizendo para o filho voltar para o seu lugar, o *tekoha* Ypo, e para não desanimar. E assim ele começou a participar dos *Aty Guasu* e o último que ele participou foi em Yvy Katu em 2009, onde meu pai Bernardo anunciou que não iriam mais esperar e que iriam retomar o Ypo í e já começou a conversar com a família para que pudessem entrar.

A luta pela retomada do *tekoha* Ypo'i

As negociações para a primeira entrada no Ypo í foram realizadas somente com a família, deixando de lado aqueles que sabiam como entrar, os rezadores, *opuraheiva*, ou seja, não foi realizado a reza antes da partida, saíram sem reza e sem o conselho do *ñanderu*. É atribuído a isto não ter dado certo a primeira retomada em 29.10.2009. Na primeira retomada permaneceram apenas três dias, e no final da tarde do dia 31 foram atacados e assassinados dois professores Rolindo e Jenivaldo Vera. Até hoje o corpo de Rolindo não foi encontrado.

Figuras 2.2 e 2.3 – Fotos de Jenivaldo e de Rolindo

Fonte: arquivo pessoal de Holanda Vera

Com a violência do fazendeiro e as mortes, os Ñandeva de Ypo í recuaram e voltaram para a reserva de Pirajuí. Após dez meses de espera pela justiça, nada foi feito. A comunidade se juntou novamente e fizeram a segunda retomada que foi em 19.08.2010, pois a justiça não aconteceu e para esperar e apurar os ocorridos eles voltaram para o *Tekoha* e desde então a comunidade ganhava a permanência e aguardava e mais uma vez perderam a paciência de esperar a justiça e ampliaram a retomada em 28.04.2015.

Depois de três dias da primeira retomada, as três horas, entraram pistoleiros e atiraram para todos os lados, jogaram bala de borracha, nos bateram e meu pai conta que levou muita bala de borracha no ombro. Ele conta que quando eles chegaram estavam rezando, depois que chegaram no Ypo í o primeiro não indígena que eles viram foi um cerqueiro e depois o outro, um campeiro. Meu pai tem certeza de que foram estes dois que contaram sobre presença deles lá. Depois eles se reuniram e atacaram, e eles se separaram para todos os lados, não correndo, apenas andando.

O tio do meu pai estava na frente do *yvyra'i*, acompanhando o rezador, e chegou lá um homem que conhecia ele e começou a bater nele, e então o irmão do meu pai vendo isso foi até ele e falou para ele deixar que ele o levaria dali e pegou o tio no braço e levou até um buraco perto dali. Mas o homem continuou batendo nele até ele chegar no buraco. Aquele homem conhecia bem o tio o Mario Vera, ele era irmão da igreja dele. Não foi só ele quem apanhou, o rezador Pedro estava na frente do *yvyra'i* rezando, o homem tentou bater nele também, mas como ele era um homem ainda forte e sabe escapar, toda vez que o homem tentava bater nele, ele escapava, felizmente não conseguia acertar ele já era de idade, mas ainda e saudável e forte, ele não parava de rezar mesmo assim. Quando os pistoleiros começaram a atirar, as crianças que estavam lá foram levadas até o rio e escondidas pela família lá. Meu pai conta que 'ficou bobo' de tanto levar tiro perto da orelha. Ficou assim por muito tempo, só depois de se benzer que devagar foi ficando bem de novo. Depois deste acontecimento eles pararam de atirar.

No outro dia, amanhecemos de novo na reserva Pirajuí, um a um foram chegando lá, mais ou menos as nove, dez horas, quase todas as pessoas já chegavam, daí já percebemos a falta de quatro pessoas, Jenivaldo e Rolindo e das crianças Vitor e Jesiel, conhecido como Deco. Primeiro achamos que as crianças estavam com eles, mas depois a angústia já começou, e o desespero. Meu pai falou que quando saiu de lá ele já sabia que alguma coisa tinha acontecido com alguém. Rolindo havia ido atrás dos pais, no dia 30.10.2009 entre 14, 15 horas ele saiu da reserva Pirajuí, junto com sua irmã e sua filha pequena.

Depois que os pistoleiros deram o último tiro, todos gritaram, parecia que estavam comemorando alguma coisa. Meu pai conta que sentiu uma dor no peito, mas não queria demonstrar para a mulher e os filhos. Passando o dia a mãe das crianças já não aguentava mais e começou a ficar desesperada. Após três, quatro dias, as duas crianças apareceram. Eles se perderam porque ficaram assustados e se separam dos pais, mas felizmente chegaram de novo. Ficamos felizes por chegarem bem e também porque achamos que eles poderiam dizer onde estava o Rolindo e Jenivaldo, mas os dois não sabiam e nem viram eles.

Também já acionamos os órgãos, o Ministério Público Federal e a Polícia Federal, após alguns dias fomos juntos com a PF, com a PM e o Exército para procurar os dois no local onde estávamos, e tinha chuva que não ajudava, chovia muito. Meu pai conta que já não sentia mais cansaço, mas a vontade era encontrar o filho. Foram até o local onde estavam, procuraram, gritamos para eles desesperados, achamos que eles estavam escondidos por lá. Quando eles conversavam depois da reza, eles falaram que dali não sairiam mais, que enfrentariam qualquer um que quisesse os tirar dali. Este era o medo, e foi o que aconteceu. Por causa deles e por outro motivo, hoje estamos aqui. Meu pai disse que a dor da perda do seu filho nunca mais vai passar. Mas pelos outros filhos e pelas muitas crianças que vão e estão crescendo que ele passava passo muitas coisas, de 'bom e de ruim'. Ele conta que faz isto para que as crianças possam ter um futuro garantido na sua própria terra e diz que continua lutando mesmo com a imensa tristeza que carrega para onde vai. Para Seraguza e Foster a dor das violências sofridas e muitas vezes silenciadas completam as narrativas de vidas dos Guarani,

> Por vezes, faltam as palavras para narrar o inenarrável, a violência desmedida que não pode ser compreendida. Diz Benjamim (1994) que, na volta da guerra mundial, os soldados voltaram mudos, mais pobres em experiências comunicáveis. Suas experiências de dor e violência não se prestavam às narrativas. Desta mesma forma a narrativa dos Guarani, que se completa com silêncios e lágrimas. (SERGAUZA; FOSTER, 2010, p. 9).

Conversando com minha mãe, Francisca Gonsalves, ela contou que não dormiu mais quando recebeu a notícia de que o seu filho não foi encontrado, ficou desesperada sem saber o que fazer, e até culpou o marido por este acontecimento. Não comia mais nada, ficava sentada a noite toda, e de dia também, olhando pela estrada por onde o filho Jenivaldo tinha ido. Ela tinha a certeza de que por ali ele chegaria de novo. Depois de nove dias o meu pai já soube que o corpo do meu irmão foi encontrado, mas ninguém queria contar para minha mãe, porque tinham medo da reação dela de receber a notícia, pois já viram como ela estava. Mas antes de ir para ver a foto do corpo dele para reconhecer, para confirmar se era ele mesmo ou não, meu pai contou a minha mãe que começou a chorar até não conseguir mais. Minha mãe diz que foi o pior dia da sua vida e ainda carrega a tristeza todos os dias.

O sonho de voltar para o nosso *tekoha* era grande e também era necessário. Lá na reserva de Pirajuí não tinha mais espaço, nem para plantar, criar galinhas, e muito menos para trabalhar e também não tinha trabalho para os nossos filhos. Lá, de vez em quando o governo levava cesta básica, as pessoas já começavam a falar que lá não era o nosso *tekoha* e que se a gente quisesse cesta teríamos que retomar as nossas terras. Qualquer coisa, sempre ficávamos por último, e pegávamos a cesta se sobrasse. No posto de saúde, só se fosse urgente atendia-nos primeiro, se não tínhamos que esperar até os outros passarem com o doutor, e por último íamos nós. Mais tarde nós nem íamos mais no posto de saúde, para não passar vergonha. Assim vivemos por muitos anos, e minha mãe comemora dizendo que hoje estão na terra e pode criar galinha, porcos e fazer a própria roça.

Em conversa com Micanor Vera, que hoje é agente de saúde em Ypo í, ele contou que acompanhou o pessoal que foi lá para a retomada, não por interesse, mas sim para ajudar a aumentar o número de pessoas. Por isso acompanhou a primeira retomada e a segunda retomada. Só que na segunda retomada ele veio depois de dois ou três dias porque estava participando do Acampamento Terra Livre (ATL) em Brasília. E quando voltou de lá veio logo atrás deles, não estava sozinho, estava com outros companheiros. Na primeira retomada Micanor estava lá também, estava em um campo perto de uma árvore, se lembra ainda que Jenivaldo e Rolindo estavam do outro lado. Micanor conta que enquanto estavam lá, antes deste acontecimento, ele escutou o Rolindo e Jenivaldo conversando. Eles conversavam que vieram atrás de tranquilidade e paz, não era com ele a conversa, mas Micanor escutava eles conversando. Eles também falavam que não dependeriam de salário, mas ensinariam nem que fosse debaixo da lona ou árvore, falando das crianças que estavam lá. Este era o sonho deles, mas infelizmente este sonho não aconteceu.

Também participou da retomada no Potrero Guasu. Micanor já sabia como era a retomada, que era perigoso. Quando os pistoleiros vieram, ele conta que não correu. Tinha um buraco pertinho e então desceu nele e ficou ali sentado, de vez em quando levantava a cabeça para olhar. Quando eles chegaram, viu tudo, quando eles começaram a bater e atirar, só desceu no buraco quando viu que os companheiros começaram a se separar. Depois não viu mais nada, tentou ver, mas a fumaça cobriu o local. Quando desceu não viu mais nada, eles colocaram fogo nos barracos, contou que o senhor Mario foi até onde estava e desceu lá também. O tio Venido deixou ele lá, ele é cunhado do Micanor. Depois desceram juntos no rio, mas eles continuaram atirando. Não viu nada mais além disso, conta que ficaram espalhados para dar a impressão de que estavam em bastante número. Os pistoleiros chegaram atirando e nos pegaram de surpresa. A estrada era boa e limpa, não era como hoje, pois a ponte de lá caiu. Na época eles chegaram de carro, de camioneta. Depois que acabou o tiroteio eu encontrei um a um e esperamos os outros aparecerem até a noite. La já estava escuro, por causa da fumaça e do tiroteio e o fogo ainda estava nos barracos.

Depois que aconteceu isso escutaram um sinal ruim, parecia que alguma coisa estava gritando, não era gente, era alguma coisa tipo um vulto, uma voz que não era de pessoa e depois que não encontraram mais ninguém, foram embora. Quando saíram para irem uma raposa os acompanhou até a estrada e todos já sabiam que alguma coisa tinha acontecido e que não era boa, porque esse tipo de coisa era um mal sinal. E quando chegaram de novo na Pirajuí perceberam que duas crianças estavam faltando e mais algumas horas depois perceberam que estava faltando Rolindo e Jenivaldo também.

Em 2011 o Micanor Vera trabalhou como agente de saúde voluntário por um ano e meio, na época ainda era a FUNASA e começou a entrar em nosso *tekoha* de quinze em quinze dias. Para pegar o remédio era difícil, porque o atendimento não era frequente, era por semana. Às vezes entravam, outra semana não, mesmo assim quando tinha pessoas doentes, o Micanor ia até a cidade a pé para pegar o remédio no Pólo. Saia a noite, esperava lá o dia inteiro e voltava a noite para ninguém o ver, pois passaria pela frente das fazendas. Hoje a SESAI entra uma vez por semana através da pressão do MPF e da comunidade. Depois de um ano e meio ele foi contratado pela missão para trabalhar como agente de saúde,

O meu pai contou que na segunda retomada, depois de quatro dias de permanência veio a Polícia Federal. Eles chegaram e antes de escutar-nos, falaram para retornarmos para a Pirajuí, e trouxeram muitas armas. Depois como não demos ouvidos, perguntaram para nós por que nós estávamos lá. E então respondemos que viemos por causa do desaparecimento dos dois professores e também perguntaram quantos dias pretendíamos ficar lá. Um dos companheiros falou para ele dizer para o senhor Fermino que sairiam quando ele trouxesse os dois professores vivos, mas sem eles não iriam sair. Depois disso um deles pergunto para nós se não temos vergonha de invadir a terra titular do fazendeiro, já que os indígenas não trabalham e não têm razão para querer terra. Também falou que se ficássemos insistindo levaríamos tiros nos pés. Uma das mulheres que estava e escutou isso ficou tão assustada que desmaiou, pois ele não falou calmo, falou com voz alta, e depois a FUNAI que estava acompanhando-os a levaram no hospital, a FUNAI estava junto para ouvir o que eles falaram para os indígenas. Quando ele falou isso a mulher da FUNAI disse para ele que ela conversaria conosco, fizeram de tudo para nos intimidar e queria nos assustar e depois disse para ficarmos tranquilos e que a justiça resolveria. Disse que o poder de tirar ou de deixar nossa família viver em nosso *tekoha* não estava nas mãos dele, mas nas da justiça.

No outro dia veio um homem, não sei se era da justiça, mas ele falou para nós permanecermos que eles iam tentar nossa permanência na justiça. Depois trouxeram cesta básica para nós enquanto esperávamos a resposta, assim esperamos e depois de dez dias veio um homem e trouxe notícia. A notícia não era boa, ele trouxe uma notícia muito ruim. Que era um liminar, deixou dez dias para nós desocuparmos o lugar, mas enquanto isso os órgãos que estão ao nosso favor recorreram na justiça em SP. E lá ganhamos a permanência.

Outra grande preocupação veio depois de 30 dias, teve outra liminar, deixou quinze dias para desocuparmos o lugar. No último dia veio a notícia de que ganhamos de novo a permanência, mas enquanto isso rezávamos todos os dias para que *Ñanderu* nos ajudasse. Depois de 90 dias veio a última liminar, ficamos tão preocupados que a pressão era maior, mas não perdíamos a esperança, nós rezávamos todos os dias sem parar. Veio de novo muitos policiais federais para nos retirar, eles no retirariam de qualquer jeito, a sorte nossa, ou a nossa salvação foi a dona Faustina Moreira que estava grávida na época e no mesmo dia que a PF veio para nos retirar ela entrou em trabalho de parto. Eles chegaram com tudo, com muitas armas e carros da PF, nos também tivemos ajuda de um professor que é o Sílvio Pires, de Potrero Guasu, que estava lá junto. Ele falou muitas coisas para a polícia federal, lembro ainda o que ele lhes pergunto se não tinham vergonha de vir com essas armas no meio de muitos inocentes e, se quisesse guerra, que fosse para o Iraque, uma vez que os indígenas não tinham armas. E então ele pegou um punhado de terra e comeu para mostrar que a terra lá era dos índios, que fazia parte do corpo deles. Assim eles abaixaram as armas, olharam um para o outro e voltaram até a ponte e somente um ficou lá para ver se entravam em acordo. E naquele dia, no exato momento, como tinha uma mulher entrando em trabalho de parto naquela hora, naquele momento, eles deixaram mais cinco dias para nós ficarmos até que ela se recuperasse. E logo depois nasceu uma menina.

Sobre a segunda retomada, conversei com a jovem Cristiane Vera, 19 anos, minha irmã, filha do meu pai Bernardo Vera. Aos doze anos de idade ela foi acompanhar o nosso pai Bernardo Vera na segunda retomada em 2009. O pai não queria levar, disse que era perigoso, não queria levar por já perder um filho na primeira retomada. Mas por insistência dela ele acabou levando. A nossa mãe também não queria deixá-la vir, mas ela não parava de chorar porque viu que eles estavam felizes e animados por estar voltando ao *tekoha*. Cristiane conta que aquilo era tudo e que depois que vieram aqui todas as vezes que algum carro chegava, as crianças ficavam escondidas, passando frio e muita dificuldade. Mais tarde começou acompanhar os outros que traziam as cestas que eram deixados para nós perto da rodovia, uma pessoa trazia de carro de lá da Pirajuí e buscávamos a noite, e chegávamos no *tekoha* às 4 horas de madrugada, de 15km mais ou menos, a pé. Minha irmã conta que havia perdido muito tempo de estudo, mas que hoje estava seguindo em frente".

Meu pai contou que depois de nove dias diz que um menino que estava pescando achou o corpo do Jenivaldo no rio Ypo í, alguns metros da ponte, e sem nos avisar, os PM retiraram o corpo da água, sem autorização e mandaram direto para o IML em Campo Grande. Somente depois disso a família foi informada e nos chamaram até a delegacia para reconhecer através da foto. Depois de muita luta também, conseguimos ir atrás do corpo em Campo Grande. Só conseguimos trazer para cá porque meu pai e minha mãe estavam com o documento dele. Conseguimos trazer e ficamos quinze dias em casa com o caixão dele sem guardar no panteão que foi construído posteriormente. O corpo ficou exposto dentro da casa que ele morava. Quando ele foi assassinado sua esposa estava grávida, e no dia 3 de novembro nasceu a filha dele. Na sequência nasceu o filho de Rolindo, pois sua mulher também estava grávida.

Figura 2.4 – Casa de Jenivaldo

Fonte: FUNAI (2016)

Conversando com meu irmão Sidiney Vera, que participou da segunda retomada aos doze anos quando foi junto com o pai, deixou seus estudos e foi, também por ter perdido o irmão Jenivaldo na retomada. Esses foram os principais motivos que o fizeram acompanhar o pai na retomada. Por isso não queria deixar o pai vir sozinho, deixou os estudos quando estava no nono ano, mas não se arrepende, não quer lembrar do passado porque passaram muita fome por vários dias. Comeram até *pindoru´ã*, mas era muito amargo, e de vez em quando matavam tatu e comiam, mas depois acabou tudo, as compras e nem caçavam mais, porque era perigoso.

Contam que antes matavam tatu porque a noite ele chegava perto dos barracos, desde então ficaram sem comer nada, mesmo com medo saíamos para caçar, a procura de alimentos, nem que fosse um passarinho. Quando achavam qualquer frutinha comiam, de tanta fome, mas aquilo não passava a fome, a cada dia que passava a fome aumentava. A FUNAI já tinha entrado, mas não trazia nem cesta para nós. Se pudesse sair para fazer compra até que saia, mas era perigoso e então ninguém podia sair, comi tanto aquela frutinha de *koku* e *typycha ´a*.

Sidney conta que depois ficou muito doente e como não tinha remédio ficou sem tomar água e sem se alimentar: que estava com diarreia com sangue, só tomava remédios medicinais e com isso melhorou aos poucos, tomava casca de *guaporoity* que era bom para diarreia. Com fome, aquela doença quase acabou com meu irmão. Mas, um pouquinho mais tarde, mesmo escondido alguns saiam com duas ou três pessoas, saiam a noite e iam até a cidade, ficavam lá o dia inteiro e quando chegava a noite, voltavam. Assim traziam alimentos para nós, era muito difícil de sairmos, mais tarde as pessoas de Pirajuí nos ajudavam, faziam cesta e saiam até a pista, mais ou menos uns 15 km, e de lá trazíamos nas costas. Sempre íamos com bastante grupo, saiamos a noite e chegávamos quase três, quatro horas da manhã de volta., trazíamos arroz, açúcar, sal e óleo. Sofreram, mas valeu a pena. Somente depois que ficaram mais tranquilos e com muitas lutas conseguiram o ônibus escolar e a escola e Sidiney consegui terminar o seu ensino médio.

E nos dias atuais...

Após alguns anos da decisão da justiça de deixar um pedaço de terra para que pudéssemos esperar o estudo antropológico, onde permanecemos mesmo sob muita pressão do fazendeiro em virtude de nossa reocupação, um jovem de 25 anos Agripino da Silva se suicidou, se enforcou de madrugada. A comunidade informou a polícia civil que avisou que não poderia entrar lá porque a terra estava nas mãos da justiça. Aí ninguém queria entrar. Somente a Força Nacional chegou pelas 14h com a funerária para retirar o corpo. Na época a pressão dos *karai* era muito frequente e ele, segundo os pais dele, não queria mais voltar para reserva e se suicidou por esse motivo. Alguns anos depois Teodoro Recarte morreu espancado quando voltava da cidade. Ele fazia parte da liderança. Até hoje o crime não foi esclarecido por ninguém.

Em 2012 a nossa principal água onde as crianças todos os dias iam tomar banho, o rio Ypo í, foi envenenado pelos fazendeiros. Uma espuma branca subiu em cima das águas que pegou e cobriu todas as águas do rio Ypo í. Isso ficou assim por uns dois a três dias. Também antes da ampliação da retomada para a frente da fazenda tinha um portão e entrando no *tekoha* tinha mais um e esses eram trancados pelo fazendeiro para que ninguém entrasse lá dentro do *tekoha*. As comunidades não queriam mais viver assim trancada, sem ter liberdade de sair e entraram e ampliaram o *tekoha* em 28 de abril de 2015. No dia 18 de abril de 2016 foi publicado o relatório de identificação e delimitação de terra pela FUNAI que reconhecia Ypo í como terra dos Guarani Ñandeva. Atualmente existe 72 casas e 302 pessoas vivendo somente em Ypo í

Figura 2.5 – Mapa do Ypo í desenhado por Jenivaldo

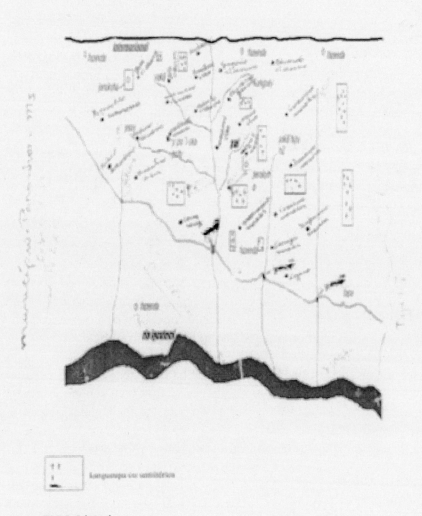

Fonte: FUNAI (2016)

Mas até que esse dia chegasse, acumulamos algumas conquistas, resultados da nossa luta, como a construção da escola em Ypo í, iniciada em 20 de fevereiro de 2012, ficou pronta em julho do mesmo ano, no mesmo período em que ficou pronto o posto de saúde. Antes da construção da escola as crianças foram estudar na Aldeia Sete Cerros, por um ano e meio. As crianças acordavam as cinco da manhã para pegar o escolar. Mesmo construída, a escola só entrou em funcionamento no ano de 2013, depois das férias de julho, por falta de estrutura e então, finalmente, as crianças puderam estudar em seu *tekoha*.

A escola havia sido uma promessa do candidato à prefeitura. Após eleito ele recusou, e justificou alegando que a área não estava demarcada, que havia problemas judiciais. Depois que a comunidade foi ao Ministério Público, a prefeitura ficou obrigada a construir a escola. Embora ela tivesse ficado pronta em julho de 2012, não havia cadeiras, nem materiais didáticos e nem quiseram contratar os professores. Os estudantes continuaram estudando em Sete Cerros. Depois eles falaram que janeiro de 2013 começariam as aulas, mas chegando janeiro a situação continuou igual antes. A justificativa é que não havia recursos para compra de equipamentos. Aí a comunidade novamente pediu interferência do Ministério Público pelo direito a compra de cadeiras, materiais etc. Conseguiram cadeiras de doação do estado. Aí quando conseguiram cadeiras não queriam contratar professores, de a janeiro a agosto de 2013. Aí novamente a comunidade precisou pressionar através do Ministério Público para contratação dos professores. Em setembro de 2013 contrataram 2 professores.

Antes da escola e os alunos irem para Sete Cerros, eu Holanda e professor Joelmir dávamos aulas como professores voluntários, e os alunos não se esquecem disso. Foi no ano de 2011. Também conseguimos lutar pelo ônibus escolar para levar os alunos que estudam na cidade. Sobre a água, atualmente, há duas caixas d água que são abastecidas pelo caminhão pipa da SESAI. Isso foi resultado da obrigatoriedade do Ministério Público para com a SESAI, no período em que os fazendeiros contaminaram a água com veneno. Também conseguimos que a SESAI faça atendimento uma vez por semana, pois antes era atendido de quinze em quinze dias. Em 20016 conseguimos a contratação de mais um professor, antes eram apenas dois, hoje estamos com três professores, um professor dá aula apenas para o pré-escolar desde 2016 e os dois professores dão aulas nas salas multisseriadas para 1º e 2ºano juntos e o outro para 3º ao 5º ano juntos. Também por isso estamos "brigando" com a secretaria de educação para que cada série seja ensinada em série separada.

Em 2016 nossa terra foi identificada pela FUNAI e o relatório publicado, mas teve a contestação dos fazendeiros, pediram para comunidade provar o local do cemitério. Como já não tinha mais nem cemitério tiramos fotos do lugar onde era antes o cemitério, mas, esse eles não quiseram reconhecer como parte do cemitério. Agora estamos lutando para que esse seja reconhecido como cemitério, quando os *karai* ocuparam ainda tinha algumas cruzes e em alguns lugares tinha ainda algumas coisas que eram usadas nas casas como panela velha, sapatos que foram deixados no cemitério e outras coisas, mas os fazendeiros mandaram passar trator por cima e assim desapareceram.

Atualmente, depois de muita luta, cada família tem sua própria casa tem, suas próprias roças e também cada família tem criação de galinha e porco. Estamos lutando pela justiça do assassinato dos dois professores, pela demarcação e homologação de nossas terras. E assim mesmo com muitas barreiras estamos na luta sempre, continuando em frente a conquista do nosso *tekoha*, nós e muitos outros *tekoha* que estão como nós, sofrendo com a perda de muitos parentes. Hoje muitas crianças já nasceram, no seu próprio *tekoha*, temos casa de reza, as crianças aprendem a fazer rezas, a cantar *kotyhu*, aprendem a caçar, pescar, pedir benção aos pais e assim continuamos nossas vidas no nosso *tekoha*.

Meu pai falou quando foi para a retomada, lembrou-se de como era a educação das crianças antes. Agora na Reserva, eles têm a lei da FUNAI, da Missão evangélica alemã, que interfere na educação dos filhos.

Conclusão

Através desta pesquisa que fiz junto com meus pais e meus tios, pude conhecer como era a vida deles antes da chegada dos *karai* e como eles sofreram com essa interferência. Também me ajudou a entender a vida difícil que vivenciaram na Reserva Pirajuí, e entender por que eles resolveram retomar seu *tekoha*. E hoje posso entender as lutas que eles sempre vêm enfrentando, vivenciando as dificuldades, os problemas e os perigos juntos com eles.

Tekoha é o lugar onde a gente mora, onde a gente tem a nossa vida própria para levar nossa vida em frente. Sem ter regras dos *karai*, a gente vive a nossa própria realidade. A gente vive em liberdade, e quando vive cercado (por fazendeiros) com estranhos a gente não tem mais a liberdade. Liberdade para rezar, para caçar, para cuidar dos filhos, educar. Nós mesmos fazemos as nossas regras, lá no tekohá a gente não deixa os *karai* se intrometer na nossa convivência. Na Reserva tem o conselho tutelar, e no *tekoha* são os mais velhos, as lideranças, e o cacique que fazem as regras.

Referências Bibliográficas

BRAND, A. J. *O impacto da perda da terra sobre a tradição kaiowá/guarani:* os difíceis caminhos da palavra. 1997. Tese (Doutorado em História) - Pontifícia Universidade Católica do Rio Grande do Sul, Porto Alegre,1997.

BRAND, A.; COLMAN, R. Considerações sobre Território para os Kaiowá e Guarani. *Revista Tellus*, v. 15, p. 153-174, 2008.

FUNAI. *Relatório de identificação e delimitação da terra indígena Ypo'i-Triunfo*, 2016

SERAGUZA, L.; FOSTER, C. Conflitos, violências e territorialidade: a resistência Guarani em Paranhos, MS. *Anais XIII Jornadas Internacionais sobre as Missões Jesuíticas fronteiras e identidades: povos indígenas e missões religiosas*. Dourados/MS Brasil, 2010.

PIMENTEL, S. K. *Elementos para uma teoria política Kaiowá e Guarani*. 2012. Tese (Doutorado em Antropologia Social) - PPGAS/USP, São Paulo, 2012.

CAPÍTULO 3

A PARTICIPAÇÃO DAS MULHERES KAIOWÁ DO ACAMPAMENTO DE LARANJEIRA ÑANDERU NA LUTA PELA RECONQUISTA DA TERRA[6]

Clara Barbosa Almeida

O presente capítulo reúne dados a respeito da participação das mulheres kaiowá do acampamento de Laranjeira Ñanderu na luta pela reconquista da terra. O acampamento está situado no município de Rio Brilhante, MS. Trata-se de espaço reivindicado por uma comunidade kaiowá. Atualmente a terra se encontra em processo de reconhecimento administrativo por parte do órgão indigenista oficial (FUNAI). A pesquisa constitui em entrevistas com mulheres que desempenham papéis de diversas naturezas na organização política da comunidade. No desenrolar da pesquisa de campo, essas mulheres expressaram que a motivação para reocupar a terra veio da coragem de ser mulher e mãe. Desse modo, elas se organizaram e fizeram reunião para tratar sobre o que poderiam fazer para resolver o problema de falta espaço para a realização das práticas econômicas e sociais na aldeia, apoiando seus maridos e filhos. A partir das discussões realizadas no grupo de mulheres elas acabaram desenvolvendo mais clareza a respeito do modo como podem reivindicar papéis de protagonistas, enquanto segmento geracional e de gênero que dispõem de interesses que lhes são específicos.

Caracterização do objeto de estudo

Tradicionalmente, as comunidades guarani e kaiowá não são muito populosas. Em média uma comunidade reúne de duas a cinco famílias extensas, denominadas em guarani de *te'yi* e na literatura em língua portuguesa de família extensa ou parentela (respectivamente, SCHADEN, 1974; PEREIRA,

---

[6] Texto apresentado na Licenciatura Intercultural Indígena *Teko Arandu*, da Faculdade Intercultural Indígena, da Universidade Federal da Grande Dourados, para obtenção de grau para conclusão de curso, sob orientação de Levi Marques Pereira.

1999). Esse grupo de famílias extensas ocupava determinado território formando o *tekoha*. O *tekoha* é entendido como o único lugar onde podem realizar o modo de vida tradicional, de acordo com seus usos, costumes e tradições. O número de pessoas que vivem em um *tekoha* varia de acordo com número de parentelas nele reunidas e a quantidade de indivíduos que cada uma agrega. Aldeias muito grandes tendem a se dividir por conta de conflitos internos, ou por possuírem mais um chefe com prestígio suficiente para agregar em torno de si familiares e aliados. É comum que a divisão política em uma comunidade acabe criando as condições para o surgimento de um novo *tekoha*. Nesse sentido, existe uma dinâmica espacial no interior do território amplo, denominado de *tekoha guasu*, com o deslocamento de parentelas e comunidades no seu interior. Laranjeira Ñanderu está inserido no território amplo de Ka'aguy Rusu, um *tekoha guasu* ocupado desde tempos imemoriais.

Estudos realizados sobre os Guarani e Kaiowá, desde os trabalhos clássicos de Schaden (1962) e Mélia (1976), passando também pelos trabalhos mais atuais de Brand (1993, 1997) e Pereira (1999, 2004), entre outros, tratam a parentela como princípio básico da organização social guarani e kaiowá. A parentela ou família extensa, denominada pelos indígenas de *te'y*, é formada pela reunião de várias famílias nucleares, formada pelo pai, a mãe e os filhos. Ela é um núcleo ao mesmo tempo político, social, econômico e religioso, e organiza-se a partir da centralidade promovida pelos mais velhos, o *tamõi* (avô) e a *jari* (avó) ou *tamõi guasu* (bisavô ou tataravô) e a jari guasu (bisavó ou tataravó). Resulta daí que a família extensa agrega pessoas de pelo menos três gerações. A reunião entre várias famílias extensas acontecia em torno de um chefe religioso regional, o *tuvicha-ruvicha*, chefe dos chefes, que deveria ter prestígio entre todas as famílias que compõem a parentela, garantindo a identificação e a união entre elas, constituindo assim, o *tekoha*, entendido como o lugar onde se vive de acordo com os costumes e tradições.

Em termos metodológicos, denomino minha pesquisa como constituída a partir de visitas de rotina. Isto porque o universo por mim pesquisado é constituído pelos meus parentes com os quais convivo desde quando nasci e que acompanharam todos os momentos importantes da minha vida. Com eles participo frequentemente de rituais e festas, na condição de integrante da parentela. Para realizar a pesquisa adotei o caderno de campo e procurei me organizar para não ser traída pela familiaridade e rotina das visitas e assim poder registrar, de modo mais sistemático as informações. Em uma dessas visitas de pesquisa registrei em meu caderno de campo: hoje saí de Dourados às 07:00 horas da manhã em direção do acampamento Laranjeira Ñanderu que está localizado no município de Rio Brilhante MS, e é habitado pelos Kaiowá. A área foi reocupada por 35 famílias em 2008, que saíram da aldeia Panambi que está localizada no município de Douradina, em direção a terra que consideram como seu antigo *tekoha*.

No momento esta área está sendo disputadas entre indígenas kaiowá e produtores que requereram e titularam terras no local ou que adquiriram por compra ao longo das últimas décadas. Famílias kaiowá relatam que viveram no local até o início da década de 1960, pois mesmo as terras já sendo tituladas em nome de particulares, permaneceram trabalhando nas fazendas aí instaladas. A tentativa de recuperar a terra tradicional a partir de 2006 é porque consideramos como sendo o espaço que era ocupado por nosso antepassado.

Segundo a kaiowá Alda Mariano Pedro, 70, a sua família e seus parentes moraram há séculos antes de serem expulsos e massacrados pelos pistoleiros (jagunço) dos fazendeiros. Afirma que no passado, antes da chegada dos ocupantes não indígenas, a vida no *tekoha* Laranjeira Ñanderu era muito tranquila. Segundo ela moravam três famílias muito grandes (parentelas) naquele lugar, uma das famílias grandes era sua. Ela não sabe se nasceu lá ou noutro *tekoha* -comunidade, mas se lembra muito bem que sempre viveram na mesma região, ou seja, no *tekoha guasu* de Ka'aguy Rusu. Segundo ela quando a comunidade foi expulsa do *tekoha* tinha de sete ou oito anos de idade. Na verdade, ela tem duas histórias diferentes: uma é triste e trata da perda da terra tradicional do *tekoha*, a outra relata o tempo em que ela viveu feliz com a natureza, antes da expulsão da comunidade e da derrubada das matas. Relembra com saudades o tempo em que vivia em harmonia com a comunidade, desfrutando de fartura que a natureza proporcionava, esse tempo diz respeito a época quando ela era criança ainda bem pequena. Segundo ela na época havia bastante mato e não tinha fazenda instalada na região de Rio brilhante. Acredita que o *tekoha* Laranjeira Ñanderu pode ser novo para não indígenas, mas para os povos indígenas nunca foi novo, pois um dia já foi nosso no passado e queremos retomá-lo para nele poder viver em paz. Hoje apenas voltamos para o nosso antigo local que um dia já foi do nosso antepassado. Os parentes que viveram nesse local serão sempre lembrados, pois um dia foram os guerreiros e, em homenagem a eles, sempre seremos lutadores.

O *tekoha* Laranjeira Ñanderu era uma aldeia muito linda no passado, cheia de natureza, tinha mata bonita com vários animais silvestres, frutas, pássaros, peixes e outro tipos de recursos que a natureza oferecia aos Kaiowá. Segundo a dona Alda havia também *hexakary* (um grande poderoso religioso pajé) ela não sabe direito o nome dele em português, só em kaiowá, que era Japiruse Kua[7]. Ela lembrou muito pouco sobre ele na época ela era criança, mas ela ouviu falar dele que era um grande e poderoso religioso que viveu naquele lugar. Ele foi o último rezador com grande poder religioso que morou no *tekoha* Laranjeira Ñanderu. E também era único grande pajé de verdade, ele foi um grande mensageiro de Xiru (Deus). Ele já tinha morado há muito, muito tempo naquele lugar. Ele foi sempre dessa região de Rio Brilhante. Ele era bem sagrado, só se alimentava de comida tradicional: a comida que ele comia era indicada pelo Deus. Sempre vivia em harmonia com a natureza.

Os Kaiowá consideram que tudo que vem da natureza sempre é de Deus. Ele sempre repassava a mensagem que Deus havia dado a ele, porque ele era superior na comunidade. Segundo a dona Alda ela ouviu que esse rezador foi levado pelo sobrenatural, ele não morreu, foi transladado para o céu. Sua mulher havia morrido, ele começou a rezar e depois foi transladado para o céu. Depois de ser levado pelo sobrenatural algumas das famílias já começaram a ficar com medo e a sair do *tekoha* Laranjeira Ñanderu. Então começaram a ficar só algumas das famílias no *tekoha*, que também ficaram sem saber para onde ir, completamente desorientadas. Os particulares que já haviam requeridas e titulado as terras aproveitaram a fragilidade da comunidade para promover expulsão da comunidade, foi nessa época que a maior parte das famílias abandonou o território.

Na época era tudo mato, tinha a estrada, era uma trilha no meio do mato que foi aberta pelos indígenas que moravam naquele lugar. Segundo dona Alda narrou, ela não chegou a conhecer pessoalmente os moradores antigos do *tekoha*, mas ela ouviu muito a história dos antigos moradores com suas famílias. Quando ela nasceu os antigos moradores alguns já tinham ido embora para outro lugar, na época tinham muitos *tekoha* na região e as reservas de Panambi (Lagoa Rica), Dourados, Te'yikue (Caarapó) já eram habitadas por famílias indígenas com as quais as famílias de Laranjeira Ñanderu mantinham relações de visitação, casamento e participação festiva e ritual. Tal fenômeno facilitou a retirada das famílias, que buscaram refúgio junto aos parentes e aliados.

---

[7] Literalmente, ninho do urubu.

Os antigos moradores de Laranjeira Ñanderu nasceram e cresceram nessa região, até que um dia os não indígenas descobriram que tinham os povos indígenas naquele lugar. Segundo ela, os não indígenas se aproximaram dos moradores do *tekoha* como amigos, com passar do tempo já começaram uma ameaça para a comunidade indígena, então alguns moradores do *tekoha* começaram ir embora para outras aldeias da região, principalmente as que ficavam mais perto, como a de Panambi (Lagoa Rica) e também para a de Dourados e outras aldeias. Então começaram a diminuir os moradores do *tekoha*. Por medo dos não indígenas alguns moradores foram embora, deixaram seu *tekoha*, mas nunca esqueceram. Décadas depois eles resolveram novamente voltar, enfrentar os fazendeiros e forçar o governo a reconhecer a terra como indígena.

Em 2009, mesmo ano em que entraram novamente no *tekoha*, os indígenas foram despejados da área do acampamento por ordem da justiça federal. Como eles não queriam voltar para aldeia Panambi (Lagoa Rica), resolveram ficar na margem da rodovia que liga Dourados a Rio Brilhante, onde eles não tinham condição de viver de modo digno. Mesmo assim, construíram acampamento na margem da rodovia, próximo a ponte do rio Brilhante. Em 2011 voltaram ao ocupar a novamente a terra *tekoha* Laranjeira Ñanderu, por necessidade de espaço para morar. Porque na margem da estrada não tinha condições de viver. Depois do despejo da comunidade do *tekoha* Laranjeira Ñanderu, as famílias passaram por vários problemas: Falta de água potável, espaço para plantar, enfrentaram enchente e alagamento na margem da BR, e viveram 24 horas sob ameaça de acidente de automóveis de vários tipos. Era o único jeito de esperar e pressionar as autoridades para que tomassem uma decisão. Durante essa espera aconteceu o que já era previsível, acidentes com três jovens do acampamento, pois infelizmente eles foram acidentados na BR. Mesmo com tanta dificuldade eles permaneceram firmes, esperando o momento certo para voltar e reocupar novamente o seu *tekoha*.

Sei que a luta não é fácil para cada um de nós. Principalmente para a comunidade do *tekoha* Laranjeira Ñanderu no município de Rio brilhante/MS. As mulheres indígenas kaiowá do *tekoha* Laranjeira Ñanderu sempre são participativas, em todas em atividades culturais como também assumem o principal papel na luta pela terra. Foi nessa época que começaram as famílias a se separar nessa região, algumas das famílias tinham parente em Lagoa Rica (Panambi) e resolveram ir para lá, no município de Douradina. Outras que tinham parentes em Dourados foram para Dourados, pois sempre na hora de dificuldade o Kaiowá lembra de procurar ficar perto do parente. Algumas famílias saíram do *tekoha* há muito tempo e não voltaram mais, seus filhos já cresceram na reserva de Dourados. Onde até hoje tem a maioria dos parentes das antigas famílias de Laranjeira Ñanderu é na região de Bororó, na terra indígena de Dourados, e foi para lá que muitos se dirigiram.

Retomando o histórico da expropriação da terra, ocorrido na década de 1960, segundo dona Alda, o resto das famílias que ficou foi expulso depois da primeira entrada do não índio no local. Aconteceram com essas famílias grandes tragédias, segundo ela alguns foram exterminados pelos não indígenas na beira do Rio Brilhante, naquele tempo foram todos mortos, crianças, velhos, mulheres e os homens. Eles não tinham como escapar, foram todos mortos sem deixar rastros. Ela acha que todos os corpos foram jogados no rio ou enterrados na região do *tekoha* Laranjeira Ñanderu, por isso o fato não foi noticiado. Quando aconteceu isso, segundo ela, sua família já tinha ido embora para Dourados com as demais famílias que tinham os seus parentes em outra aldeia, só ficaram sabendo da notícia, não viram mais os parentes, por isso não deram mais conta de voltar no *tekoha*, ficaram com muito medo. Depois o espaço foi ocupado por não indígenas, seriam os donos das fazendas ou proprietários de pequenos sítios. Eles destruíram praticamente toda a mata, só sobraram pequenas reservas, que servem como recordação.

Optei também por trazer algumas entrevistas com as mulheres de Laranjeira Ñande Ru. Ative-me as principais interlocutoras, minhas parentes, com as quais tive a oportunidade de discutir esta pesquisa e dialogar sobre o processo de expropriação da terra, a decisão de retomá-la e a participação das mulheres em todo esse processo. O objetivo é dividir com elas a palavra, dar mais espaço para que elas manifestem suas vozes. Assumo aqui o esforço de coautoria com minhas parentes.

No dia 07/03/2012, no *Tekoha* Laranjeira Ñanderu – município de Rio brilhante MS, conversei com Nirda Almeida (36 anos deidade), minha irmã, que tinha a função de Organização das mulheres do *tekoha* Laranjeira Ñanderu na época. Nirda nasceu no *tekoha* Panambi (Lagoa Rica) Município de Douradina, onde cresceu, casou e teve três filhos lá na aldeia. Segundo ela, o que levou a motivação a reocupar foi a coragem de ser mulher e a mãe de famílias onde ela mora. Então elas se organizaram e fizeram reunião o que poderia fazer para resolver o espaço da aldeia. Durante rodas de conversa com outras mulheres pensaram em unir forças para lutar e recuperar a terra que foram dos nossos antepassados. Conta que quando resolveram reocupar pela primeira vez tinha com elas, mulheres gestantes, mães com recém-nascidos e as mulheres idosas e também jovens e adolescentes. Nirda sabia que sozinha não teria força para enfrentar uma luta então resolveu juntar as mulheres que teriam coragem de enfrentar uma luta na reconquista da terra. Então resolveram lutar ao lado dos homens, mesmo que para muitos deles, as mulheres pareciam inferiores de capacidade para enfrentar tudo que viria pela frente.

Mas, tratava-se da falta de conhecimento do papel da mulher indígena na luta, isso é reconhecido muito pouco pelo mundo afora. Até parece que os indígenas não têm capacidade de unir força e enfrentar todos os problemas sociais. O que motivou os 40 grupos de famílias extensas a reocuparem a terra foi o aumento de população da aldeia Panambi (Lagoa Rica), onde Nirda nasceu, cresceu, casou e teve três filhos. Sabiam que a origem delas era de Laranjeira Ñanderu e resolveram lutar pela terra:

> Na tentativa de resolver a nossa necessidade imediata nós mulheres resolvemos acompanhar os nossos maridos e cacique para reocupar novamente a terra do nosso antepassado. Mesmo que sabemos que enfrentaríamos várias dificuldades e a ameaças e até a morte, para reconquistar a terra que perdemos no passado. Hoje vimos que as dificuldades vividas pelos indígenas por causa da falta dos recursos naturais e o espaço na aldeia é o resultado da grande área da fazenda, onde foi o nosso *tekoha*. No passado era cheio de vida, a mata era cheia de animais, aves, frutas silvestres. A água era potável e era cheia de peixes. Nós tínhamos muitas farturas e o espaço para morar.
>
> Com isso vencemos o medo e resolvemos enfrentar a luta juntamente com a nossa família. Eu com meus dois filhos pequenos, uma com cinco anos de idade. Vimos aqui pra ficar, mesmo que sabemos que alguém vai se sacrificar pela posse da terra.
>
> Mesmo sabendo que um de nós poderia morrer no conflito. Mesmo assim resolvemos enfrentar a luta todos juntos: mulheres, crianças, homens, jovens, mãe idosa e adolescentes.
>
> Então unimos as nossas forças e saímos do acampamento da aldeia Lagoa Rica com apena seis mulheres, saímos em direção a fazenda Santo Antonio no município de Rio Brilhante em busca do *tekoha* Laranjeira Ñanderu.

Nirda conta que saíram da aldeia em fevereiro de 2008, na noite de sexta-feira para sábado que já estava quase chovendo. Quando chegaram na ponte de rio brilhante já era a noite e já estava chovendo forte! Aproveitaram a chuva e caminharam na beira do rio em direção a mata que fica longe da ponte. Nirda e os dois filhos pequenos caminharam no escuro embaixo da chuva. As duas crianças não tinham noções de perigo que enfrentariam no dia seguinte com o dono da fazenda Santo Antônio. Depois de longa caminhada no escuro embaixo da chuva finalmente chegaram no local onde puderam passar a noite com os demais que já tinha vindo na primeira viagem!

O primeiro desafio foi vencido quando chegaram na terra retomada. Sabiam que no dia seguinte enfrentariam vários problemas, principalmente com os produtores a justiça! Mesmo assim estavam dispostos a enfrentar o que viesse pela frente e foi assim que aconteceu. Não demorou muito para encontrarem no local da reocupação da área o dono da fazenda Santa Antonio e outros produtores. Esse foi apenas o começo, ainda não sabiam o que os aguardam pela frente:

> Quando viemos para cá foi para ficar. Mesmo que sabemos que alguém vai morrer pela terra estamos dispostos a enfrentar o que vier pela reconquista da terra. Enfrentaremos vários problemas como: a fome, doença, ameaça de vida, principalmente o despejo. Sabemos também que enfrentaremos vários tribunais do júri do MS e também de outro estado. Foi assim que aconteceu o primeiro desafio foi enfrentar os produtores de cabeça erguida! Quando nós vimos pra cá já tinha ciente que passaremos tudo o que acontece na área conflito. Dificuldade, humilhação e despejo e outro como discriminação! A primeira dificuldade encontrada foi a estrada, ficamos cercados, sem comunicação e assistência - depois de vários dias da chegada aqui no local começamos a passar tudo o tínhamos previsto na reocupação da terra. Tivemos difícil acesso, quando o Português, o morador da fazenda, soube que nós estávamos aqui ele fez de tudo para impedir a nossa saída e entrada. Fechou portão que era a única saída que nós tínhamos. Colocou vários seguranças em todos os lugares para evitar a entrada de mais gente! Ficamos sem contato com ninguém por muito tempo. Porque não tínhamos como sair do local, para ir à cidade para carregar o celular. Ninguém saia e ninguém entrava, ficamos totalmente isolados do demais. Estava tão difícil a vinda da FUNAI, CIMI, FUNASA e de outro! Quando uns deles vinham, a segurança do fazendeiro não deixava entrar e mandava voltar. Durante por muito tempo vivemos assim sem a estrada! Tivemos várias ameaças de vida, vivemos 24 horas por dia com ameaça!

Nirda entende que a luta não foi em vão, conseguiram voltar de novo no tekoha Laranjeira Ñande Ru. Ela agradece o irmão, Jose Barbosa de Almeida, de 49 anos que infelizmente não está mais entre nós! Zezinho, como o chamavam, sempre dava força para a comunidade a enfrentar a dificuldade de cabeça erguida. Foi com ele que Nirda aprendeu a lutar pela reconquista da terra Laranjeira Ñande Ru. E assim, também aprendeu a valorizar mais a organização das mulheres indígenas kaiowá do *tekoha*. Ainda hoje esperam a demarcação da terra.

Também conversei com Sharlene Almeida Zuca, de 10 anos, criança moradora de nosso tekoha, no dia 12/12/2012, sobre a retomada. Segundo ela, não sabia direito o que estava acontecendo porque ela era muito pequena. Disse que só lembrava que estava chovendo muito no dia que veio com a mãe. Tinha um sonho um dia ser uma grande liderança das mulheres, já aprendeu muitas coisas com a mãe, como poder ter um pedaço da terra. Assim como Sharlene, conversei no mesmo dia Willina Almeida Zuca, que tem 12 anos que afirmou que estava dando força para seus parentes e aprendendo como recuperar as terras tradicionais.

Essas crianças foram escolhidas para serem entrevistadas porque quando os seus parentes recuperaram a terra Laranjeira Ñanderu elas estavam juntos com suas famílias na hora da reocupação. Para finalizar, trago aqui a fala de meu pai, Olímpio Almeida, 84 anos, que também é cacique ou rezador, quando relata que, no passado, eram donos da natureza, vivíamos livres para pescar, caçar, coletar e para morar. Agora estavam em um pequeno espaço bem limitado, em uma área cercada de plantação de cana, pasto, plantação de soja e outros tipos de plantações. A respeito da reocupação da terra de Laranjeira Ñanderu, Olímpio afirma que:

> [...] agora voltamos para recomeçar a nossa história que começou aqui nesse lugar no passado. Estamos prontos para recuperar o que era nosso. Voltamos para recomeçar outra vez o grande *tekoha* Laranjeira Ñanderu que um dia foi destruído pelo não indígena. Fazemos isso em memória de grande cacique que viveu por aqui há séculos e séculos. Começaremos tudo outra vez mesmo sem a floresta. Nós estaremos sempre por aqui, juntos com os nossos parentes que já não estão mais entre a gente, mais serão sempre homenageados como grandes e corajosos guerreiros. Sei que vai demorar a demarcação da terra, teremos vários obstáculos, sempre teremos esperança de que um dia teremos grande vitória. (entrevista com Olímpio Almeida, 2012)

Olímpio diz que a participação das mulheres é muito importante, pois essa participação valoriza e dá mais força a luta pela terra. Elas têm de estar ao lado dos homens, todos unidos, um dando força ao outro.

Referências Bibliográficas

BRAND, A. J. *O impacto da perda da terra sobre a tradição kaiowá/guarani: os difíceis caminhos da palavra*. Tese (Doutorado em História). Porto Alegre; Pontifícia Universidade Católica do Rio Grande do Sul, 1997.

BRAND, A. J. *O confinamento e seu impacto sobre os Paì-Kaiowá*. 1993. Dissertação (Mestrado em Antropologia) - Pontifícia Universidade Católica, Porto Alegre, 1993.

EREMITES DE OLIVEIRA, J.; PEREIRA, L. M. *Ñande Ru Marangatu: laudo antropológico e histórico sobre uma terra kaiowá na fronteira do Brasil com o Paraguai, município de Antônio João, Mato Grosso do Sul*. Dourados: Ed. UFGD, 2009.

FERREIRA, E. M. L. *A participação dos índios Kaiowá e Guarani como trabalhadores nos ervais da Companhia Matte Laranjeira (1902-1952)*. 2007. Dissertação (Mestrado em História) - Universidade Federal da Grande Dourados, Dourados, 2007.

LUTTI, A. C. C. *Acampamentos indígenas e ocupações:* novas modalidades de organização e territorialização entre os Guarani e Kaiowá no município de Dourados-MS (1990-2009). 2009. Dissertação (Mestrado em História) - Universidade Federal da Grande Dourados, Dourados, 2009.

MELIÁ, B., GRÜNBERG, G., GRÜNBERG, F. Etnografia Guaraní del Paraguay Contemporâneo: los Pai-Tavyterã. *Suplemento Antropológico*. Asunción: Centro de Estudios Antropológicos de La Universidad Católica, 1976.

PEREIRA, L. M. Mobilidade e processos de territorialização entre os Kaiowá atuais. *Suplemento Antropológico*, v. XLII, p. 121-154, 2007.

PEREIRA, L. M. *Imagens Kaiowá do sistema social e seu entorno*. 2004. Tese (Doutorado em Antropologia) - Universidade de São Paulo, 2004.

PIMENTEL, S. *Sansões e guaxos*: suicídio Guarani e Kaiowá - uma proposta de síntese, 2006. Dissertação (Mestrado em Antropologia Social) - Universidade de São Paulo, 2006.

CAPÍTULO 4

A VIOLÊNCIA DOMÉSTICA CONTRA AS MULHERES INDÍGENAS GUARANI E KAIOWÁ E A LEI MARIA DA PENHA

Camila Rafaela Marques Moda
Amanda Cristina Danaga

Introdução

As discussões acerca da temática de gênero iniciaram-se com uma perspectiva Ocidental, onde algumas autoras buscaram compreender os papéis de gênero a partir da crítica a uma visão biologizante, que colocava o gênero feminino como vulnerável e ligado sempre aos papéis domésticos e familiares. Esses aspectos fizeram com que a construção social do lugar da mulher na sociedade ocupasse um espaço subalterno, deixando-as em estado inferior em relação aos homens. Margaret Mead (1969), Ruth Benedict (1934) e Gayle Rubin (1984), foram autoras pioneiras na história da antropologia a pensar os papéis de gênero e suas diferenças culturais. Ainda que o conceito de gênero propriamente dito não tivesse sido diretamente mencionado por Mead e Benedict, por exemplo, suas ideias permitiram reflexões posteriores importantes nesse campo de estudos.

As produções etnográficas realizadas a partir de pesquisas com mulheres indígenas tiveram repercussão na antropologia a partir da década de 50, quando iniciaram as pesquisas sobre os papéis das mulheres indígenas nas organizações ameríndias. (FRANCHETTO; CAVALCANTI, 1981)[8]. No caso das mulheres Guarani e Kaiowá, pesquisas recentes têm se dedicado a discutir questões de gênero (CARIAGA, 2015; SERAGUZA, 2017). As perspectivas de gênero na etnologia indígena seguem um extenso movimento de relações

---
[8] A partir daí, foram realizadas importantes pesquisas sobre gênero e mulheres indígenas por autoras, tais como: Hugh-Jones (1979), Overing (1986), McCallum (1999), Lea (1999), Franchetto (1996), Belaunde (1992), entre outras.

que tanto as mulheres quanto os homens percorrem. Em algumas aldeias os homens indígenas têm um poder central em determinados âmbitos e em outros as mulheres detém esse espaço. Os lugares de lutas das mulheres alteraram, e pode se dizer que a mulher indígena mudou (CARIAGA, 2015), assim como a sua participação no cenário dos espaços políticos, nas lideranças e na vida cotidiana.

Para o povo Guarani e Kaiowá há duas expressões que são utilizadas para se referir ao modo de existir das mulheres e ao modo de existir dos homens, são elas: *Kunã'reko* e *Kuimbae'reko* (CARIAGA, 2015). Ambas denotam a existência de diferenças nos modos de ser e fazer sem, no entanto, produzir a exclusão de um dos gêneros e/ou determinações opressivas entre eles. O *kunã'reko* possui uma grande importância dentro da vida nas reservas e aldeias guarani kaiowá e mostra que, mesmo os gêneros tendo suas singularidades, o feminino e o masculino fazem parte de uma combinação que resulta, inclusive, no que é ser mulher.

As mulheres Guarani e Kaiowá são reconhecidas por suas potências, pela produção e manutenção do fogo doméstico[9], a coragem da luta pelos direitos e por suas falas intimidadoras e aguerridas, como observado no evento anual "Kuñangue Aty Guasu – Grande Assembleia de Mulheres Kaiowá e Guarani", que gradualmente se consolidou como um coletivo onde elas tornaram-se porta-vozes dessa grande caminhada na luta por suas reivindicações. A participação do gênero feminino na organização social dos Guarani e Kaiowá é essencial, visto que há mulheres parteiras, rezadeiras, estudantes, pesquisadoras e lideranças. Elas falam sobre o passado, presente e futuro, e ao lado de seus companheiros lutam por suas terras, e mostram que as distinções entre os papéis de gêneros existem, mas não exclusivamente como uma forma de opressão dos corpos femininos, como acontece na perspectiva patriarcado ocidental.

A população Guarani e Kaiowá é a segunda maior população indígena do Brasil, com seus 50.000 habitantes (FIAN, 2020), pertence à família linguística Tupi-Guarani. Entre a população existem subgrupos que têm seus próprios costumes, práticas rituais, algumas diferenças nas formas linguísticas, organização política e social e orientação religiosa, isso faz com que seja uma etnia grande e de aspectos culturais diversos. Possui entre eles

---

[9] Aquela que nutre e tem um conhecimento acumulado, possuindo uma autoridade para transmitir saberes. (SERAGUZA, 2017, p. 155)

um número significativo de mulheres, que são conhecidas pela sua bravura e que são detentoras de poder e muito conhecimento.[10]

Em suas pesquisas, Pereira (2008) e Seraguza (2013) mencionam acerca das relações de gênero entre os Guarani e Kaiowá. De acordo com suas reflexões, essas relações se dão a partir da noção de que homens e mulheres são "opostos assimétricos", isto é, têm papéis distintos, mas colaboram de suas devidas formas com a integração e a organização do grupo. A mulher detém muitos conhecimentos e, atualmente, carrega um papel fundamental na vida em reserva, atuando em diversos aspectos.

> Desta forma, podemos entender que as mulheres atuam na produção de relações políticas com a alteridade, e na produção de pessoas e conhecimentos e aldeias, geradas/fabricadas/constituídas a partir da relação entre política, cosmologia e parentesco. (SERAGUZA, 2017, p. 3).

Isso faz com que o papel da mulher Guarani e Kaiowá crie, para além de vínculos sociais na aldeia, uma disseminação de seus conhecimentos, como o "fogo doméstico", que seria aquele que nutre os conhecimentos, e que possui autoridade em transmitir os saberes. Pereira (2004) observa a importância do fogo doméstico que é controlado pelas mulheres. Visto que constitui uma unidade sociológica no interior da família ou parentela, o fogo doméstico denota, sobretudo, um pertencimento para a existência humana entre os Guarani Kaiowá. É nesse contexto e no interior dessas relações de gênero entre o povo Kaiowá e Guarani, que buscamos compreender o tema da violência doméstica e sua relação com a Lei Maria da Penha.

Corpo Território: A Mulher e a Territorialidade Guarani e Kaiowá

Ao refletir acerca de qualquer temática que diz respeito à população Kaiowá e Guarani que vive no estado de Mato Grosso do Sul, não podemos negligenciar um aspecto importante na vida desses indígenas: a luta por suas terras. Ainda em um cenário de colonização, os indígenas Guarani e Kaiowá foram retirados de suas terras, sendo transferidos à força para espaços que

---

[10] Segundo dados do Censo Demográfico realizado pelo Instituto Brasileiro de Geografia e Estatística (IBGE), no ano de 2010, o estado de Mato Grosso do Sul abarcava 56% da população indígena da região centro-oeste brasileiro. A população é de 80.459 habitantes (SESAI/MS), distribuídos entre 29 municípios e 8 etnias (Guarani, Kaiowá, Terena, Kadwéu, Kinikinaw, Atikun, Ofaié e Guató). Disponível em: https://www.secic.ms.gov.br/comunidades-indigenas-2. Acesso em: 15 nov. 2022.

ficaram conhecidos como reservas. Esse momento é considerado um marcador temporal para o povo Guarani e Kaiowá, que antes viviam em suas terras e depois foram removidos. Essa situação não é apenas marcante pelo fato de ocorrerem deslocamentos forçados, mas por toda interferência que o Estado teve e têm sob a organização social dos Guarani Kaiowá. Além das reservas, na tentativa de buscarem melhores condições de vida, mais próximas aos ideais indígenas da relação com o território e condizentes com a tradicionalidade, eles vivem um movimento de retorno às suas terras, que ficou conhecido como o movimento das retomadas. "[...] quando eles falam da volta, não seria apenas para tornar a viver em um lugar; eles se referem também ao retorno a um tempo de fartura [...]" (CRESPE, 2015, p. 50).

Atualmente, os Guarani Kaiowá sofrem pela escassez das terras e, consequentemente, de tudo o que nela deveria ser produzido para a uma vida plena no território. A perda desses bens naturais traz um tempo de desequilíbrio cosmológico e social que, somado ao inchaço populacional das reservas, produz vários espaços para conflitos. Mais adiante, discutiremos com mais rigor essa questão, sobretudo para observar sua relação com a violência perpetrada contra as mulheres Guarani e Kaiowá nesses espaços. De modo geral, a luta desse povo por suas terras, é a uma luta para que seus modos de vida não sejam atacados, para manutenção da ancestralidade na relação com o território. Quando os Guarani e Kaiowá têm os seus modos de vida ameaçados, perdem também a força, e com isso todo o movimento que os mantém vivos. Por isso, como afirmam as mulheres, pensar na possibilidade de um feminismo indígena das Kaiowá e Guarani, é pensar também nas retomadas de suas terras.

> Dessa forma, quando as mulheres, junto com os homens, retomam suas terras, elas estão retomando suas redes de parentesco, e seus conhecimentos e valores, a partir de uma maneira específica de fazer política que compõe os modos de ser mulheres (*kunã reko*) entre os Guarani. (SERAGUZA, 2018, p. 216).

Como visto acima, esse "modo de ser mulher", o *kunã'reko* é fundamental para que essa sociabilização e a retomada de terras aconteça de maneira significativa, bem como também o "modo de existir dos homens", o *kuimbae'reko*. Apesar das especificidades desses modos de ser, que estabelecem as singularidades entre os gêneros, existe uma combinação entre o feminino e o masculino que ratifica a importância da mulher na vida em reserva. A presença delas nas retomadas deve acontecer antes, durante e, especialmente, depois, pois são elas que consolidam tal ato com cuidado e zelo, criando conexões entre as pessoas, por isso elas são conhecidas por serem portadoras do *jeko eya'ha* que seria o modo de fazer alegria, "[...] seriam então as mulheres, as responsáveis por alegrar as pessoas e proporcionar a convivência e a solidariedade mútua do grupo" (SERAGUZA, 2018, p. 217), elas são como o centro do feixe das relações da parentela.

Lauriene Seraguza (2018) participou em um dos momentos de discussões públicas que acontecem entre os Guarani e Kaiowá, conhecido como Aty Guasu (Grande Assembleia Guarani e Kaiowá), e observou como as mulheres participam ativamente levantando pautas e debatendo assuntos de seus interesses. Elas são também as *Onãndu Kua've opa mba'e*, isto é, "aquelas que sentem mais as coisas", e por isso são conhecidas por suas bravuras, pois sentem fortemente o incômodo de muitas problemáticas, como o exemplo da retomada de terras, conforme já citado e também seus direitos enquanto mulheres na reserva. "É característica delas os rompantes, porque este é um modo específico de fazer política, uma reação de quem 'sente mais'" (SERAGUZA, 2018, p. 225).

Essas características que só as mulheres Guarani e Kaiowá possuem, bem como suas falas únicas, o cuidado com o corpo, a comida e as rezas, as tornam essenciais para criação e reprodução dos modos de vida na comunidade. Outra especificidade experimentada somente pelas mulheres, é a menstruação. Esse poder de verter o sangue é considerado momento de transformação corporal, logo a menstruação seria o marcador etário de mudança geracional. O sangue (*tuguy*) é tido como uma espécie de composição entre água (*y*) e conhecimento (*arandu*), por isso o sangue precisa ser controlado na vida social entre os Guarani e Kaiowá, sendo essa uma marca da diferença entre homens e mulheres. "Verter o sangue incontrolavelmente é verter conhecimentos sem restrições e permitir que os acessem os humanos e outros seres sociais" (SERAGUZA, 2017).

O ritual de primeira menstruação, sobre o qual relata Seraguza (2017), requer resguardo e outras ações que colocam a mulher em um momento singular, no qual a menina se transforma e começa a deter novos conhecimentos e poderes. Desse modo, o resguardo acontece de maneira cuidadosa, a menina fica reclusa da escola e de qualquer outro tipo de socialização, as únicas pessoas que mantêm o contato com ela são a avó e a mãe. A menina ainda deve se manter em silêncio, sua comida é regulada entrando em uma dieta totalmente controlada, o quarto onde é resguardada fica com cedros em volta para protegê-las de cobras, onças, donos e mestres (*jara*) e maus espíritos, já que o sangue possui um cheiro atrativo para esses seres, fazendo com que se aproximem, por isso a primeira menstruação exige todos os cuidados rituais, pois é um momento em que a menina se encontra vulnerável e precisa ser protegida.

Para além do ritual da primeira menstruação, a autora observou que há outras atitudes ligadas a reclusão das mulheres durante o período menstrual como, por exemplo, o fato de não poderem trabalhar na roça, pois se elas mantêm contato enquanto estão menstruadas acabam "estragando" ou "apodrecendo as plantas", prejudicando assim a alimentação do coletivo. Os Guarani e Kaiowá também não dormem juntos quando as mulheres estão menstruadas, por vezes esse sangue é visto como perigoso. A noção de perigo atrelada à menstruação, também foi observada por Joanna Overing (2006) entre os Piaroa da Amazônia. Overing apontou que esse momento específico da vida da mulher para s Piaroa é considerado um período no qual a mulher está eliminando pensamentos domesticados emitidos pelos outros. De modo geral, o sangue da menstruação, além de um marcador etário na vida feminina, também possibilita a maturação do corpo e da pessoa.[11] Com isso, notamos que a presença das mulheres entre os Guarani e Kaiowá é essencial para a integração de saberes e conhecimentos na vida em reserva, e conforme já mencionado, para eles, a primeira menstruação é como um marcador etário na vida dessas mulheres e suas relações com as intervenções do Estado (SERAGUZA, 2017).

Nesse sentido, o Estado, muitas vezes, faz um corte nessas relações, no sentido de culpabilizar os indígenas pelos conflitos e violências que ocorrem nas reservas, quando no final das contas poderiam devolver suas terras, e não ainda mais precarizar no sentido do inchaço populacional. Existe também o desrespeito com a organização social que os indígenas construíram a partir de suas culturas, possibilitando ainda mais desafios, que colocam indígenas e sobretudo mulheres indígenas em espaços subalternos. Ainda que a maior luta das mulheres indígenas seja por suas terras juntamente com os homens, pretendemos discutir mais aspectos (como a violência doméstica) que deixam a mulher Guarani e Kaiowá em vulnerabilidade, e como é o papel do Estado diante dessas problemáticas, e principalmente da aplicabilidade das leis e direitos sobre as mulheres indígenas.

---

[11] Nesse mesmo sentido, abordando o sangue menstrual e os papeis sociais atribuídos as mulheres quando estão menstruadas, podemos citar o trabalho da antropóloga Luísa Elvira Belaunde (2006) no contexto amazônico.

A Lei Maria da Penha no Contexto das Mulheres Indígenas

No que se refere à Lei 11.340, conhecida por Lei Maria da Penha, sancionada em sete de agosto de dois mil e seis, pelo então presidente Luiz Inácio Lula da Silva, criou-se mecanismos para coibir a violência doméstica e familiar contra a mulher. A Lei permite que o agressor seja punido de forma judicial, dando auxílios às vítimas como forma de acolhimento. Antes da Lei ser sancionada, é importante lembrar que o crime era tratado como algo de menor potência, ou seja, algo banalizado; as penas eram reduzidas a pagamentos de cestas básicas ou trabalhos comunitários. Essa lei surge então para mudar esse cenário e para sua efetividade detém delegacias especializadas no atendimento de mulheres, casas-abrigos e entre outras garantias (CALAZANS; CORTES, 2011). Mas até que ponto essa lei considera as especificidades das mulheres indígenas e suas demandas? E como funcionam as medidas protetivas, um dos recursos garantidos por essa lei, em situações de aldeamentos ou de reservas?

Compreendendo que as mulheres Guarani e Kaiowá são fundamentais para as comunidades e detentoras de grande parte dos conhecimentos indígenas, devemos atentar para as relações de subalternidade, em que por vezes estão inseridas. Ao fazer um estudo, por meio de leituras e eventos criados para o público-alvo em questão, notamos que a violência doméstica é uma realidade que também afeta as mulheres Guarani e Kaiowá. No que se refere a esse tipo se violência, alguns questionamentos devem ser levantados. De que forma as mulheres indígenas são protegidas, visto que a lei que protege as mulheres contra a violência doméstica foi pensada a partir de um grupo selecionado de mulheres, isso é, mulheres não indígenas.

Em 2004, na ocasião da "I Conferência Nacional de Políticas para as Mulheres", um eixo temático tratou de discutir sobre a superação da violência doméstica, e pensar na violência contra as mulheres indígenas e, por conseguinte, no sistema possível de punições aos agressores. Porém, essa discussão era a respeito da violência praticada por não indígenas, o que nos coloca diante de outra problemática que torna as coisas bem mais complexas de serem resolvidas, que é quando essas mulheres são violentadas por seus maridos indígenas no contexto das reservas e aldeamentos. Ainda que tenhamos no papel o direito garantido para as mulheres, na prática as coisas mudam. Existe a necessidade de que haja um parágrafo que atenda as demandas e especificidades das mulheres indígenas na lei. Um dos pontos a ser observado é em relação ao distanciamento geográfico, já que, por vezes, a delegacia mais próxima da aldeia ou reserva fica a quilômetros de distância, inviabilizando o acesso às denúncias por parte dessas mulheres. Verifica-se também a ausência de políticas públicas e sociais, bem como a ausência do Estado na garantia de direitos básicos para essas mulheres, conforme sinaliza Niching (2021).

> Em relação à legislação específica de enfrentamento às violências contra as mulheres, a Lei Maria da Penha, a assembleia "postula que haja um parágrafo que atenda às nossas especificidades como mulheres indígenas". Esta especificidade tem relação com a questão do distanciamento geográfico, mas também da ausência de políticas públicas e sociais, a completa ausência do Estado nestes espaços. A ausência do Estado se traduz em ausência de políticas públicas, mas também do não acesso a fornecimento de água, energia elétrica e sinal de telefone que podem ser considerados serviços públicos essenciais, por envolverem a satisfação de necessidades básicas para as pessoas, o que traduz que a população indígena vive em uma situação de extrema vulnerabilidade social, acentuada para as mulheres e crianças. (NICHNIG, 2021, p. 9).

Em muitos casos, as comunidades vivem nessas condições como as descritas acima e a ausência e negligência da ação do Estado faz com que a violência seja perpetuada. O INESC (Instituto de Estudos Socioeconômicos), desenvolveu no mesmo ano da Lei Maria da Penha (2006) uma linha de ação voltada para a promoção e proteção do direito das mulheres indígenas no contexto das políticas públicas, definindo as prioridades: discriminação, violência, desenvolvimento econômico e saúde (VERDUM, 2008), pensando na necessidade de mudar alguns dos costumes que afetam essas mulheres diretamente, sem que isso signifique abandonar a luta em defesa de direitos desses povos, dando autonomia a eles pelas decisões futuras. Diante disso, a discussão requer observar o contexto da violência para além do cultural, mas das condições sociais e econômicas que essas mulheres vivem, fazendo com que a Lei Maria da Penha e os seus direitos sejam efetivados.

Zimmermane e Viana (2014), buscaram compreender algumas formas de violência doméstica praticadas contra as mulheres Guarani e Kaiowá em Amambai (Mato Grosso do Sul), nos aldeamentos de Limão Verde e Amambai, entre os anos 2007 e 2014. Os respectivos aldeamentos têm um território pequeno em comparação com a população indígena que habitam por lá, fazendo com que as terras limitem a capacidade desses coletivos de crescerem, produzirem seus recursos e manterem seus modos de vida tradicionais. De acordo com as pesquisadoras, esses processos de confinamentos pressupõem que a população cresça numericamente, não comportando os modelos organizacionais, gerando assim muitos conflitos políticos, sociais, religiosos, econômicos e sobretudo de gênero.

Sendo assim, o gênero carrega um conjunto construído de qualidades, ocupações, responsabilidades, disposições afetivas, fantasias, personalidades e desejos, existindo uma forma de organização pautadas nos costumes da comunidade. Zimmermane e Viana (2014) observam que as relações entre homens e mulheres guarani e kaiowá não devem ser vistas com predominância da dominação masculina, pois historicamente são gêneros complementares. As tarefas de homens e mulheres possuem até então o mesmo status, sem que houvesse uma opressão feminina, pelo contrário, as mulheres são tidas como detentoras do poder. Do mesmo modo, Lauriene Seraguza (2013), comenta:

> Historicamente as mulheres indígenas aqui abordadas são vinculadas ao universo do parentesco e de importância inquestionável para a manutenção do grupo e a alimentação da parentela, onde o alimentar é referência a experiência vivida. As mulheres Guarani e Kaiowá assumem uma série de responsabilidades na ordem do coletivo e da parentela, trilhando novos caminhos que minimizem, e por vezes reforçam, a sua condição de Outro, de portadora de alteridade radical, mas também, que fortalecem e privilegiam a suas condições de reprodutora da via social. (SERAGUZA, 2013, p. 16).

Ainda que exista essa noção de complementaridade entre ambos os gêneros, Zimmermane e Viana (2014) reforçam que os homens possuem um papel atuante no mundo trabalho, pois são eles que saem para trabalhar fora da aldeia. Devido à falta de mata e rios, a produção dentro das aldeias é quase inexistente, com isso eles se articulam para trabalhar para grandes fazendeiros, sitiantes ou como cortadores de cana. Essa situação vivida pelas famílias dos dois aldeamentos faz com que tenham novas interações com não indígenas, com isso a introdução do álcool e bebidas tornam-se mais presentes, deixando os homens mais violentos. Além do processo de aldeamento, a interação com não indígenas coloca a população em vulnerabilidade. As mulheres, por sua vez, ficam ainda mais nesse espaço de fragilidade. As autoras ainda dizem que a crescente violência contra essas mulheres nos aldeamentos, tem grande relação com a questão territorial, consequentemente ocorre quebra os vínculos sociais e as práticas políticas, econômicas e religiosas, gerando violências múltiplas. (ZIMMERMANE; VIANA, 2014, p. 11).

Devido a esses cenários prováveis que estimulam a violência contra as mulheres, surge então a necessidade de uma organização para discutir as reais necessidades enquanto mulheres indígenas. Uma organização na qual a voz predominante seja a delas: a Kuñangue Aty Guasu. A Kuñangue Aty Guasu que é a Grande Assembleia das Mulheres Guarani e Kaiowá, tem a finalidade de ser um espaço para ouvir as mulheres falando sobre suas lutas, bem como suas propostas de enfrentamento e estratégias contra a violência doméstica, tendo como foco principal a formação de lideranças femininas nos territórios indígenas de Mato Grosso do Sul. Sendo então, um espaço de construção coletiva entre essas mulheres que estão à margem da sociedade.

Essa Assembleia teve seu início em 2006 e acontece anualmente, com a participação de mulheres e homens indígenas, não indígenas, Nhandesys (Anciãs-Jary) e Nhanderus (Anciãos-Ñamõi), jovens, rezadores, crianças, movimentos sociais, ativistas e autoridades. De acordo com a autora já citada, Claudia Regina Nichnig (2021), que participou da Grande Assembleia em 2019, as pautas discutidas foram: enfrentamento da violência acometida por mulheres nas relações familiares e as diferentes formas de violência institucional. Com isso, houve muitos relatos de mulheres que enfrentaram dificuldades para o registro de violência, bem como violências obstétricas e o tratamento pouco respeitoso em alguns espaços públicos. Isso nos retoma a pensar no processo de colonização que deixou marcas de um passado que não passou, e tem sido muito presente atualmente. É um momento em que as mulheres podem fazer suas denúncias, visto que muitas delas moram em reservas distantes da cidade, das quais não se tem o acesso às políticas de proteção.

Sobre a Lei Maria da Penha, elas compreendem como uma "lei morta", tanto no papel como na efetividade, mesmo sendo a única política pública que minimizaria a violência. É necessário frisar que as mulheres Guarani e Kaiowá honram a história particular da Lei Maria da Penha e compreendem como a lei se tornou importante para a garantia de direitos às mulheres que sofrem a violência doméstica, ainda que não esteja voltada aos contextos indígenas, essa lei se aplica para outras mulheres. Contudo, pensar a aplicabilidade da lei entre as mulheres indígenas acarreta outra problemática que envolve as populações indígenas, o encarceramento. Valer-se dessa lei, é confirmar o encarceramento dos homens que as violentam, e com isso refletir como será a vida delas na aldeia depois desse período encarcerado.

É fundamental discutir a compatibilidade dos mecanismos da Lei de acordo com os modos de vida dos povos indígenas, e a lei propõe uma complexidade para essas mulheres, principalmente no contexto da vida nas aldeias, pois como manter a distância do seu agressor se vivem no mesmo espaço? A Lei ainda pode interferir na organização sociocultural do grupo caso intervenham com ajudas psicossociais, por isso é incentivado que façam programas de combate ao alcoolismo e dependência química nas terras indígenas, havendo ainda a necessidade na prática de conciliar o direito estatal com os direitos indígenas. A indígena Valeria Paye Pereira Kaxuyana (2008), do povo Kaxuyana, diz que a má apresentação da lei e a forma distorcida com que ela chega para as mulheres faz com que elas sintam medo de serem tiradas de suas terras e acabam não fazendo suas denúncias. Diante disso, o Núcleo Defesa dos Direitos da Mulher (Nudem), preparou uma cartilha informativa sobre a lei Maria da Penha, que foi distribuída a partir de 2016 para as mulheres indígenas de Mato Grosso do Sul. Segundo a coordenadora da Nudem da Defensoria Pública de Mato Grosso do Sul, Edmeiry Silara Broch Festi, a iniciativa é uma forma de aproximar as indígenas dos direitos que elas têm.

> O número é alarmante e tem só crescido. Em 2010, o número de 104 agressões físicas para 2014 com 619 agressões físicas. Com a cartilha, elas teriam, com certeza, maior entendimento já que há uma grande dificuldade das mulheres indígenas com a língua portuguesa.[12]

A língua é um dos fatores que afasta essas mulheres da lei, pois nas aldeias e reservas o idioma guarani é o mais falado, alguns compreendem o português, mas não tem esse idioma como primeira língua. Assim, na hora de fazer as denúncias a importância de uma intérprete se torna necessário, já que muitas não conseguem ser compreendidas por conta do idioma. Essas demandas ainda são isoladas, porém no caso de Dourados/MS, cidade que tem a maior reserva indígena do Brasil, um avanço foi alcançado pela Delegacia de Atendimento à Mulher (DAM): em 2022 essa delegacia passou a contar com uma intérprete de Guarani (língua nativa indígena), isso cooperou para que as mulheres Guarani e Kaiowá se sentissem mais confiantes ao fazerem suas denúncias na delegacia. Segundo o subsecretário de Políticas Públicas para a População Indígena, Fernando Souza em 2022:

> É uma iniciativa extremamente importante, tendo em vista o grande número de demandas existentes nas comunidades indígenas onde a língua materna sempre foi uma barreira para que as denúncias chegassem às instituições. A chegada de um

---

[12] Entrevista de Edmeiry Broch concedida à TV Morena - G1/MS em 2016.

profissional que tem o domínio da língua materna facilitará o acolhimento dos indígenas para que possam buscar seus direitos que vêm sendo violados.[13]

Entretanto, além da língua, existem outros desafios, como o caso da distância para se fazer a denúncia, que é desproporcional aos meios que essas mulheres têm para chegar até lá. Em muitos casos, nas cidades em que as reservas são localizadas, não possuem uma Delegacia de Atendimento à Mulher (DAM), em outros casos, a DAM mais próxima fica a quilômetros de distância. Os meios públicos, como os ônibus, são em horários limitados, restando apenas carro, moto ou bicicleta. Fora isso, a vítima levaria horas para ir andando a pé. Nesse sentido, mesmo as denúncias feitas pelo celular, muitas vezes, são ineficazes, pela falta de sinal e quando são recebidas, a Polícia Militar só pode entrar nas comunidades caso a liderança presente na aldeia autorize.

A Lei Maria da Penha, em seu Art. 2º, diz:

> Toda mulher, independentemente de classe, raça, etnia, orientação sexual, renda, cultura, nível educacional, idade e religião, goza dos direitos fundamentais inerentes à pessoa humana, sendo-lhe asseguradas as oportunidades e facilidades para viver sem violência, preservar sua saúde física e mental e seu aperfeiçoamento moral, intelectual e social.

Nesse sentido, notamos nesse artigo, que é possível ver a inserção das mulheres indígenas na lei, porém, de modo muito genérico. O conhecimento e a efetivação dessa lei, de certo modo, chegam a essas mulheres indígenas de formas distorcidas. Elas acumulam poucas informações, sendo necessário projetos como as cartilhas já citadas. A lei apresenta, ainda, outra problemática no contexto indígena que, muitas vezes, não corresponde a suas devidas particularidades, como apontam Silva e Kaxuyana (2008, p. 43):

> A lógica de que a Lei Maria da Penha parece ser a resposta suficiente às demandas não é verdadeira. Hoje, as mulheres indígenas admitem que a violência doméstica as atinge, mas questionam os efeitos da lei nas suas comunidades. Seus maridos e filhos terão que responder, nas cadeias e prisões da cidade, pelo abuso cometido? Quem irá caçar? Quem irá pescar? Quem irá ajudar na roça? Talvez o que elas queiram é ter mais informações sobre essa Lei, para poderem decidir se

---

[13] Disponível em: https://www.setescc.ms.gov.br/delegacia-de-atendimento-a-mulher-de-dourados-passa-a--contar-com-interprete-de-guarani. Acesso em: 22 ago. 2016.

> tal instrumento legal serve para elas ou se preferem a utilização dos códigos de conduta já estabelecidos pelos seus povos.

Ainda que seja uma discussão contemporânea, de 2006 até os dias atuais, a Lei promoveu muitas mudanças, observando, entretanto, a situação das mulheres indígenas, compreendendo que a princípio a Lei não foi elaborada propriamente para ser aplicada em comunidades indígenas. A autora Marina Rocha Amaral (2018) ressalta que a lei permite com que as vítimas escolham os métodos que sejam melhores alternativas a serem seguidas, e destaca que é a partir da vontade e do entendimento da mulher indígena que fará ela optar pelo método cultural/tradicional ou se irá adotar práticas amparadas pela lei: "Tratar da violência doméstica de modo separado à análise cultural no meio indígena é um dos maiores erros que o legislador pode ter" (AMARAL, 2018, p. 12). Então, torna imprescindível que a mulher indígena tenha tanto seu direito à cultura como a utilização da lei ao seu favor.

> É preciso que a análise do caso em concreto seja a mais sensata possível, de modo que a indígena violentada tenha resguardado tanto seu direito à cultura como o de utilizar a lei a seu favor. Resta-nos dizer, então, que a aplicação ou não da lei Maria da Penha deve passar pelo crivo da vítima, no caso, a mulher indígena, para que escolha qual método gostaria de utilizar para a solução do conflito doméstico. (AMARAL, 2018, p. 12).

Entre os Guarani e Kaiowá do Mato Grosso do Sul, uma das questões geradoras de violência doméstica é a interferência do não indígena, pois pode se compreender que essa violência não faz parte dos modos de vida dos indígenas Guarani e Kaiowá. A principal interferência advinda do contato com os não indígenas, seria o álcool. Os maridos se embebedam e depois partem para agressões. Anjos e Fonseca (2019), autores da reportagem publicada na *Pública*, entrevistaram a Nhandesy Alda da Silva, da aldeia Jaguapiru no MS. Ela relata receber muitas mulheres vítimas de estupro e violência doméstica na aldeia. Na entrevista, Nhandesy Alda reforça o quanto o álcool tem grandes interferências nas relações entre os Guarani e Kaiowá.

> Muitos dos casos que nos foram relatados sobre mulheres espancadas ou alvo de ataques psicológicos nas aldeias envolvem o uso excessivo da bebida e outras drogas pelos homens agressores.[14]

---

[14] Disponível em: https://landportal.org/node/88497. Acesso em: 22 ago. 2016.

Uma das pautas discutidas na ocasião da Assembleia Kunangue Aty Guasu ocorrida em 2018, foi a reivindicação das mulheres sobre a questão da violência, contestando o fato de que os homens não devem culpabilizar somente o uso do álcool por ficarem agressivos, sobretudo, eles precisam respeitar as mulheres independente da circunstância em que se encontram e compreender que essa violência não deve ser ocasionada sob motivo algum.

O mapa interativo da Kunangue Aty Guasu, apresenta os dados de violência causados na região de Mato Grosso do Sul, dentre essas violências estão os casos de violência doméstica contra mulheres indígenas. O mapa ilustra que existem certas dificuldades em se fazer essas denúncias, por isso os casos registrados são pequenos em relação aos de fato existentes. Amaral (2018), observa que muitas das mulheres sentem medo de denunciar por falta de acesso aos órgãos de proteção e muitas preferem os conselhos de líderes do grupo, além de outros motivos já citados: a distância entre as comunidades e a delegacia para se fazer as denúncias, a falta de sinal móvel ou telefone para fazer as ligações e a não compreensão da língua Guarani a partir das denúncias feitas. Em artigo publicado na Revista Saúde Pública de Mato Grosso do Sul os autores Gonzales, Santos, Martins, Hammuuod e Loreti (2020) trazem dados da violência contra as mulheres indígenas no estado. A pesquisa corresponde a 1.862 casos de violências doméstica, onde os agressores foram: pai, mãe, padrasto, madrasta, cônjuge, ex-cônjuge, namorado, filho (a), irmão (a), amigo (a), desconhecido e própria pessoa. De acordo com o gráfico abaixo (Figura 4.1):

Figura 4.1 – Casos de violência notificados de 2009 a 2017 pela faixa etária

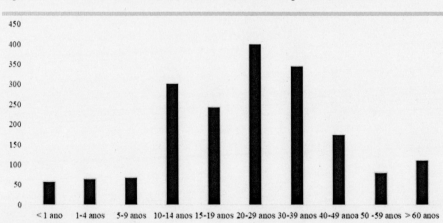

Fonte: Gonzales *et al.* (2020)

Essa imagem representa o número de todos os tipos de violências que as mulheres indígenas sofreram a partir de primeiro ano de idade, entre os anos de 2009 a 2017, com os então agressores já mencionados. Através dos dados acima mencionados, conforme pesquisados por Gonzales *et al.* (2020), foi possível elaborar um gráfico no qual há a especificidade do número de violência contra mulheres por faixa etária, considerando apenas como agressores o cônjuge e o ex-cônjuge ainda entre 2009 e 2017.

Figura 2 – Casos de violência cometidos por cônjuges e ex-cônjuges por faixa etária

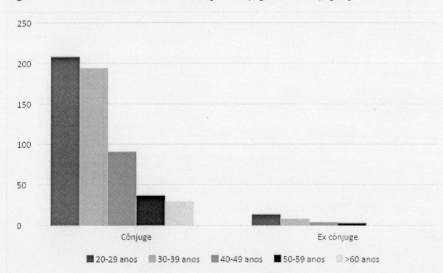

Fonte: elaborada por Camila Rafaela Marques Moda (2022)

Com isso, podemos totalizar 776 casos de violência contra as mulheres indígenas cometidos pelos seus maridos e ex-maridos no período de 2009 a 2017. A duração de tempo (8 anos), mostra um número alarmante, visto que demonstram apenas dois tipos de agressores da violência doméstica, sem desconsiderar que possivelmente esse não seria o número real de casos, pois muitos não conseguem fazer os seus registros. Dentre os muitos casos de violências, podemos tipificar como: violência física, violência psicológica, violências com tortura, violência sexual, violência financeira, casos de negligência e abandono, espancamento, enforcamento, assédio sexual e atentado violento ao pudor. Conforme o gráfico a seguir:

Figura 3 – Quantidade e tipos de violência cometidos pelos agressores cônjuge e ex-cônjuge. VF: violência física; VP: violência psicológica e moral; TO: tortura; VS: violência sexual; VFE: violência financeira; NA: negligência e abandono; ES: espancamento; EN: enforcamento; AS: assédio sexual; AT: atentado ao pudor

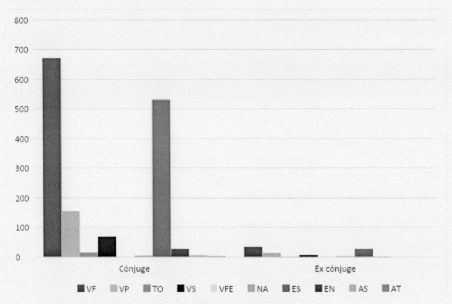

Fonte: elaborada por Camila Rafaela Marques Moda (2022)

Seguindo essa perspectiva, os números de violência contra as mulheres indígenas acometidas pelo cônjuge são maiores do que as violências perpetradas pelos ex-cônjuges. Esses dados podem ser relacionados principalmente com a dificuldade dessas mulheres em romper o casamento, visto que os homens carregam um peso importante dentro dos modos de vida familiares. Retomando a discussão desses desafios das mulheres indígenas em relação aos seus direitos, podemos refletir sobre o quanto a Lei precisa constituir novas emendas que coloquem pautas específicas para essas mulheres. Ainda que tenhamos no papel o direito garantido para as mulheres, na prática as coisas se alteram. Existe a necessidade de que haja um parágrafo que atenda as demandas e especificidades dessas mulheres indígenas, em relação com o distanciamento geográfico e também a ausência de políticas públicas e sociais, bem como a ausência do Estado nas terras indígenas. Devemos assim, refletir como essas mulheres serão protegidas e se o Estado está de fato preparado e disposto para acolhê-las. Para tanto, reforça-se a necessidade de atentar-

-se às suas demandas, acolhendo as propostas colocadas, por exemplo, em momentos como durante a Kuñague Aty Guasu: A Grande Assembleia das Mulheres Guarani e Kaiowá.

Considerações finais

Este capítulo resulta da compreensão acerca das relações de gênero no interior da produção da etnologia no Brasil e, posteriormente, na etnologia sul-mato-grossense, com interesse especial na população Guarani e Kaiowá. A revisão bibliográfica sobre os Guarani e Kaiowá mostra como a presença feminina tem efetiva importância em cargos políticos, no fogo doméstico, no trabalho e em outras áreas. Tudo isso faz com que a atuação da mulher indígena em vários e amplos contextos seja reivindicada, pois assim como para os Guarani e Kaiowá, outros grupos também se certificam que o espaço entre o feminino e o masculino não seja mais uma dicotomia repleta de desigualdades, mas sim com funções semelhantes e singulares, como a luta pelo território que atualmente tem sido uma das principais pautas do movimento indígena e ponto de encontro dos interesses de mulheres e homens Guarani e Kaiowá.

Assim, além de uma reflexão a respeito das distinções entre atribuições, papéis e modos de se relacionar dos homens e mulheres guarani e kaiowá, buscou-se abordar quais as principais demandas das mulheres desse povo indígena, culminando no debate acerca da violência de gênero. Apesar de lutarem lado a lado com os homens no movimento indígena, na tentativa de garantir com que seus direitos territoriais e outros direitos sejam atendidos, essas mulheres também são alvos da violência cometida por homens indígenas. Nesse sentido, tratou-se da importância, do impacto e da aplicabilidade da Lei Maria da Penha para o caso específico desses indígenas. Os dados a respeito das múltiplas violências cometidas contra as mulheres kaiowá e guarani, somados à necessidade de repensar a eficácia e aplicabilidade da lei Maria da Penha, mostraram que essas mulheres vivem em contextos que as colocam em vulnerabilidade e, para além disso, demandam de políticas públicas que favoreçam suas existências e, principalmente, suas especificidades.

Portanto, podemos concluir, que há importância de um parágrafo na lei Maria da Penha que atenda as singularidades dessas mulheres, no que se refere às suas escolhas e métodos de combate às violências por elas sofridas, por exemplo, por meio do acolhimento das lideranças e/ou outros meios culturais. Nesse sentido, o debate apenas reforça a necessidade de refletir sobre outras possibilidades para que a violência doméstica que acomete essas mulheres indígenas, seja vista e pautada como algo distinto, que não deve ser separado modo de ser mulher Guarani e Kaiowá e de suas decisões.

Referências Bibliográficas

ALMEIDA, R. F. T.; MURA, F. *Povos indígenas no Mato Grosso do Sul*, 2003. Disponível em: https://pib.socioambiental.org/pt/Povo:Guarani_Kaiow%C3%A1#Popula.C3.A7.C3.A3o. Acesso em: 27 set. 2022.

AMARAL, M. R. *Análise sobre a Lei Maria da Penha e sua (in)aplicabilidade em comunidades indígenas.* Trabalho de Conclusão de Curso (Graduação em Direito) - Universidade Federal do Sul e Sudeste do Pará, Marabá, 2018. Disponível em: http://repositorio.unifesspa.edu.br/handle/123456789/852. Acesso em: 1 nov. 2022.

BELAUNDE, L. E. A força dos pensamentos, o fedor do sangue: hematologia e gênero na Amazônia. *Revista de Antropologia*, v. 49, n. 1, p. 205-243, 2006.

BENEDICT, R. [1934] *Padrões de cultura.* Editora Vozes, 2013.

CALAZANS, M.; CORTES, I. *O processo de criação, aprovação e implementação da Lei Maria da Penha. Lei Maria da Penha comentada em uma perspectiva jurídico-feminista.* Lumen Juris, v. 193, 2011.

CARIAGA, D. Gênero e sexualidades indígenas: alguns aspectos das transformações nas relações a partir dos Kaiowá no Mato Grosso do Sul. *Cadernos de Campo*, n. 24, p. 441-464, 2015.

CRESPE, A. C. *Mobilidade e temporalidade Kaiowá:* Do Tekoha a reserva, do Tekoharã ao Tekoha. 2015. Tese (Doutorado em História) - Universidade Federal da Grande Dourados, Dourados, 2015.

FIAN. *Guarani e Kaiowá*. Organização pelo Direito Humano à Alimentação e à Nutrição Adequadas, 2020.

FRANCHETTTO, B.; CAVALCANTI, M. L.; HEILBORN, M. L. Antropologia e feminismo. *In:* FRANCHETTO, B.; CAVALCANTI, M. L.; HEILBORN, M. L. (org.). *Perspectivas Antropológicas da Mulher.* Rio de Janeiro: Zahar Editores, 1981. p. 11-48.

G1 MS (TV MORENA). *Violência contra índias cresce e MS traduz cartilha sobre Maria da Penha.* Mato Grosso do Sul: 05/09/2016 14h59 - Atualizado em 05/09/2016

14h59. Disponível em: https://g1.globo.com/mato-grosso-do-sul/noticia/2016/09/violencia-contra-indias-cresce-e-ms-traduz-cartilha-sobre-maria-da-penha.html. Acesso em: 1 nov. 2022.

GONZALES, F. S.; SANTOS, I. P.; MARTINS, I. M.; HAMMUUOD, S. F. P.; LORETI, E. H. Casos de violência contra as mulheres indígenas no estado do Mato Grosso do Sul, Brasil. *Rev. Saúde Pública de Mato Grosso do Sul*, v. 3, n. 1, p. 55-63, 2020.

KAXUYANA, V. P; SILVA. E. S. S. A Lei Maria da Penha e as mulheres indígenas. *In*: VERDUM, R. (org.). *Mulheres Indígenas, Direitos e Políticas Públicas*. Brasília: INESC, 2008. p. 33-46.

KUÑAGUE ATY GUASU. A grande assembleia das mulheres Guarani e Kaiowá. *Anais do XVI Encontro de História da ANPUH-MS*, 2018.

MEAD, M. *Sexo e temperamento*. Tradução de R. Krausz. São Paulo: Editora Perspectiva, 2009.

MSPOST. *Dourados*: Delegacia da mulher tem intérprete de Guarani. 2022. Disponível em: https://mspost.com.br/dourados-delegacia-da-mulher-tem-interprete-de-guarani. Acesso em: 1 nov. 2022.

NICHNIG, C. R. Refletindo sobre a atuação política das mulheres indígenas Guarani e Kaiowá, o enfrentamento às violências de gênero e o acesso à educação universitária: Diálogos possíveis a partir da Kuñangue Aty Guasu. ANPUH-Brasil. In: Simpósio Nacional de História do Rio de Janeiro/RJ, 31., 2021. Anais [...]. 2021.

OVERING, J. O fétido odor da morte e os aromas da vida: poética dos saberes e processo sensorial entre os Piaroa da Bacia do Orinoco. *Revista de Antropologia*, v. 49, n. 1, p. 19-54, 2006.

PEREIRA, L. M. A socialidade da família Kaiowá: relações geracionais e de gênero no microcosmo da vida social. *Temáticas*, Revista dos pós-graduandos em Ciências Sociais IFCH, Campinas, n. 31/32, 2008.

PEREIRA, L. M. A criança kaiowá, o fogo doméstico e o mundo dos parentes: espaços de sociabilidade infantil. In: Encontro Anual da Anpocs, 32., 2004. Anais [...]. 2004.

PÚBLICA. *A luta das Guarani e Kaiowá na região mais perigosa para mulheres indígenas no país*. 2019. Disponível em: https://apublica.org/2019/10/a-luta-das-guarani-e-kaiowá-na-regiao-mais-perigosa-para-mulheres-indigenas-no-pais/#Link1. Acesso em: 1 nov. 2022.

RUBIN, G. [1984]. *Políticas do sexo*. Tradução de J. P. Dias. São Paulo; Editora Ubu, 2017.

SERAGUZA, L. *Cosmos, corpos e mulheres Kaiowá e Guarani de Aña à Kuña*. 2013. Dissertação (Mestrado em Antropologia) - Universidade Federal da Grande Dourados, Dourados, 2013.

SERAGUZA, L. De fúrias, jaguares e brancos: notas sobre gênero, sexualidade e política entre os Kaiowá e Guarani em Mato Grosso do Sul. In: Seminário Internacional Fazendo Gênero 11 e 13th Women's Worlds Congress (Anais Eletrônicos), 2017, Florianópolis. *Anais* [...]. Florianópolis, 2017.

SERAGUZA, L. Do fluxo do sangue aos cortes da vida em reserva: sangue, ritual e intervenção entre as mulheres Kaiowá e Guarani em MS. *Tellus*, v. 17, p. 139-162, 2017.

SERAGUZA, L. Mulheres em retomadas: sobre política e relações de gênero entre os Kaiowá e Guarani em Mato Grosso do Sul. *Tessituras*, Pelotas, v. 6, n. 2, p. 215-228, 2018.

VIANA, A. E. A.; ZIMMERMAN, T. R. Apontamentos sobre gênero e violência contra mulheres indígenas Kaiowá e Guarani em Amambai, MS (2007-2014). *Tellus*, Campo Grande, n. 27, p. 117-128, 2014.

CAPÍTULO 5

MISS DIVERSIDADE INDÍGENA: NOTAS ETNOGRÁFICAS SOBRE GÊNERO E SEXUALIDADE LGBTQIA+ ENTRE INDÍGENAS NO MATO GROSSO DO SUL[15]

Diógenes Cariaga

Em abril de 2019 recebi uma mensagem via *WhatsApp* de Michele Machado, professora e pesquisadora kaiowá moradora da Reserva Indígena de Dourados (RID), convidando-me para participar como jurado na etapa pré-seletiva da Aldeia Bororó do concurso *miss* e *mister* beleza indígena, que iria definir quem seriam as candidatas e candidatos que a representar a aldeia no concurso, juntamente com as demais candidatas e candidatos que seriam escolhidos na etapa da Aldeia Jaguapiru. As duas aldeias dividem uma porção de 3.500 hectares que formam a Reserva Indígena de Dourados, área criada pelo Serviço de Proteção aos Índios no início do Século XX, onde vivem atualmente cerca de 16 mil indígenas kaiowá, guarani e terena em um território cada vez mais adensado pelo crescimento demográfico e mais comprimido pela especulação imobiliária urbana e rural que avança na região no entorno da aldeia.[16]

De imediato aceitei o convite devido a uma relação de mais de uma década com pessoas que faziam parte do coletivo que organizou o concurso,

---

[15] Este capítulo deriva de trabalho apresentado em uma atividade do NUMAS/PPGAS/USP em 27/09/2019. Agradeço ao convite de Diego Madi e Júlio Simões, assim como os comentários feitos por demais integrantes do núcleo, como Silvana Nascimento e Heloísa Buarque de Almeida, a quem agradeço pelas contribuições.

[16] A região sul do Mato Grosso do Sul foi historicamente habitada por coletivos falantes de língua guarani, como os Kaiowá e os Guarani (Nhandeva). Os Terena, falantes de língua aruak, tradicionalmente habitantes do Chaco Paraguaio, que migraram para a região pantaneira-sudoeste após a Guerra da Tríplice Aliança contra o Paraguai e ali se instalaram. Entretanto, o deslocamento para região de Dourados foi motivado pelo SPI, que devido a participação dos Terena no conflito servindo as Forças Militares, tinham a concepção que o coletivo aruak era "mais civilizado" que os Guarani e, deste modo, a partir de 1930 levaram famílias terena para viver no RID, esta migração foi uma ação forçada do órgão indigenista oficial e que produziu efeitos e transformações notados na organização social, espacial e política da RID. Mais informações em Cariaga (2019).

que já está em sua nona edição. A maior parte dos organizadores, que são hoje pesquisador@s, professor@s, profissionais de saúde os conheci no período da adolescência deles, quando eu iniciava minhas pesquisas e trabalhos juntos aos Kaiowá e Guarani no MS na época graduação em Ciências Sociais na Universidade Federal de Mato Grosso do Sul (2000-2003). Desde então mantenho relações de amizade e colaborações com o coletivo. Inicialmente, pensava que o convite era motivado em razão pela minha pesquisa de doutorado, defendida este ano no PPGAS/UFSC, sobre as transformações nos modos e estilos da ação política na reserva e pelo conhecimento dos organizadores em meu interesse em temas não tradicionais da cultura indígena.

Estes temas passeiam desde as questões sobre os regimes de criatividade e a inovação vistas nas formas contemporâneas de liderança, a emergência de novos segmentos políticos e sociais, assim como os modos pela qual a cultura se tornou uma forma de ação política contemporânea, como o próprio concurso de *miss* e *mister* indígena. Deste modo, me dirigi em uma tarde de sábado para o local da seletiva d@s candidat@s na Aldeia Bororó, conforme tinha sido orientado por Michelle. Ao chegar no local encontrei os demais jurados, todos não indígenas, mas que possuíam algum tipo de relação profissional, de pesquisa ou artística com a aldeia. Fomos orientados a ocupar uma bancada de cadeiras ao fundo da quadra de esportes da "Vila Olímpica"[17], onde recebemos um formulário onde deveríamos julgar quesitos como: beleza, simpatia, carisma, desfile e "beleza indígena", à medida que cada candidat@ se apresentavam dizendo o nome, etnia, aldeia e time de futebol. Do outro lado da quadra, as organizadoras do concurso organizam a ordem do desfile, primeiro as candidatas a *miss*, seguida pelos candidatos a *mister*. Antes do início da passarela de avaliação, Tatiane, responsável pelo desfile do concurso dirigiu-se a bancada d@s jurados e foi enfática em dizer que as pessoas que iriam se apresentar seriam julgadas na categoria que se reconheciam.

Com esta informação (que não avaliei como importante) o desfile teve início. Quase ao fim do desfile das candidatas a miss, uma jovem chamada Katryna Malbem (atualmente após a retificação da documentação civil o nome escolhido por ela é Melissa Rodrigues), guarani, moradora da Aldeia Bororo, chamou minha atenção, fato notado pelas organizadoras do evento que dirigiram um olhar cúmplice para mim e assim entendi a razão que

---

[17] A Vila Olímpica é um complexo poliesportivo construído pelo Governo do Estado do MS próximo a divisa entre as aldeias Bororó e Jaguapiru, destinado ao lazer e esporte das famílias indígenas.

motivava o convite para que eu fosse jurado: a presença de uma candidata transexual. Depois soube conversando com as organizadoras que me chamaram por ser etnólogo que trabalha e realiza as pesquisas na região há mais de uma década e por ser gay, que caso fosse necessário poderia atuar como um mediador de possíveis tensionamentos a respeito da presença de uma candidata transexual no contexto das relações da RID e fora dela.

Após essa descrição preliminar, quero avançar sobre o fundo do qual emergem as relações que tornam possível pensar sobre os temas que elenquei no título desta comunicação, pois, desconsiderar as transformações experimentadas pelos indígenas na região pode eclipsar todo o investimento político em fazer ver estas dinâmicas contemporâneas pela perspectiva indígena das transformações. Deste modo, conecto-me a um apontamento feito por Demarchi (2017), a respeito das dinâmicas políticas vistas no concurso de beleza Miss Kayapó, no qual o autor assinala que tais eventos longe de serem vistos como algum modo de imposição cultural exógena, são movidos pela agência e interesse indígena. No contexto da RID também expõem disputas e mediações nas relações interétnicas, mas irei me concentrar no engajamento das gerações mais jovens em produzir formas políticas de multiplicar as diferenças diante de um campo relacional ameríndio cada vez mais povoados por diferentes entes e agenciamentos políticos.

Criando Alguns Contextos (algumas formas de ação políticas kaiowá e guarani no MS): Relações Geracionais e de Gênero

O concurso de beleza indígena na RID é promovido por um coletivo de mulheres e homens em sua maioria pessoas adultas, casadas e com filhos ainda são considerados *"lideranças jovens"*. Mas no panorama das lideranças políticas entre as famílias kaiowá e guarani hoje há uma multiplicação das formas e estilos de lideranças, que não notadas nos diferentes nomes e adjetivos que nos dias atuais a *liderança* recebe, contextuais aos efeitos das transformações derivadas do processo histórico da ruptura com os modos kaiowá e guarani de habitar e da intensificação das relações com os poderes, saberes e tecnologia dos brancos (*karai reko kwera*). Para além das categorias *lideranças tradicionais* e *lideranças constituídas*, emergem outras possibilidades de ser e fazer lideranças e coletivos, de modo mais expressivo me refiro a juventude, mulheres e professor@s. No caso da organização do concurso, as *"lideranças jovens"*, mesmo não mais estando em uma faixa etária classificada como juvenil, são consideradas jovens no sentido da inovação social engajadas pelos seus projetos culturais e políticos em produzir relações entre as demais lideranças indígenas e os não indígenas. O antropólogo kaiowá Tonico Benites (2009) chama atenção para a necessidade de compreender a perspectiva kaiowá dessas relações através da própria compreensão kaiowá das multiplicidades de modos de ser: *teko laja*. Tal conceito, segundo o autor, refere-se à multiplicidade imanente a produção da socialidade kaiowá no âmbito do parentesco, como uma qualidade intangível referente a moralidade e a coletividade

> Entre o modo de ser antigo (*teko ymaguare*), e o modo de ser atual, existem tanto continuidades quanto mudanças, o que não significa, porém, que os Avá Kaiowá deixaram de ser indígenas, mas que apenas cada família constrói o seu perfil e estilo específico (*laja kwera*) em espaços e tempos distintos. (BENITES, 2009, p. 93).

Deste modo, entendo essas experiências criativas, como os concursos de beleza como formas de pensar a política e dinâmicas inter e intrageracionais para além de tipologias e classificações prescritivas, tanto sobre a cultura, assim como as sexualidades, pois a organização deste evento envolve as trajetórias e as relações produzidas por histórias de vida de pessoas que podem ser vistas como *lideranças jovens*. Tal movimento pode ser notado a partir das organizadoras do *miss beleza indígena*: mulheres kaiowá-guarani que em comum passaram por diferentes espaços políticos de formação como coletivos de jovens indígenas e a universidade. A iniciativa do concurso partiu da Associação de Jovens Indígenas (AJI)[18] que é atualmente presidida por Indianara Machado, kaiowá, formada em enfermagem e ex-coordenadora do Polo-Base da SESAI da região de Dourados. Indianara expressava que a sua compreensão a respeito dos modos atuais de vida entre os Kaiowá e os Guarani articula a experiências históricas acumuladas e que sua própria trajetória ilustra este movimento. Ela participa desde os desde os doze anos

---

[18] As ações da AJI se iniciam em meados dos anos 2000, procurando compreender as questões relacionadas aos altos índices de suicídio entre uma faixa etária dos 12 aos 18 anos de idade, articulando com uma análise sobre a emergência de um "sentimento de juventude" entre os indígenas na RID. O interesse era mobilizado por um grupo de pesquisador@s ligados ao Instituto de Psicologia da Universidade de São Paulo (IP-USP), Núcleo Interdisciplinar do Imaginário e da Memória (NIME), Laboratório do Imaginário (LABI). Em 2007 a pesquisadora Maria de Lourdes Beldi de Alcântara, associada ao projeto, publica o livro Jovens indígenas e lugares de pertencimento, em que definem a posição dos jovens como liminar, entre lugares, *in between*: "o estar na passagem, ou estar no "entre", neste caso, pode ser um processo de construção identitária difícil negociação, pois as estruturas estão sendo elaborados por meios dos fragmentos das antigas e do aparecimento de novas concepções de mundo" (ALCÂNTARA, 2007, p. 102). Entretanto, já há algum tempo a AJI é gerida por uma estrutura local, dotada de um espaço na Aldeia Bororó e mantém uma página na internet onde é possível acompanhar as ações e acessar os materiais produzidos. O link de acesso é www.jovensindigenas.org.br

na AJI, que possibilitou-a circular por muitos espaços de debate em fóruns nacionais e internacionais sobre direitos indígenas e direitos humanos relacionados ao próprio sentimento de juventude experimentado pela sua geração que passou a mobilizar essa categoria para expressar um novo modo de relação entre os Kaiowá: a juventude indígena, emergente que tensionava com as categorias de idade kaiowá que marcavam a passagem da infância para vida adulta dos meninos e da meninas.

Foi preciso muitos embates e disputas para que se assentasse no campo das relações políticas na RID e também no conjunto do movimento kaiowá e guarani (*Aty Guasu*) o lugar dos e para os jovens kaiowá e guarani, mas que as possibilidades de pensar as transformações culturais pela perspectiva de uma geração (como a dos organizadores do concurso) que pode ter acesso a uma educação escolar diferenciada, projetos culturais focados em produção audiovisual e do acesso ao ensino superior, isto possibilitou um contexto de promoção e valorização de modos de vida contemporâneos que não estão desconectados daquilo que atestam serem "relações tradicionais". Assim, uma ideia de juventude entre os Kaiowá e Guarani inseriu uma temporalidade e uma moralidade que não opõe o modo de ser dos antigos (*teko ymaguare*) e os modos ser atuais (*teko koa'nga*), mas os relaciona, multiplicando os modos de ser intrínsecos a socialidade kaiowá e guarani (*teko laja*). A existência de um segmento de juventude indígena não é exclusiva dos Kaiowá e Guarani, pode ser visto em muitos contextos no Brasil e fora dele. O relevo conquistado é tributário a possibilidade de ruptura de uma concepção tutelar e assimilacionista aberta com a mudança do paradigma sobre a concepção estatal sobre o indígena e também sobre as noções de infância e juventude conquistadas pelos movimentos de democratização que culminaram na Constituição Federal de 1988. Neste aspecto a AJI foi pioneira em procurar coletivizar meninas e meninos kaiowá e guarani na RID em torno de ações voltadas para proteção e promoção dos direitos das crianças em torno projetos culturais como produção de oficinas de fotografia, vídeo, materiais paradidáticos para as escolas indígenas.

Tanto Indianara e Michelle (que são primas) ocuparam espaços de protagonismo político como *jovens lideranças*, no sentido etário mesmo e hoje como *lideranças jovens*, isto é, como figuras expressivas das relações políticas locais que "representam" segmentos engajadas em novas políticas culturais que procuram torcer noções cristalizadas sobre tradição e cultura, para, a partir contextos inusitados de enunciação da cultura, como a demanda pelo reconhecimento de uma juventude kaiowá-e-guarani, assim como próprio concurso de miss, podem ser associados às formas como novos personagens da paisagem política produzem outros modos de fazer ver as relações contemporâneas de um ponto de vista indígena das transformações.

Neste aspecto, seria um grande erro presumir que existe uma via única para as transformações ameríndias, prevendo estados prístinos da cultura e da socialidade, pois como formulou Gow (2001) a respeito dos modos piro de pensar suas transformações, trata-se mais de transformações das transformações, do que uma definição que estabiliza noções como "a.c. e d.c": antes do contato ou depois do contato. Até mesmo porque no contexto dos coletivos guarani na região é impossível definir um marco inicial dessas relações, o que se faz é demarcar eventos da história nacional que intensificaram as relações kaiowá-e--guarani (*nhande reko*) com o os não indígenas (*karai reko kuera*). Desta maneira, esta geração de *jovens lideranças* experimentam diversas formas de acúmulo e experimentação política produzindo uma moralidade kaiowá-e-guarani (*teko*) onde é possível abrir se para a tecnologia, saberes e conhecimentos dos *karai* (brancos), sem que isto implique numa dissolução das formas indígenas do fazer política. Ao justapor e alternar os modos de ser que remetem a "tradição" (*teko ymaguare*) as possibilidades de experimentar novos modos (*teko pyahu*), a aposta é que estão investindo nas formas de transformação do *teko* (da cultura e da "cultura" para poderem estender e multiplicar a socialidade kaiowá-e-guarani (*teko retã*) diante do mundo em que vivem. Neste capítulo não terei tempo para discorrer a respeito sobre como os modos como o fazer político estão enredados e articulados em torno de concepções indígenas na RID sobre formas tradicionais e não tradicionais da ação política entre os Kaiowá. Apenas para situar, tais formas referem-se a modos diferenciantes da compreensão nativa sobre personagens tidos como *tradicionais,* como os e as xamãs (*nhanderu* e *nhandesy*), lideranças de famílias extensas e de retomadas e relações diferenciadoras, há um conjunto de outros modos e estilos de lideranças, que são, associadas às relações com o Estado a sociedade nacional, assim como são efeitos.

A figura mais emblemática é o *capitão indígena,* cargo inserido por meio da política indigenista do SPI e aprofundada pelo regime tutelar no período da Ditadura Militar pela FUNAI. Entretanto, o efeito e as transformações se notam na incorporação deste *cargo* nas relações políticas que configuram o que os moradores da RID chamam de *"sistema de aldeia"*, onde após décadas a presença de agências e aparelhos estatais no cotidiano das aldeias personagens como os *capitães indígenas, professores indígenas* e segmentos como as mulheres e jovens, compõem a cena política local assim como as *lideranças tradicionais* (CARIAGA, 2019). Neste cenário de multiplicação de modos, estilos e segmentos das lideranças kaiowá e guarani, a posição assumida pelas mulheres tem protagonizado novas arenas da disputa política, tanto no âmbito da política interna, dos movimentos e coletivos de mulheres indígenas que lutam pela demarcação de seus territórios tradicionais e por políticas de atenção diferenciadas, mais expressas no âmbito do *Kunhague Aty Guassu* [19] e por experiências e circuitos que envolvem questões como a escolarização, acesso ao ensino superior e a pesquisa acadêmica. Um modo não exclui o outro, ao contrário, relaciona ao tempo que multiplica as possibilidades de engajamentos e alianças das mulheres kaiowá e guarani na mediação tanto entre as concepções nativas sobre os modos de ser *tradicionais* (*teko ymaguare*), os contemporâneos (*teko ko'anga*) e os projetos e concepções políticos-culturais para o *teko pyahu*, "futuro". Nesta direção, insiro o relevo das falas e experiências das organizadoras do concurso a algo notado por Deleuze ao comentar a contribuição de Foucault (1986) a descrição de regimes de vida no que se refere a existência tange dos sujeitos não se encerram em sujeitos construídos pelos discursos que os circundam e experimentam, mas existem como agentes capazes de existir em mundos como dobras ou melhor dizendo, vivendo nas dobras. Tal imagem guia a uma compreensão em que as dinâmicas políticas produzidas e vivenciadas pelas *jovens mulheres indígenas* está muito além de concepções *in between*, pois seus deslocamentos e itinerários possibilitaram que tivessem acesso a discussões acadêmicas, teóricas e políticas sobre as quais puderam dilatar a compreensão sobre ser mulher indígena, assim como os espaços e os modos das mulheres de fazer política (CARIAGA, 2019; SERAGUZA, 2013).

Em conversas com as organizadoras, particularmente com Michelle, ela acentuava a acúmulo político que elas tiveram quando eram adolescente e passaram a participar de debates e de formações que tinham como objetivo discutir as questões a respeito da juventude e mulheres indígenas, deste modo, se em um primeiro momento houve uma rejeição aos temas como feminismo e gênero[20], isto foi rapidamente transformado em uma compreensão

---

[19] Sobre este tema sugiro a leitura dos trabalhos de Seraguza (2018, 2017) e Anzoategui (2017).

[20] Notei algo semelhante durante a preparação do 13º Mundo de Mulheres e o 11º Fazendo Gênero realizado em Florianópolis (08/2017), quando parte do coletivo de mulheres indígenas estudantes da UFSC foram debater com as alunas da licenciatura intercultural indígena questões sobre feminismo e se depararam com uma primeira concepção das alunas de quê feminismo era estar contra os homens e que elas se autoproclamavam femininas, não feministas. Houve muito debate entre elas para simetrizar as concepções em disputa, mas ao fim, o entendimento produzido culminou em uma "leitura indígena do feminismo", que apontava as lacunas da teoria e da política feminista em relação ao modo indígena que homens e mulheres se relacionam.

nativa sobre ser mulher indígena nos dias atuais, que é atravessado por uma concepção híbrida que ao mesmo tempo que recusa rótulos, mas também absorve partes de outros modos de ser mulher capazes de compor o *kuña reko ko'anga - modos atuais de ser mulher kaiowá e guarani*. Neste sentido, ao se posicionarem como agentes das relações que aparecem nos contextos de inovação, o que elas destacam são as possibilidades de agenciamentos de debates sobre as relações de gênero e de como esta reflexão possibilita a ascensão de um segmento político, são novas formas femininas de liderança indígena, assim como a aceitação e a visibilidade de pessoas indígenas LGBTQIA+. O concurso é visto como um modo de mostrar para a região a autoestima, e o empoderamento através da valorização da cultura sem abrir mão do diálogo com novas tecnologias e conhecimentos para desmobilizar representação não indígenas preconceituosas contra as famílias e pessoas que vivem nas aldeias. Destaco aqui um trecho da conversa mantida pelo autor desse capítulo com Michelle:

> Quando a gente fala da importância da mulher indígena não é a mesma coisa que falar de feminismo como fazem as não indígenas. A importância é mesma, que nós mulheres temos direitos específicos por sermos mulheres e do mesmo jeito para as mulheres indígenas. Hoje a posição da mulher kaiowá e guarani mudou, mas sempre foi importante na cultura do nosso povo. Mudou porque tudo mudou, mas mesmo assim até hoje falamos nossa língua, fazemos os rituais, criamos nossos filhos, sobrinhos, mas agora a gente tem que trabalhar para ter salário, homem e mulher. Acontece que a gente, mulher estuda mais, aprende que tem que respeitar todo mundo, senão a gente enfraquece o coletivo, por isso que a gente quer empoderar as mulheres e o jovens, para que no futuro tenha espaço para todo tipo de pessoa entre nós.

Venho sugerindo (CARIAGA, 2019) que as relações entre as mulheres e homens kaiowá e guarani podem ser pensados como formas que se justapõem e alternam posições diferenciadoras, pois gênero, como nos adverte Strathern (2006) é um operador usado para diferenciar a vida social. Penso que pensar as transformações nas relações de gênero e co-estendendo as sexualidades só é possível quando conjugamos contrastes e inversões de posições do tipo *same-sex/cross-sex* (STRATHERN, 2001) também para as dinâmicas *same-age/cross-age*, pois a possibilidade de ter uma mulher indígena transexual participando de um concurso de miss só pode se realizar através de uma abertura provocada pelas transformações experimentadas no campo da política feita por um segmento das mulheres, através de diferentes projetos culturais, estas mulheres jovens puderam demonstrar as outras mulheres e aos homens a importância de reconhecerem a existência de pessoas LGBTQIA+ nas aldeias.

Miss Diversidade Indígena e "POC´s Indígenas Universitárias": Novos Circuitos para Fazer Ver Sexualidades Indígenas

A notícia que a edição de 2019 do Concurso de Miss e Mister Beleza Indígena da RID teria uma candidata transsexual logo se tornou amplamente conhecida, através das redes sociais, isto é, *viralizou*, ferramenta que a própria Katryna utilizou para fazer sua campanha de divulgação. O desejo dela em se fazer publicamente conhecida era muito diferente do que eu havia descrito em relação aos jovens gays, em um artigo publicado em 2015 em um dossiê sobre Sexualidades Indígenas (CARIAGA, 2015), que preferiam ficar anônimos, tanto dentro, como fora da aldeia. Já Katryna não. Desde o início ela se apresentava orgulhosamente como a primeira candidata transexual indígena. Após a etapa pré-seletiva passei a conversar mais com ela para conhecer melhor sua história de vida, já que mesmo para mim (e também para a maior parte das *lideranças indígenas*) a figura pública dela era algo novo na RID Houve resistência até mesmo de outras candidatas cisgênero da participação dela no desfile, do mesmo modo tiveram várias falas transfóbicas vinda dos *pastores indígenas neopentecostais*, mesmo assim, as organizadoras mantiveram a participação dela no desfile. Pois, devido à alta passabilidade de sua aparência física, as organizadoras não a identificaram como pessoa trans e aceitaram sua inscrição na categoria feminina. Passabilidade é um termo do vocabulário trans que se refere a pessoas transexuais que são lidas como cisgêneras no âmbito coletivo.

Na época do concurso Katryna tinha ainda 17 anos, havia terminado o ensino médio em uma escola da aldeia onde vive com sua mãe, irmãs e irmãos. Sua percepção a respeito de si mesma como transexual veio após a tomar consciência de que se interessava por meninos por volta dos 10 anos de idade. Até aos 14 anos se pensava-se a si mesmo como menino gay, até que após ver uma novela uma personagem transexual foi pesquisar na internet e passou a se entender como uma mulher transexual e com apoio da mãe e das primas decidiu que queria transicionar. Este período foi bastante difícil devido a hostilidade e agressividade seus colegas homens na escola em que estudava, mas onde sempre contou com o apoio das meninas e da direção e coordenação pedagógica da escola para que não evadisse, que inclusive conseguiram apoio psicológico e clínico para melhor compreensão da transexualidade. Sobre ser transexual, Katryna não vê muita diferença da trajetória dela com as demais meninas transexuais que ela se relaciona nas redes sociais e foi com elas, em ambientes como grupos de *WhatsApp* e por canais de YouTube sobre transexualidade que obteve informações biomédicas, estéticas, cosméticas e outros conteúdos que estão auxiliando-a compreender a transexualidade.

Todavia, a questão se complexifica quando é coloca como transexual indígena, situação em que se sente duplamente discriminada, por ser transexual e por ser indígena, isto tanto pelos indígenas, quanto pelos não indígenas, como ela mesma frisa: *o preconceito é redobrado*. Quando a questionei se ela não se sentia sozinha por ser a primeira transexual indígena, me rebateu prontamente listando uma grande quantidade de nomes de jovens (mulheres e homens) que conhecia que moravam na RID e, para minha surpresa, passei a conhecer um circuito de sociabilidade de jovens LGBTQIA+ indígenas que perpassa as aldeias, conectando-as com os bairros e centro urbano de Dourados.

No desfile, Katryna não pode concorrer ao título de miss, por razões burocráticas, o regimento do desfile determinava que as candidatas devem ter 18 anos completos e também devido ao ineditismo de ter uma candidata transexual. Ao consultar as regras do concurso, Tatiane Martins, uma das coordenadoras comentou que não havia nenhum impeditivo que uma candidata transexual desfilasse, mas para não acirrar mais os ânimos a medida encontrada foi garantir a Katryna a possibilidade de participar do desfile, da coreografia, mas sem poder concorrer ao título. A saída foi conceder a ela a faixa de Miss Diversidade Indígena, que teve todo um destaque no contexto do desfile, inclusive sua presença na passarela foi antecedida por um discurso elaborado pela comissão organizadora e lido pelo locutor (devidamente registrada pelo autor):

> Quem de nós nunca sofreu ou não conhece alguém que passou por discriminação, assim, não seremos nós a reproduzir essa prática violenta e cruel, se quisermos seguir em frente mostrando que a nossa cultura é de respeito aos direitos humanos e a diversidade cultural, não seremos nós que vamos impedir que o reconhecimento da nossa própria diversidade.

Como disse Tatiane aos meios de comunicação na época, a participação de Katryna deveria ser vista como uma forma indígena de inclusão da diversidade, pois a própria coragem da candidata deveria ser vista como mais um exemplo da força da luta indígena, pois competia aos moradores das aldeias compreender, aceitar e acolher pessoas LGBTQIA+ acima dos discursos estáticos sobre tradições e costumes. Esta posição política da organização do evento e, principalmente das organizadoras garantiu que Katryna recebesse a faixa e assim passasse a ser convidada a participar de outros eventos como a Parada da Diversidade de Dourados de 2019, entrevistas para revistas nacionais e também participou da Iª Marcha das Mulheres Indígenas em Brasília.

Se no caso do concurso de Miss e Mister Beleza Indígena, as razões que me conectava aos interesses da comissão é minha condição de etnólogo, isto é, de conhecedor dos modos de ser e da organização sociopolítica das aldeias e gay, poderia estabelecer mediações antropológicas caso houvesse investidas mais conservadoras contra a participação de Katryna. Já no contexto das "POC's Indígenas Universitárias", termo usado por Neimar Marido Kiga, pesquisador boe-bororo e mestrando no PPGAS/UFMS para se referir a si e ao grupo de jovens Boe-Bororo que residem em Campo Grande, capital do MS, que são estudantes bolsistas na Universidade Católica Dom Bosco, onde são bolsistas da Missão Salesiana, o que me aproximou deles foi o acesso que tiveram ao texto publicado em 2015 onde discorro sobre questões da sexualidade e homossexualidade entre os Kaiowá e Guarani.

Este grupo de jovens boe-bororo tem se destacado no contexto da presença indígena no ensino superior no MS por sempre estarem nesses locais sempre de maneira *afrontosa*, isto é, performando uma expressividade marcadamente afeminada e também não-binária, fazendo-se ver com o LGBTQIA+ Indígenas, participando de redes e coletivos virtuais em redes sociais, como os perfis de Instagram e Facebook, Tibira - Indígenas LGBTQIA+, interagindo e se comunicando com pessoas indígenas de todo o mundo que se identificam como indígenas LGBTQIA+, *two-spirits, queers*.

Ao fazer uso dos termos acima mencionados, avalio é que preciso refletir sobre as traduções indígenas a respeito das categorias e conceitos não indígenas que fazem uso para falarem de si mesmos, pois, alargando o que foi escrito por Perrone-Moíses (2015) sobre o português dos índios, avalio que é preciso refletir sobre os modos como os indígenas estão fazendo uso de conceitos e concepções não indígenas para descrever suas inovações sociopolíticas. Minha aposta parece se somar ao interesse crescente da Etnologia Indígena em descrever como em distintos contextos ameríndios descrever a sexualidade exige uma atenção a políticas indígenas que articulam moralidades, afetos e agenciamentos das concepções nativas (temporais e políticas) sobre relações entre homens e mulheres, como tem feito Madi Dias (2015), Rosa (2015) e Maciel (2018) para driblarmos concepções teóricas prescritivas e classificatórias sobre a existência destas pessoas, tendo assim, uma perspectiva etnográfica para se refletir o que acontece entre ser mulher e ser homem, ser humano e não humano nos mundos ameríndios. O que levantei ao fim do artigo de 2015, deixando em aberto pensar sobre como performam sentidos a ser indígena e ser gay, como justapõe, compõem e opõe tais relações ganha sustentação quando nos atentamos os movimentos e as conexões inesperadas que são feitas no âmbito da inovação ameríndia em que tais agentes estão expondo coletivamente seus modos de fazer-se e ser feito LGBTQIA+ indígena, que encaram isto como uma concepção nativa nos coloca no desafio de entender quais alianças estão sendo feitas e pensar que novos conceitos indígenas na chave do que Stengers (2015, s/p) chamou de reapropriação:

> Reapropriar-se não é lutar tão somente contra a exploração, pela redistribuição das riquezas produzidas. É curar efeitos da expropriação, é devir novamente capaz de afirmar e de lutar por aquilo que se tem. É a condição daquilo que, às vezes, é chamado de inteligência coletiva, cada um aprendendo a pensar pelos outros, graças aos outros e com os outros.
>
> O coletivo é poderoso porque ele é múltiplo, porque ele inventa maneiras de colocar os problemas que cada um, isoladamente, seria incapaz. Os ativistas americanos aprenderam muito a este respeito, pois compreenderam que essa reapropriação não pode esperar a "revolução", ela deve fazer parte da própria luta.

Ao fim, o que gostaria de marcar é a impossibilidade de desconectar os contextos de produção de relações que deram suporte a possibilidade de vermos a participação de uma candidata transexual indígena e de "POC's Indígenas", pois a existência dessas pessoas demanda que se faça operações onde se torne possível ver que a emergência de um segmento LBGTQIA+ Indígena e as descrições sobre estes coletivos só ganhará rendimento etnográfico se consideramos que LGBTQIA+ Indígena não se fixa a uma identidade, isto é, não é uma coisa una, mas sim constelações de relações conceituais e políticas que atuam na intersecção de diferentes conjuntos sociais, míticos, cosmológicos e políticos indígenas. Assim, devemos entender o que descrevi acima como formas indígenas de fazer suas próprias lutas.

Referências Bibliográficas

ALCÂNTARA, M. L. B. *Jovens indígenas e lugares de pertencimentos:* análise dos jovens indígenas da Reserva de Dourados/MS. São Paulo: IP-USP/LABI/NIME, 2007.

ANZOATEGUI, P. S. *"Somos todas Guarani-Kaiowá":* entre narrativas (d)e retomadas agenciadas por mulheres guarani e kaiowá sul-mato-grossenses. 2017. Dissertação (Mestrado em Antropologia Sóciocultural) -Universidade Federal da Grande Dourados, Dourados, 2017.

BENITES, T. *A escola na ótica dos Ava Kaiowá: impactos e interpretações indígenas.* Dissertação (Mestrado em Antropologia Social). Rio de Janeiro: Universidade Federal do Rio de Janeiro, 2009.

CARIAGA, D. E. *Relações e diferenças:* a ação política kaiowá e suas partes. 2009. 2019. Tese (Doutorado em Antropologia Social) - Universidade Federal de Santa Catarina, Florianópolis, 2019.

CARIAGA, D. E. Gênero e sexualidades indígenas: alguns aspectos das transformações nas relações a partir dos Kaiowá em Mato Grosso do Sul. *Cadernos de Campo,* 24 (24), p. 441-464, 2015.

DELEUZE, G. *Foucault.* São Paulo: Editora Brasiliense, 1986.

DEMARCHI, A. A Miss Kayapó: ritual, espetáculo e beleza. *Journal de la Societé des Américanistes,* 103-1, p. 85-118, 2017.

GOW, P. *An Amazonian myth and its history.* Oxford: Oxford University Press, 2001.

MACIEL, L. C. *Siuatamatik, ou ser como mulher:* afeto, gênero e sexualidade nahua na produção do corpo kuilot. 2018. Dissertação (Mestrado em Antropologia Social) - UNICAMP, Campinas, 2018.

MADI DIAS, D. *Gênero Disperso:* estética e modulação da masculinidade Guna (Panamá). 2015. Tese (Doutorado em Sociologia e Antropologia) - Universidade Federal do Rio de Janeiro, Rio de Janeiro, 2015.

ROSA, P. C. *"Das misturas de palavras e histórias"*: etnografia das micropolíticas e os "muitos jeitos de ser Ticuna". 2015. Tese (Doutorado em Antropologia Social) - UNICAMP, Campinas, 2015.

SERAGUZA, L. Mulheres em Retomadas: sobre política e relações de gênero entre os Kaiowá e Guarani em Mato Grosso do Sul. *Tessituras*, v. 6, n. 2, p. 215-228, 2018.

SERAGUZA, L. Do fluxo do sangue aos cortes da vida em reserva: sangue ritual e intervenção entre mulheres Kaiowá e Guarani em MS. *Tellus*, n. 33, p. 139-162, 2017.

STENGERS, I. A esquerda, de maneira vital, tem a necessidade de que as pessoas pensem (entrevista). *Climacon*, 2015. Disponível em: http://climacom. mudancas-climaticas.net.br/isabelle-stengers-a-esquerda-de-maneira-vital-tem-necessida-de-de-que-as-pessoas-pensem. Acesso em: 30 set. 2020.

STRATHERN, M. *O gênero da dádiva:* problemas com as mulheres e problemas com a sociedade na Melanésia. Campinas: Editora Unicamp, 2006.

STRATHERN, M. Same-sex/Cross-Sex internal relations: some internals comparisions. *In*: GREGOR, T. A.; TUZIN, D. (org.). *Gender in Amazonia and Melanesia*: an exploration of comparative method. Los Angeles/London: University of California Press, 2001. p. 207-243.

CAPÍTULO 6

O FOGO NO MANEJO DAS RELAÇÕES SOCIAIS TECIDAS PELAS MULHERES GUARANI E KAIOWÁ

Priscila Anzoategui

Através de leituras que me guiaram e me guiam nessa caminhada com o povo Guarani, pude perceber que as mulheres Guarani e Kaiowá detêm o controle da parentela, em sua unidade sociológica mínima, o fogo doméstico, conceito que irei tratar adiante. Desde que iniciei o meu estudo teórico sobre a categoria 'fogo doméstico' comecei a prestar atenção no fogo nas áreas que visitava; sempre havia uma fogueira acesa – mesmo fazendo um calor de quarenta graus – em que os indígenas ficavam ao redor conversando. Mas identifiquei também que ao lado dos barracos nas áreas de retomada, havia um "puxadinho" erguido, feito de lona, era ali que as mulheres cozinhavam, havia panelas e utensílios domésticos e lá estava o fogo, que ficava aceso para o preparo dos alimentos.

Em Guaiviry, retomada perto de Ponta Porã-MS, durante uma *Aty* (reunião de menor proporção dos Guarani e Kaiowá) no dia 17 de novembro de 2015, fiquei alojada num barracão, no começo daquele ano, os indígenas fizeram uma nova retomada, ocupando a sede da fazenda. Esse barracão era benfeitoria da propriedade rural, utilizado antes para guardar as sementes. A *Aty* foi ali mesmo, lá funcionava uma escola improvisada da retomada. De manhã caminhei até a sede da fazenda, uma casa simples de alvenaria. Do lado de fora, tinha um senhor Kaiowá, sentado na frente de um dos fogos, havia dois fogos, um que estava aceso com uma chaleira em cima, e o outro nesse "puxadinho" que descrevi. O senhor estava tomado mate, naquele dia estava chovendo, fazia um pouco de frio, mesmo assim o senhor ficava na frente do fogo, embaixo de uma árvore.

Conversamos um pouco sobre a estratégia dos Guarani e Kaiowá em ocupar a sede da fazenda, ele me relatou que teve medo de participar da ação e que o fazendeiro da área ao lado não gostava que os indígenas estavam morando ali. Foi uma conversa informal, logo voltei para a reunião que estava acontecendo no barracão, entretanto fiquei com essa imagem do fogo na cabeça, uma vez que observei que a família que ocupava aquela sede, cozinhava tanto dentro da cozinha da casa, quanto na cozinha do barraco do lado de fora. Na *Aty Guasu* (Grande Assembleia dos Guarani e Kaiowá) em Arroio Korá, perto do município de Paranhos-MS, nesse mesmo ano, vi também um fogo aceso no meio do local onde foi montada a mesa dos conselheiros. Era dentro de uma estrutura arredondada no centro da escola. As pessoas enquanto debatiam, sentavam-se ao redor do fogo. Percebi que utilizar o fogo como meio de convívio social é tão comum quanto dividir o tereré ou mate enquanto se proseia.

Para falar da importância das mulheres Guarani e Kaiowá na sua organização social é imprescindível conceituar o fogo doméstico. Levi Marques Pereira tanto na sua dissertação, quanto na sua tese, aprofundou este conceito, traduzido em guarani como *che ypyky kuera*, vejamos:

> *Che ypyky kuera* é como o Kaiowá se refere ao grupo de parentes próximos, reunidos em torno de um fogo doméstico, onde são preparadas as refeições consumidas pelos integrantes desse grupo de co-residência. Numa primeira acepção, *ypy* significa 'proximidade', 'estar ao lado', ressaltando o fato da convivência íntima e continuada. O termo pode significar ainda 'princípio' ou 'origem'. Assim a expressão *che ypy kuera* retém os dois sentidos do termo *ypy*, referindo-se aos ascendentes diretos, com os quais se compartilham os alimentos, a residência e os afazeres do dia-a-dia, e denota também proximidade, intimidade e fraternidade, ponto focal da descendência e ascendência. É uma instituição próxima daquela descrita pelos antropólogos como família nuclear, mas é necessário aprendê-la dentro do campo problemático das instituições sociais kaiowá, dando especial atenção para sua composição e operacionalidade [...] O fogo constituí a unidade sociológica mínima do inteiro grupo familiar extenso ou parentela, composta por vários fogos, interligados por relações de consaguinidade, afinidade ou aliança política. O pertencimento a um fogo é pré-condição para a existência humana entre os Kaiowá. (PEREIRA, 2004, p. 51).

O fogo doméstico, representado por cada unidade sociológica mínima tem como núcleo principal o casal, com seus filhos e agregados, a estabilidade conjugal, então é de suma relevância para as unidades sociológicas de maior amplitude, o fogo constituí um espaço de harmonia, cooperação mútua, co-residência e comensalidade. A estrutura social dos Guarani e Kaiowá é composta por diversos fogos, que se subdividem em *Ñemonare*, interligados pela consanguinidade, na medida que esses fogos vão se ampliando forma-se o *Jehuvy*, que tem como critério fundamental a cooperação econômica, a partir desse segmento de parentela. A família extensa ou parentela revela-se o núcleo primário e organizador da vida social dos Kaiowá, até mesmo nas ocupações de terras tradicionais, senão há parentela, a retomada tende ao fracasso, daí decorre o termo "levantador de parentela", que tem a capacidade de articular pessoas. A categoria *Te'yi* é atribuída a rede de relações de parentela, formada por parentes cognáticos, aliados e agregados; além dos consanguíneos, nos remete a essa acepção do *Hi'u*, que irá reunir seus descendentes a aliados.

Posto isso, essas principais categorias, proponho analisar a importância da mulher Guarani e Kaiowá na constituição do fogo doméstico, há então uma premissa entre os Kaiowá, que sem mulher, não há fogo, uma vez que o fogo é controlado por ela, que institui e organiza a vida social das pessoas, dando sentido à vida cotidiana, já que esse é o espaço de sociabilidade íntima e livre para os seus integrantes. A mulher então controla o fogo, pois tem o poder de unir e alimentar os membros que compõem esse espaço (PEREIRA, 2004, p. 61). Em julho de 2016 visitei Dona Leila, de Yvy Katu, retomada extensão da reserva de Porto Lindo em Iguatemi -MS e Dona Helena, moradora da aldeia Limão Verde, na cidade de Amambai.

Dona Leila é Guarani Ñandeva e luta pela demarcação de Yvy Katu, tekoha ao lado da reserva Porto Lindo. Fui até Iguatemi, já éramos próximas por causa da militância, ela sempre me dizia *"Priscila, você tem que conhecer o meu tekoha"*. Nesse período que visitei Leila, ela morava numa casa de alvenaria, sozinha, na reserva, com as suas filhas, genros e netos ao redor, cada qual na sua *oga'i* (casa pequena) ou *koty'i* (quartinho), posteriormente, em 2019, estive com ela novamente, já estava morando na retomada com toda a sua parentela. Tonico Benites (2009, p. 45) aponta que a família extensa é formada por pelo menos três gerações: *tamõi* (avô), *jaryi* (avó), filhos e filhas, genros e noras, netos e netas, esta organização social era administrada por um líder doméstico (*teko laja rerekua*), político (*mburuvixa*) e um líder religioso (*ñanderu*).

Na nossa prosa questionei a Leila sobre o fogo doméstico, disse a ela que tinha lido vários trabalhos acadêmicos a respeito do tal fogo, ela deu uma risada e perguntou se eu (Priscila) queria ver onde se acende o fogo (ANZOATEGUI, 2018). Me levou então para o espaço que se acende o fogo, uma pequena construção de madeira, ao lado da sua casa, Leila me explicou que o lugar era cercado por causa do vento e que mesmo não cozinhando ali, é em volta do fogo que a família se senta para comer, que no frio utilizam o para esquentar os pés.

> Ontem mesmo a gente jantou lá, por causa do frio, pra esquentar, nós, indígenas não esquece da nossa cultura. É o costume do guarani, a gente sempre fazia fogo, fazia a janta, se reunia ali, come cada um com seu prato, conversa, conta as experiências, fala para o jovem o que cada um tem que fazer, conversa [...] Porque principalmente são as mulheres que tem que falar para os homens, traz a lenha que eu vou fazer o fogo, então nós indígena que temos nosso costume assim, vai lá tomar banho, depois ele tem que ficar na beira do fogo pra se esquentar, né? (ANZOATEGUI, 2018, p. 37).

Antes de ir ao encontro de Leila, fui visitar Dona Helena, estava um pouco ansiosa, pois não a conhecia direito, ela não era a minha amiga/camarada de luta (como Leila), a conheci rapidamente numa Aty Guasu, depois a vi no Guaiviry, porém, nunca me sentei para prosear de fato com ela. Dona Helena, embora more na reserva Limão Verde, em Amambai, luta pela demarcação de seu território tradicional Pyelito Kue/ Mbarakay. Apesar de sua família extensa estar assentada em Limão Verde, se identifica como pertencente ao seu tekoha de origem no Mbarakay (ANZOATEGUI, 2017, 2018), me dizia firme sentada num banquinho de madeira na minha frente.

Durante o nosso bate papo observei que Dona Helena morava numa pequena casa de alvenaria, mas no entorno da casa existiam árvores frutíferas e plantações de ervas medicinais, ela me mostrou algumas que tinha colhido, descrevendo o uso medicinal de cada uma. No decorrer da prosa, apareceu Dona Mércia, mãe de Dona Helena, que mora ali no entorno também, minha interlocutora se referia à mãe a cada instante da entrevista *"Ela aqui sabe de tudo também".* Vi algumas casas de madeira bem próximas que estavam sendo erguidas, Dona Helena me esclareceu que seus filhos – homens – vão se mudar pra lá, mais pra perto dela, pois já moravam na reserva, a morada de Helena fica ao centro dessas outras casas. Diz Pereira (1999, p. 48) sobre a inversão da uxorilocalidade:

> Após o casamento, o local de residência do jovem casal dá-se de preferência junto a casa do sogro-uxorilocalidade, ou seja, existe uma expectativa de que o genro venha morar com o sogro, ou talvez fosse mais apropriado dizer com a sogra, já que o casamento parece ser assunto preferencialmente entre mulheres. Esse parece ser o padrão dominante entre os Kaiowá. Ocorrem exceções quando o homem é oriundo de um *te'yi* importante. Neste caso, a noiva vai morar próximo ao pai do noivo imediatamente após o estabelecimento da união.

No caso de Dona Helena, seu primeiro marido foi filho de um grande rezador, alguns filhos trilharam esse caminho, ou seja, a parentela de Dona Helena tem prestígio devido a reza, o que pode explicar o motivo dos seus filhos casados morarem entorno dela, a matriarca principal, que também é Ñandesy (rezadora tradicional). Conversamos bastante sobre Pyelito Kue/Mbarakay, Dona Helena me relatava sobre as famílias extensas que existiam lá, desenhando círculos no chão batido com um graveto, desenhou três círculos que se interligavam, cada círculo representava uma família extensa. (ANZOATEGUI, 2017, 2018). Junior Moreira Cavalheiro (2010, p. 5-6) descreve como era essa casa grande que Dona Helena desenhou, onde vivia a família extensa, fui procurar essa explicação, uma vez que na minha concepção a *oga pysy* era apenas a casa de reza tradicional, mas antigamente era diferente, assim vamos à explanação do autor mencionado.

> Naquele tempo, cada família de pai, mãe e filhos pequenos, que moravam dentro da casa, o que separava cada grupo era os esteios da casa, sem parede. Todos os seus moradores eram ungidos pelo *ñanderu*, por isso quem vinha de fora e não era ungido, não podia entrar, a não ser que fosse convidado e benzido pelo *ñanderu*. Na casa não tinha cama, só redes, e também não tinha móveis, só fogo de chão, panelas e objetivos de caça. Para iluminar a casa, usava-se vela de cera de abelha. Também ninguém podia tocar nos objetos sagrados do *Ñanderu*, que ficavam descansando no *yvyra'i marangatu*, porque cada homem ou mulher tinha o seu próprio que também ficava aí, para serem usados nas noites e dias de rituais. [...] O lugar onde as famílias grandes moravam chamava-se *tekoha*, onde construíam suas *oga pysy* (casa grande). Cada *tekoha* tinha poucas famílias grandes. A *oga pysy* era muito importante para o Kaiowá, tinha um grande significado. Era um espaço grande onde todas as famílias se organizavam economicamente, social, política e mais religioso. Nessa casa

grande morava avó, neto, pai, mãe; até mesmo animais de estimação como papagaio, quati e macaco eram comuns nessa casa. Também andavam pela casa, os cachorros e as galinhas.

Pereira (2004, p. 85) argumenta que o abandono desse tipo de residência (conceitua como *ogajekutu*) ocorreu devido à pressão das frentes colonizadoras, assim essa alteração implicou em mudanças nas relações entre os fogos, pois antes todos dividiam a mesma casa, diminuindo assim a frequência e intensidade das interações, prejudicando até o cultivo da roça coletiva (*kokue guasu*), partilhada por vários fogos ou pelo menos por um núcleo de fogo-*jehuvy*. Perguntei sobre o fogo (não vi o fogo no pátio da Dona Helena), ela me respondeu baseada nas suas memórias:

> Agora, porque que nós faz fogo aqui? Antigamente assim que faz. Minha finada minha tia que me criou e me educou. Eu levantei 5 horas, eu levantei põe água quente, pra tomar chimarrão. Aí minha tia já começou a rezar assim. Ela tava com o *mbaraká* rezando. Acabo rezar aí eu já assei batata. Aí depois falavam, tomam tudo o chimarrão era pra tomar. Aí depois acabou de rezar, aí guarda o *mbaraká* no lugar, assim que minha tia me tratava, irmã do meu pai (ANZOATEGUI, 2018, p. 56).

Nas minhas travessias, depois de ter estudado todas essas categorias da estrutura social dos Guarani e Kaiowá, fui tentando prestar atenção nesses paradigmas de socialidade, do se organizar em volta do fogo. Em Guaiviry, durante a *Aty* que participei, marcada na semana do dia da morte de Nísio Gomes, conversei com algumas mulheres da comunidade. Marieza me contou que veio de Amambai, aprendeu a cozinhar aos 10 anos, há uma segmentação do trabalho doméstico (no entanto não pode ser generalizado, cada parentela tem o seu modo de ser), as meninas geralmente aprendem a cozinhar, lavar a louça e cuidar dos irmãos; já os meninos buscam lenha e trabalham na roça. Me disse que a família se reúne em volta do fogo bem cedo para tomar o mate, os homens buscam a lenha e as mulheres preparam o mate.

Sua mãe, Dona Quintina, frisou que aprender a cozinhar é muito importante, desde pequena ela sabe, que ao redor do fogo sua família toma o mate, esse momento conversa com os filhos e netos, educa-os, disse também que ensinou todos os filhos, homens, a cozinhar. Dona Quintina tem oito filhos, dentre eles, seis são mulheres e dois são homens, tem ainda três netos.

> O fogo culinário é o símbolo da vida, portanto, nunca deve se apagar. Mesmo nos momentos em que não estão sendo preparadas refeições, é comum encontrar uma chaleira com água quente ou batatas e frutos assando sobre a brasa, um dos passatempos das crianças. (PEREIRA, 2004, p. 68).

Já em Pirakuá (perto do município de Antônio João- MS), conheci Dona Mari, uma senhora de 60 anos, estava participando do Programa *Mosarambihára*- Semeadores do bem viver Guarani e Kaiowá, organizado pela Associação Cultural dos Realizadores Indígenas (ASCURI) e Gestão Ambiental e Territorial Indígena (GATI), entre outras instituições. O propósito desse encontro era justamente fazer com que os anciões se interagissem com a juventude, os rezadores então contaram sobre a história dos antepassados, descreviam as matas, os rios, revelavam os cantos utilizados para chamar os animais para a caça, cantos para chamar a chuva ou fazê-la parar. Toda essa tradicionalidade era voltada para cuidar da natureza, os jovens e crianças saíam para colher sementes nativas e procurar no alto da montanha o mel de Jataí.

Dona Mari estava preparando um tear para ensinar as meninas a trançar a rede, na ocasião haviam convidadas do Alto Xingu, Aianuke Rayane da etnia Waurá e Sula Akuku da etnia Kamaiurá, as duas faziam parte da Associação Yamurikumã de Mulheres Xinguanas, e estavam também montando um tear e ensinado as meninas Guarani e Kaiowá a fazer os colares de miçangas, essa era a troca de saberes proposta pelo encontro entre as mulheres xinguanas e as mulheres Guarani e Kaiowá. Voltando a Dona Mari, aceitei o convite do grupo de teatro Imaginário Maracangalha de ir à Pirakuá, para justamente não só conhecer o território pelo qual Marçal de Souza lutou (e morreu lutando), o objetivo também era observar essas mulheres, desde as mais velhas até as mais jovens. Se tivesse abertura, chegaria para um diálogo mais próximo e foi o que aconteceu com a Dona Mari, sem planejar. Ela queria falar e me ensinou muito sobre os saberes tradicionais. Em relação ao fogo, Dona Mari com toda paciência me explicou como era, fazendo uma comparação com os tempos atuais:

> De manhã acende o fogo, toma mate, conversa com a criança, se tem alguma guria de 12/13 anos, enquanto mamãe tá tomando mate tá dando conselhos pros filhos, tem que respeitar na hora de casar, tem que respeitar o cunhado, respeitar a sogra, respeitar o sogro, respeitar o irmão mais velho, respeitar a irmã mais

> velha. Tem que ir conversando, falar com os filhos. E hoje em dia não tem mais isso não. Porque já cresce, põe no prato, põe comida, a mãe nova já não sabe mais falar com os filhos, com as crianças, porque a mãe já criou assim também, porque já casou e a mãe fala é assim, assim, assim, e quem não foi criado, e quem a mãe já fala conselhos pros filhos...o que vai falar conselhos pros filhos? Não sabe mais. Hoje em dia é assim, porque a mamãe, nós, por exemplo, nós já passamos por aí. Do jeito que minha mãe, meu pai, minha mãe de madrasta que me criou, eu me criei com minha madrasta, a minha mãe sempre fala pra mim, eu não tenho queixa da minha mãe de criação, índia é minha mãe de criação. Tem que respeitar a sogra, o sogro, a nora, se tem filho, tem cunhado, é tudo que tem que respeitar. Os pais novo, as guria nova, conversa com eles, tem que ser capaz de conversar com o povo, com as criança, qualquer um, se fosse uma vovó ou a tia, a gente vê como anda guria nova, faz ele senta e conversa com os filhos (ANZOATEGUI, 2018, p. 62).

Essa narrativa da Dona Mari me remete as explanações de Benites (2009, p. 59), que fundamenta as práticas de reciprocidade (*pytyvõ ñangasa*) e bela conversa (*ñe´e vy´a*) pela família extensa. Essa reciprocidade é de extrema importância para assegurar a estabilidade e proteção dessa parentela, informa ainda que a educação da criança é supervisionada rigorosamente pela avó, que é considerada a liderança feminina mais experiente. Ouvindo então essas mulheres pude constatar que o fogo doméstico, que é essa unidade mínima de organização social Guarani e Kaiowá, onde as parentelas são formadas, é regido pela mulher.

A família se organiza em volta do fogo, porque é a mulher que todo dia estabelece essa estrutura, o fogo doméstico não serve apenas para ser um espaço de convivência. Pelos relatos de Dona Leila, Dona Helena e Dona Mari pude verificar que o fogo doméstico também é um fogo culinário, espaço dominante das mulheres Guarani e Kaiowá, tópico que explanarei a seguir. Preparar o alimento, reparti-lo, consumi-lo juntos, conversar, aconselhar, educar, transmitir conhecimento, toda essa conjunção de fatos do cotidiano encontra-se no âmago da organização social dos Guarani e Kaiowá.

A Origem do Fogo, o Comer e os Alimentos: Práticas de Socialidade

Quando estive em Pirakuá, a ASCURI exibiu vários curtas ao ar livre, um dos que me chamou a atenção foi o intitulado *"Panambizinho - o fogo que nunca apaga"* (2014). O curta mostra o diálogo entre duas mulheres Kaiowá, uma senhora já bastante idosa e uma outra mais nova. Essa primeira senhora chama-se Jari Alice Pedro, e segundo Gilmar Anache, um dos membros da ASCURI, já faleceu. Enfim, a conversa entre essas duas personagens era sobre o fogo, elas estão sentadas na beira de uma fogueira, tomando tereré, na aldeia Panambizinho, que fica perto de Dourados-MS. Enquanto Dona Jari está comentando sobre como surgiu o fogo, as imagens vão se intercalando, mostrando a outra senhora mais nova indo buscar lenha com seus dois filhos. Transcrevo suas falas; as perguntas foram feitas sempre por essa senhora mais jovem, vejamos:

> Ke'yrusu (Pai sol) fez o fogo pra gente, subiu e depois foi embora, foi atrás da mãe dele.
>
> E a lenha? Quem fez? Foi *Ke'yrusu* também, ele fez tudo o que vive, tudo é criação dele também. Ele deixou tudo aí e depois nos mostrou o caminho. *Ke'yrusu* criou e a lenha e tudo o mais pra gente assar. *Ke'yrusu* também deixou aparecer a água. Usamos a lenha para cozinhar, assamos qualquer coisa nela.
>
> E quando tem carvão? Quando tem carvão assamos lambari. *Kambari'y* faz carvão? *Kambari'y* e *Tembeta'y*. O outro é *Tembeta'y*? Uma árvore se chama *Tembeta'y*. *Tembeta'y* e o outro *Kambari'y*.
>
> E a lenha que não é boa não faz carvão? Não, apaga. *Tembeta'y* não apaga. *Kambari'y* também não apaga. Esses dias que o branco trouxe o fósforo e mostrou pra gente, mas antigamente foi *Ke'yrusu* que mostrou o fogo, "*Ke'yrusu Pa'i Kuará*". *Pa'i Kuará* viveu fazendo tudo depois ele subiu e foi embora.
>
> (De repente faz um chiado) Escutou esse som? Os antigos chamam isso de fogo gordura. É assim que os antigos comiam. Qualquer coisa que você trouxer para comer, acendemos o fogo e cozinhamos, mas antigamente não comíamos qualquer coisa. E não tinha fósforo, o fogo era da pedra. Batiam duas pedras juntos com o *puky*, depois que acendia colocavam algodão. Algodão esticado, o bom era fino, colocavam a pedra em cima, bate uma com a outra, tiii, eles ensinaram de novo, tiii. O *puky* acende e *chyyyy*!!! Aí ficamos perto do fogo. Assim viviam os antigos Kaiowá, de verdade.
>
> Os brancos acabaram com a lenha, onde nós vamos buscar a lenha? Onde nós vamos comer também? Será que teremos que comer pedra? Pra você comprar fósforo é longe, o branco deixou bem longe da gente. Os brancos acabaram com o mato,

> acabaram com tudo, acabaram com as árvores antigas, como o *Kambari'y* e *Tembeta'y*, por isso a lenha é deste tamanho.
>
> Antigamente você queimava a lenha e colocava para queimar embaixo de você. Como assim embaixo? Colocava embaixo porque os antigos não dormiam no chão, hoje em dia todo mundo dorme no chão. E antigamente? Os Kaiowá antigo dormiam só na rede, a gente dormia tudo na rede. Rede de algodão, assim era nosso parente antigo. E agora acabou a nossa lenha, acabou o nosso algodão. A lenha...nós comemos já. Acendiam com a pedra, batendo uma na outra até acender o puky. Assim, os Kaiowá antigo faziam comida.
>
> *Ke'yrusu* subiu e foi embora, esse sol é o mesmo que *Kuarahy*, o sol é do nosso jeito, que cuida da gente, ele fez tudo e foi embora.
>
> Vai lá buscar lenha pra gente cozinhar. O fogo é nossa vida, mas você tem que ir buscar lenha, faremos fogo para comer, com a lenha nós assamos e comemos mandioca e batata, encontre alguma coisa pra gente assar e comer. Jogamos no fogo, assamos e comemos, comemos, né, frito ou assado. [...] Nós vivemos do fogo, o fogo é nossa vida!

As narrativas de como eram feitas as comidas na beira do fogo também fizeram parte das falas de Dona Leila e Dona Helena, interlocutoras da minha pesquisa de mestrado em antropologia e do meu trabalho de conclusão de curso de história (ANZOATEGUI, 2017, 2018). Sempre invocando-as para lembrar de um tempo antigo. Essas memórias, segundo Eliel Benites, fazem parte do *arandu*, conforme explanou numa mesa do *I Seminário Internacional de Etnologia* na Universidade Federal da Grande Dourados (UFGD), em 2016 (registrado pela autora):

> O *arandu* para os Guarani e Kaiowá é sentir o tempo, ouvir o tempo, o passado não é o passado, que nem é para os *karai*, o passado são os elementos que fazem sentido para os Guarani e Kaiowá, é rezar, é tomar a chicha. São os mais velhos que detêm esses conhecimentos, o *teko te'e* é o cerne, o jeito verdadeiro de ser Guarani e Kaiowá, você o vivencia só quando vivencia o *arandu*.

A partir dessa fala do professor Eliel, comecei a entender o motivo das minhas interlocutoras falarem com tanto entusiasmo sobre esse tempo antigo, que num primeiro momento para mim, não tinha volta, fazia parte dessa percepção minha de *karai* (não indígena). No entanto, a partir das memórias dessas mulheres, os saberes vão circulando, conecta as pessoas, o *arandu* se re-vivencia, e são elas, as mulheres que transmitem essa sabedoria. O passado dos Guarani e Kaiowá torna-se presente. Dona Helena me contava como sua parentela em Pyelito Kue/Mbarakay acendia o fogo, já de manhã bem cedo, naquela época ela era criança, nessas primeiras horas do dia começava a movimentação em volta do fogo:

> Agora, por que que nós fazemos fogo aqui? Antigamente assim que fazia. Minha finada tia que me criou e me educou. Eu levantava às 5 horas da manhã, levantava, colocava a água quente, pra tomar chimarrão. Aí minha tia já começava a rezar assim. Ela estava com o *mbaraká* rezando. Acabo rezar, aí eu já assava batata. Aí depois falavam, tomam tudo o chimarrão, era pra tomar. Aí depois acabou de rezar, aí guarda o *mbaraká* no lugar, assim que minha tia me ensinava, irmã do meu pai (ANZOATEGUI, 2018, p. 59).

Percebe-se então que a família se reunia logo pela manhã em volta do fogo para tomar o mate, o chimarrão quente e não o tereré, uma outra versão de consumo da erva mate que é gelada, o qual é bastante popular no Mato Grosso do Sul. A reza, segundo Schaden (1962, p. 122) se transmite através do *porahéi*, um canto que exige o acompanhamento do *mbaraká* e *takuapu*, pode ser executado pelos moradores da *oga psy*. Dona Helena também contou que aprendeu com sua tia paterna a cozinhar, associando diretamente o fogo com o preparo dos alimentos.

> Ela me ensinou assim, eu cozinhava mandioca, eu fazia chicha, ali assava mandioca, assava batata e depois comia um assado de tatu. O marido dela pegava peixe e assava. **Às vezes a gente cozinhava, às vezes a gente assava**. Por isso eu dei o peixe assado pro Ramão. Aí ele falou "eu nunca comi um peixe assado, mas é gostoso, é bom" (ANZOATEGUI, 2018, p. 47, grifo nosso).

Clastres (1990: 101-108) apresenta três versões do mito Guarani sobre a origem do fogo. A primeira versão reproduzida pertence a Léon Cadogan, já as duas últimas foram coletadas entre os chiripa-guarani, que tem alguns elementos do mundo dos não índios, como cavalos, homens brancos e fósforos. A versão de Cadogan é citada por Lévi-Strauss (2011, p. 169-170) de uma forma mais sintetizada, vejamos:

M65 Guarani-Mbyá: A origem do fogo

Depois de a primeira terra ter sido destruída por um dilúvio, enviado para castigar uma união incestuosa, os deuses criaram uma segunda terra e para ele enviaram seu filho Ñanderu Papa Miri. Este fez surgir novos homens, e tratou de lhes dar o fogo, que apenas os feiticeiros urubus possuíam. Ñanderu explicou ao filho, o sapo, que se fingiria de morto, e que este deveria pegar as brasas assim que ele, retomando os sentidos, as estivesse espalhado. Os feiticeiros se aproximam do cadáver e consideram-no apropriado para comer. Com o pretexto de ressucitá-lo, acendem uma fogueira. O herói se mexe e se finge de morto, alternadamente, até que os feiticeiros tenham acumulado uma boa quantidade de brasa. O herói e o filho pegam as brasas e depositam-nas em dois pedaços de madeira que servirão, a partir de então, para produzir fogo por giração. Como punição por seu comportamento antropófago, os feiticeiros serão urubus comedores de carniça "que não respeitarão a coisa grande" (o cadáver) e que nunca alcançaram a vida perfeita.

Na interpretação de Clastres, a posse do fogo assegura aos novos homens uma alimentação cozida, o binômio cru/cozido corresponde seu simétrico inverso divino/humano. Lévi-Strauss, no primeiro volume de Mitológicas, compara esse mito Tupi-Guarani da origem do fogo com o mito do grupo Jê, que também vai utilizar da figura de um animal que tem a posse do fogo (jaguar), consumidor de carne crua. Para Lévi-Strauss há então "uma dupla oposição: entre cru e cozido de um lado, entre fresco e podre de outro" (2011, p. 172). Esse primeiro eixo seria a característica da cultura, o segundo o da natureza, uma vez que o cozimento realiza a transformação cultural do cru, já a putrefação faz parte da natureza, da transformação natural, que não pode ser consumido pelos humanos.

Nessa perspectiva, o cru para os Guarani e Kaiowá engloba alimentos frescos, plantas medicinais e outras vegetações correspondem à natureza, além do animal caçado; já o cozido que é a transformação desse alimento, utilizando-se o fogo para tal cozimento, provém da categoria cultura. O podre fica intermediário, pois é a transformação natural do cru. No viés de Lévi-Strauss podemos então afirmar que se antes os Guarani e Kaiowá viviam da coleta de frutos e plantas, foi a partir da existência do fogo que esse povo transformou a natureza em cultura, como foi dito pela Dona Leila, o costume guarani sempre foi fazer fogo. Mas para além de Lévi-Strauss, cito Melià, que durante sua participação no I Seminário de Etnologia Internacional da UFGD (2016), conceituou o que vem a ser teko: um modo de viver a cultura, já que a cultura para o guarani não é saber, é sentir.

Em outro escrito de Lévi-Strauss intitulado "O Triângulo Culinário" (1968), o etnólogo francês destaca ainda que o cru está associado à esfera da natureza e ao masculino, já o cozido associa-se à cultura e ao feminino. Essa afirmação convém ao mundo dos Guarani e Kaiowá, uma vez que os homens ficavam responsáveis pela caça e as mulheres em transformar esse alimento, assar, cozinhar, para distribuir a parentela, eis o sentido de socialidade, mas antes de me aprofundar nesse conceito, volto a Dona Helena. Ela, continuando sua genealogia de sabores, descreve as comidas preparadas naqueles tempos enquanto sua família se preparava para pegar a estrada, no intuito de visitar os parentes na aldeia Amambai:

> Sempre nós lembrávamos do nosso tekoha Mbarakay, meu pai, a minha mãe, começava cinco horas de madrugada, antes de sair, já falava pra nós "agora nós vamos lá na casa da sua tia". Chama Guapoy, aldeia Amambai. Aí nós preparávamos tudo a matula, a mãe já começava a socar milho, já começava fazer farofa, de tudo pra matula, trazer de lá, mas de longe, a gente andava cinco, seis crianças, igual um tatuzinho, atrás da minha mãe. Mãe trouxe um *mbapun* (balaio) e a mãe colocava tudo ali. Põe *beiju, huʻi, avakutituí* (fala da Dona Mércia- sua mãe), *henbiakue*, de tudo (ANZOATEGUI, 2017, p. 44).

Sobre os modos de fazer algumas dessas comidas, recorro ao trabalho de Nádia Heusi Silveira (2011, p. 163-165):

> O *mbeju* é feito de uma semelhante à do *mbojape*, mas diferente no modo de assar, pois o primeiro é feito no fogo e o segundo diretamente nas cinzas. A massa de milho é apertada no fundo da panela, depois virada para assar bem dos dois lados [...] O *huʻi*, feito de milho e amendoim [...]. Algumas pessoas dizem que o *huʻi* e *rora* são sinônimos. As mesmas palavras são empregadas em Mbya e Kaiowá; entre estes últimos era comum misturar o milho com a mandioca para fazer um tipo de farofa.

Sahlins (2005) arremata o pensamento da classificação de Lévi-Strauss do que é ou não comestível, fazendo a crítica a teorias baseadas em vantagens biológicas, ecológicas ou econômicas. "*A necessidade de comer está inserida em um sistema de valores próprio de cada cultura. Neste sentido, é importante observar o que se come, além de como se come"* (ASSUNÇÃO, 2009, p. 525). Dona Helena começou a elencar as comidas que eram elaboradas dentro da casa grande, *oga pysy*, *chicha* de cana, *chicha* de batata, *chipaguassu*, *chipaguamubenpa* (que seria a nossa pamonha). As comidas eram preparadas pelas mulheres e repartidas igualitariamente a toda família extensa. A chicha é bebida sagrada para os Guarani e Kaiowá, segundo Chamorro (2004, p. 132), preferencialmente feita do milho branco, é o motor que move *Jasuka*, "*El kagui, que es la expresión de Jasuka, es nuestro princípio, es el que nos renueva a todos"*. Dona Leila me explicou como é feita a *chipaguassu* pelas mulheres Guarani:

> A gente rala o milho pra fazer *chipaguassu*, a gente enrola o milho ralado em uma palha de banana, e embrulha, aí coloca esse embrulho por cima e por baixo da brasa, pra esquentar pros dois lados para assar. E tem um outro jeito também de fazer, a gente coloca o milho ralado na palha do próprio milho, enrola e amarra no meio. Aí embrulha. E enfia embaixo da brasa, aí saí bem durinho, limpo, sem sujar (ANZOATEGUI, 2018, p. 46).

Izaque João (2011, p. 38) discorre acerca das comidas tradicionais dos Guarani e Kaiowá, o milho é considerado alimento sagrado, milho e mandioca eram os mais consumidos, vejamos:

> Para o Kaiowá, o milho e a mandioca são alimentos importantes para consumir acompanhados de todos os tipos de carne ou de peixes. A preparação dos pratos depende da arte das mulheres. Os derivados do milho e da mandioca, como *hu'i* (fubá grosso), *hu'i tine* (fubá de milho mais mandioca amolecida na água), *xipa, tapopĩ* (farinha de mandioca), *pirekái* (mandioca assada), *mandi'o mimõi* (mandioca cozida), entre outros, levados para a pescaria ou caçada, devem ser consumidos completamente durante o período destas atividades. Caso restar algum tipo de alimento, não é permitido trazer de volta para casa, pois, na concepção kaiowá, esse se torna contaminado pelos espíritos antissociais, não tendo mais condições de ser consumido. Portanto, em casos assim a sobra deve ser jogada fora antes de voltar para a aldeia.

Esses alimentos, milho, mandioca, batata, os principais elencados por minhas interlocutoras, são transformados pelas mulheres Guarani e Kaiowá, passando do seu estado cru, para cozido ou assado, são elementos que trazem vida, impulsionam o bem viver, o sagrado se apresenta neste ato de comer e de fazer esses alimentos, entendo que tanto comer entre os comensais, dividindo a comida, como elaborar essa comida fazem parte do *teko*. O *teko* pode ter inúmeras acepções, modo de ser, de estar, norma, comportamento, hábito e costume (MELIÀ, 2008), são os valores que regem os Guarani e Kaiowá, é classificado em três categorias, *teko katu, teko marangatu* e *teko porã*. O *teko tatu* se refere à consciência, o que um guarani deve fazer, como deve agir, o *teko marangatu* é o modo de ser religioso, relacionado ao divino e o *teko porã* se destina a estar bem, modos sociais que incluem a reciprocidade e o afeto.

Acredito então que a ação dessas mulheres em fazer a comida e repartir reciprocamente, engloba essas três categorias, Eliel Benites (UFGD, 2016) explana que o *teko* é como uma trepadeira, ele se expande, é múltiplo, diria rizomático (DELEUZE; GUATTARI, 1995). Para falar a respeito da expulsão do seu tekoha, Dona Helena lembra que primeiro mataram o veado de campo, a perdiz, a ema, os brancos matavam tudo, recorda então que naquela época nunca tinha experimentado carne de vaca, de frango, de porco, que o pai caçava ema, tatu, paca...era um tempo de abundância, não tinha nada, dizia Dona Helena, só mato.

Ka'agua, era o termo utilizado pelos colonizadores espanhóis e portugueses do Século XVIII, para designar os grupos falantes de guarani, que habitavam o que corresponde hoje parcialmente o Estado de Mato Grosso do Sul, aqueles que viviam nas florestas e nos vales próximos aos afluentes dos grandes rios Paraná e Paraguai (CHAMORRO, 2015, p. 37). Os Kaiowá se apropriaram desse termo, fazendo dele uma de suas principais formas de identificação. Pereira (2004, p. 171-172), define esse espaço da mata, num sentido cosmológico para os Guarani e Kaiowá:

> A floresta – *ka'aguy* – compõe, na cosmologia Kaiowá, o espaço que fica fora dos lugares ocupados pelas casas e roças. É pensada enquanto uma cobertura vegetal que não recebeu a ação transformadora intensiva do homem. A floresta, em sentido genérico, é uma categoria ampla, comportando importantes diferenciações internas. É o espaço onde vivem seres não-humanos (animais e espíritos), cuja relação com os humanos é muitas vezes marcada pelo signo da depredação. Por toda essa complexidade, a floresta oculta espíritos dos mais diversos gêneros, e dela podem emergir pessoas estranhas ou inimigas.

E nesse período de mato, cerradão, campo, Dona Helena denomina como "tempo de guavira", recorda *"[...] tinha um tanto de guavira, mas mesmo assim, a gente catava, a minha mãe faz chicha de jabuticaba. Eu falava pra minha mãe mãju, a criança fala mãju, minha mãe faz a chicha de guavira, de jabuticaba, aí era assim que nós vivemos em Mbarakay"* (ANZOATEGUI, 2017, p. 34). Atualmente a guavira que era tão abundante está difícil de achar, Seo Ramão, marido de Dona Helena me disse saudoso *"Sabe aonde eu fui ver guavira? Lá nos terena, lá em Miranda. Eles plantam, eu tava falando pra Helena que vi um pé de guavira, como é bonito, Deus me livre...."* (ANZOATEGUI, 2017, 35). Durante as aulas de etnologia indígena lecionadas pelos professores Levi Pereira e Aline Crespe, com participação à época do doutorando Diógenes Cariaga, ouvi do professor Levi que entre os Guarani e Kaiowá só come ao redor do fogo quem é parente. Cecilia McCallum (1998, p. 3), pensando nas relações de gênero do povo Kaxinauá, irá trazer à tona a concepção de *agency* – para os homens – que adquirem em toda a sua via saberes e forças para lidar com o exterior e *opima*- para as mulheres- que é a especialidade feminina de fazer consumir.

> Assim as mulheres Kaxinauá, como outras mulheres de outros grupos amazônicos, iniciam e reiniciam a construção do parentesco, com o dom prosaico e cotidiano do alimento preparado (McCallum, 1989; Gow, 1989 e 1991; Belaúnde, 1992). Elas têm, portanto, uma relação especial com o interior, em um duplo sentido. Quando o homem volta da floresta ou da cidade, ele se dirige à posição da mulher, que ocupa, naquele momento, o eixo central do interior em relação ao seu homem. **Colocar nas mãos da mulher o produto da caça ou dos negócios é afirmar a centralidade da mulher e efetuar a reinserção do homem no interior. Além disso, a mulher, ao transformar e distribuir o produto, não só simboliza o interior mas também o recria, pois fazer parentesco é fazer o lugar dos "meus parentes".** Este espaço é o lugar da humanidade como um fenômeno vivido diariamente. (grifo nosso).

Para a autora essa relação entre os Kaxinauá produz socialidade, que pode ser configurada como um estado momentâneo da vida social de um grupo, um sentimento de bem-estar e o autorreconhecimento do grupo como parentela, mas ressalta que ninguém consegue atuar na prática fazendo apenas a socialidade, portanto, a organização social em si engloba tanto a socialidade como a antissocialidade. Dessa forma, esse ato de produzir alimentos e dividi-los entre os membros do fogo, quem o faz são as mulheres. Decorre então que o fogo produz a pessoa, produz "os parentes" e o comer (esse processo de transformar o alimento cru em alimento cozido) produz relação social, para além disso, produz elações, provoca encadeamentos sublimes, a comida percorre os corpos, alimenta a alma.

Para Pereira (2004, p. 67-68) o fogo Kaiowá pode ser encarado como um signo de verticalidade entre homens e deuses, pois quando os homens (e as mulheres não é mesmo?) se posicionam em volta do fogo reproduz o modo de existência dos deuses. *"Os mitos e cantos xamānicos fazem referência à morada dos deuses, ao estilo de suas habitações e às formas de socialidade entre suas esposas, filhos e fogos relacionados".* Organizar a parentela em volta do fogo é realizar o *ñande reko*, o modo de ser perfeito, o modo de ser Guarani e Kaiowá.

Tomar o mate logo pela manhã, para aquecer os corpos e socializar as palavras, me faz transitar então entre essas acepções que viver ao redor do fogo é manter em equilíbrio o mundo Guarani e Kaiowá, afinal de contas, o fogo é o espaço onde a palavra circula, nos dizeres de Chamorro (2004, p. 56) *"La palabra es la unidad más densa que explica cómo se trama la vida para los guaraní y como ellos imaginan lo transcendente. Las experiencias de la vida son experiencias de palabra".* Ouvir e proferir boas palavras, traduzido no Ñande reko tatu "nosso bom modo de ser", só pode ser sentido onde há fogo. A palavra –alma circula na extensão da parentela, no crescer das plantas, no habitat dos animais, no comer com os parentes, nesse sentido, o *tekoha* só pode existir se há fogo, e sem mulher não há fogo, não há tekoha (SERAGUZA, 2018).

Referências Bibliográficas

ANZOATEGUI, P. S. *Somos todas Guarani-Kaiowá*: entre narrativas (d)e retomadas agenciadas por mulheres Guarani e Kaiowá sul-matogrossenses. Dourados: UFGD, 2017.

ANZOATEGUI, P. S. *Kuña Reko*: o fogo no manejo das re-elações sociais tecidas pelas mulheres Guarani e Kaiowá- Dos tempos de guavira aos de escassez de alimentos. Campo Grande: UCDB, 2018.

ASSUNÇÃO, V. K. Alimentação e sociabilidade: apontamentos além e a partir da perspectiva simmeliana. *Revista de Ciências Humanas*, Florianópolis, EDUFSC, v. 43, n. 2, p. 523-535, 2009.

ASCURI. *Panambizinho, o fogo que nunca apaga*. Disponível em: https://www.youtube.com/watch?v=pEwERvYKndI&ab_channel=AscuriBrasil. Acesso em: 20 out. 2016.

BENITES, T. *A Escola na ótica dos Ava Kaiowá*: Impactos e Interpretações Indígenas. Rio de Janeiro: Museu Nacional, 2009.

CAVALHEIRO, J. M. *Organização familiar antiga e atual do kaiowá da Reserva Amambai*. Trabalho final do Curso Normal Médio, Formação de Professores Guarani e Kaiowá, Terceira Turma 2006-2010. Campo Grande: Secretaria de Estado de Educação (SED), 2010.

CHAMORRO, G. *História Kaiowá: das origens aos desafios contemporâneos*. São Bernardo do Campo: Nhanduti Editora, 2015.

CHAMORRO, G. *Teología Guaraní*. Quito: Ediciones Abya-Yala, 2004.

CLASTRES, P. *A fala sagrada:* mitos e cantos sagrados dos índios Guarani. Campinas: Editora Papirus, 1990.

DELEUZE, G.; GUATTARRI, F. *Mil Platôs*. São Paulo: Editora 34, 1995.

JOÃO, I. *Jakaira Reko Ñheypyru Marangatu Mborahéi*: origem e fundamentos do canto ritual jerosy puku entre os Kaiowá de Panambi, Panambizinho e Sucurui ý, Mato Grosso do Sul. 2011. Dissertação (Mestrado em Antropologia) - Universidade Federal da Grande Dourados, Dourados, 2011.

LÉVI-STRAUSS, C. *Mitológicas I*: o cru e o cozido. São Paulo: Cosac Naify, 2011.

LÉVI-STRAUSS, C. *O triângulo culinário*. São Paulo: Documentos, 1968.

McCALLUM, C. Alteridade e sociabilidade kaxinauá: perspectiva de uma antropologia da vida diária. *Revista Brasileira de Ciências Sociais*, 13(38). Disponível em: http://www.scielo.br/scielo.php?script=sci_arttext&pid=S0102-69091998000300008. Acesso em: 1 out. 2016.

MELIÀ, B.; GRUNBERG, G.; GRUNBERG, F. *Los Paĩ Tavyterã:* etnografía guaraní del Paraguay contemporáneo. Asunción: CEPAG, 2008.

PEREIRA, L. M. P. *Imagens kaiowá do sistema social e seu entorno*. 2004. Tese (Doutorado em Antropologia Social) - Universidade de São Paulo, 2004.

PEREIRA, L. M. P. *Parentesco e organização social Kaiowá*. 1999. Dissertação (Mestrado em Antropologia) - Uncamp, Campinas, 1999.

SAHLINS, M. *Cultura e razão prática*. Rio de Janeiro: Jorge Zahar, 2005.

SCHADEN, E. *Aspectos fundamentais da cultura Guarani*. São Paulo: Difusão Europeia do Livro, 1962.

SERAGUZA, L. Aty Kuña Guasu: sexualidade e relações de gênero entre os Kaiowá e os Guarani. *In*: PEREIRA, L. M. et al. (org.). *Saberes, sociabilidades, formas organizacionais e territorialidades entre os Kaiowá e os Guarani em Mato Grosso do Sul*. Dourados: Editora da UFGD, 2018.

SILVEIRA, N. H. *Imagens de abundância e escassez*: comida guarani e transformações na contemporaneidade. 2011. Tese (Doutorado em Centro de Filosofia e Ciências Humanas) - Universidade Federal de Santa Catarina, Florianópolis, 2011.

UFGD. *Anais do I Seminário Internacional Etnologia Guarani*: Diálogos e contribuições. Dourados, 2016.

CAPÍTULO 7

SABERES DE MULHERES NA RESERVA INDÍGENA DE AMAMBAI, ALDEIA GUAPÓ Y[21]

Lucia Pereira

Pesquisa na Reserva Indígena Amambai (Aldeia Guapo'y)

Este trabalho visa abordar sobre os saberes das mulheres, em especial os que versam sobre o uso das plantas medicinais pelos Guarani e Kaiowá, na Aldeia Guapo'y conhecida como Reserva de Amambai, demarcada no ano de 1915 pelo SPI, Serviço de Proteção ao Índio, juntamente com outras oito reservas em Mato Grosso do Sul. O reservamento é onde se inicia o confinamento (BRAND, 2004, p. 140). Atualmente, nesta reserva tem aproximadamente doze mil habitantes e está ocorrendo fatos variados, entre eles, os usos constantes dos medicamentos das farmácias, que está prejudicando os saberes tradicionais dos rezadores, das parteiras, e o uso dos remédios tradicionais, que por sua vez são deixados de lado. Sendo assim, os medicamentos dos *karai*, os não indígenas, tem sido mais utilizado pela população indígena, e isso modifica a aldeia (*tekoha*).

A prática cotidiana das populações indígenas comprova que o remédio da farmácia, do Postinho de Saúde (UBS) apenas adormece a doença que está nas pessoas. Por outro lado, os saberes das parteiras e de rezadores com a cura das doenças está sendo invalidada pelos médicos locais, como também o próprio remédio está escasso. Em virtude disto, os indígenas buscam alternativas para se remediar. Com a possibilidade de achar cura para as doenças, muitos indígenas se deslocam para as áreas onde hoje são conhecidas como fazendas na redondeza, ou em outras aldeias, nas retomadas, que ficam longe da reserva Amambai em busca das plantas para tais doenças. A sociedade sofre também com uma situação precária do atendimento na

---

[21] Este capítulo é resultado de trabalho apresentado como requisito para conclusão do curso de Ciências Sociais, UEMS, unidade de Amambai, 2017 orientado por Lauriene Seraguza.

SESAI, que querem que a população indígena apenas utilize o medicamento que consideram necessário, deixando de lado os saberes tradicionais de meu povo, o que faz com que nos sintamos oprimidos.

A presente pesquisa busca mostrar a riqueza dos saberes tradicionais dos usos das plantas para curar as doenças, nessa perspectiva ressalto também que os indígenas utilizam os bichos que também fornecem as curas para as doenças, e as forças espirituais, a nossa cosmologia que permite que possamos falar com Ñanderu para curar os doentes, e que saibamos quais plantas irão ser úteis para cada cura. Entretanto existe uma maneira única de se comunicar com Ñanderu que é através das rezas *guaxire*, *ñembo'e* e os batismos, pois são através desses cantos e rezas que o rezador, aquele que tem domínio deste conhecimento, pode ver e retirar as doenças colocadas pelos animais do mal em nosso corpo/alma, que querem levar nos para o submundo e também são esses animais que distribuem as doenças para os seres viventes na terra.

O conhecimento das parteiras passa pelo cuidado para que esses animais não vejam a criança recém-nascida, por isso logo após o nascimento levam para o rezador batizar. Porém, essas práticas foram deixadas de lado, e de certo modo combatidas, com a chegada dos postos de saúde nas reservas. Muitas enfermeiras foram contra ter filhos em casa, como também davam as mulheres o anticoncepcional para não terem filhos. Existe medicamentos para várias doenças que está em destaque na reserva, como diabetes, tuberculose, pressão alta etc. para esse tipo de doença as enfermeiras tratam. O interesse desse trabalho é exatamente desenvolver um enfoque para ressaltar e valorizar os conhecimentos indígenas.

É pertinente falar sobre a minha cultura, pois sou mulher guarani kaiowá da aldeia Guapo ý, e trazer esses saberes é na intenção de que possam ser visibilizados, a cultura indígena Guarani e Kaiowá tem norteado muitas pesquisas para os não indígenas, mas também é importante que nós guarani e kaiowá escrevamos os nossos saberes, sobre as riquezas que temos, e por outro lado dar a visibilidade para que os conhecimentos dos indígenas sejam valorizados. Percebo que isso é importante quando abordamos sobre saberes tradicionais, destacando a importância de valorizar os conhecimentos da comunidade local, a Aldeia Amambai. Mesmo na reserva, a comunidade luta para ainda continuar fazendo suas práticas. As mulheres guarani e kaiowá têm sua capacidade de motivar a registrar seus saberes, por isso esse trabalho tem como objetivo fortalecer os conhecimentos da cultura indígena da reserva de Amambai.

O motivo desta pesquisa foi defender de que a cultura permanece, mesmo com a intervenção dos *karai* que vem mudando todo esse costume como a religião, e saberes tradicionais dos indígenas durante o Século XVIII. Neste período, promoviam missas para que os indígenas pudessem adotar a cultura trazida pelos europeus, uma maneira de conduzir os indígenas para a religião não indígena. Sendo assim, os jesuítas chegavam nas aldeias com a intenção de mudar o cotidiano dos indígenas que estavam presentes naquele local, os padres davam objetos para atrair, pois se diziam que os índios eram "brutos e bravos", mas também eram fortes e resistiram juntamente com os conhecimentos tradicionais (CEMIN ARNEID, 1999). Muitos dos indígenas não aceitavam os saberes jesuíticos, resistiam e resistem até nos dias de hoje, mas hoje, tem muitas influências das religiões que são evangélicas e neopentecostais.

A partir de então, "as mudanças impostas aos índios foram brutais" (CIMI, 2001, p. 75). Houve mudanças no modo das habitações, na organização espacial e política das aldeias. Se por um lado os indígenas ainda não aceitavam totalmente outra religião, "asseguravam seus costumes com casas de rezas escondidas para que o padre não silenciasse os rituais dirigidos por indígenas, mas muitos viram a religião como um novo ritual que vinha conquistando a população" (CIMI, 2001, p. 75). A terra sem males que os indígenas falavam era estar bem com as suas comunidades, vivendo em harmonia e paz, mantendo a sua cultura e ligação com a natureza, como a religião afetava os familiares muitos começaram a aceitar esses novos costumes, não deixando totalmente o que conheceram desde pequenos. Na Carta de Caminha, diz que as indígenas eram belas pois, admiravam a beleza natural desse povo, mas acreditava que era preciso "salvar essa gente", atribuindo exotismos e erotismos a população que aqui viva.

Os missionários jesuítas acreditavam que os indígenas precisavam de Deus para melhorar a vida e ter uma salvação divina. Os pajés foram criticados pelos ensinamentos tradicionais e que seus ensinamentos não foram aceitos pela igreja, silenciavam os sábios e as influências das religiões se manifestavam cada vez mais presentes na comunidade, e foram aceitas pelas culturas indígenas, nessa trajetória de ensinamento houve matanças de cultura em relação aos indígenas, mesmo assim houve a resistência, os indígenas procuravam a cura na medicina tradicional juntamente com os pajés, mas eram feitos escondidos essas rituais xamânicas, havia muito a acusação de feitiçaria, e então matavam-se os indígenas, ou queimavam na frente de todos, os saberes indígenas eram negados e ignorados pelos não-indígenas.

Por isso a medicina atual vem causando um impacto para a sociedade indígena e a religião também vem causando impacto. Por um lado, a medicina ocidental, e por outro os conhecimentos tradicionais indígenas. Percebeu-se que os conhecimentos empíricos dos nativos não estavam sendo aceitos pelos grupos de católicos, evangélicos etc., portanto há essas duas correntes contraditórias envolvendo as crenças, os conhecimentos e a religião. É nesse caminho que pretendo nortear a minha pesquisa, sendo assim entender os conhecimentos que são repassados através da oralidade, de geração em geração.

Percebe-se que precisa despertar na comunidade jovem a valorização dos saberes tradicionais que vem sendo deixado de lado pela própria sociedade indígena em virtude da pressão que a sociedade não indígena exerce sobre as aldeias. O uso desenfreado dos medicamentos alopáticos vem sendo destaque na reserva, contudo é importante ressaltar esse extraordinário conhecimento que foi passado de gerações para gerações, sendo assim o conhecimento das rezas, e das plantas foram se fortalecendo, mas por outro esse trabalho tem se enfraquecido com a chegada de SESAI, sendo que estes não deixam fazer suas práticas curativas, e nem parto das mulheres que querem ter filhos em casa.

Compartilhando Conhecimentos

Enfatizamos que os conhecimentos se dividem com a chegada dos técnicos que cuidam dos doentes nas reservas, e então as mulheres se aquietaram, deixando suas práticas de lado, e com isso esse laço foi se enfraquecendo. Destaco os trabalhos oferecido por benzedeiras que utilizam as plantas que se encontram no local ou buscam de algum lugar, elas fazem seus trabalhos de colher as folhas, de preparar remédio que foi indicado pelas rezadoras, elas usam *takuara, mbaraka* para fazer suas práticas xamânicas, buscam no sobrenatural o espírito que lhe dá uma boa vida, alegria. Segundo Mendes (2006, p. 87) o ensinamento vai para geração em geração, os grupos de famílias nucleares recebem a transmissão do ensinamento do preparo das ervas, e isso também acontece informalmente. Para Vilhalva (2010) as plantas medicinais fazem efeitos se for acompanhado pelas rezas, e que também não existe apenas plantas, as mulheres tantos os homens buscam os meios tratar com as águas correntes, com os animais.

Não são apenas os humanos recebem as bendições, nos muitos alimentos, como o milho. O batismo do milho, segundo Santos *et al.* (2012) obre a reserva de Dourados, ressalta o papel da mulher dentro do *avati kyry* e colher um por um até que encha o *mynaku*, pois colhia para o benzimento, portanto elas tinham um posicionamento muito importante, e ainda o tem, para que acontecesse o *avati kyry*.

Figura 7.1 – Plantas e Remédios

Fonte: Lucia Pereira, 2017

É importante ressaltar essas principais temáticas que se encontram na cultura Guarani e kaiowá, os saberes das rezas dos homens são muito relevantes para o conhecimento das gerações dos jovens, Chamorro (2009) destaca que os "homens de corpo bonito e o corpo enfeitado". Nessa ocasião as mulheres também se enfeitam com o seu *jeguaka* o adorno e que são muito importantes nessa ocasião. Os homens fazem suas rezas juntamente com os meninos, e as mulheres acompanham os rituais, seja qual forem as festas as mulheres sempre seguem. Tive a oportunidade de acompanhar um grupo de rezadores na aldeia Amambai, onde seus adornos e seus *mbaraka* sempre os acompanhavam, mesmo frio falava que sua esposa não podia faltar na ocasião, dizia que ela acompanhava sempre na reza, no batismo da criança, então a presença dela também era importante e que se ela não for ele não iria.

Figura 7.2 – Reza em Amambai

Fonte: Lucia Pereira, 2017

Achei interessante por que os grupos ficavam forte ainda mais, eles são a resistência atualmente, por ser uma resistência, eles são pesquisados o tempo todo pelos pesquisadores não indígenas e indígenas, quando eles ressaltam a valorização da sua cultura, e que um dia o grupo vai embora e que eles precisam deixar a sua marca, discorrem que é preciso ter a resistência, por que a "está viva" mesmo não fazem mais essas práticas na mesma intensidade que em outro tempo, as disputas pelos saberes com a SESAI estão cada vez mais frequentes na reserva, onde as delimitações são expostas para as parteiras, rezadores, e os conhecedores das plantas medicinais. Os medicamentos alopáticos muitas vezes não curam a pessoa doente, e mantém internada até a morte nos hospitais, sendo que existe a possibilidade deles se curarem no medicamento pelas ervas medicinais e as rezas que ainda são muito fortes em nosso meio. Atualmente, com muitos pesquisadores na área está se destacando novamente as tradições, mesmo com grupos pequenos percebo que a resistência continua crescendo e chamando outros grupos tradicionais para se juntarem.

Coloco aqui as minhas experiências no convívio juntamente com eles com esse pequeno grupo que faz a maior diferença, percebi que os grupos se juntam para fazer a reza no acampamento ou num lugar que é chamativo, nos protestos, os indígenas mais velhos fazem maior festa quando se juntam, notamos o sorriso no rosto deles quando cantam juntamente com os jovens, as mulheres principalmente se soltam para disputar os cantos com os homens, e nesse espaço os jovens aprendem os cantos e as reproduzem, assim também acontecem com os ensinamentos das plantas medicinais, as meninas fazem partos com as mães, e assim ela é orientada para utilizar as plantas. Estarei constatando a importância do parto e suas passagens, os rituais de passagens que acontecem no momento que se dá à luz a criança. Nessa perspectiva Viveiro de Castro (1977) aborda as importâncias sobre a corporeidade, da chegada das passagens da puberdade das Xinguanas. É importante ressaltar sobre esses aspectos ritualísticos, onde as meninas se mantêm na casa por trinta dias para que o dono do mundo subterrâneo não as veja nesse período, conforme Pereira (2004).

Os Rituais de Passagem

Esse é o momento mais esperado, para uma menina de 11 a 13 anos de idade. Quando chega a primeira menstruação a menina não sabe de nada ainda, se assusta com aquilo que está acontecendo com ela, a partir desse momento o medo é ainda maior, com a chegada do estado de *kuñataĩ*[22]. Para elas é um choque maior porque nunca tinha ocorrido isso, são novidades assustadoras, por outro lado as mães já se preparam para ensinar as filhas como vai ser a vida depois desses acontecimentos, repassam os conhecimentos, e cuidam delas por um mês, ou noventa dias. Durante esses cuidados ocorrem várias coisas com a menina moça, ela não pode mais comer carne e aqueles alimentos que possuem sangue, apenas come sardinha, ou os pais

---

[22] *kuñataĩ* e a menina moça.

vão pescar para trazer peixe. A menina é completamente aprisionada em casa, e as mães começam a cortar os cabelos da menina, deixando careca ou bem curto, a questão disso é para que as meninas não se casassem cedo, durante esse mês a menina é pintada de urucum, e remediada com ervas naturais como ñarakatiyrã[23], yryvu ka'a[24], cedro, entre outros. Isso significa que os bichos não olharão para elas enquanto estiverem passando pelo resguardo, como também para que as doenças não se apoderassem nelas, o medo das mães é as filhas terem a *tesapituka*[25], a menina moça portanto não come carne por mais de trinta dias, enquanto ela estiver dentro da casa. Por outro lado, ela aprende muitas coisas com a mãe, e que esse ensinamento é levado para toda vida, as madrinhas repassam os conhecimentos sobre remédios, cantos, e como se comportar perante a sociedade, até chegada dela sair, voar, e esse aprendizado é carregado consigo, é apenas uma sobrevivência no meio da sociedade política, sem ser curiosa, e rir à toa, porque isso ela levará para a vida toda, e assim começa a ensinar a elas todas as coisas que a mãe sabe.

Aqui eu coloco a reza da Dona Teódosia Savala de 74 anos que entrevistei em Aral Moreira, que me mostrou os seus cantos para a menina com primeira menstruação. Ela é moradora da vila satélite que reivindica sua terra tradicional Y Joyvy. Desde criança participava das rezas junto com seu pai, foi aprendiz de um pajé em Sucuryi por isso ela conhece muitas rezas inclusive canto para a menina moça, quando chega o resguardo, o jekoaku:

---

[23] *ñarakatĩyrã* plantas medicinais cuja o nome em português é algodãozinho.
[24] *Yryvu ka'a*, erva do urubu.
[25] *Tesapituka*, epilepsia.

Imagem 7.3 – Fonte: Lucia Pereira (2017)

Ijapyka amboro'y ichugui araka'e he'i
Ijapykaguy morõysã araka'e
ijeguaka va amboro'y araka'e
Hete amboro'y araka'e
Ipyru hague amboro'y araka'e
Ipyruãgue amboro'y
Hete amboro'y ypy vy araka'e
Ijeguaka vy amboro'y araka'e
Ijeguaka morõysã
Tata marangatu.
Ipyruãgue

> Antigamente quando a menina está com a primeira menstruação, trancam ela e depois já vai tirar né, é ali que você tem que benzer ela, e isso é pra vida toda, isso vai ser a vida dela, pra não ter o *teko marã*, isso é pra que nada de ruim acontece nela, deve ficar trancada três dias, não deve comer comida com sal, com óleo, carne, apenas deve tomar *kagwĩ* só tem que come batata, essa é a comida dela, depois que sair ela pode comer tudo de novo, ali onde as mães e avós a ensinam, *aguela jári*, ensinam, existem remédios plantas só pra elas, mas são muito escassos, agora tem poucos que sabem (depoimento de Teodossia Savala, entrevista em 2017).

Gostaria de ressaltar aqui os trabalhos das rezadoras, ou xamãs, nos quais abordam a importância da cosmologia, quando os xamãs tiram as doenças no corpo da pessoa, e são diversas doenças encontradas, mas são invisíveis, são tiradas do corpo como flechas, são animais no corpo dos doentes, e entre os guarani e kaiowá essas doenças são jogadas na água corrente, para que possam aliviar as dores, como também definir a cura permanente, os Guarani e Kaiowá benzem a água para que possa aliviar a dor que sente. O mundo Kaiowá e Guarani é dividido em patamares cujos donos podem ser uma ameaça aos seres humanos. Destacamos então três patamares dos cosmos, segundo Pereira (2014, p. 238):

> **Mundo subterrâneo**: lugar indesejável e escuro [....] lá existe praticamente a fauna e a flora da terra, mas são seres imperfeitos, habitantes da escuridão, deles poucos se fala, o pensamento deve estar voltado para o alto, embora mereça alguns cuidados no período de resguardo ritual, *Jekoaku*, como na primeira menstruação, e nos resguardos pós-parto.
>
> **Terra *Yvy***: habitat das espécies vegetais e animais que conhecemos em seus respectivos *Jara*.
>
> **Céu-*Yvaga*:** [...] o patamar mais alto é a morada do *Ñanderuvusu*, o Deus maior.

De acordo com Brand (2004) o Guarani e Kaiowá tem uma forte relação com a natureza, e tem independência com os vegetais e animais, os indígenas têm o contato com a natureza como também com Deus, o *Ñanderuvusu*, o deus maior do universo. É importante salientar que através das rezas, e das plantas, os Guarani e Kaiowá espantam os seres sobrenaturais que atingem as sociedades indígenas, esse saberes tradicionais vão sendo repassado para os *Yvyraija*, por isso a importância do mato para a subsistência da sociedade indígena, por outro lado a escassez das plantas é muito frequentes na reserva, se não tiver plantas não tem cura das doenças, portanto os indígenas procuram ir longe para buscar as ervas, muitas vezes a propriedade atualmente é considerada como dos fazendeiros, e se arriscam para catar as plantas.

Nessa perspectiva abordaremos o contexto de xamanismo nas quais destacamos a utilização dos remédios e as rezas para a cura de doenças, nesse princípio devo ressaltar que a importância não e só das plantas, mas os animais também são consagrados para a cura, as benzedeiras acreditam que eles são importantes para a utilização nas curas. Muitos animais são poupados de mortes para não transmitirem as espiritualidades ruins para as pessoas, e são respeitadas pela população indígenas, assim também são as ervas medicinais. Saliento um importante aspecto que os Guarani e Kaiowá possuem em comum, o pagamento sobre os seus trabalhos feitos. Como as plantas estão escassas atualmente eles buscam de outras aldeias, ou nas redondezas, e as grandes quantidades de ervas medicinais se encontram nas fazendas, os rezadores aldeados dificultam o repassasse do seu conhecimento, há inúmeras igrejas manifestadas dentro da aldeia inclusive na aldeia Amambai, portanto os rezadores se sentem desprestigiados pela comunidade, as parteiras se sentem menosprezada com grande atuação dos não indígenas na aldeia.

Muitas parteiras relatam que antes os partos aconteciam nas casas, as mães eram bem cuidadas, recebiam chá desde que sentiam que estava na hora do seu bebe nascer, as massagens eram frequentes e acontece até nos dias de hoje, assim também evitava que as mães grávidas comessem algo que podia prejudicar a hora do parto, evitava que elas comessem ovos, bolinho de chuva, e não deixava que elas colocassem feijão não panela, pois isso poderia prejudicar o parto, pois essas comidas diziam elas que a cabeça do bebe poderia ficar grande, e sobre a panela poderia prejudicar na hora do seu nascimento trancando a sua saída. Também tinha o perigo do bebê nascer e crescer com suor frequente, por isso era preciso evitar que elas tocassem em animais como a tartaruga, gatos, e não podia se quer comer pombo, se evitava que elas chegassem perto dos patos, pois se tocassem nesses animais poderia trazer grande prejuízo para o seu bebê, as crianças podem vir choronas, muito tímida, e ser muito lento. Para tudo isso chamamos *ipoasy'a*, se isso vir acontecer os rezadores são chamados para benzer e fazer chá para as crianças, e sempre trazendo o *ka'i akangue*, cabeça de macaco para aliviar tudo isso, as plantas que a mãe natureza nos oferece são suficientes para sobrevivermos, as plantas são muito raras.

Portanto isso possibilita o contato com a natureza e com a espiritualidade, existem plantas que são colhidas de acordo com a estação do ano, e também eram tiradas apenas para os doentes nos últimos casos. Chamorro (2005, p. 141) ressalta que as práticas curativas inspiradas na religião, contam com o sopro, a imposição de mãos e aplicação de massagens sobre a parte doente do corpo, assim como a oração. É importante os cantos e as rezas para se ter o contato com o Deus maior que e o Ñande Ru, que sempre possibilita renovar a alma, o corpo.

As Plantas e os Animais como Remédios do Mato

Podemos perceber que as ervas medicinais possuem uma grande característica de cura não só para a sociedade indígenas, mas também para a sociedade não indígenas. É importante essa ligação entre esses dois saberes, mas refletindo sobre esse aspecto vale dizer que não são valorizados os saberes indígenas, esse empírico não combina com o cientificismo, as questões que são abordadas por diversos indivíduos vem sempre com aquele discurso ofensivo de que "os indígenas não sabem nada", mas por outro lado o desmatamento de seus matos trouxe muitos prejuízos para a sociedade indígena, eles não tem onde recorrer, eles não tem mais a paz, o *teko porã* some com a devastação do mato, as águas foram poluídas, os bichos foram mortos cruelmente pelas pessoas que não sabiam das importâncias de ter o cuidado com eles.

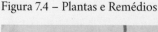

Fonte: Lucia Pereira, 2017

A importância das práticas que convém nas sociedades indígenas com o uso das ervas medicinais trata de um conhecimento muitas vezes repassado informalmente. Os saberes do parto e os diagnósticos que são realizados com as ervas colhidas durante a chuva, ou perto da água com a intenção de aliviar as dores e a água esfria as dores que a mulher sente durante o parto, e que possibilitará a mulher voltar cheia de saúde para amamentar seu filho. Há uma importância desse contato com a água para as mulheres que conhecem as plantas, portanto elas benzem e cuidam até o paciente sararem. É importante ressaltar que os homens valorizam muito os saberes das suas companheiras e tem o contato com o sobrenatural, as mulheres muitas vezes conhecem mais do que os homens, e nessa perspectiva é preciso dedicar muito para aprender esses cuidados que elas tem com os doentes, e nesse cuidado apenas as mulheres cuidam, ou apenas o parentes chegam perto dos doentes, essa é a exigência das benzedeiras que lutam para atender os doentes nos últimos casos, o desespero delas para curar e também para aliviar as dores, usando as ervas e os cantos, a alegria contagia os doentes para que eles se sintam melhor, é importante a confiança dos doentes com as benzedeiras.

Existem muitas plantas que servem de remédios de mato. A espiritualidade está presente no manuseio das plantas e também ao preparar o remédio, nesse momento o cuidado é maior com as meninas para não pegar nas plantas, pois vão passar pelos benzimentos. As plantas mais utilizadas como remédios do mato são:

1. *Algodãozinho* conhecida como *Ñakatĩỹrã*, ela é a planta mãe, encontrada facilmente. Está presente na aldeia Amambai, é utilizada quando se sente muito dor de cabeça, febre, e para as pessoas que tem epilepsia, essencial para espantar mal espírito e o *jepotá*, e indicado também para as pessoas que passaram por *macumba*.

Figura 7.5 - Algodãozinho

Fonte: Lúcia Pereira, 2017

2. Cedro: o mais recomendado para as pessoas se banharem, ele tira mal olhado e restaura o corpo, é bom para as pessoas que não se sentem bem, espanta a inveja, é utilizado para o batismo da *oga pysy*, e chamado de *y ary* pelos rezadores, também é utilizado para o batismo de criança, essa planta é uma planta fria.

3. Nhu de cachorro: conhecido como nó de cachorro, importante salientar que apenas os homens utilizam essa planta, as mulheres não tomam, se tomar ela pode vir sofrer as consequências na menstruação, os homens tomam no chimarrão, no tereré, ou apenas fazem chá dele. Essa planta é boa para limpar o corpo, é muito escasso de encontrar, é vendido muito caro por aqueles que conhecem essa planta e é bom para que o tumor não saia mais no corpo, essa planta é uma planta quente.

Figura 7.6 – Nó (Nhu) de Cachorro

Fonte: Lucia Pereira, 2017

4. Jatei ka'a: essa planta é mais consumida pelas mulheres, está escassa também, pois ela é encontrada perto do Rio Amambai muito longe da reserva, e vendida muito cara pelas rezadeiras. Ela é uma planta que faz aborto, ela aborta a gravidez de 4 meses, portanto quando as mulheres atrasam a menstruação procuram essas plantas para tomar apenas um copo, mas para abortar gravidez de 4 meses precisa tomar 4 litros, precisa ser muito forte assim acaba fazendo efeito. Quando é inverno ela some, e é encontrada na primavera.

5. Nhandu akã: ela é consumida pelas crianças que sofreram "coaio virado", doença de infância recorrente entre os Guarani e Kaiowá, essa planta é encontrada facilmente pelas mulheres, que fazem chá para os seus filhos e os fazem tomar quando estiver com sede.

6. Mba'egua: essa planta é escassa na reserva, principalmente na Aldeia Amambai. Essa planta é muito importante para as pessoas não sentirem fome, e pode ser utilizada pelos homens tantos pelas mulheres e crianças. Dessa planta se faz chá, e pode ser consumido no tererê, no chimarrão ou tomar quando estiver com sede, às crianças geralmente tomam com gosto, pois ela tem aroma muito gostoso, ela é uma planta fria e pode ser encontrada no brejo.

7. Pindo'i: planta dos brejos conhecida como uma das plantas que só a mulher pode consumir, ela pode ser misturada com outras plantas para gerar o anticoncepcional, são bastante raras por isso são escassas, é muito caro, pois possibilita que a mulher não venha a ter filhos.

Figura 7.7 - Pindo'i

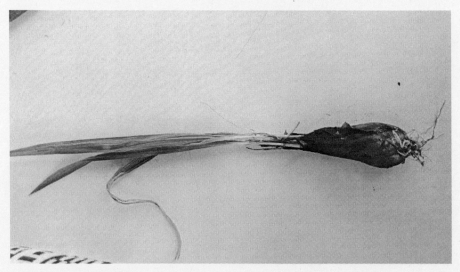

Fonte: Lucia Pereira, 2017

8. Orquídeas: uma planta comum e de belíssimas flores, muitos não conhecem o seu potencial, mas para as mulheres mais velhas são as mais valiosas plantas que a mãe natureza oferece. Essas orquídeas possuem a sua fêmea e o macho, a sua raiz é muito importante para as mulheres que não querem ter filhos e para aquelas que não gostam de anticoncepcional consumido do posto.

Gostaria de deixar uma homenagem e agradecer a uma simpática senhora que me recebeu na sua casa para contar-me a sua trajetória de parteira, a Dona Ilma Savala 55 anos, moradora da aldeia Amambai realizou setenta e sete partos. Ela conta que realiza parto desde aos seus 18 anos, mas que nunca ninguém morreu em suas mãos, ela é conhecida nos movimentos, defende a saúde indígena, como também defende as causas indígenas, foi uma alegria imensa que vi no olhar dela quando abordei sobre o tema da minha pesquisa, ela ficou feliz por eu ser jovem e ter valorizado os trabalhos que ela e sua equipe vem realizando. Ela estava chegando do velório da sua irmã lá de Caárapo, me contou tristemente que o marido tinha matado a sua irmã, fiquei sem reação, aos poucos fui conversando com ela, me senti protegida por ela, nunca me senti assim antes, falei isso para ela, mas fui levando a conversa. Foi num domingo dia de tomar tererê, quando cheguei ela estava almoçando, esperei ela terminar de almoçar, depois a conversa foi fluindo e ela contando detalhes de como ela veio realizar o parto. Ela tem na sua residência um símbolo, um *yvyramarangatu*, que utiliza para fazer sua reza. Veja na foto abaixo:

Figura 7.8 - Yvyramarangatu

Fonte: Lucia Pereira, 2017

Foi na conversa que ela me explicou como aconteciam os partos antigamente, era um trabalho de muita responsabilidade, pois quando a mulher engravidava logo já escolhia a sua parteira, e quem morava nas fazendas mandavam chamar as parteira para cuidar desde o início da sua gravidez, *kuña puru'a*, e a parteira conhecia as plantas, os benzimentos, portanto sempre cuidava bem do seu *ihazo*, afilhado, desde então o pai da criança não podia fazer muita coisa durante nove meses, não podia afiar a faca, andar de cavalo, comer bichos que podia fazer mal a criança desde o ventre da sua mãe.

Hoje ela fala que muitos não se cuidam mais como antigamente, nessa época eram rígidas as práticas, o resguardo da mãe era muito importante, as parteiras utilizavam as plantas para massagear a barriga, todos os dias de manhã e de tardezinha faziam isso, assim os bichos não cheiravam a criança e sua mãe, se banhavam num remédio chamado *mba'etihã*, plantas que cheiram mal, mas por outro lado as mulheres encontram a facilidade para seu bebê nascer. Também se remediam no *yvychĩ* e *yvychĩ guasu*, ela fala que essas plantas se encontram no brejo, e também podem ser encontradas no cerrado. Esse do brejo é para a mulher tomar, e do cerrado é para ela se banhar, e assim a criança pode nascer rápido. Ela mostra as plantas que trouxe de Brasília porém fala que é muito raro, não é encontrado facilmente nessa região, ela conta que traz e planta nas redondezas de sua casa, ela fala que já tem várias plantas trazidas de cidades, por serem raras ela planta, veja embaixo uma que trouxe de Brasília.

Figura 7.9 - Tekoja Mirim

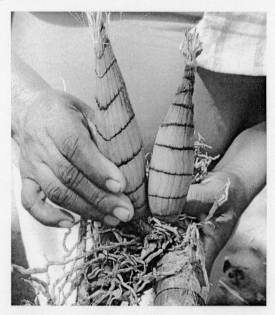

Fonte: Lucia Pereira, 2017

Essa planta se chama *tekoja mirim*, e para as mulheres que não querem ter mais filhos, tem todo o processo e arte, para que possa realmente ser útil para as mulheres. Os meninos novos com a idade de 7 a 15 anos passa o remédio sete vezes debaixo do joelho, deve ser feito ao nascer o sol, e quando é lua nova, podendo assim a mãe mastigar e engolir o remédio, enquanto isso ela não pode vir comer comida muito salgado e nem muito adoçado, pois prejudicara o remédio engolido.

Na conversa perguntei como as parteiras sabem que é menino ou menina, ela conta que é preciso massagear para saber, o menino ele aparece mais ela comenta, mas a menina ela não aparece muito, então se for menina parece que é um ninho de beija-flor a barriga, tem o formato diferente, precisa tomar cuidado para que os bichos não olhem para ela, ela parece carne e os bichos cheiram de longe se não forem benzidos.

Quando nascem as crianças precisam ficar 40 dias dentro de casa, apenas a mãe e a madrinha pode vir frequentar a casa, e visitar a criança, muitos tem o coração muito maldoso e pode passar isso para a acriança, então quando a criança sai pela primeira vez de dentro de casa sempre usa toca vermelha, pois a cor não agrada os bichos, e a madrinha já prepara tudo o batismo dela (e) assim pega a cinza do fogo e joga no caminho onde a mãe deve passar com a criança. Dona Ilma fala que a partir de 2004 foi barrada para não fazer mais partos, pois recebeu muitas críticas do pessoal da CASAI, da SESAI, que cuidam da saúde dos indígenas, mas ela fala que não pode se recusar quando é procurada pelas mulheres.

Hoje ela fala que é muito procurada pelas mães que tiveram seus filhos (as) nos hospitais, pois tem pneumonia frequente e muito quebranto, conta que os hospitais não cuidam como as parteiras cuidam, então as crianças comem muito a sujeira e assim pegam a pneumonia. Dona Ilma conta com a ajuda de sua irmã Varcilia que também está com 54 anos, que ajuda a dona Ilma no seu trabalho, ela realizou o parto de sua filha, e as crianças até hoje estão com boa saúde. Ela também mostra uma planta interessante cujo nome não tem em português, se chama *kuako* veja na figura abaixo.

Imagem 7.10 - Kuako

Fonte: Lucia Pereira, 2017

Essa planta se chama *kuako* ela conta que é parecida com ovário da mulher, plantas que é utilizada quando se sentem muita dor na vagina, no útero, e após a cesariana, ela é uma planta fria, que alivia dor do parto, e dor comum quando a mulher sente. A planta que utiliza muita água dona Ilma coloca no balde para que a planta não venha a morrer, uma interessante fala dela foi a de que ao utilizar as plantas sempre as passa pelos benzimentos, assim aliviam as dores rapidamente, o desmatamento deixa as plantas escassas, elas começam a desaparecer.

Continuamos a falar sobre as plantas que as mulheres utilizam, e como também há plantas que apenas homens poderão utilizá-las, as idades também variam muito, nessa perspectiva percebo que esse saber dos indígenas não é considerado importante para os profissionais da saúde que atuam na área de medicina, as mulheres com as quais conversei abordam que os profissionais proíbem elas de praticarem suas rezas e a utilização das plantas tradicionais, por outro lado destaco também as mulheres das retomadas que frequentemente utilizam as plantas para combater as doenças, o que faz deste conhecimento estar cada vez mais renovado.

A princípio *Nhanderu* deu para as mulheres indígenas os saberes do uso das plantas, e por outro lado deu para o *Karai* os saberes científicos. As mulheres indígenas buscam conhecimentos através das rezas, e os homens ajudam para que as mulheres recebam esses conhecimentos, ela é a yvyraija das antigas rezadeiras, elas precisam estar preparadas para receber o ensinamento espirituais. As igrejas evangélicas também estão presentes no cenário das reservas e proíbe os indígenas evangélicos de utilizarem os remédios do mato, tratando-os como diabólicos, criminalizando rezadores e rezadoras e assim acontece a imposição sobre cultura tradicional. Mas também os indivíduos sempre procuram as benzedeiras para tratar de seus filhos doentes, a maioria procura por causa do coaio virado de seus filhos, e os outros por vários motivos.

É importante ressaltar também que os mais velhos discorrem que quando iam levar os parentes mais próximos ou filhos apresentam sempre a um rezador para que ele informasse sobre tais doenças, se não sarar da doença irá encaminhá-lo ao hospital. As pessoas que tem filhos de 0 a 6 meses cuidam muito para não ficar com coiaio virado, as crianças pode ficar com esses sintomas até 3 anos de idade, por isso eles tratam com chá para que o ventre da criança sare, tratam com casca de tatu preto, com cebo de galinha preto, massageando a barriga da criança, sendo assim oportuniza as mães a cuidarem de seus filhos, poucas rezadeiras conseguem massagear as crianças, esse é o papel das mulheres que cuidam do corpo, o chá que elas preparam acontece sempre com benzimento e através disso as crianças se curam.

Entretanto é importante a postura do xamã nessa questão, as benzedeiras apenas fazem o remédio que o rezador mandou fazer. É importante que doente fique isolado dos parentes em vários momentos na vida, na doença, no pós-parto, a criança não pode ser vista nem por pessoas que tiveram relações sexuais, pois estaria com corpo sujo, a alma está cansada e isso pode passar para a criança, o quebranto é uma delas que a criança poderá extrair, então a benzedeira evita que essas pessoas entram para ver a criança.

Uma questão interessante que as benzedeiras sempre tem o cuidado é a moleira, as crianças recém-nascidas pode vir chorar muito e ter a moleira, por isso as pessoas com o corpo sujo não pode ver essas crianças senão pode vir a *"ojohea"* logo percebe que a criança está com esse sintoma, quando ele não para de chora, quando ele rejeita o leite da mãe, então precisa evitar que ele venha sofrer as consequências mais graves, a mãe sempre procura as benzedeiras para tentar saber o que fez acontecer essa moleira, ou quebranto na criança, após essa consulta a criança é obrigado a usar a touca vermelha, assim evita o mal olhado e eles absorve para ele todas as coisas boas, e evita que os bichos se encantem pela criança.

Nessas perspectivas existem regras para que possa evitar a morte da criança por simples mal olhado, as plantas medicinais são importantes para dar banho na criança e na mãe deixando assim a alma e o corpo limpo para que os animais não olhassem nelas, e assim não acontece o *jepotá*, para que os animais do mundo subterrâneo não conseguissem cheirar as crianças e nem a mãe, por isso depois de oito dias a criança deve ser batizada. O espírito perturbador da criança é o *xaxĩ* mais conhecido como Saci-pererê, ele pode vir a *ojepota* pela criança, se encantar nele, ele rodeia a casas, assobia e a noite sempre faz coco embaixo da cama da criança, e se a mãe não levar ao benzedor ele pode levá-lo consigo para *karaguataty*, onde a criança nunca mais poderá ver seus familiares. É difícil ter o acesso da casa do *xaxĩ*, apenas o rezador pode falar com ele através do canto e da reza. Assim acontece com *ojepotá* das crianças, para que o *xaxĩ* devolvesse a criança ele pede um copo de cachaça ou qualquer produto de valor, assim poderá deixar a criança.

Uma outra questão que os indígenas morrem de medo é quando os filhos são *jopara*. Ocorre quando a mãe não sabe o pai do seu filho, ou se ele for filho de parentes, pois então ele nunca poderá sair para caçar ou pescar, nem ir ao mato quando estiver escuro. A mulher não deve ir ao rio sozinha porque pode vir sofrer grandes consequências, a onça do mato pode vir atacá-la e até matá-la. No rio pode aparecer anta e levá-lo consigo, por isso as mães evitam de mandar as crianças buscar água sozinhas, sempre mandam acompanhados de alguém.

Segundo a Nenesa Pereira falou essas crianças nunca estão sozinhas, as onças sempre as cheiram de longe, e sempre está caçando essas crianças, o dono do escuro também desperta quando as crianças não são guardadas, assim que escurecer ele perturba as crianças no sonho, chama *pytũmbory* a criança tem a alma limpa e os olhos limpos por isso veem essas criaturas das noites, portanto vale lembrar também que quando o indivíduo morre ele deixa o espírito para perturbar as pessoas. Para isso também as plantas medicinais são usadas para espantar e mandar ele para o mundo subterrâneo, essa planta se chama *Anguery po'y*, ela é usada em crianças, porque eles têm olhos limpos e pode ver os espíritos das pessoas mortas.

Agradeço mais uma vez a contribuição da Dona Nenessa, pela sua memória relembrada por onde andei fui muito bem recebida. Compartilho aqui as memórias lembradas por ela, de quando tinha pouca família na reserva de Amambai, e tínhamos muitas ervas para aliviar a dor, os moradores não eram vizinhos, moravam muito longe, então quando aconteciam o *jeka'u guasu*, grande festa, a família toda era convidada, eles saiam de sua residência de manhã e de tardezinha já chegava no local do *jeka'u guasurã*, onde a festa será realizada. Os relatos dela foram muito importantes, pois me lembrava a minha infância, participei de algumas festas quando era pequena, mas sempre fomos apenas para dormir nas esquinas, enquanto os rezadores faziam seus guaxiré, batizavam as crianças a gente podia brincar com as outras crianças se chegar cedo, mas a noite nos sentávamos perto da fogueira e de lá prestigiávamos os acontecimentos, mas a Dona Nenessa contou uma outra história.

Ela acompanhava os seus pais para aprender as rezas, e os cantos, e com isso ela aprendeu a ajudar a combater quando veio a epidemia de sarampo na aldeia, contou ela com um olhar triste porque perdeu muitos parentes para essa doença, pois ela ajudava a sua mãe a levar chá para as pessoas doentes. Nessa época poucos mandavam para hospital, portanto o atendimento acontecia no posto de saúde indígena mesmo, mas os remédios não faziam efeito, e assim morriam muitas crianças, e muitos idosos, pois não se sabia muito a cura para o sarampo. Mas mulheres e homens se juntaram para fazer o remédio caseiro para essas pessoas, e assim a dona Nenessa, que era adolescente, aprendeu também a colher ervas, e ver as plantas e o lugar fácil para encontrar, por ter feito isso salvaram muitas pessoas do sarampo.

Uma questão que quase ninguém conta, aborda a Nenessa, é sobre *mba'asy vai*, AIDS. Conta ela que quem morria mais eram as mulheres, os não indígenas entravam para cortar toras de madeira para levar e vender na aldeia, tinham muitas árvores grandes que eles desmatavam, e assim também mantinham contato sexual com as mulheres indígenas, passando doenças para elas. Mas segundo Nenessa, isso nunca é contado, e não é lembrado para ninguém e por isso aconteciam as mortes, muitas mulheres não contavam por medo, e por vergonha, emagreciam muito, e até chegavam a cometer suicídio, lembra a dona Nenessa.

Coloco aqui a importância dos bichos que a dona Nenessa me relatou, que quando o homem vai a caça e mata os bichos eles trazem para a casa, as mulheres são encarregadas para limpar e também cozinhar, eles dividem com os vizinhos os pedaços de carnes, e os vizinhos agradecem com os que tem, tipo a mandioca, e o *kumanda*, então aconteciam uma troca de produtos entre eles. Se matassem tatu galinha era guardada a casca por que é remédio para a coaio virado, a casca é torrada e faz o chá dela, e assim faz com que a criança tome, se matar o macaco guarda a cabeça, pois ela é importante para a criança recém nascida, banha ela com a cabeça de macaco para não chorar muito, se for menino os pais pegam o pata do macaco e faz o *pornde*, amuleto, para que quando ele for atleta e se for goleiro de futebol vai pegar muita bola, isso se faz na semana santa, conta rindo a dona Nenessa.

Como anunciei, nem só plantas são utilizadas como remédios do mato, mas também os animais, como também percebeu Seraguza (2013, p. 149):

> Alguns animais são dotados de potência medicinal como a sucuri, tatu, galinha e quati; a capivara é reconhecida por seu poder patogênico de curar a tosse, especificamente a tuberculose. Ter estes animais ou fazer uso de suas "banhas" são metodologias de consumo mais indicadas pelas interlocutoras desta pesquisa.

Enumero abaixo alguns usos medicinais possíveis realizados com os animais:

1. Carpincho: capivara, o sebo dela não se utiliza muito, pois ele é ruim para se passar no cabelo ou nos pelos, pois ele pode deixar careca.

2. Mbuku kyra: óleo retirado de larva de coco, é bom para passar no cabelo, pois deixa crescer rápido, é bom também para as feridas incuráveis.

3. Mborevi kyra: é bom para bronquite e para câimbra.

4. Sucuri kyra: banha de sucuri, ela é boa para bronquite, mas deve ser misturada com outras banhas, se for passado muito a criança fica muito forte, e cria muito inimizade com as pessoas, por isso é preciso passar pouca quantidade no peito uma vez e basta.

5. Tatu galinha: conhecida como tatu *hũ*, e aproveitado a casca para fazer chá, torra ela, e faz com que a criança beba, quando estiver com a coaio virado, *kamby ru jere*.

Mulheres Buscando Alternativas

As mulheres indígenas não tiveram visibilidade na era colonial, o seu corpo era sempre visto como belo e apenas para satisfazer o desejo do homem branco, eles não valorizavam os conhecimentos das mulheres, mas por outro lado, o documentário Desmundo (2003) ressalta os trabalhos das mulheres indígenas que prestavam a sua ajuda para parir os não indígenas, sendo assim usavam-se as ervas, as raízes, como também estavam muito presentes os animais, dos animais utilizavam se os sebos, e como também não deixavam que alguns animais aparecessem nos vilarejos, alguns animais eram proibidos de tocar. As plantas também eram caracterizadas da mesma forma, como um tabu. As mulheres sabem quais plantas utilizar para espantar os maus espíritos, as invejas, e entre outros, então ao falar das mulheres dificilmente o homem vai elogiá-las, existe um preconceito ainda a ser vencido nesse meio de sociabilidade, quando se fala das mulheres já vem em mente aquela imagem que a mulher é dona de casa, que ela nasceu para servir ao homem, mas não se fala dos conhecimentos que elas carregam dentro de si.

As mulheres são muito importantes para a vida social, nesta perspectiva ressalto a importância das mulheres na busca pelos direitos, dentro das políticas, vimos muitas mulheres a frente das demarcações de terra, mulheres que se encorajam para enfrentar grandes desafios, elas são os exemplos para as sociedades indígenas, muitos que estão nas retomadas fogem das "Aldeias" percebemos que as aldeias demarcadas já estão sendo pequenas. As populações crescem e as demandas para saúde, educação, entre outras, não está sendo atendidas pelos governos, as aldeias ficam perto das cidades e ficam frequentes os contatos com o não índios, acontecem muitas violências, e o uso desenfreados das drogas aumenta ainda mais, as mulheres e os rezadores procuram um lugar para viver a sua vida, portanto nas andanças pelas retomadas que fiz percebi que os rezadores e as mulheres passavam seus conhecimentos para as suas crianças, tinha os ensinamentos tradicionais, portanto percebi que faltava isso na minha aldeia, a reserva de Amambai.

Sendo assim, na reserva muitos jovens não conhecem sobre si, não conhecem as histórias dos pais, não conhecem a origem da terra, o processo civilizatório que propuseram para nós foi devastador. Os reservados vivem completamente diferente os seus conhecimentos e de modos distintos, dos que os que estão na retomada. As mulheres procuram mais o posto de saúde, colocam os filhos nos melhores colégios, e cada vez mais buscando outras alternativas para se sustentar, e não ficar dependendo do seu companheiro, mas por outro vale lembrar que os Guarani e Kaiowá continuam levando seus saberes continuamente, nos movimentos que acontecem se discutem os valores dos saberes indígenas.

Outra questão importante que pude ver participando do V *Aty Kuñangue* ocorrido neste ano de 2017 na retomada Kurusu Amba, foi a dos movimentos das mulheres. Elas estão tendo sua autonomia, e também levam os remédios para vender, hoje as plantas e ervas estão sendo escassas, já ressaltei sobre isso, então os Guarani e Kaiowá procuram vender as plantas também para o seu sustento, as mulheres tantos os homens procuram comprar, porque não se encontram mais na sua região, e nas aldeias, também mostram que se usam e se conhecem as plantas, e assim passam os seus conhecimentos para os mais jovens.

Em outros aspectos importantes destaco as mulheres pela busca dos seus direitos e pelos seus conhecimentos, como também as vivências narradas por elas. Vale ressaltar que as mulheres Guarani e Kaiowá buscam cada vez mais ter autonomia cotidianamente, antes as mulheres era visto como inferiores agora estão buscando outras alternativas para serem visibilizadas na sociedade, enfatizo aqui as abordagens feitas pelas mulheres no I Seminário das Mulheres que aconteceu em Dourados em 2017, na Universidade Estadual de Mato Grosso do Sul (UEMS), onde denunciaram a violência contra mulher. Percebo que esse tema foge um pouco do que estou apresentando, mas por outro lado é a maneira que encontro para ressaltar as violências vividas pelas mulheres Guarani e Kaiowá. Essa é a perspectiva que devo salientar juntamente com o trabalho dos conhecimentos tradicionais das mulheres, essa é uma nova argumentação que saliento dentro desta pesquisa, apesar de vermos e ouvirmos em muitos casos que acontecem com as mulheres não indígenas elas ainda tem onde reclamar, sabem dos seus direitos. Entretanto venho enfatizar sobre as violências sofridas pelas mulheres, desde a chegada dos colonizadores as indígenas eram vistas como exóticos, então essa visão permaneceu até nos tempos atuais, as transformações ocorridas foram as mais devastadoras, as mulheres não tinham voz e nem vez, elas sofriam abusos sexuais, mortes irreparáveis. Conversei com um homem sobre os direitos das mulheres e ele ressaltou um triste acontecimento que presenciou no lugar onde ele trabalhava no ervateiro, Alicio Velasques discorre:

> Trabalhamos num erva-mate, e lá tinha de tudo, as mulheres casadas e as solteiras que trabalhavam no barbaquá, eu não estava casado ainda naquele tempo, como éramos muitos

> pobres minha mãe me mandava para trabalhar longe, e sendo assim eu seguia o pessoal que ia trabalhar no ervateiro, e quando recebia o pagamento as mulheres era as que recebiam menos por ter cozinhado ou apenas por ter lavado roupas, a noite abria-se o bar e os homens bebiam até não querer mais, a noite sempre aconteciam as brigas. As mulheres apanhavam dos seus maridos, às vezes só por que não queria ir dormir com o homem, muitos homens matavam as mulheres por não obedecerem eles, e ninguém falava nada, nem o patrão falava nada, só enterrava e deixava por isso mesmo, falavam que era desobediente que não servia pra ser dona de casa, muitas mulheres morriam ou ficavam deformadas (entrevista com Alicio Velasques, 2017).

Apresento aqui os acontecimentos do dia a dia da mulher não apenas das Guarani e Kaiowá, como de todas, que vivenciamos na sociedade, por essa ocasião o sofrimento das mulheres tem sido uma luta de todas os direitos, e a sua visibilidade para a sociedade em que se encontra, a mulher indígena tem sua cultura, de que é preciso cozinhar bem, fazer o *ñembiso* bem. No I Seminário de Mulheres Indígenas, a D. Floriza Kuña Poty Rendy'i uma rezadeira descreve como foi sua adolescência, e a vida adulta, ela conta que foi ensinada a rezar, sua educação era voltada para essa trajetória. Mas percebe-se que ela hoje tem autonomia para sair e divulgar sua sabedoria repassar para os jovens, e denunciar as agressões.

Considerações finais

Esta pesquisa tem o objetivo de valorizar os saberes e a cosmologia compartilhada pelas mulheres indígenas, podendo assim, visibilizar aos indígenas os conceitos de seus saberes tradicionais, possibilitando entender essa cultura antes da chegada da SESAI que posteriormente proibiu o uso da medicina indígena, mas por outro lado há ainda práticas dos indígenas em todas as partes da aldeia de Amambai, mesmo com a medicina ocidental o xamanismo prevalece forte na cultura Guarani Kaiowá. É importante ressaltar esses saberes para que os não indígenas possam a entender a cultura dos outros, sendo assim respeitar esses saberes. Nessa perspectiva entende-se que a mata é de muita importância para os indígenas. Nela eles retiram os principais recursos para curar os doentes, os rios também são importantes para que se possa jogar as doenças tiradas dos doentes.

Os indígenas, tanto as mulheres e os homens passam seu conhecimento a quem se interessar, antes era passado desde após a puberdade onde eles preparavam as meninas e os meninos para receber esse conhecimento, na atualidade percebemos que há muito a ser aprendido. Nesta pesquisa venho ressaltar os valores tradicionais que ainda temos, para que a nova geração perceba a importância de valorizar os conhecimentos dos avôs, entender que foram eles que deixaram os conhecimentos fluírem, venho abordar como olhar indígena e relacionar com o dos antropólogos. Percebo que a contribuição dos antropólogos é muito importante, a cultura indígena continua viva nas memórias das benzedeiras e dos rezadores que contribui para a valorização dos conhecimentos atuais, o xamanismo ainda está presente em todas as características indígenas, mesmo com fortes atuação da cultura ocidental, há uma resistência para valorizar os saberes indígenas.

Saliento que é importante sabermos da nossa cultura, essa transformação que vem levando os jovens a pensar diferente, ver com outros olhares, precisamos entender sobre a nossa cultura, sobre os nossos saberes indígenas, revitalizar essa cultura que está guardada para serem valorizada e visibilizada, sendo assim valorizar os conceitos e também a cosmologia Guarani Kaiowá, os mais velhos conhecedores desses saberes estão desaparecendo, precisamos apreciar os saberes apresentados por eles.

Referências Bibliográficas

BRAND. A. J. Território e sustentabilidade entres os kaiowá e guarani em Mato Grosso do Sul. In: Simpósio Nacional de História, 23., 2005, Londrina. *Anais* [...]. Londrina, 2005.

CHAMORRO, G. *História kaiowá*: das origens aos desafios contemporâneos. São Bernardo do Campo: Nhanduti, 2015.

CONSELHO INDIGENISTA MISSIONÁRIO. *Outros 500*: construindo uma nova história. São Paulo: Salesiana, 2001.

DA MATA, D. S. *Participação da mulher Waiãpi no uso tradicional de plantas medicinais*. Macapá: UNIFAP, 2009.

DA SILVA, M. P. Tensões entre a biomedicina e os saberes tradicionais de mulheres parteiras da aldeia de Amambai/MS. *In:* Reunião de Antropologia de Mato Grosso do Sul - RAMS, 3., 2011, Campo Grande. *Anais* [...]. Campo Grande, 2011.

Da SILVA, M. P. *Entre vivências e narrativas de jaryi- parteiras de Amambai e AIS do posto de saúde Bororó II-MS*. Pós-graduação em Antropologia. Dourados: Universidade Federal da Grande Dourados, 2013.

FERREIRA, L. O. *Entre discurso oficiais e vozes indígenas sobre gestação e parto no alto difícil*: a emergência da medicina tradicional no contexto de uma política pública. 2010. Tese (Doutorado em Antropologia) - Universidade Federal de Santa Catarina, Florianópolis, 2010.

FUNDAÇÃO NACIONAL DE SAÚDE. Medicina tradicional indígena em contextos projeto Visigus II. In: Primeira Reunião de Monitoramento, 2007, Brasília. *Anais* [...]. Brasília, 2007.

MELLO, F. C. Mbya e chiripa étnicas, etnonimos, e autodenominação entres os guarani, e chiripa. *Tellus*, n. 12, p. 49-65, 2007.

MONTELLES, C. R. P. Plantas medicinais em um quilombo maranhense: uma perspectiva etnobotânica. *Revista de Biologia e Terra*, v. 7, n. 2, 2007.

MURA, F. A trajetória dos chiru na construção da tradição de conhecimento kaiowá. *Mana*, Rio de Janeiro, v. 16, n. 1, 2010.

PEREIRA, L. M. A criança kaiowá o fogo doméstico e o mundo dos parentes: espaços de sociabilidade infantil. GT 16: do ponto de vista das crianças: pesquisas recentes em Ciências Sociais, São Carlos: UFSCAR, 2004.

RADIS (Comunicação em Saúde). *Povo em reconstrução na luta pela identidade perdida há 150 anos xukurus resistem a perseguição implacável dos oligarcas*. Rio de Janeiro: FIOCRUZ, 2009.

SANTOS, R. M.; BALLARINI, A. J.; SOUZA, K. M. *A Importância do Avatí Kyry (Batismo do Milho Branco) para a Saúde do Povo Guarani (Ñandeva e Kayowá) da Reserva Indígena de Dourados*. São Paulo: Associação Nacional de Pós-Graduação e Pesquisa em Ambiente e Sociedade, 2012.

SERAGUZA, L. *Cosmos, corpos e mulheres Kaiowá e Guarani de Aña à Kuña*. 2013. Dissertação (Mestrado em Antropologia) - Universidade Federal da Grande Dourados, Dourados, 2013.

SERAGUZA, L. Socioerotismo feminino kaiowá e Guarani – cosmologia corpos e substância na terra indígena yvykuarusu takuaraty em Paranhos, Mato Grosso do Sul. *In:* Seminário Internacional Fazendo Gênero 10, 2013, Florianópolis. *Anais* [...]. Florianópolis, 2013.

VIVEIRO de CASTRO, E. B. Fabricação do corpo na sociedade xinguana. *Boletim do Museu Nacional*, Rio de Janeiro, 1978.

VIVEIRO de CASTRO, E. B. A fabricação dos corpos nas sociedades indígenas no Brasil. *Boletim do Museu Nacional*, n. 32, Rio de Janeiro, 1979.

CAPÍTULO 8

CONCEPÇÕES GUARANI DE SAÚDE ENTRE MULHERES NA ALDEIA PIRAJUI[26]

Tatiane Pires Medina

Introdução

Meu nome é Tatiane Pires Medina eu moro na aldeia Pirajuí, na reserva sou professora do Pré-escolar na Escola Municipal Adriano Pires que fica no município de Paranhos. Terminei o ensino médio em 2011 na Escola Estadual Santiago Benítes, na cidade de Paranhos. E em 2012 passei no vestibular no Teko Arandu e tenho uma filha que se chama Tayani, somos em 10 irmãos e meu pai se chama Valentim Pires e minha mãe Silvia Medina.

Escolhi trabalhar o tema *Tesãirã* (para ter saúde) para tratar das concepções guarani de saúde entre mulheres na aldeia Pirajuí. Considero esta pesquisa importante porque permitiu entender melhor como as mulheres guarani concebem a noção de saúde. A saúde para os Guarani tem uma interligação entre o corpo, a mente e o ambiente. Em conversas com as mulheres mais velhas da comunidade, foi dito que para ter saúde - *hi'angape hory va'erã* – tem que ter alegria em sua alma, isto é, tem de ter saúde física e espiritualmente. Se não tem amor ao próximo, a pessoa fica doente mentalmente, daí atinge o corpo também, não pode ser uma pessoa saudável. Neste sentido, existe uma série de cuidados, procedimentos e práticas necessárias para a mulher ter saúde plena – *kuña rete potĩ* (corpo limpo da mulher).

Esta pesquisa foi realizada com mulheres da aldeia Pirajuí, localizada no município de Paranhos (MS), na fronteira entre Paraguai e Brasil. Ela visou entender melhor os procedimentos e práticas tradicionais necessárias para a mulher guarani ter saúde plena e os efeitos causados na comunidade

---

[26] Este capítulo é resultado do trabalho apresentado como requisito para conclusão do curso de Licenciatura Intercultural Indígena Teko Arandu, Área de Ciências Humanas, UFGD, 2017, orientado por Rosa Colman.

pela não realização dessas práticas. Os objetivos que nortearam este trabalho foram entender melhor os cuidados, procedimentos e práticas necessárias para a mulher guarani ter saúde plena – *kuña rete potĩ*. Busquei também investigar como o não-cumprimento dessas práticas tem levado a um uso maior do sistema de saúde dos *karai* (posto de saúde, remédios). Fiz também uma descrição para entender os diversos acessos ao sistema de saúde.

Para a realização desta pesquisa foram realizadas conversas com as mais velhas e com os *karai* do sistema de saúde, bem como de registro fotográfico das plantas medicinais. A reserva de Pirajuí é uma das oito reservas criadas entre 1915 e 1928 pelo SPI, Serviço de Proteção aos Índios, SPI, ela foi criada em 1918 com dois mil hectares. Ela está localizada na fronteira, entre Paraguai e Brasil, entre Sete Quedas e Paranhos, fica a 15 km de Paranhos e 15 km de Sete Quedas. Nesta reserva o governo reuniu famílias que viviam nas regiões do Paraguai de outras áreas próximas da reserva.

Em 1984 iniciou um processo de reocupação destes antigos lugares de onde já viviam como Paraguasu (Takuaraty/Yvykuarusu) e 1987 foi a vez de retornarem para Sete Cerros e em 1998 voltaram para as duas áreas: Potrero Guasu e Arroyo Kora e mais recentemente Ypo'i, no ano de 2009, nesta retomada foram assassinados os professores Rolindo Vera e Genivaldo Vera. Todos estes processos de reocupação territorial foram de muitos conflitos (COLMAN, 2015). O município de Paranhos conta com 6 terras indígenas: Pirajuy, Paraguasu (Takuaraty/Yvykuarusu), Potrero Guasu, Arroyo Kora, Sete Cerros e Ypo'i que juntas somam uma população de 4.472 pessoas, a maior parte da etnia Ava Guarani ou Ñandeva.

População indígena de Paranhos MS	
Pirajuy	2.031
Paraguasu (Takuaraty/Yvykuarusu)	444
Potrero Guasu	725
Arroyo Kora	592
Sete Cerros	378
Ypo'i*	302
TOTAL	4.472
Fonte: IBGE 2010 * Informações de Holanda Vera	

E o último dado da Secretaria Especial de Saúde Indígena - SESAI indica que em 2016 tinha 2.500 pessoas na aldeia Pirajuí. O mapa a seguir traz a localização da Reserva.

Figura 8.1 – Aldeia Pirajui Paranhos MS

Fonte: Geoprocessamento/NEPPI/UCDB

Na reserva Pirajuí tem duas escolas, uma fica na região central da Reserva, próximo do Posto de Saúde e Posto da Funai. Esta escola é denominada de Adriano Pires, Tem em torno de 200 alunos que atende desde o nível pré-escolar até as séries finais do ensino fundamental. Do sexto ao nono ano está em fase de implementação, desde o ano passado na Reserva, a escola ainda está em processo de organização com poucos alunos, muitos ainda continuam estudando na cidade. A outra escola funciona na missão e é chamada de Marechal Candido Rondon e atende alunos do pré-escolar até o 5º ano. As duas escolas possuem coordenadores indígenas e uma direção que é não indígena e que fica na cidade de Paranhos. Com relação ao corpo docente as duas escolas possuem 40 professores indígenas, destes 15 professores são formados no Teko Arandu nas quatro áreas do conhecimento - Linguagens, Matemática, Ciências da Natureza e Ciências sociais. No entanto, nem todos os professores estão atuando na área de sua formação. 13 estão em processo de formação, fazendo licenciatura intercultural indígena Teko Arandu distribuídos nas turmas de 2015, 2013 e 2012 como é o meu caso e 12 terminaram apenas o ensino médio e já atuam em sala de aula e pretendem cursar o Teko Arandu.

Kuña Rete Potĩ: Cuidados, Procedimentos e Práticas para a Mulher Guarani ter Saúde Plena

No dia 24 de fevereiro fui visitar uma senhora de 75 anos, Feliciana Pires. Conforme ela contou sobre a saúde das mulheres guarani, ela falou que antigamente a mulher se cuidava mais porque respeitava muito Ñande Ru Tupã porque tinha medo de castigo de Tupã por isso aquelas mulheres guarani que que depois do parto ela se guardava até dois meses sem sair de casa pra não ficar doente e para o bem do bebê também. Porque se não se guardar 2 meses aquele bebê pode ficar doente até morrer de novo.

Fiz outra entrevista com minha mãe de 39 anos. Ela falou que para a mulher para ficar bem de saúde, a mulher tem que ser bem tratada, por qualquer ser humano, principalmente através da família mesmo. A entrevista que realizei com meu pai Valentim Pires. Ele contou que na visão dele a mulher guarani ela tem que ser tratada espiritualmente e fisicamente e ter alimento. Também ele falou que ela tem que estar bem cuidada como cidadão, bem-educada dentro da sociedade, através do perfil, lazer, sentimento, gosto e na vida social e na vida profissional e planejar e distrair. Assim a célula terá harmonia e vai correr bem no sangue e faz bem na saúde também. Conversei também com Dona Isaura Oliveira, 41 anos, ela é obreira da Igreja Deus é amor e ela comentou comigo sobre a saúde da mulher indígena Guarani de hoje em dia que para ser saudável nós não precisamos deixar de lado o remédio tradicional, mesmo sendo religioso, participante de alguma igreja, é importante também orar todos os dias para Deus e fazer o pedido para que ele possa proteger as famílias, ela também falou que quem ora todos os dias não têm muita dificuldade na vida.

Na opinião dos mais velhos para se ter uma vida saudável as mulheres e as crianças precisam se alimentar bem. Dentre as indicações na alimentação é o consumo de animais como sucuri, jacaré, anta e peixes. Outros alimentos que devem ser consumidos são todos os derivados do milho. O milho mesmo é sagrado para os Guarani. Além disso, precisam consumir Kumanda, feijão de corda, mandioca, abóbora e batata doce. Para ter bastante leite as mulheres usam tomar leite de vaca e muito consumo de derivados do milho, galinha caipira e muita alimentação na base de sopa ou caldos.

Plantas Medicinais

A partir das conversas com as mulheres sempre foram surgindo uma receita de remédio aqui e outra lá. Algumas plantas são consideradas sagradas para as mulheres. Resolvi fotografar e fazer uma pequena descrição de algumas delas como exemplo. As plantas que são indispensáveis na vida da mulher guarani são as seguintes: Tamongue'i, Karaguala'i, Jate'i ka'a, Mba'egua, Kangorosa e Pira Cana.

Figura 8.2 – *Tamongue'i*

Desta planta se utiliza a raiz e é indicada para o tratamento de infecções no útero. Ela é conhecida também como dorme-dorme.

Figura 8.3 – *Karaguala'i*

Esta planta é indicada no tratamento de infecções no útero e é utilizada a raiz, geralmente se utiliza no mate.

Figura 8.4 – *Jate'i Ka'a*

    Esta planta serve para o tratamento pós-parto, para fazer limpeza no corpo e não pegar nenhum tipo de inflamação. São utilizadas as folhas para tomar mate.

Figura 8.5 – *Mba'egua*

Esta planta é utilizada para o tratamento da mulher, mesmo durante a menstruação e depois de ter filho. Usa-se a raiz no mate.

Figura 8.6 – *Kangorosa*

Da Kangorosa se utiliza principalmente a casca no tratamento de hemorragias principalmente das mulheres no período pós-parto e durante a menstruação.

Figura 8.7 – *Pira cana*

Esta planta é utilizada para o tratamento dos desmaios que ocorrem nas mulheres, principalmente no período da primeira menstruação.

Estas plantas são tão importantes na vida da mulher guarani que comecei a fazer mudas para ter em casa também.

O Acesso das Mulheres ao Sistema de Saúde do Não Índio

Na reserva Pirajuí o atendimento na área de saúde é feito pela equipe multidisciplinar de saúde. A equipe é composta por um médico, uma enfermeira, uma auxiliar de enfermagem, um odontólogo, uma auxiliar de odontólogo, uma nutricionista e uma psicóloga, dois técnicos em enfermagem que são indígenas. O atendimento acontece no Posto da Reserva quatro vezes por semana, segunda feira, terça feira, quinta feira e sexta feira e geralmente distribuem até 20 fichas para atendimento e o odontólogo vem apenas uma vez por semana. Geralmente atendem na parte da manhã no posto e na parte da tarde visitam os doentes nas casas. Na reserva tem 9 agentes de saúde que atendem nas regiões ou microrregiões. São 8 homens e 1 mulher. Cada agente de saúde é responsável por 20 ou 30 casas ou famílias nucleares mais ou menos. A equipe médica realiza visitas familiares uma vez por semana, tem programas específicos de atendimento à gestante e realizam exames ginecológicos como o preventivo.

A entrevista que realizei com a enfermeira Sueli que trabalha a mais de 12 anos na reserva Pirajuí e atende também as demais aldeias no município de Paranhos. Na entrevista ela falou sobre a saúde da mulher indígena na visão dela e que segundo informações da enfermeira existem mulheres na aldeia que não realizam preventivo, e senão realizarem o governo corta bolsa família e não recebem mais a cesta básica. Segundo ela, estas pessoas seguem orientações da própria igreja que não permitem que realizem este tipo de exame. Na sua avaliação tem outro problema que é a questão da língua que as mulheres têm dificuldade de falar o português e também se sentem constrangidas de conversarem com homens médicos. Em geral, as mulheres se sentem mais à vontade em conversar com mulheres médicas ou enfermeiras. Em sua opinião é necessário ter uma profissional indígena na área da saúde para facilitar o atendimento as mulheres indígenas.

Segundo as informações da enfermeira as mulheres demoram muito para iniciar o pré-natal, e por isso tem dificuldades na gestação. Um dos principais problemas que as mulheres indígenas enfrentam é o uso inadequado de anticoncepcionais, muitas utilizam o remédio injetável. Ela comentou que é comum as mulheres estarem grávidas e continuarem tomando anticoncepcional e isso tem gerado problemas como nascimento de pré-maturos e crianças que nascem com problemas. Além disso, há problemas de alimentação. Ela relatou que as doenças mais comuns são inflamação de útero, problemas de pressão e obesidade na gestação e tem crianças que já são obesas na barriga da mãe. Conversei também com o médico Godinho e em sua opinião há falta de remédio, muitas vezes ele faz a consulta indica o remédio, mas as pessoas não têm condições de adquirir o remédio, percebe nisso um grande problema. Em conversas com a nutricionista ela relatou como grande dificuldade que marca para fazer pesagem ou vacina e elas não aparecem. Para ter o cartão da vacina em dia. Uma tentativa de valorizar as gestantes, e elas mesmas se sentirem com a autoestima elevada a psicóloga e nutricionista fizeram um exercício de fotos com as mulheres grávidas.

Na opinião das mulheres atendidas, a maioria delas disseram que as enfermeiras são pacientes, preferem conversar com a enfermeira por ser mulher, só tem dificuldade por falar em português apenas. Acham que precisa ter remédio no posto. Comentaram que o médico já tem certa idade e não ouve bem, além de não falar em guarani. Outra reclamação é com relação aos atrasos da equipe médica, nunca chega cedo, as pessoas ficam esperando. Conversei também com o dentista que atende a aldeia e ele comentou que é preciso que as mulheres se esforcem em cuidar da saúde da boca e orientem os filhos para se cuidarem também.

Considerações finais

Eu achei muito interessante estudar mais sobre a saúde da mulher guarani da minha aldeia porque através da minha pesquisa eu aprendi com elas que algumas mulheres não se preocupam com sua saúde, no entanto outras sim se preocupam ainda e usam ainda as práticas tradicionais como o acompanhamento dos rezadores, com benzimentos, preferem ter filhos com as parteiras e preservam ainda as plantas medicinais, mesmo as que já tem a sua religião como evangélicas. As dificuldades que eu tive foi as vezes com essas pessoas que são agentes de saúde, porque não conseguia encontrar eles na casa deles, e quando encontrava eles estavam sempre com pouco tempo pois são muito sozinhas e atarefadas. Falar com a enfermeira também não foi fácil porque elas não têm horário.

Uma ação importante que surgiu depois da experiência de observar as mulheres e conversar com várias delas foi a ideia de escrever ou organizar um material didático para ser utilizado na escola sobre este conhecimento das mulheres mais idosas. Também podemos realizar feiras das plantas medicinais com a presença das mulheres na escola. Assim seria uma forma de valorizar as mulheres e também a sua sabedoria.

Referências Bibliográficas

COLMAN, R.S. *Guarani retã e mobilidade espacial guarani:* belas caminhadas e processos de expulsão no território guarani. 2015. Tese (Doutorado em Demografia) - Unicamp, Campinas, 2015.

CAPÍTULO 9

SAÚDE E CULTURA INDÍGENA NA ALDEIA JAGUARI, AMAMBAI, MS: SABERES E FAZERES DAS ÑANDESY E ÑANDERU[27]

Marlene Souza
Andréia Sangalli

Introdução

As plantas medicinais sempre estiveram presente na vida da comunidade localizada na Terra Indígena Jaguari, e os saberes e práticas de uso da biodiversidade são transmitidas as novas gerações através da oralidade. As plantas medicinais possuem importante significado cultural, sendo utilizadas por alguns povos em rituais de cura, sendo que na interpretação indígena, os usos das plantas perpassam o mundo material e alcançam uma dimensão religiosa e espiritual. Os costumes da comunidade e o uso dos recursos naturais, sempre utilizando ervas medicinais, as rezas e os cantos no preparo do *Kokue* (semeio, cultivo e colheita dos alimentos) é fundamental para a cultura Guarani Kaiowá. Como reafirma Benites *et al*. (2017, p. 86):

> As culturas indígenas norteiam-se pela busca coletiva de se compreender e respeitar a linguagem da natureza, na certeza de que a sobrevivência humana dependerá muito mais dessa compreensão do que da capacidade de domínio ou de transformação. Observe-se, por exemplo, que as etapas que marcam o plantio e a colheita do milho, entre os Kaiowá, são acompanhadas por um ciclo de rituais e rezas, destacando-se a cerimônia do batismo do milho (*avatikyry*), aspecto cultural que simboliza a íntima relação existente entre economia e organização social e religiosa.

---
[27] Pesquisa apresentada como Trabalho de Conclusão de Curso da primeira autora.

Considerando a importância da cultura para a comunidade, o presente estudo tem como objetivo descrever as práticas tradicionais de cura e as plantas medicinais utilizadas como alternativa de prevenção e tratamento da saúde da comunidade indígena Jaguari; recordar as memórias indígenas e registrar o conhecimento junto dos Ñanderu e Ñandesy e, contribuir na educação das crianças, adolescentes e jovens através da cosmologia indígena. Na atualidade, com as diversas correntes religiosas presentes na aldeia, os rituais tradicionais e as práticas culturais deram o lugar ao medo do castigo. O avanço dos latifúndios no entorno das aldeias, tem diminuído drasticamente as reservas naturais por causa do desmatamento da mata, do cerrado e dos campos, e como consequências muitas plantas não são mais encontradas na aldeia, sendo na maioria das vezes necessário percorrer longas distâncias para serem encontradas.

Outro fator que tem impactado a manutenção das culturas indígenas está no distanciamento entre gerações; o aprendizado que era repassado através do diálogo e da observação dos anciãos pelos mais jovens foi substituído pelo ensino familiar e mesmo pelo ensino escolar, que na maioria das vezes desconsideram os saberes tradicionais (dos avós, bisavós e com pessoas mais velhas). A manutenção da saúde acontecia através de rituais espirituais e benzimentos para que o corpo e a alma mantivessem o equilíbrio natural. Mas hoje também há poucas anciãs (ñandesy) e caciques (ñanderu) detentores dos conhecimentos e que mantêm viva a cosmologia indígena, como as práticas de medicina tradicional que tem como base o uso de ervas e outros recursos naturais para a manutenção da saúde do corpo e da alma. Essa relação do indígena com a natureza é destacada por Diegues (2000, p. 31-32):

> As populações tradicionais não só convivem com a biodiversidade, mas também nomeiam e classificam as espécies vivas segundo suas próprias categorias e nomes. Uma importante particularidade, no entanto, é que essa natureza diversa não é vista pelas comunidades tradicionais como selvagem em sua totalidade; ela foi e é domesticada, manipulada. Uma outra diferença é que essa diversidade da vida não é vista como "recurso natural", mas sim como um conjunto de seres vivos que tem um valor de uso e um valor simbólico, integrado numa complexa cosmologia.

Considerando que há poucos dados registrados sobre a Terra Indígena Jaguari, a pesquisa tem como intencionalidade caracterizar através de uma breve descrição, a organização social desse território indígena, com foco nos conhecimentos tradicionais para a prevenção e cura de doenças através de ervas medicinais (identificar as plantas mais utilizadas pelos mestres tradicionais, as indicações e as formas de preparo). Pretende-se a partir desta pesquisa contribuir para ampliar o conhecimento e as práticas entre jovens e adolescentes indígenas. Também é importante demonstrar as mudanças ocorridas na comunidade quanto à disponibilidade de recursos naturais utilizados nos rituais e nas práticas ancestrais, em busca de alternativas para que os saberes que ainda circulam entre os anciãos sejam valorados, conservados e não sejam ocultados pelas transformações sociais e culturais que avançam entre os Guarani Kaiowá.

Território de Pesquisa e Métodos Utilizados

A Terra Indígena Jaguari, homologada pelo Decreto de 22/05/1992 está situada na Rodovia MS-289, na Rodovia Amambai/Juti, a 40 km do município de Juti e a 57 quilômetros do município de Amambai/MS (MS-SIASI) (Figura 9.1). A área é habitada por indígenas de etnia Guarani, Guarani Kaiowá e Guarani Ñandeva. No Censo Demográfico Indígena de 2010 há registro de uma população de 383 indígenas na TI em uma área de 420 hectares (Terras Indígenas no Brasil, 2021).

Figura 9.1 – Localização da Aldeia Jaguari em relação ao município de Amambai, MS. 2021

Fonte: Google Earth

    Na época em que foi identificada, no ano de 1986, o próprio governo fazia pressão para que o tekoha fosse o menor possível, ou não se identificasse nada para não contrariar os que mandavam na Funai. A comunidade não teve quase nada de participação na identificação da área. E ficou assim, pequena a terra, onde habitam 120 famílias. A TI está localizada na Bacia Hidrográfica do Rio Paraná e a fitofisionomia tem vegetação caracterizada como Floresta Estacional Semidecidual (15,6%) e Savana (84,4%) embora o território esteja sobre influência do Bioma Floresta Atlântica (Terras Indígenas no Brasil, 2021). Na Figura 9.2 é possível verificar a caracterização geral do território Jaguari. Para o desenvolvimento da investigação utilizou-se a pesquisa etnográfica que inclui a prática da observação no hábito e nas práticas de vida da comunidade e da descrição dos acontecimentos observados durante o desenvolvimento dos estudos. Foi realizada também a pesquisa exploratória, pautada em entrevistas realizada com os Ñanderu e Ñandesy (rezadores) e das lideranças, que receberam nomes fictícios.

    Ñandesy Flor de Laranja tem 75 anos de idade, é da etnia kaiowá e nasceu na aldeia Jaguari. Vive com sua família e parentes trabalhando na roça e plantando alimentos para o sustento além de ter o benefício da aposentadoria, que ajuda na manutenção das necessidades básicas. Ñanderu Cedro tem 69 anos de idade. É da etnia kaiowá e nascido na aldeia Paraguai Maragantu, veio morar no Brasil, junto com um amigo quando ele estava com 15 anos de idade e após de um mês no Brasil, casou-se com uma mulher daqui da aldeia e não voltou mais para sua aldeia. Muitos parentes dele moram na aldeia no Paraguai e alguns parentes moram na Aldeia Guapoy, mas ele veio para cá para morar na aldeia Jaguari acompanhando seu amigo.

Figura 9.2 – Terra Indígena- Aldeia Jaguari, município de Amambai, 2021

Fonte: Marlene Souza

Ñanderu Aroeira tem 73 anos de idade. É da etnia kaiowá e nasceu na Aldeia Guapoy. Morador há 27 anos no Tekoha Jaguari, ele é um senhor que trabalha na roça de plantas, produzindo alimentos e receber benefícios de aposentadoria. Como morador mais antigo já atuou como liderança por 4 anos e veio junto com as pessoas que lutaram pela terra para demarcá-la como aldeia.

A partir do diálogo com os rezadores, foi possível elaborar uma lista de ervas medicinais, com a apresentação de seus nomes tradicionais e dos usos locais. Também foi realizada consulta em bibliografias especializadas para a apresentação do nome científico das espécies e suas famílias botânicas. Para proporcionar maior compreensão do território pesquisado, sempre que possível, os resultados da pesquisa foram representados através de registros fotográficos produzidos durante a pesquisa.

Caracterização do Etnoterritório Jaguari

As Casas Indígenas

Antigamente as casas da aldeia eram construídas de sapé sem água com águas das chuvas ou dos rios. Nos últimos 12 anos veio surgindo os projetos de alvenaria para as famílias da comunidade. Inicialmente foram construídas 10 casas com sistema de saneamento; posteriormente foram construídas mais 16 casas pelo projeto "minha casa minha vida" sendo essas construções mistas de tijolos, madeira e sapé.

Hábitos Alimentícios e a Sobrevivência

Anteriormente a comunidade se alimentava exclusivamente de alimento retirado da natureza, sendo carne de animais, peixe, frutas de mato. Os homens saiam para caçar com suas famílias e faziam também cerimonias e rituais com muito danças e músicas realizadas à noite. Dentre os cultivos para o próprio consumo estão: mandioca, batata, amendoim, abóbora, milho, mamão, manga, laranja, poncã, banana etc. Porém começaram mudanças nos rituais e hábitos da comunidade e a alimentação atual vem principalmente das cestas básicas recebidas do Programa Bolsa Família, além da compra de alimentos em mercados localizados na área central do município e de pequenos comércios na aldeia. Poucas pessoas sobrevivem de alimentos da natureza, como a caça e a pesca, porque não temos mais floresta para caçar animais, os rios estão poluídos pelos agrotóxicos e matam os peixes; para caçar animais tem que caminhar muito longe para achar animais, por isso o povo da comunidade dependendo da compra ou recebimento de cestas básicas de alimentos.

A comunidade sobrevive quase que integralmente do benefício da bolsa família do governo federal e de cestas básicas. Mas, em algumas famílias, os homens trabalham na diária- empreita na roça de mandioca das fazendas da região. A poucas famílias que trabalham no cultivo da roça por falta não ter plantado, por falta de maquinaria de trator e mesmo de incentivos da FUNAI. A ajuda chega uma vez por ano quando é enviado um trator para preparação da terra para a plantação. Depois do preparo da terra só uma vez por ano, então a falta de apoio em infraestrutura contribui para o desânimo das pessoas em plantar a roça. Embora o cultivo do *kokue* (roça) siga a prática tradicional, o território da aldeia Jaguari está rodeado de áreas de fazendas com extensos monocultivos, havendo uso de agrotóxicos que chegam na Aldeia e causam vários problemas de saúde principalmente nas crianças.

Rituais

No passado, o Cacique (*kacike*) chamavam as jovens e adolescentes para contar a histórias. Havia um tratamento para as crianças quando estavam mudando de fase (entrando na adolescência). Ao completar 12 anos a menina deve seguir as orientações do cacique: não pode mais andar sozinha; ela deve ficar em casa até o período da menarca (primeira menstruação) onde se completa o período do crescimento da menina, aprendendo serviços domésticos e de culinária em casa ou na casa do avô ou parentes. Assim ela ficará protegida da perseguição por animais selvagens. Para os meninos, o marco para o recolhimento é o engrossamento da voz. Então ele deverá ficar em casa por 12 dias para fazendo serviços internos para não ser perseguido por animais selvagens.

Nesse período, o adolescente, seja feminino ou masculino, não poderá comer a carne de vaca, nem dos animais selvagens. Se for permitido comer carne, esta não poderá ser salgada. No ritual: se comer a carne de vaca ou de animais selvagens, a carne deve estar sem sal e assar bem. Depois ela poderá ser mastigada bem e cuspir no fogo. Após cuspir no fogo, o adolescente fala "fogo que te comeu". Esse ritual é realizado para que ele/ela não tenha tontura ou para não desenvolver doenças espirituais. Esses rituais são importantes para a valorização e fortalecimento da nossa cultura, mas atualmente é um ritual raramente realizado principalmente por influência das igrejas evangélicas presentes na TI.

Religiosidade

Tempo atrás não havia nenhuma igreja na aldeia. Eram praticados rituais de espiritualidade pela comunidade incluindo rezas, danças, guachiré. Antes do início das noites culturais, o cacique se sentava no meio da roda e contava histórias. Mas ocorreram mudanças nas tradições em todas as aldeias e nos rituais (alterando os costumes e as culturas). Com a ocupação do território por igrejas evangélicas, muitas práticas culturais foram sendo esquecidas pois muitos pastores proíbem seguir a igreja e ao mesmo tempo cultuar os rituais tradicionais. Grande parte dos indígenas que vivem na TI

Jaquari são evangélicos, estando presentes na aldeia os Ministérios: "Deus é amor", "Só o Senhor é Deus", "Missão para Cristo" e "Último tempo". Embora a maioria das famílias indígenas frequente um desses ministérios, a busca de conhecimentos tradicionais sobre a utilização das ervas medicinais e o uso da língua e do vocabulário tradicional continuam sendo praticados entre os anciãos e permanecem como referência aos indígenas mais jovens.

Para reafirmar a importância das cosmologias e espiritualidade indígena, no ano passado (2020) lideranças da aldeia realizaram reunião com as famílias para a construção de uma casa de reza para a comunidade (Figura 9.3), que foi construída em mutirão, mas com o apoio de poucas pessoas por motivo de seguirem um dos Ministérios acima elencados.

Figura 9.3 – Casa de reza tradicional, Aldeia Jaguari, 2021

Fonte: Marlene Souza

Educação Escolar

O início do funcionamento da Extensão Escolar foi em 27 de agosto de 2008, a partir da construção de duas salas de aula. Inicialmente atendia somente até o 5º ano e a modalidade de ensino era multisseriada, pois havia poucas salas e pouco recurso de material didático e a Extensão estava vinculada à Escola da Aldeia Amambai.

Desde 2012, a Extensão – Sala Extensiva Jaguari foi vinculada a Escola Municipal Indígena Mbo'erenda Tupaí Ñandeva, localizada na Aldeia Limão Verde e ainda havia somente duas salas, mas o ensino escolar na extensão recebeu maior atenção por parte da Secretaria Municipal de Educação Amambai a partir daí. Em 2019, 140 alunos frequentaram a extensão escolar através de salas de aula multisseriadas, sendo ofertado o Ensino Fundamental – Anos Iniciais no período vespertino e Ensino Fundamental- anos finais (6º+7ºano e 8º+9º ano) no período matutino (Imagens 9.4a e 9.4b). Esses 140 alunos são atendidos por 8 professores, sendo cinco professores indígenas e três professores não indígenas. As principais dificuldades apontadas pelos professores estão no acesso da internet para elaborar os planejamentos no sistema e a falta de ala de aulas que resulta no ensino multisseriado.

Figuras 9.4a e 9.4b – Sala Extensiva Jaguari, Escola Municipal Indígena Mbo'erenda Tupaí Ñandeva. Jaguari, 2021

Fonte: Marlene Souza

Em julho de 2021 iniciou-se à ampliação através da construção de duas salas para sala de aula (Figura 9.5a), de uma cozinha e de dois banheiros o que certamente favorecer atendimento educacional mais amplo à comunidade da aldeia Jaguari. É importante destacar que na escola há uma horta para desenvolver atividades pedagógicas e produzir hortaliças e temperos que são utilizados no preparo da merenda (Figura 9.5b).

Figura 9.5a e Figura 9.5b – Novas salas de aula / Horta Sala Extensiva Jaguari. Escola Municipal Indígena Mbo'erenda Tupaí Ñandeva, Jaguari, 2021

Fonte: Marlene Souza

O Acesso à Saúde

Na comunidade da aldeia Jaguari há um postinho de saúde (Figura 9.6). O atendimento no postinho é realizado uma vez por semana pela equipe da SESAI que é constituída de um médico, uma enfermeira e uma agente de saúde. O médico e a enfermeira vêm da cidade para fazer consulta só uma vez por semana (nas quintas feiras), e caso alguém da comunidade adoeça tem que esperar por esse período para ser atendido. Enquanto isso a pessoa adoecida vai tomando remédios de ervas medicinais para aliviar os sintomas das doenças ou, em último caso, tem que ser encaminhado direto para o hospital. A comunidade passa muita dificuldade enquanto está doente, pois não há técnico de enfermagem para auxiliar no atender aos pacientes e quando há emergências, sempre demoram para socorrer. Quando a pessoa depende de remédio do posto, tem que esperar uma semana para pegar pois primeiro ela vai consultar com a médica que indicará o remédio. Muitas vezes ou a pessoa conversa com o agente de saúde para pegar remédio. O agente de saúde que trabalha na comunidade as vezes consegue auxiliar as pessoas doentes com os únicos medicamentos que tem no postinho: dipirona, paracetamol e xarope.

Figura 9.6 – Posto de saúde da Terra Indígena Jaguari, 2021

Fonte: Marlene Souza

Quando a médica prescreve o remédio para o paciente depois de fazer consulta, geralmente não tem o remédio no posto então surge outro problema: a falta de dinheiro para comprar o remédio. A opção então é continuar a utilizar as plantas medicinais, o benzimento. Sobre as doenças mais comuns entre a comunidade indígena da aldeia, a enfermeira informou que gripe e desnutrição são as causas mais comuns de procura de atendimento médico no posto de saúde. No caso específico da Covid-19, houve contaminação de cinco indígenas na aldeia, com exame confirmados, e outros casos suspeitos acabaram fazendo uso de remédio tradicional e não fizeram exames. Até setembro de 2021, 95% dos indígenas da Aldeia Jaguari foram vacinados contra o Coronavírus. Os demais 5% não receberam a vacina por terem resistência à vacinação. Essa resistência resultou da circulação de notícias falsas que colocam em dúvida a eficácia da vacina, ou mesmo por acreditarem que ela poderá causar mudanças na estrutura corporal. Uma pesquisa sobre saúde indígena com foco na Tuberculose em aldeias indígenas do sul de Mato Grosso do Sul realizada por Malacarne (2017) apontou que entre 2012 e 2016, houve registro considerável de casos de tuberculose, estando na aldeia Jaguari a maior incidência de casos e de positividade para a doença a partir de testes de bacilloscopia.[28]

Saberes e Lições dos Ñandesy e Ñanderu

Ñandesy Flor de Laranja é conhecida como mulher sábia, por ser conhecedora sobre ervas medicinais e parteira dentro da comunidade. Na sua fala, ela registra que existem as plantas para cada fase para crianças, mulher, homem, gestantes. Também disse tem vários tipos de ervas para tratamento de doenças, que cura através do tratamento das plantas medicinais ou junto com benzimentos. Existem a erva para uso específico da criança, para dar banho e fazer o chá para tomar e após o bebê completar um mês de vida. Para dar banho usam o Umbu, que serve para dar mais saúde para crescimento de bebê. Outra erva é o *alegrin* que também é para dar banho na criança para não ficar muito agitado. Banha de capivara e tatu pode se misturar tudo junto para dar a criança a tomar um pouquinho para não desenvolver a bronquite. Para os homens existem ervas de uso para homem. Mas ela chama a atenção que poucos homens indígenas utilizam ervas, e isso acaba acontecendo quando há machucaduras ou se estiver alguma infecção urinária, sendo algumas das ervas indicadas, tais como: 1- No de cachorro junto com cancorosa para machucadura. 2- Canha vrava mistura com a raiz do sape isso é para infecção de urinário.

---

[28] Baciloscopia é o teste mais empregado para o diagnóstico da TB é a baciloscopia (Bacilos Álcool-Ácido Resistentes – BAAR), pois é rápido e de baixo custo. Porém, possui baixa sensibilidade, deixando de diagnosticar cerca de 50% dos casos testados (MALACARNE, 2017).

A Ñandesy Flor de Laranja destaca que as mulheres utilizam as ervas com mais frequência e iniciam o uso desde a primeira fase quando aparece a 1ª menstruação, para evita sentir cólicas. Também após o parto devem tomar sempre as ervas para limpar o útero e para não pegar alguma infecção. Também tem ervas para as gestantes que podem utilizar em banhos no período do parto, contribuindo para que o parto seja menos demorado. Esses banhos podem ser iniciados quando a gestante estiver com mais de cinco meses de gestação. As ervas indicadas para gestantes foram: *Yvychi* e *Condu*.

Para ela, a relação da importância sobre a terra, rios, roça, sementes tradicionais e rituais, representa tudo o que vem da natureza. A terra é de onde tiramos a nossa sobrevivência a nossa educação de espiritualidade. As sementes nativas tradicionais representam para a celebração das festas rituais, danças e rezas. Quando chegar a hora de plantar as sementes sempre fizeram isso para não as pragas prejudicar as plantas que nasceram para sair bem as plantas o que plantavam, mas isso infelizmente não está sendo feito mais na comunidade porque o Cacique[29] que fazia isso já faleceu e não tem mais outro após disso que não tem mais rituais, também não temos mais sementes nativas o que deixa os povos preocupados com tudo isso, mas mesmo assim ela continua plantando. A tradição e o costume da cultura do povo Guarani e Kaiowá, permanece na memória do mais velho que busca passar para outras gerações, fortalecendo a nossa sobrevivência e rituais, as danças, e nos cuidados com a natureza (matas, rios, plantas) e tudo que ela oferece aos seres humanos. Mas muito dessa ciência está correndo sério risco de perder-se, e dentre as situações que promovem a perda está a ausência de mestres tradicionais, de sementes silvestres entre a comunidade. Embora haja afirmação que os conhecimentos estejam sendo passados de geração em geração há muitas perdas socioculturais na realidade atual entre muitas comunidades indígenas.

Ñanderu Cedro é conhecido como uma pessoa que luta pela aldeia Jaguari há 27 anos, e vive junto com sua família, trabalhando a roça cultivando alimento, mas também recebe aposentadoria. Outra função desempenhada por ele é de cuidar na casa da reza. Também é conhecedor das ervas medicinais para crianças, gestantes, mulheres e homens. Há um consenso entre Ñandesy Flor de Laranja e Ñanderu Cedro nas ervas utilizadas para os bebês. Mas para o tratamento de bronquite ele acrescenta banha de Ema à fórmula já apresentada por Ñandesy Flor de Laranja. Assim, a composição

---

[29] O cacique é considerado a pessoa que carrega o maior conhecimento sobre rezas, rituais, uso de recursos na saúde.

refere-se a recursos de origem animal: Banha de Capivari, banha de Ema e Banha de tatu. Para ele a natureza representa tudo na vida dele: *"precisamo da terra e cuidar mais a natureza, a mata, os rios, as plantas e pra fortalecer a nossa sobrevivência da comunidade da criança, dos mais velhos e importante para memória do mais velhos e o futuros das crianças, importante passar para geração sempre"* (entrevista com Ñanderu Cedro, 2022).

Ñanderu Aroeira é um senhor que sabe também das plantas e fala que temos erva próprias para em cada fase da vida (para crianças, e mulheres, homens e gestantes); temos erva para essas quatro fases e pode se utilizar para tomar banho ou tomar chá no Chimarrão. Ele destaca que: *"cada um tem o seu conhecimento diferente de algumas ervas; os nomes das plantas, a relação da importância sobre elas"* (entrevista com Ñanderu Aroeira, 2022). Também observa que a terra para ele representa tudo, "é onde planta os alimentos para a sobrevivência, a sabedoria de espiritualidade que vem pela natureza. As matas é onde o povo caça para comer carne, buscar a lenha para colocar o fogo para esquentar, para cozinhar e sem a mata não temos caça e lenha. Os rios é onde toma banho e pesca e prejuízos que causa e poluição. Mata todo o peixe, prejudica a saúde do povo Guarani kaiowá. As tradições é fortalecer a costume da comunidade a sobrevivência do povo e da criança dos mais velhos. Precisamos da terra e natureza, água e mata. Sem eles não somos nada".

A Medicina das Ervas

Em outros tempos, o interesse em pesquisar as plantas utilizadas como recurso terapêutico (de prevenção e cura) pelas comunidades indígenas era manifestado por pesquisadores não indígenas, que acabavam adentrando as comunidades, registrando os saberes e levando consigo os relatos sem preocupação em apresentar às comunidades os resultados obtidos. Mas últimos anos, graças aos indígenas estarem integrando a comunidade acadêmico científica em diversas instituições de ensino superior do País, os pesquisadores indígenas passaram a desenvolver pesquisas com seu povo e para seu povo.

Destacam-se algumas pesquisas já realizadas com a temática de interesse em algumas aldeias indígenas de MS, dentre elas: "O conhecimento tradicional e o uso de plantas medicinais por mulheres indígenas da aldeia Jaguapiru" por Jussara Marques Lopes (2012); "As plantas medicinais e o ensino da botânica na aldeia Amambai" por Iracy Lima Benites (2012); "O estudo das espécies arbóreas e o significado das mesmas para a cosmologia Guarani e Kaiowá da aldeia Te'yikue município de Caarapó-MS" por Eliel Benites (2012); "As plantas e os conhecimentos tradicionais no tratamento de doenças na comunidade indígena da Aldeia Panambi-Douradina-MS" por Ifigeninha Hirto João (2012); "Plantas medicinais dos povos kaiowá e guarani como possível prática complementar no enfrentamento dos sintomas da COVID-19" por Sônia Pavão e colaboradores (2020). Mesmo constatando alguns estudos realizados nas aldeias indígenas de Amambai, até o momento nenhum registro foi realizado na aldeia Jaguari. Dessa forma, são apresentados na sequência as principais ervas utilizadas na medicina tradicional e recursos animais (Quadro 9.1) e as formas de preparo desses recursos.

Os registros sobre recursos naturais utilizados na medicina tradicional da Aldeia Jaguari na presente pesquisa totalizaram 30 espécies de plantas e quatro espécies de animais. Das 30 espécies vegetais registradas, 14 ainda não foram identificadas a partir da classificação botânica ocidental e também não há referência quanto ao nome popular não indígena. A dificuldade de identificação está na ausência de estruturas reprodutivas (flores) nas plantas, durante o período em que o diálogo foi realizado com os mestres tradicionais e registradas as imagens das plantas. Houve também dificuldade de se encontrar todas as plantas para fazer o registro, muitas delas porque são de ciclo curto e não foram encontradas nos locais visitados, outras porque de fato já não são encontradas com facilidade. Quanto aos usos das ervas, na TI Jaguari é possível encontrar plantas indicadas nos cuidados com as crianças (desde o nascimento), para as gestantes (facilitar o parto), planta de mulher (*kuña pohã*) incluindo ervas para o controle de natalidade e especificamente para homens, além de ervas indicadas para tratamentos de vários sistemas do corpo humano, principalmente os sistemas respiratório, digestivo, urinário e dérmico. A maioria das ervas aqui relacionadas também são utilizadas em outras Terras Indígenas de MS, sendo possível encontrar esses registros nos trabalhos de Pavão *et al.* (2021), Basta *et al.* (2020), BENITES *et al.* (2017a), BENITES *et al.* (2017b), João *et al.* (2017) e Lopes (2017).

A base alimentar da comunidade atualmente está nas cestas básicas distribuídas uma vez ao mês pela SESAI e na bolsa família -Programa do Governo Federal, mas nem todas as famílias indígenas têm acesso, visto que é necessário atender as normativas prescritas para o recebimento da bolsa. Por essa razão algumas famílias constituídas pela mãe e seus filhos, passam muito necessidade de alimentação pois fica mais difícil para a mãe deixar seus filhos em busca de trabalho temporário (diárias) e mesmo os que recebem a bolsa família e a cesta básica passam algum tipo de carência alimentar e nutritiva. Desenvolve-se assim situações de desnutrição entre as famílias indígenas. Nesses casos, a utilização de ervas medicinais pode auxiliar no processo de recuperação da desnutrição. *Mbaégua* e *Vite* são ervas utilizadas nesses quadros de desnutrição.

Quadro 9.1 – Recursos naturais utilizados na medicina guarani kaiowá da Aldeia Jaguari

RECURSOS VEGETAIS UTILIZADOS NA MEDICINA TRADICIONAL				
Nomenclatura Indígena G-K	Nomenclatura ocidental	Nome popular não indígena	Local de ocorrência da planta	Partes usadas, formas e indicações de uso
Alegrin	*Rosmarinus officinalis* L.	Alecrim	No quintal das casas	Erva para criança e indicada para dar banho na criança para não ficar muito agitada.
Condu	Grupo das Pteridófitas	Samambaia	Planta encontrada no Campo.	Utilizar em banhos no período do parto, contribuindo para que o parto seja menos demorado. Esses banhos podem ser iniciados quando a gestante estiver com mais de 5 meses de gestação.
Arachichu	*Solanum americanum* Mil	Juá	No quintal da casa ou perto da roça	Serve para ferida na pele ou micoses. Usa-se a fruta madura para passar na pele. Também para mirã (erisipele) e usando a folha e fruta madura sempre água fria.
Boldo	*Plectranthus barbatus* Andrews	Boldo	No quintal da casa	Indicada para casos de dor de barrigas. O preparo de chá, com as folhas amassadas, e colocar nó copo com água depois tomar de 2 a 3 vezes por dia.

Ceiro	Cedrela fissilis Vell.	Cedro	Planta encontrada no mato e nas casas.	O cedro possui diversos usos na cultura tradicional guarani e kaiowá. E uma planta importante, administrada em rituais de batismo e em ocasiões de reza, cantos e danças. A casca quando e colocada na água possui propriedades de benzimento e da energia ao ser ingerida em rituais. Também e utilizada para gripe, dor e febre. As folhas e casca são maceradas com chá ou com chimarrão. Também é usado para banho para passar a febre e a gripe de forma mais breve.
Chirika	---	---	No campo ou na beira do mato	É utilizada para calmar o sangue também e indicada para o período menstrual, fazendo a menstruação descer bem para que a mulher menstruada resfrie por dentro acalmando a hemorragia, também serve para cólica menstrual. São utilizadas as folhas e é feito um chá para ser tomado durante duas vezes ao dia.
Crevanto pohã	Celosia cristata L.	Crista de galo	Encontrada no quintal das casas	E indicado para dor de estomago falta de apetite, pressão alta. Modo de preparo pegar uma flor colocar na jarra para tomar no tereré.
Hapo he`evã	---	---	É uma planta de brechó (brejo)	É um remédio muito importante e utilizado para ajuda na recuperação das mulheres na menstruação (cólica de menstruação) e depois do parto. Modo de usar serve. A raiz tem que ser bem lavada e bem socada, depois colocada num bule com água deixa ferver e para tomar no chimarrão ou chá.

Hiape	---	---	E uma planta se encontra no cerrado ou na cabeceira (área de campo)	Indicado para dor de estomago. Modo de preparo de uso lavar bem a batata dele depois socar para colocar no bule para tomar no chimarrão ou chá, até melhorar.
Juru vai pohã sapyy	---	---	É uma planta fácil ser encontrada no campo, cresce em local que tenha mato, ou na beira do rio	E utilizada para juruai (sapinho na boca de crianças) deve- se levar e macerar bem a raiz, colocar em um copo de água morna e lavar a boca das crianças.
Kangorasa	*Maytenus ilicifolia* (Schard.) Planch.	Espinheira Santa	Encontrada na mata ou no campo.	É indicada para machucadura e feridas. Modo de preparo: colocar a raiz e socar bem para tomar no chimarrão até melhorar.
Kaña vrasa	*Costus spicatus* (Jacq.) Sw.	Cana-do-brejo	Encontrada no meio do mato	E utilizada em infecção urinaria, dor de barriga, e gonorreia. Modo de preparo toma-se o chá da raiz ou no Chimarrão. Qualquer pessoa estiver com infecção pode tomar até melhorar.
Kapi'i serron	*Cymbopogon citratus* (DC.) Stapf	Capim santo	É uma planta de quintal.	Utilizada para gripe. O chá é preparado com as folhas pode utilizar junto a folha de limão e deve ser tomado várias vezes ao dia até melhorar.
Ka'arẽ	*Chenopodium ambrosioides* L.	Erva de Santa Maria	E uma planta que se encontra no quintal das casas	Indicando para diarreia dor de barriga verme das crianças. Modo de preparo: amassar bem 6 folhas e colocar no copo e tomar um pouquinho duas vezes ao dia até melhorar.

Kurupikay	---	---	Se encontra no brejo.	E uma planta indicado para mulheres que não queres ter filhos ou depois de ter filhos. Modo de preparo socar bem e tomar no chimarrão de manhã, a tarde e à noite.
Mbaraka-poty	---	---	Planta encontrada no Campo.	Indicando para dor de cabeça febre e gripe. Modo de preparo: pegar a batata, lavar bem e depois socar e tomar um pouquinho. Em uma panela com água deixar ferver e depois tira do fogo e deixa amornar para tomar banho duas vezes ao dia.
Mbaegua	---	---	Planta encontrada no Campo.	Para combater desnutrição. Lavar bem a raiz misturar com *Vite* e tomar no chimarrão ou fazer chá e tomar duas vezes ao dia e qualquer pessoa pode fazer uso, independentemente da idade.
No de cachorro	---	---	Planta encontrada no Campo.	Erva indicada para homens e o chá da raiz é para machucaduras.
Sabuguero	*Sambucus australis* Cham. & Schltdl.	Sabugueiro	Se encontra no quintal da casa.	Indicada para sarampo e catapora. Modo de preparo e uso de 6 folha colocar no bule deixa ferver bem despois de resfriar toma três vezes ao dia ou até melhora.
Jahape	*Imperata brasiliensis* Trin.	Sapé	Se encontra no brejo.	Erva indicada para homens e o chá da raiz é para infecção de urinária.
Sapirãngy	---	Leiteira	É uma planta pode ser encontrada nos quintais das casas e no campo.	Indicada para inchaço ou se for picado por cobra venenosa modo de preparo fazer. O chá de entrecasca da arvores tomar um pouquinho. Também é usado para banhos localizados ou lavar cedo, a tarde e à noite até melhorar.

Tatu ruguai	*Stachytarpheta cayennensis* (Rich.) Vahl	Gervão	É uma planta encontrada nos campos de cerrado.	utilizada em casos de inflamação, feridas, problemas no sangue e no auxílio da cicatrização. Deve ser usado a raiz. Lavar bem e socar, depois tomar no chimarrão até melhorar.
Takuare'ẽ ramigua	---	---	E uma planta que se encontra no brejo não é fácil de encontrá-la	Indicado para mulheres que não querem ter filhos ou depois de ter filho e remédio que faz cirurgia no útero e utilizado junto com (Kurupikay). Modo de preparo socar bem e tomar no chimarrão toda dias de manhã meio-dia e à noite.
Tamana-kuñame	---	---	E uma planta encontrada no cerrado e difícil de ser encontrada.	Serve para mulheres que não querem ter filhos ou após de ter filho. Modo de preparo socar bem e colocar no bule para tomar no chimarrão ou chá todo dia.
Tupã ka'a	---	---	E uma planta encontrada no mato.	Indicando para febre e gripe utilizado junto com cedro. Modo de preparo pega 10 folhas de Tupã Ka'a e 3 pedaços de cascas do cedro para colocar no bule para tomar no chimarrão ou chá.
Toro pé	---	---	Planta encontrada no mato.	Indicada para machucadura. Modo de preparo pega a folha amassar bem coloca uma panela deixa ferver depois deixa bem morna depois lavar a machucadura até melhora.
Urukurã	*Croton urucurama* Baill.	Sangra d'água	E uma planta encontrada na beira dos rios.	E indicada para o tratamento de pedra nos rins garganta inflamada, ferida na boca. São utilizadas a casca e a seiva. Modo de preparo de usa para ferida na boca a seiva passa na ferida da boca e a casca para tratamento de pedra nos rins. Colocar dois pedacinhos da casca no bule e deixar ferver. Depois tomar no chimarrão até melhora.

Umbu	*Spondias tuberosa* Arruda	Umbú	É uma planta de quintal.	Erva para criança. Para dar banho e fazer o chá para tomar e após o bebê completar um mês de vida.
Yvychi	---	---	É uma planta encontrada em lugares de brejo.	Erva para gestantes. Utilizar em banhos no período do parto, contribuindo para que o parto seja menos demorado. Esses banhos podem ser iniciados quando a gestante estiver com mais de 5 meses de gestação.
Vite	---	---	É uma planta encontrada nos campos de cerrado.	Utilizada para combater desnutrição. Lavar bem a raiz misturar com *Mbaegua* e tomar no chimarrão ou fazer chá e tomar duas vezes ao dia e qualquer pessoa pode fazer uso, independentemente da idade.
RECURSOS ANIMAIS UTILIZADOS NA MEDICINA TRADICIONAL					
Mborevi	*Tapirus terrestris*	Esqueleto de anta	Obtida através da caça (guarda-se os ossos).	Indicado para machucadura no joelho. Modo de preparo raspa osso para fazer o chá para tomar 3 vezes ao dia até melhora.
Kapi'yva	*Hydrochoerus hydrochaeris*	Banha de capivara	Obtida através da caça (guarda-se os ossos).	Misturar os 3 tipos de banha para dar a criança (em pouca quantidade) para não desenvolver a bronquite.
Tatu	*Dasypus sp.*	Banha de Tatu		
Ñandu guasu	*Rhea sp.*	Banha de Ema		

Fonte: elaborado pelas autoras

MODOS DE EXISTIR E PRODUZIR TERRITÓRIOS

Quadro 9.2 – Arquitetura de algumas ervas utilizadas na Aldeia Jaguari

Ka'arẽ Sabuguero Yvychi Vite
Chirika Takuare'ẽ ramigua Urukurã Crevanto pohã

Fotos: elaborado pelas autoras

E dentre os recursos naturais, os animais silvestres também são fonte de remédios para a cura de doenças, principalmente relacionadas ao sistema respiratório. E por estarmos vivenciando a situação de pandemia pela COVID-19, também são apresentadas as ervas que colaboraram para o enfrentamento dessa doença, pois essas ervas é um recurso utilizado ao longo das gerações e um aliado eficaz na proteção da saúde física e espiritual.

Considerações finais

Nesta pesquisa, além de realizar uma breve descrição do território indígena Jaguari, foi realizada a abordagem dos recursos naturais utilizados como alternativa de prevenção e cura de doenças na comunidade, evidenciando a necessidade de cuidados com a natureza para evitar destruição das matas e perda das ervas nativas utilizadas na medicina tradicional indígena local. Para mostrar a realidade aos saberes do conhecimento sobrevivências e sustentabilidade e a saúde da comunidade e tradição do povo, as pessoas mais idosas foram entrevistadas para demonstrar e apresentar o maior conhecimento das ervas medicinais encontradas nas residências e sobre sua utilização para prevenção, tratamento e cura de algumas doenças. E mesmo com a diminuição das ervas no território a comunidade prossegue usando a erva e mantendo o compromisso com a natureza e com a espiritualidade.

Praticar o conhecimento sobre os usos dos recursos naturais e das práticas culturais indígena, faz parte do dia a dia dos moradores da comunidade, principalmente dos anciãos e anciãs, mas precisa tornar-se prática contínua nas salas de aulas se amplie o uso e a valorização dos recursos naturais da comunidade e da medicina indígena kaiowá entre adolescestes e jovens. Acredita-se que esta pesquisa poderá contribuir para ampliar os registros sobre a TI Jaguari e com informações sobre os recursos naturais utilizados na medicina tradicional aos moradores da aldeia e sendo fonte de consulta para outros estudos.

Sobre as Fontes Orais

A identificação da Ñandesy Flor de Laranja, Ñanderu Cedro, Ñanderu Aroeira foi mantida em sigilo, respeitando a ética em pesquisa.

Referências Bibliográficas

AQUINO, E. V. *Educação escolar indígena e os processos próprios de aprendizagens*: espaços de inter-relação de conhecimentos na infância Guarani/Kaiowá, antes da escola, na comunidade indígena de Amambai, Amambai – MS. 2012. Dissertação (Mestrado em Educação) - Universidade Católica Dom Bosco, Campo Grande, 2012.

BASTA, P. *Pohã Ñana; nãnombarete, tekoha, guarani ha kaiowá arandu rehegua - Plantas medicinais*: fortalecimento, território e memória guarani e kaiowá. Recife, Fiocruz-PE, 2020. Disponível em: https://portolivre.fiocruz.br/poh%C3%A3-%-C3%B1ana-n%C3%A3nombarete-tekoha-guarani-ha-kaiow%C3%A1-arandu-rehegua-plantas-medicinais-fortalecimento. Acesso em: 2 nov. 2021.

BENITES; I. L.; SANGALLI, A.; RODRIGUES, T. R.; MARTINS, I. R. As plantas medicinais e o ensino da botânica na aldeia Amambai. *In*: SANGALLI, A.; LADEIA, E. S; BENITES, E.; PEREIRA, V. Z. (org.). *Tekoha Ka'aguy*: diálogos entre saberes Guarani e Kaiowá e o ensino de Ciências da Natureza. Jundiaí: Paco Editorial, p. 55-82, 2017a.

BENITES, E.; PEREIRA, Z. V.; SANGALLI, S. O estudo das espécies arbóreas e o significado das mesmas para a cosmologia Guarani e Kaiowá da aldeia Te'yikue município de Caarapó-MS. *In*: SANGALLI, A.; LADEIA, E. S; BENITES, E.; PEREIRA, V. Z. (org.). *Tekoha Ka'aguy*: diálogos entre saberes Guarani e Kaiowá e o ensino de Ciências da Natureza. Jundiaí: Paco Editorial, p. 83-106, 2017b.

DIEGUES, A. C. et al. (org.). *Os Saberes Tradicionais e a Biodiversidade no Brasil*. São Paulo: MMA/NUPAUB/USP, 2000. Disponível em: https://livroaberto.ibict.br/bitstream/1/750/2/Biodiversidade%20e%20comunidades%20tradicionais%20no%20Brasil.pdf. Acesso em: 8 jun. 2021.

JOÃO, I. H.; MEDEIROS, N. C. M.; SANGALLI, A. As plantas e os conhecimentos tradicionais no tratamento de doenças na comunidade indígena da Aldeia Panambi-Douradina-MS. *In: Tekoha Ka'aguy*: diálogos entre saberes Guarani e Kaiowá e o ensino de Ciências da Natureza. Jundiaí: Paco Editorial, p. 107-120, 2017.

LOPES, J. M.; SANGALLI, A.; PEREIRA, J. G. O conhecimento tradicional e o uso de plantas medicinais por mulheres indígenas da aldeia Jaguapiru. *In:* SANGALLI, A.; LADEIA, E. S; BENITES, E.; PEREIRA, V. Z. (org.). *Tekoha Ka'aguy*: diálogos entre saberes Guarani e Kaiowá e o ensino de Ciências da Natureza. Jundiaí: Paco Editorial, 2017. p. 41-54.

Mato Grosso do Sul. *Relatório de dados populacionais do Sistema de Atenção à Saúde Indígena* (SIASI). Disponível em: http://dw.saude.gov.br. Acesso em: 2 jun. 2021.

MALACARNE, J. *Tuberculose em indígenas no estado do Mato Grosso do Sul:* caracterização clínica e socioeconômica de casos, fatores associados e desempenho de testes diagnósticos. 2017. Tese (Doutorado em Epidemiologia em Saúde Pública) - Escola Nacional de Saúde Pública Sérgio Arouca, da Fundação Oswaldo Cruz-Ciências da Saúde, Rio de Janeiro, 2017. Disponível em: https://www.arca.fiocruz.br/bitstream/icict/40193/2/ve_Jocieli_Malacarne_ENSP_2017. Acesso em: 3 jun. 2021.

PAVÃO, S. *et al.* Plantas medicinais dos povos kaiowá e guarani como possível prática complementar no enfrentamento dos sintomas da COVID-19. *Revista Brasileira de Agroecologia*, v. 15, n. 4, p. 14, 2020.

PAVÃO, S. *et al.* Flora medicinal Guarani e Kaiowá: conhecimento tradicional como forma de resistência. *Espaço Ameríndio*, Porto Alegre, v. 15, n. 1, p. 160-196, 2021.

TERRAS INDÍGENAS NO BRASIL. *Terra Indígena Jaguari*. 2021. Disponível em: https://terrasindigenas.org.br/pt-br/terras-indigenas/3813. Acesso em: 2 jun. 2021.

CAPÍTULO 10

CONHECIMENTOS, PRÁTICAS E RITUAIS ENVOLVIDOS NA PREPARAÇÃO DAS MENINAS GUARANI E KAIOWÁ PARA O TEKO PORÃ[30]

Kelly Duarte Vera

Introdução

A pesquisa foi realizada com mulheres guarani da aldeia Yvykuarusu/Takuaraty (Paraguasu) no município de Paranhos, com mulheres kaiowá da reserva Bororo de Dourados e da retomada Kunumi em Caarapó, MS. Escolhi esses lugares para perceber se há diferenças nos remédios utilizados nos processos rituais que envolvem as mulheres indígenas e suas diferenças de significados entre as kaiowá e as guarani. A proposta foi buscar saber da importância do significado do ritual para os guarani e kaiowá, para assim analisar as diferenças e as maneiras dos kaiowá e guarani nos rituais, dos remédios usados e os seus respectivos nomes.

O ritual realizado na primeira menstruação, chamado entre os Guarani de *ikuña tai* e *imba'e jehu* e entre os Kaiowá como *ikoty ñemondy'a* ou *huguy guejy* faz parte de um processo de transformação corporal, necessário para proteger fisicamente e espiritualmente as mulheres. As mulheres que foram submetidas aos processos rituais relacionados à "fabricação do corpo" (SEEGER *et al.*, 1979) tendem a se diferenciar, no decorrer da vida das mulheres que não passam por estes procedimentos. Para Seeger *et al.* (1979, p. 11),

> [...] a fabricação, decoração, transformação e destruição dos corpos são temas em torno dos quais giram as mitologias, a vida cerimonial e a organização social. Uma fisiologia dos fluidos corporais – sangue, sêmen – e dos processos de comu-

---

[30] Este capítulo é resultado do trabalho apresentado como requisito para conclusão do curso de Licenciatura Intercultural Indígena Teko Arandu, Área de Ciências Humanas, UFGD, 2017, orientado por Lauriene Seraguza.

nicação do corpo com o mundo (alimentação, sexualidade, fala e demais sentidos) parece subjazer às variações consideráveis que existem entre as sociedades sul-americanas, sob outros aspectos.

É importante saber que o ritual é necessário para as mulheres kaiowá e guarani para a 'fabricação' de seus corpos e para que elas fiquem protegidas dos maus espíritos (*mbae´tirõ*) e não tenham os seus corpos e sua 'alma' atacados por eles. É preocupante, pois mulheres que não passam por esse ritual, têm muitas complicações na saúde espiritual (*anga*), corpo (*rete*) e na convivência social (*oiko porã*).

Nesta perspectiva, realizei meu trabalho de campo privilegiando na reserva Bororo, dialogar com mulheres mais velhas, enquanto na Yvkuarusu/Takuaraty (Paraguasu) o diálogo foi realizado dentro da minha família com minha mãe e irmãs. É preciso ressaltar que também conversei com os homens sobre o tema, em especial com um rezador da aldeia Panambi – Lagoa Rica em Douradina, MS. Todos os diálogos enfatizei a importância do ritual da primeira menstruação da menina kaiowá e guarani e eles foram realizados em visitas nas áreas destacadas e durante as etapas na universidade da licenciatura intercultural indígena Teko Arandu. As conversas não foram gravadas ou anotadas durante o ato da pesquisa, mas posteriormente elaborei um caderno de campo com as informações que geraram os dados desta pesquisa.

ikuña tai, imba´e jehu, ikoty ñemondy´a, huguy guejy: **O Ritual da Primeira Menstruação entre as Mulheres**

Minha mãe Aquemi Duarte nasceu na reserva Pirajuí no município de Paranhos, mas mora na aldeia Yvkuarusu/Takuaraty (Paraguasu), onde eu nasci. A reserva onde minha mãe nasceu é uma das oito reservas criadas pelo antigo SPI, Serviço de Proteção ao Índio, a atual FUNAI, de 1915 a 1928 (BRAND, 1997) e tem aproximadamente 6 mil pessoas. Já a aldeia onde ela vive hoje e onde eu nasci é uma terra recuperada no final dos anos 80 e demarcada em 1993. Esta é uma terra indígena de maioria Kaiowá, então eu nasci e cresci junto com os Kaiowá, ouvindo também suas histórias.

Figura 10.1 – Paranhos no Mato Grosso do Sul

Fonte: NEPPI/UCDB

Minha mãe sempre falava da importância de nós mulheres nos cuidarmos com os remédios naturais, da importância de ouvir as mulheres mais velhas que tem bastante conhecimento sobre os rituais das meninas para se prepararem para o *teko porã*, que é o bem viver guarani, ser uma boa moça, boa esposa, boa mãe. Minha curiosidade é conhecer mais sobre a importância do ritual, dos remédios usados e daqueles específicos usados no ritual, as rezas, comportamentos, dietas feitas durante esse período tão importante na vida da mulher. Minha mãe nunca me falava dessas coisas de menstruação, por isso quando desceu para mim pela primeira vez, me assustou muito e contei para ela que não sabia o que estava acontecendo comigo. Ela explicou que isso era normal e que eu deveria me acostumar com isso e que a cada mês aconteceria comigo. Ela falou que a partir dali eu tinha que me cuidar no meio das pessoas. Como me comportar com as pessoas, cuidar ao falar com os mais velhos, não ser preguiçosa e não ser uma mulher que é muito assanhada, *saraki*. Quando fosse fazer as coisas tinham que ser bem-feitas.

Em conversa com a *Ñandesy* Floriza, kaiowá da aldeia Jaguapiru, ela me contou que antigamente as mulheres casadas não contavam e não mostravam nem se quer aos seus maridos quando estavam menstruadas. Esconder a menstruação garantia o bem-estar da relação com o marido, pois este seria um momento feminino. O ritual da primeira menstruação é importante, pois através dele nós mulheres indígenas ficamos com o nosso corpo prevenidos dos maus espíritos, os *mbae'tirõ* e de bichos, como dizia a minha mãe. Os maus espíritos dos quais eu falo, produzem desmaios, pesadelos a noite, epilepsia e a mulher sofre com essas enfermidades. Como dizem os mais velhos o ritual ajuda para não haver o *jepota* (encantamento) pelos animais.

Jepota é um tipo de encantamento que faz com que a mulher ao ver um bicho, não o veja como um bicho, o veja como um homem. As meninas que não passam pelos procedimentos rituais na primeira menstruação, que não se cuidam ou as mães não as cuidam com os remédios do mato ou que andam por todos os lados sem orientação estão sujeitas ao *jepota*, pois tanto os animais quanto os espíritos sentem o cheiro (*pyti'u*) do sangue, e por isso todas as meninas devem passar pelo ritual para que possam estar protegidas. Os maus espíritos se aproximam, pois a moça não se guardou e não fez os procedimentos que deveriam ser feitos na primeira menstruação e com isso fica desprotegida e o corpo não suporta a vulnerabilidade, pois não está pronto sem estes procedimentos rituais. Muitas vezes as meninas que não cuidam do que vão comer e não passam por esse ritual, tem ataques epilépticos e imitam animais como porcos e vacas, porque comeu a carne desses animais na primeira menstruação e não teve os cuidados da mãe em relação a dieta alimentar. E é somente através de rezas e remédios que acabam e são curados desses ataques.

A importância da reza nos rituais de fabricação corporal foi exaltada numa fala da *ñandesy* Roseli Concianza de Panambizinho durante sua fala no *I Seminário de Mulheres Indígenas em Mato Grosso do Sul* (UFGD/UEMS, 29/03/2017) onde sublinhou que "a reza está na ponta da minha língua, ela é o meu corpo", mostrando a relação intrínseca das rezas com os rituais de fabricação dos corpos. O ritual deve acontecer quando ocorre a primeira menstruação da menina e ela conta para a mãe sobre seu novo estado – o de tornar-se mulher. Como no meu caso, minha mãe nunca conversou comigo sobre a transformação que iria ocorrer no meu corpo. Assim também como minha avó não comentava sobre isso com ela. Por isso na primeira menstruação eu me assustei muito, e contei o que estava acontecendo comigo para minha mãe. Ela me explicou que a partir dali deveria me cuidar, pois isto faz parte da vida de todas as mulheres e que ela me daria remédios para cheirar bem e molhar a cabeça para espantar os maus espíritos que sentem o cheiro do sangue quando as meninas estão nesse processo. A menstruação exala um cheiro que aproxima os espíritos, e os cheiros nestes estados já foram percebidos também por outros pesquisadores, entre eles Adriana Testa, junto aos Mbya paulistas:

> Quanto aos cheiros, são muitas as substâncias usadas ou evitadas para emitir ou deixar de emitir um cheiro que atraia, afaste ou ofenda determinados sujeitos, potencializando ou evitando as vias de acesso e comunicação. Por exemplo, nas situações de reza, deve-se evitar o uso de perfumes industrializados, pois estes desagradam e afastam a população divina. O cheiro do sangue menstrual, tema de outras pesquisas que tratam de corporalidade, saberes e relações de gênero, se, por um lado é abjeto à população divina, viaja longe no ar e pela água, atraindo a aproximação de outros seres potencialmente perigosos aos humanos. Este sendo um dos motivos pelos quais as mulheres menstruadas não devem andar pela mata ou se banhar em rios. (TESTA, 2012, p. 170).

Entre os Kaiowá e Guarani é o cheiro (*pytiʾu*) do sangue que os animais e espíritos sentem de longe quando a mãe não cuida da filha ou quando a menina não conta para sua mãe sobre seu atual estado. Vários tipos de espíritos e animais podem sentir esse cheiro quando a menina não se protege com remédios, esses remédios são chamados de *ma'ẽ tiro tiha*, dizem os Kaiowá que são os remédios que disfarçam e protegem o cheiro da menina dos espíritos e dos animais. Seraguza (2013, p. 14), em trabalho de campo na YvykuarusuTakuaraty também percebeu isto:

> Entre as mulheres da *Yvykuarusu/Takuaraty*, o ritual da primeira menstruação é acentuadamente dedicado ao corpo, inclusive ao sangue. O cheiro das moças neste estado chama a atenção dos humanos e dos não humanos. Para evitar este alvoroço cosmosocial, antigamente o resguardo durava dois meses, no período entre as duas primeiras menstruações, em meio ao qual raspavam a cabeça da menina e a dieta alimentar era regulada até o crescimento dos cabelos.

Estes remédios são feitos de *yvyra kati* (cedro) *ysy* e *ysy pire tipi* (capim guiné) *tembetary kati*. São remédios feitos para molhar a cabeça quando a menina está menstruada para que os animais e maus espíritos não sintam o cheiro dela e assim estará protegida e esse remédio deve ficar na porta do quarto onde a menina dorme e ao amanhecer e antes de dormir ela deve molhar a cabeça com esse remédio.

Figura 10.2 – Ysy

Fonte: Kelly Duarte Vera

As meninas quando estão menstruadas não podem passar no meio das plantações, não podem andar pelas matas, perto de rios e nem tomar banho nos rios, pois o *kaja'a pira kuera jara* também sente o cheiro do sangue no caso das meninas e se mostraria a elas como homem, por conta do encantamento que provoca nas mulheres neste estado, o *jepota*. Os animais podem sentir o cheiro do sangue, qualquer animal se fosse um *jaguaretê* apareceria como um homem bonito e encantador de camisa bem estampada, se fosse *yso* (coró) apareceria com uma camisa verde bonita, a também cobra seria um homem alto, de acordo com o que contavam os mais velhos. Isso acontecia quando a menina não passava pelo *ritual nenõngatu*.

Conversando com a Dona Floriza ela falou que não cresceu com a mãe e sim com a avó e também passou por este ritual e que é um acontecimento muito importante na vida de uma mulher. Contou que antigamente levava as meninas no *oga pysy* colocava o *apyka* na frente do *yvyra'i* e mandava a menina sentar-se, e com o *takua* a avó da menina socava (a madeira) no centro do *apyka*, e a menina que estava sentada tinha que pular para frente quando a avó socava o *apyka*. Isso era feito para a mulher não ser preguiçosa, para ela ser *guapa*. Conforme conversei com as mulheres mais velhas, falaram que as mulheres que não passam por esse ritual são nervosas, falam sem pensar e são muito explosivas, e também não são boas de saúde. Porque não tiveram aquele cuidado da avó ou da mãe, falaram também que antigamente as mães não contavam ou não falavam mesmo para suas filhas sobre a menstruação. Mas elas cuidavam de suas filhas para quando acontecesse a menstruação, elas pudessem prepararem os remédios e preparar os cuidados com a menina.

Podia acontecer também das meninas não terem conhecimento sobre menstruação e se assustarem ao verterem sangue menstrual e isso poderia levar essa menina a ter muito sangue quando menstrua. Para este excesso de sangue, *huguy guasu*, tem remédios que as mães conhecem que podem fazer para suas filhas para diminuir o fluxo do sangue. Hoje em dia muitas mães depois da primeira menstruação de suas filhas já as levam para o posto de saúde para tomar a injeção de anticoncepcional, sendo que tem remédios anticoncepcionais tradicionais que não engordam o corpo da mulher como ocorre com os anticoncepcionais dos *karai*. Floriza contou que hoje em dia as meninas têm o corpo quase todo 'estourado' por remédios dos *karai*. Segundo o rezador Valério, de Panambi-Lagoa Rica a fase da menstruação é muito importante para toda a família, pois, o ritual prepara o corpo para gerar outro corpo. A dieta alimentar das meninas se restringia a *chicha* (*kagui*) feito de milho *mbaipy*, e sem sal. Ele falou também que se a mulher no período da sua primeira menstruação quisesse comer carne junto com a mãe, era preciso fazer *jehovasa* na carne que elas vão comer juntas. As meninas que passam pelo ritual são calmas e vivem bem.

Para Valério, a questão do *jepota* só pode ser tirada com a reza. As meninas de hoje em dia não acreditam nos remédios feitos pelos mais velhos e também nas histórias que são contadas pelas mães, e assim andam soltas pelas estradas, sem orientação, sem cuidados, sem se guardar, e assim já tem *jepota*. Um exemplo é quando as mulheres andam atrás do marido de outras mulheres, e acontece de engravidar do cunhado, uma forma do *jepota* que se dá entre os parentes. Estas circunstâncias são percebidas como parte do *teko haku*. *Haku* refere-se à sensação de estar quente que é associada ao que é bravo, ao *saraki*, ao violento e aos momentos de crise.

> O *Teko haku* [...] pode ser interpretado como necessário para as reflexões comportamentais daqueles que estão passando

> por este estado, para que não fique *pochy*, bravo. Por isso a necessidade reclusão; com ela pode-se alcançar um estado de *tekoro'y* ou *teko ro'y*, um modo frio de se viver, com serenidade (CHAMORRO, 1995: 103), um modo de acordo com as condutas esperadas pelo coletivo que são apreendidas nestes momentos, que são considerados momentos para transmissão de conhecimentos específicos. (SERAGUZA, 2017, p. 8).

O ritual, com remédios e o resguardo serve para que a menina não fique *haku* e não saia atrás dos homens casados ou comprometidos, para que ela não fique *pochy*, nem *saraki*. Com o ritual, o corpo ficará *piro'y*, refrescado, calmo, com um bom comportamento.

> O controle deste período com ervas fétidas tem a eficácia de evitar a aproximação destes seres não humanos, pois as divindades são bonitas e cheirosas e a menina *haku* não pode estar atrativa neste período. (SERAGUZA, 2013, p. 94).

Valério se preocupa com o fato das meninas de hoje em dia saberem fazer poucas coisas, sendo consideradas muito preguiçosas, são arrumadas fisicamente, mas não tem saúde, não sabem fazer comida, lavar louça, varrer ou limpar o terreiro ao redor das suas casas. Essas meninas não respeitam mais as suas próprias mães e acontece às vezes de bater nas suas mães por não querer ouvir o que elas têm a ensinar. Hoje em dia há muitas informações erradas que chegam através de celulares e das novelas, e não tem mais aquela educação tradicional, a conversa com os pais ou avós que ensinavam do modo que eles aprendessem da maneira certa de compreender as coisas no seu tempo determinado. Ele também falou que as mães já conversavam com suas filhas sobre a menstruação, para que elas ficassem sabendo.

Minha mãe durante o *che imba'e jehu* fez todo o remédio com cedro e tipi e passou na minha cabeça, passou urucum na minha testa, e nos meus punhos, no meu rosto e nas minhas pernas. Falou que eu não poderia lavar meu cabelo quando estava assim, não poderia comer carnes vermelhas. Era para ficar dentro de casa e não era para contar e nem mostrar para minha irmã mais nova. Em seguida ela preparou um remédio com folhas de cedro e em uma bacia misturou com água quente e mandou eu me sentar de maneira que pudesse cheirar e me cobriu com um cobertor.

Figura 10.3 – Árvore de Cedro

Fonte: Abigail Duarte Vera

O cheiro era muito ruim para mim, a mãe falava que se estivesse sentindo o mau cheiro do remédio eram os maus espíritos que estavam de olho em mim, pois não gostavam desse cheiro e com esse remédio ficariam afastados de mim e então, eu ficaria segura. Eu ficava bastante tempo assim, abaixada de frente para a bacia de água inalando o remédio até suar muito. A minha mãe falava que assim saia todo o mal que estava no meu corpo. Isso acontecia sempre toda tarde antes de dormir.

Ela contava que assim que a mãe dela, minha avó, fazia com ela para espantar os bichos e os maus espíritos. Ela contava que não podia dormir até tarde, pois estes seres viriam na cama onde a gente dormia para se deitar conosco. Ela conversava bastante sobre a preguiça, sobre os bichos que podiam se tornar homens para encantar as mulheres, nos alertava sobre o perigo do *jepota*. Quando acontece o encantamento, o *jepota*, rapidamente o rezador deve ser procurado, para que ele faça a reza, o canto nessa mulher, e também a possa tratar com remédios tradicionais, como o *chakairu ka'a*, um remédio que o rezador prepara para curar a pessoa. Quando demora muito para procurar o rezador, é muito difícil ter a cura dessa pessoa. Contam os mais velhos que é no encantamento que a menina é levada por esse animal para ser *ruvicha* dele, assim a menina também vira um animal. Quando a menina que já tinha o corpo do animal vinha visitar seus parentes, pois ela sente saudades, ela assustava a todos, pois não tinha mais o corpo de pessoa e sim de um animal.

Dona Floriza contou que os mais velhos antigamente falavam que as meninas precisavam passar por um procedimento ritual chamado *ijegua,* quando a menina deveria ser besuntada de urucum. As mulheres nesse período deveriam ficar dentro das casas de rezas, quietas, sem falar com ninguém, somente com as mães ou avós, isso quando elas falavam com ela. Desde criança tanto menina quanto menino não podem comer carnes vermelhas, e se comessem as mães deveriam jogar um pedaço da carne no fogo. Cada carne tem o seu dono, e fazendo assim não haverá um azar, ou seja, a menina não sofrerá pela desobediência de comer a carne, o que os kaiowá chamam de *jepora sy'a*. Então, depois do ritual, o corpo é de mulher. Muitas vezes esses cuidados da mãe com a filha devem ser até a segunda menstruação da moça. É preciso muita conversa com a mãe, pois assim aprende como ela deve ser no convívio com outras pessoas.

Em Caarapó pude conversar com algumas mulheres kaiowá na retomada Kunumi Pepy durante uma visita que fiz a eles. Elas contaram como as mães delas as preparavam, antes da primeira menstruação. Contam que tinham seus afazeres de casa, como socar milho no pilão, descascar arroz socando de cabeça baixa, só cuidando do seu serviço, não podiam ficar conversando com outras pessoas ao redor. Acordavam cedo para preparar o chimarrão para os pais e avós. E quando alguém mandava fazer algo, tinham que fazer rápido e bem-feito. Ralavam milho ou mandioca para fazer *hu'i* para comer, e peixes cozidos, pois só podiam ter esse tipo de alimentação durante esse processo. E também não consumiam sal, pois o sal fazia com que os dentes das moças enfraquecessem.

Os cuidados com a alimentação são muito importantes, pois isso influencia na formação do corpo. E esses cuidados devem ser orientados pelas mães, pois quando se come qualquer tipo de comida durante esse processo, muitos dizem que essas meninas têm muitas cólicas, *huguy guasu* e também podem sofrer os ataques, *hesa pituka*, e como já havia falado pode ocorrer até a imitação de animais durante esses ataques. A mulher que passa por esse ritual, se previne de muitos maus espíritos e de outros seres indesejados, ela se prepara para como ela deve ser, *hekorã*, a partir dos conselhos da mãe. Ela é bem de saúde, não tem muitas complicações e é uma boa mulher espiritualmente também. Atualmente o ritual não acontece mais na mesma intensidade entre todas as pessoas kaiowá e guarani, mas as famílias ainda praticam e observam alguns cuidados, conforme as normas consideradas importantes para cada família kaiowá e guarani. Muitas meninas são soltas e sem orientação das mães, ou ainda, muitas não querem ouvir as mães e não acreditam mais nos ensinamentos das senhoras que transmitem os seus saberes. Não preparam o corpo, e assim elas geralmente sentem muitas dores, não tem saúde e vivem doentes. Engravidam sem se cuidar e não sabem cuidar dos seus filhos e assim, como que por consequência, também seus filhos podem não ser saudáveis.

Elas não acreditam mais na importância de se guardar nesse período de menstruação, e o que vai ter na vida dessa mulher são complicações na saúde, na família que vai construir. É no resguardo que a mulher vai definir o seu jeito, sua maneira de ser compreensiva e é também ali que sua mãe conversa com sua filha sobre as boas maneiras de ser uma boa mulher, ter bons modos, saber se comportar com as pessoas. Se preocupam em ensinar as meninas a não serem assanhadas, *saraki*, e sim ser uma pessoa que agrada as demais pessoas de seu entorno pela maneira de ser, para que todos a vejam como uma boa mulher, saudável de corpo (*rete*), alma (*anga*) e assim respeitá-la.

Conclusão

A busca por conhecer mais sobre a importância do ritual da primeira menstruação, surgiu a partir das observações de diferentes comportamentos e das complicações na saúde das meninas de hoje em dia. As pesquisas foram feitas com minha mãe Aquemi Duarte e também com meu pai Otávio Vera na tradução de algumas palavras que eu não sabia, lembrei também desde pequena dos cuidados e das conversas que ela tinha conosco. Neste trabalho busquei conversar também com mulheres kaiowá e saber dos conhecimentos delas, da importância do ritual e da consequência quando não passam pelo ritual da primeira menstruação. Percebi durante a elaboração deste trabalho que o que diferencia o kaiowá do guarani são algumas palavras e alguns remédios que utilizam no ritual.

Mas as consequências tanto para o guarani quanto para kaiowá de não passar pelo ritual, é a mesma. Trata-se de não ter saúde no corpo e no espírito e não ter bons modos para se viver entre os kaiowá e guarani. A grande importância apontada como necessária de se realizar o ritual, é a garantia de ter um corpo saudável e viver bem, de acordo com o *teko porã*.

Referências Bibliográficas

BRAND, A. J. 1997. *O impacto da perda da terra sobre a tradição kaiowá/guarani*: os difícies caminhos da palavra.1997. Tese (Doutorado em História) - Pontifícia Universidade Católica do Rio Grande do Sul, Porto Alegre, 1997.

SEEGER, A.; VIVEIROS de CASTRO, E.; DaMATTA. A Fabricação dos corpos nas sociedades indígenas no Brasil. *Boletim do Museu Nacional*, n. 32, 1979.

SOUZA, L. S. O. *Cosmos, corpos e mulheres kaiowá e guarani de Anã à Kuña*. 2013. Dissertação (Mestrado em Antropologia) - Faculdade de Ciências Humanas, Universidade Federal da Grande Dourados, Dourados, 2013.

SERAGUZA, L. Do Fluxo do Sangue aos Cortes da Vida em Reserva: sangue, ritual e intervenção entre as mulheres Kaiowá e Guarani em MS. *Tellus*, v. 17, n. 33, p. 139–162, 2017.

TESTA, A. *Caminhos de Criação e Circulação de Saberes*. São Paulo: Redes Ameríndias, 2012.

CAPÍTULO 11

IKUNHATAI: OS CUIDADOS COM A MENARCA NO SABER ANCESTRAL DE MULHERES GUARANI DA ALDEIA POTRERO GUASSU

Eduarda Canteiro
Regiani Magalhães de Oliveira Yamazaki

Introdução

Escrever este capítulo é simbolizar, num primeiro momento, nossa existência e resistência a todas as violências que nós, mulheridades, sofremos no (des)governo fascista, machista e misógino de Jair Messias Bolsonaro (2018-2022). Muitas companheiras tombaram desgoverno genocida devido a naturalização do discurso de ódio produzidos contra corpos menstruantes. A brutalidade contra as mulheridades no Brasil sempre existiu, mas no (des)governo de Jair Bolsonaro vimos o passado repetindo o futuro com toda a perversidade que um dia o caracterizou. Experenciamos na prática como o tripé discursivo Deus, Pátria e Família catalisou o crescimento do feminicídio no Brasil. Muitas foram estupradas, espancadas, ameadas, perseguidas e assassinadas em nome de Deus, Pátria e Família. Combater tamanha violência contra as mulheridades no Brasil é um trabalho difícil, mas é possível. Várias instituições precisam atuar juntas. A Instituição escolar é uma delas. É na educação escolar que podemos desvelar as contradições sociais que condenam a existência de nossos corpos. Não é papel da escola reproduzir e perpetuar preconceitos, tabus e *status quo* das injustiças sociais. E é visando um caráter subversivo da educação escolar que nesse capítulo iremos descrever sobre os mitos e os rituais das mulheres guaranis com relação a *Ikunhatai*[31] ou menarca.

---

[31] *Ikunhatai* - Menarca é o nome dado à primeira menstruação da mulher e é uma das últimas fases da puberdade.

Discorrer sobre a Kunha mba'asy[32] ou menstruação é um tabu. Não se fala sobre a menstruação na educação escolar. Através do tema menstruação podemos trabalhar muitos aspectos que permeiam nossas vidas, uma delas é a pobreza menstrual. Fenômeno que tem comprometido a presença de meninas na escola. De acordo com Alcantra e Torres (2020, p. 2) o tabu sobre a menstruação *"encarcera os corpos à adequação ao que é socialmente aceitável, conduzindo-os por normas significantes de exclusão, pré-moldadas compulsoriamente pela hegemonia discursiva do poder."* Existe um sofrimento dos corpos que menstruam ao redor do mundo, pois muitas sofrem com a falta de acesso a materiais básicos de higiene pessoal e com a desinformação sobre as transformações do próprio corpo. Para Alcântara e Torres (2020, p. 2) a *"ocidentalização do poder se estabelece em um sistema cis-heteropatriarcal do discurso e do silenciamento, estabelecendo arbitrariamente o gênero que fala e os gêneros que se calam."*

Assad (2021) enfatiza o abandono que as mulheres sofrem sem acesso ao saneamento básico, água encanada, rede de esgoto, banheiro e produtos de higiene pessoal. Os corpos menstruastes estão esquecidas e desprovidas de uma condição digna de cuidado pessoal. Marginalizadas. Sem um atendimento justo para uma característica natural humana, a menstruação (ASSAD, 2021). É assustador assistirmos a humanidade avançando cada vez mais em conhecimento científico e tecnológico, na era da inteligência artificial e dos metaversos enquanto pessoas que menstruam não conseguem liberdade de deslocamento por não terem acesso a um absorvente higiênico.

O Brasil, deu uma demonstração efetiva de como as mulheres em situação de vulnerabilidade e de pobreza menstrual foram tratadas no país no ano de 2021. No dia 07 de outubro de 2021 foi publicado no Diário Oficial da União um veto do presidente-genocida Jair Messias Bolsonaro sobre a distribuição gratuita de absorventes femininos para estudantes de baixa renda e pessoas em situação de rua. No dia 25 de novembro de 2021, Jair Messias Bolsonaro comentou o veto à distribuição gratuita de absorventes higiênicos para mulheres em situação de vulnerabilidade. Ironizou as mulheres, alegando que elas começaram a menstruar no seu (des)governo. No dia 10 de março de 2022, o senado derrubou o veto. Vicente (2021) relata que em vários locais do mundo e das mais diversas culturas as mulheres ainda enfrentam uma série de preconceitos, tabus e até crenças com o próprio corpo e sua fisiologia.

---

[32] *Kunha mba'asy* é o termo mais utilizado para se referir a menstruação, incluindo a menarca.

> [...] grande parte dos homens indianos vê a menstruação como uma doença, e preferem não falar sobre o assunto. Mas, engana-se quem acha que isso ocorre somente lá, na Índia. Aqui mesmo, no Brasil, grande parte do universo masculino trata a menstruação como um monstro de costas largas, "monstruação", que toma conta das mulheres e as transforma em verdadeiras feras. O monstro é tão assustador que muitos homens nem ao menos conseguem nomeá-lo, e preferem o codinome de "naqueles dias" (VICENTE, 2021, p. 4).

A não nomeação ou utilização de codinome para o termo menstruação, é um recurso linguístico utilizado como fator de silenciamento, pois em nenhum momento se fala em "sangue" ou até mesmo "menstruação". Para Ratti *et al.* (2015) vários recursos visuais e de linguagens são utilizados para reforçar esse silenciamento da menstruação, como: fluxo (representado em propagandas de absorventes pela cor azul e não vermelha); naqueles dias; indisposta ou estar de chico. A menstruação é compreendida como algo negativo, e de forma acrítica, muitas jovens acabam utilizando a expressão "estar de "chico" sem saber seu real significado. A expressão 'chico' no português falado em Portugal, é sinônimo de "porco", daí o advento da palavra "chiqueiro". Assim, *"estar de chico"* se refere ao período menstrual e por sua vez está relacionado a algo sujo. O mesmo sentido também pode ser aplicado a expressão *"estar de bode"*, uma vez que esse animal também é associado à falta de banho e a odores ruins (MUNDIM *et al.*, 2020).

Para Ratti *et al.* (2015, p. 9), *"A partir do momento em que não se usa palavras do campo semântico da menstruação, é como se ela deixasse de existir. Afinal, é quando denominamos os objetos e fenômenos que eles passam a ser materiais"*. Já para Alcântara e Torres (2020, p. 2):

> [...] a experiência menstrual transita em forma de segredo e quase invisibilizada transcende o fenômeno da menstruação como uma das marcas da negação da fala. Essa invisibilidade se manifesta desde a má interpretação do corpo físico até a alienação do corpo discursivo, ampliando, assim, o tabu e estigma.

É importante problematizarmos esse silenciamento sobre a menstruação em todos os espaços que existimos, pois esse silenciamento implica na manutenção e na sustentação de tabus.

> [...] não falar sobre a menstruação já é um jeito de falar sobre ela. A omissão demonstra preconceitos perpetuados no dia a dia. Não nomear a menstruação usando no lugar eufemismos como "estar naqueles dias", "estar de chico", "regras", significa tornar invisível um fenômeno fisiológico e recorrente, além de alimentar mitos e tabus extremamente danosos às mulheres, meninas e pessoas que menstruam de maneira geral (UNICEF, 2021, p. 5).

Assim, o objetivo desse capítulo é falarmos sobre a menstruação nas vozes do saber ancestral de duas mulheres guarani.

Caminho Metodológico

Iniciamos o percurso dessa escrita narrando o saber ancestral de duas mulheres guaranis, a senhora Francisca Vilhalva com 102 anos de idade, batizada com o nome tradicional é Kunha Riju, e sua filha, Maximiana Medina, cujo nome tradicional é Kunha Yvoty. Ambas são moradoras na aldeia Potrero Guassu, município de Paranhos, do Estado de Mato Grosso do Sul no primeiro semestre do ano de 2022. Os diálogos ocorrem na língua guarani, no período da manhã com a participação conjunta de sua filha, Maximiliana. Os diálogos foram registrados num caderno de campo na língua em guarani e depois foi traduzida para a língua portuguesa. Para dar movimento as falas das matriarcas, a Eduarda Canteiro[33] elaborou desenhos representando simbolicamente aspectos importantes da narrativa que nos foi contada sobre os cuidados ancestrais da menstruação. Esta também foi responsável pelo registro fotográfico.

Os Cuidados com a Menstruação (*kunha mba'asy*) na Cosmologia Guarani

Essa história foi coletada no mês de março de 2022, na Aldeia Potrero Guassu, do município de Paranhos do Estado de Mato Grosso do Sul. O tema foi sobre a menstruação. Os rumos da prosa poderiam ter percorrido outros saberes, mas as narradoras optaram em desenvolver duas histórias mitológicas sobre os cuidados na menarca. Abaixo está o registro fotográfico das duas vozes ancestrais que deram vida a esse capítulo.

---

[33] Eduarda Canteiro é bisneta da senhora Francisca e neta de Maximiliana.

Figura 11.1. Bisavó Francisca Vilhalva. Mulher guarani com 102 anos de idade

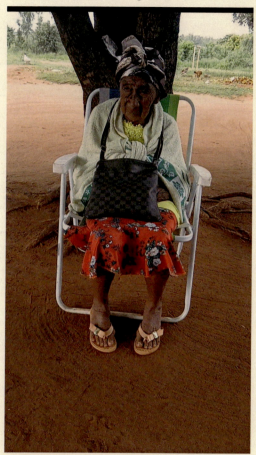

Fonte: autoras

Figura 11.2 – Senhora Maximiana Medina. Mulher guarani com 69 anos de idade

Fonte: autoras

    Senhora Franscisca e a senha Maximiliana iniciaram o diálogo demonstrando uma preocupação quanto aos descuidos e a importância da menstruação das meninas e mulheres na etnia guarani. E foi essa inquietação que permeou toda a narrativa. Ambas relembraram sobre suas menarcas, *Kunha Tãi*. Narraram que passaram por todos os rituais relacionados a tradição. Não recordaram muito bem, mas comentaram que a menstruação chegou quando tinham entre 12 e 14 anos de idade. Relembraram o quanto eram rígidos os cuidados com a menina. Relembraram que menina em sua menarca tinha que permanecer dentro de casa por um período de oito dias. E que não poderia sair de maneira alguma sem a permissão de sua mãe.

    Na pesquisa desenvolvida por Seraguza (2017) esse cuidado com a menina, ocorria porque ela precisava ser protegida de seres do mundo não humano. A menina em sua menarca é percebida como um ser em situação de vulnerabilidade. Assim, durante esses oito dias, além de não sair de casa, também não é aconselhável colocar os pés no chão sem estarem devidamente calçados. Pés descalços atraiam bichos. Essa orientação era muito importante, pois era o que afastava do perigo do *Jepóta* dos bichos.

A senhora Francisca e Maximiliana disseram que o cheiro do sangue da menstruação atraia os bichos da floresta. E quando esses bichos eram atraídos, buscavam por esse corpo que estava exalando o odor da menstruação. Se a menina fosse identificada por esses bichos, eles se transformavam em belos homens para realizarem um encantamento sobre ela. Esse processo de encantamento recebe o nome de *jepóta*. Quando em sua menarca a menina quebrava a regra, ocorria o encanto do *jepóta*. Esse encanto era muito potente, porque os *jaras* dos bichos eram muito fortes. A menina que fora encantada poderia ser libertada do *jepóta* através da reza. Mas um único rezador não conseguia desfazer o encanto, devido a força dos *jaras*. Assim, quando uma determinada família, buscava através de um rezador quebrar o encanto através de um ritual – porque as vezes *jepóta* estava muito forte – ela era orientada a reunir mais rezadores. Era necessário que rezadores se juntassem no *jeroky guassu* para que unidos, pudessem pedir misericórdia aos *jaras* dos bichos, para poderem quebrar o encanto do *jepóta* na menina.

A senhora Francisca relatou um fato que ocorreu com uma família que residia muito próxima de sua casa. A mãe de uma menina que estava em sua primeira menarca, não guardou tempo suficiente a sua filha no quarto. E essa menina acabou saindo mais cedo de seu recinto, quebrando, portanto, o ritual. A mãe da menina a levou para debaixo da sombra de uma árvore e começou a pentear e a trançar seus cabelos longos. A mãe trançava os cabelos da filha, ao mesmo tempo que também a orientava para a realização das tarefas doméstica. Nesse dia, a mãe pediu filha varresse ao redor da casa e que também lavasse a louça.

Figura 11.3 – Cuidados da família com a menina

Fonte dos desenhos: Eduarda Canteiro

Mas a filha parecia distante e muito distraída. Ela disse a sua mãe: *opurahei asyiteiko po guyra* (canto do pássaro). A menina estava se encantando com o canto do pássaro que estava rodeando a sua casa. Então a sua mãe lhe disse para não dar ouvidos a esse pássaro. Quando a mãe terminou de trançar o cabelo da filha, se levantou e entrou para dentro de casa, deixando a menina na sombra da árvore. A mãe havia se descuidado de sua filha. E foi nesse momento que o *ñapykañy* (gavião) desceu e pegou a menina pela trança e a levou embora. O gavião a levou embora para sempre.

Figura 11.4 – O gavião levando embora a menina

O *jepóta* ocorriam de diversas maneiras com as famílias que não cumpriam os rituais da menarca. Dona Francisca contou uma mais uma história sobre o *jepóta*. Essa história envolve uma família, um casal que tinha um filho (primogênito) e uma filha (caçula). Essa menina também não recebeu os devidos cuidados de sua mãe e de seu pai em sua menarca. A consequência disso foi um encantamento que a menina começou a apresentar pelo seu primo. A família não aceitou esse encantamento pelo primo e procurou ajuda dos *nhamoi* (rezador) para que este pudesse quebrar o encanto e assim, separar os dois primos. A família mais tradicional não aceita relacionamentos entre parentes, porque isso pode gerar descentes com deficiência física ou intelectual.

Nesse sentido, as deficiências são compreendidas na cosmologia guarani como sendo um castigo do Tupã. Mas nos dias atuais essa compreensão parecer estar sendo superada, porque temos observado muitos jovens se casando com primas na aldeia. Mas ainda assim, esse tipo de união ainda não é bem-vista pela comunidade. A menina aprendeu a fazer *Kangui*, uma bebida típica também chamada de chicha. Assim, ela fazia essa bebida para seu pai. E toda vez que ela fazia kangui, ela descia para o rio e levava um pouco de *kangui* consigo.

Figura 11.5 – Preparando o *kangui*

Uma certa vez, sua mãe pediu ao seu filho primogênito para seguir sua irmã no trajeto que ela realizava para ir ao rio. Para sua surpresa, ele viu sua irmã chamando uma anta. A menina deu o *Kangui* para a anta beber. Depois que a anta tomou a bebida, esse bicho possuiu a menina.

Figura 11.6 – Menina na companhia da anta

Vendo isso, seu irmão se apressou para retornar para sua casa e relatou o ocorrido para seu pai e sua mãe. Espantados, todos desceram correndo até o rio para buscar a menina. Ela foi castigada e trancada por seus cuidadores dentro de casa. Não poderia mais sair de casa sem a autorização de seu pai e de sua mãe. Depois de trancar a filha em casa, o pai da menina, furioso com o bicho, ele e seu filho prepararam suas flechas e foram caçar aquela anta. Quando a avistaram, eles dispararam suas flechas matando-a.

Figura 11.7 – Pai e filho matando a anta

Feito isso, retornaram para casa com a anta morta. Eles estavam orgulhosos por terem conseguido encontrar e matado a anta. A mãe da menina preparou a anta e a serviu na refeição da família. Com todos reunidos para se alimentarem, seu irmão comentou que aquela carne era da anta, aquele animal que a havia encantado. Ao saber disso a menina não conteve as lágrimas. E uma profunda tristeza tomou conta de seu corpo. A família observando tamanha triste da filha, resolveram permitir que a filha saísse do castigo. Como de costume, a menina preparou novamente o *kangui* para seu pai, e outra vez desceu para o rio. A menina justificou que iria buscar água no rio, mas ela foi levar o *Kangui* para os peixes. Novamente, escondida de sua mãe, a menina ofereceu aos animais o *Kangui*.

Figura 11.8 – A menina oferecendo *Kangui* aos peixes

A mãe da menina percebeu que sua filha estava demorando para retornar para casa. Preocupada, a mãe foi até o rio buscar a menina, mas ao chegar até o local encontrou apenas o *Hy'a kua* que a menina tinha levado para buscar água. Preocupada com o fato de ter encontrado apenas o *Hy'a kua*, correu para a casa para pedir ajudar e em seguida desmaiou. O filho, assistindo à situação de angústia da mãe, saiu correndo para buscar ajuda. Ele foi até a casa do *nhamoi*, um rezador. O rezador foi até a cada da família, fez o *ñembo'e* – oração cantada e dançada segundo Melià (1990) – e falou para a mãe que sua filha estava bem, mas que eles nunca mais iriam vê-la novamente. A família foi castiga pelos *jaras* da anta que a família perseguiu e matou. Como castigo, os *jaras* levaram sua filha transformando a numa Pira sy (sereia).

Figura 11.9 – A menina que virou Pira sy (sereia)

Figura 11.10 – Menina vivendo com os peixes

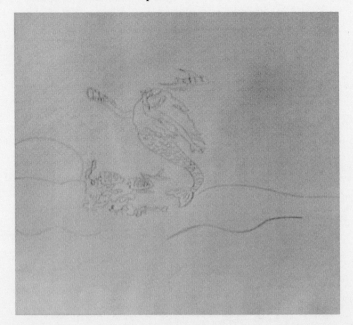

Francisca Vilhalva e Maximiliana Medina relataram que a população guarani não acredita mais no que os mais velhos contam. Muitos acreditam que os rituais são desnecessários e que os mitos são mentiras. De fato, a sociedade contemporânea parece fazer uma leitura literal dos mitos. Por isso, se perdem na dicotomia se mito é uma verdade ou não. Essa discussão é inócua, pois o mito é de uma outra ordem. O mito é da ordem da função. Para Brisson (1982) os mitos surgiram de acontecimentos que a sociedade buscou conservar na lembrança. Desta forma, os mitos não são mentiras, mas relatos complexos que buscam explicar a origem do mundo e dos comportamentos humanos. Eles servem como tradutores do comportamento humano. Uma das funções do mito é descrever a realidade. Existem mistérios e realidades tão complexas que só com a ajuda de uma metáfora, uma imagem ou um símbolo conseguimos nos aproximar do entendimento de um fenômeno social ou comportamental.

Atualmente a sociedade contemporânea tem compreendido o mito como fantasias. Mas não são. Na psicanálise podemos observar como Freud (1856-1939) se apropriou da função do Mito de Narciso, Mito de Édipo, Mito Totem e tabu para compreender as relações e o comportamento humano. Uma das funções do mito é descrever a realidade. Assim, os relatos da Senhora Francisca e Maximiliana é uma descrição complexidade sobre os cuidados necessários aos corpos menstruantes e suas consequências caso os rituais não sejam cumpridos. Muitas meninas, diante de sua primeira menstruação, por não terem tido os cuidados necessários e orientações de seus cuidadores, acabam tendo como consequência: cólicas menstruais, dores de cabeça e até tontura. Esses são os sintomas mais comuns que se encontram atualmente entre as meninas da aldeia.

A alimentação também faz parte dos cuidados com a menarca. A senhora Francisca e Maximiliana relataram que não é recomendável a menina se alimente de frutos muito grandes, ou aqueles que chamamos de *Ikoi* (gêmeos), porque isso gerará como uma consequência uma gravidez no futuro de gêmeos. As pesquisadoras, Canteiro e Yamazaki (2020), realizaram uma investigação com as parteiras e parteiros da Aldeia Potrero Guassu sobre a dieta alimentar e sua relação com a gestação e o parto.

> Famílias que ficam grávidas de gêmeos fundamentam que o ocorrido está relacionado com a ingestão de frutas gêmeas. A analogia de que as frutas gêmeas são responsáveis por uma gestação de gêmeos é muito comum na cosmologia guarani e kaiowá. (CANTEIRO; YAMAZAKI, 2020, p. 186).

Quanto a reprodução sexual, há um desconhecimento de muitas meninas sobre a reprodução sexual. Muitas meninas não compreendem que a menstruação é um aviso de que podem ser mães. Os cuidados da família com a menarca são complexa porque também envolve as transformações de seus corpos e orientação sexual. Atualmente, discorrer sobre educação sexual na família tem se tornado um desafio, porque as igrejas evangélicas demonizaram a cultura, seus rituais e seus mitos desorganizando todo um circuito de cuidados e informações sobre os corpos menstruantes. Hoje, nem as famílias realizam a orientação sexual de suas filhas, nem a escola. Pois essas duas instituições, família e escola, têm sido silenciadas pela instituição igreja. Uma ideologia cristã tem tentado invadir as escolas das aldeias para silenciar saberes e conhecimentos que ajudariam todas as mulheridades não serem vítimas da importunação e violência sexual. O tatu sobre os corpos que menstruam beneficia apenas o patriarcalismo, o sexismo e a misoginia. Assim, uma educação feminista torna-se necessária para rompermos com a ignorância instaurada sobre a menstruação. Nesse sentido,

> O feminismo tem um papel fundamental na desconstrução de tabus instituídos pelo patriarcado, pois promove debates e um espaço para um diálogo feminino aberto que reforça os laços entre mulheres e, consequentemente, as empodera. A partir do momento em que há discussão sobre temas proibidos, o tabu começa a ser desmistificado e naturalizado, alterando relações na sociedade (RATTI et al., 2015, p. 11).

Considerações finais

Existem no mundo muitas histórias sobre a menstruação. Historicamente muitas culturas, como por exemplo a judaico-cristão, criaram muitos preconceitos e estereótipos sobre o sangue menstrual. Todos condenando corpos que menstruam. A menstruação passou a ser simbolizada como algo impuro, sujo, de odor desagradável, indesejável, punitivo e prejudicial as práticas sociais exercidas por corpos menstruantes.

Nesse capítulo buscamos descrever com a menstruação, no caso a menarca, é abordada diante do saber ancestral de duas mulheres guaranis. Compartilhamos a crença de que essas histórias mitológicas precisam ocupar lugar na educação escolar indígena como meio de avivar os saberes ancestrais relacionados aos cuidados de corpo durante a menarca. Através das histórias contadas pela senhora Francisca e Maximiliana podemos iniciar um diálogo intercultural na escola sobre menstruação, sexualidade e gênero, partindo de um saber já estabelecido culturalmente. Pois compreendemos que através do avivamento de saberes ancestrais poderemos fortalecer a identidade das meninas e adolescentes e mulheres guarani para que possam construir processos formativos nos lugares em que seus corpos circulam.

Referências Bibliográficas

ALCANTRA, I. S.; TORRES, V. G. A. Menstruação: do tabu a visualidade menstrual online. *Intercom – Sociedade Brasileira de Estudos Interdisciplinares da Comunicação*, Anais do 43º Congresso Brasileiro de Ciências da Comunicação, 2020. Disponível em: https://www.portalintercom.org.br/anais/nacional2020/resumos/R15-1589-1.pdf. Acesso em: 10 fev. 2023.

ASSAD, B. F. Políticas Públicas acerca da Pobreza Menstrual e a sua contribuição para o combate à desigualdade de gênero. *Revista Antinomias*, v. 2, n. 1, 2021. Disponível em https://antinomias.com.br/index.php/revista/article/view/21/21. Acesso em: 5 fev. 2023.

BRISSON, L. *Platon les mots et les mythes*. Paris: Librarie François Maspero, 1982.

CANTEIRO, E.; YAMAZAKI, R. M. O. Ideias, práticas e conhecimento das parteiras e parteiros da etnia guarani da aldeia Potrero Guassu – Paranhos. *Educação e Territorialidade*, v. 2, n. 1, 171-194, 2020. Disponível em: https://www.researchgate.net/publication/368396623_Ideias_praticas_e_conhecimento_das_parteiras_e_parteiros_da_etnia_guarani_da_aldeia_Potrero_Guassu-_Paranhos. Acesso em: 5 fev. 2023.

MELIÀ, B. A terra sem mal dos guarani: economia e profecia. *Revista de Antropologia*, n. 33, 1990. Disponível em: https://www.revistas.usp.br/ra/article/view/111213/109495. Acesso em: 6 fev. 2023.

MUDIM, M.; SOUZA, M.; GAMA, V. Transformações da percepção da menstruação entre gerações. *Tensões Mundiais*, Fortaleza, v. 17, n. 33, p. 229-247, 2021.

RATTI, C. R.; AZZELLINI, É. C.; BARRENSE, H.; GROHMANN, R. O tabu da menstruação reforçado pelas propagandas de absorvente. *Intercom – Sociedade Brasileira de Estudos Interdisciplinares da Comunicação*, Anais do 43º Congresso Brasileiro de Ciências da Comunicação, 2020. Disponível em: https://www.portalintercom.org.br/anais/nacional2015/resumos/R10-0436-1.pdf. Acesso em: 1 fev. 2023.

SERAGUZA, L. Do fluxo do sangue aos cortes da vida em reserva: sangue, ritual e intervenção entre as mulheres Kaiowá e Guarani em MS. *Revista Tellus*, v. 1, n. 33, p. 139-162, 2017.

SOARES, I. Bolsonaro ironiza veto a absorventes: "mulheres começaram a menstruar no meu governo". *Correio Brasiliense*, 25 de novembro de 2021. Disponível em: https://www.correiobraziliense.com.br/politica/2021/11/4965825-bolsonaro-ironiza-veto-a-absorventes-mulher-comecou-a-menstruar-no-meu-governo.html. Acesso em: 5 fev. 2023.

VARGENS, O. M. C. V.; MARINHO, D. S.; SILVA, A. C. V.; OLIVEIRA, Z. M. A percepção das mulheres sobre a menstruação: uma questão de solidariedade. *Revista Enfermagem*, UERJ, Rio de Janeiro, v. 27, 2019. Disponível em: https://www.researchgate.net/publication/336339323_A_percepcao_de_mulheres_sobre_a_menstruacao_uma_questao_de_solidariedade#fullTextFileContent. Acesso em: 10 fev. 2023.

VICENTE, S. F. Menstruação: o maior tabu é a ignorância. *Cadernos de Psicologia*, Curitiba, n. 2, 2021. Disponível em: https://cadernosdepsicologias.crppr.org.br/wp-content/uploads/2022/01/05-EST-Menstruacao-o-maior-tabu-e-a-ignorancia.pdf. Acesso em: 10 fev. 2023.

CAPÍTULO 12

MITÃ KUNHA IKOTY ÑEMONDÝ A: O RITUAL DA MENARCA NO CONTEXTO ESCOLAR KAIOWÁ DA ALDEIA PANAMBIZINHO EM DOURADOS, MS[34]

Tânia Fátima Aquino

Introdução

Eu, Tania Fátima Aquino, sou da terra indígena Panambizinho, nascida e criada no município de Dourados, MS. Sou da etnia Kaiowá, estou na área de ciências humanas na turma 2012 da Licenciatura Intercultural Indígena da UFGD. O tema escolhido para esta pesquisa foi o do *mitã kunhã ikoty ñêmondy'a* que é um ritual de menarca na comunidade Panambizinho.

Primeiramente eu observei as meninas neste estado dentro da escola, elas chegavam e na hora da merenda escolar não comiam nada, só frutas, se tivesse. Como eu também passei por esse processo houve um interesse da minha parte nesse tema, por isso eu escolhi buscar pesquisar esse ritual kaiowá para a conclusão do meu TCC (Trabalho de conclusão de Curso). Eu fico feliz de fazer esta pesquisa na minha Aldeia Panambizinho, porque esse tema que eu escolhi existe até hoje, nunca deixamos de fazer e está sempre viva a cultura tradicional do povo kaiowá em Panambizinho, que realizam o ritual com respeito, na casa e na escola também. Este ritual é muito importante para a vida e o cotidiano kaiowá. Esse ritual que nós indígenas kaiowá realizamos é importante, vem de muitos anos, passando de geração em geração para as famílias kaiowá do Panambizinho.

---

[34] Este capítulo é resultado do trabalho apresentado como requisito para conclusão do curso de Licenciatura Intercultural Indígena Teko Arandu, Área de Ciências Humanas, UFGD, 2017, orientado por Lauriene Seraguza.

Desenvolvimento

Esta pesquisa foi desenvolvida na terra indígena Panambizinho que fica no município de Dourados, Mato Grosso do Sul. Nesse estudo eu pesquisei sobre as meninas indígenas kaiowá que vivem nesta terra indígena e que até hoje nós mulheres kaiowá, realizamos esse ritual que chamamos *Mitã kunhã ikoty nhenmõndy'a*. É o ritual de menarca que ocorre nas meninas indígenas a partir de idade entre 10 e 12 anos quando aparecem os primeiros seios na menina, primeiramente ela conta para a mãe que ela já está com os seios. A mãe já começa a conversar com ela e fala para ela parar de comer alimentos com gordura, como a carne bovina, carne suína, aves e carne de animais do mato, como a do tatu e de outros. Também não pode comer sal, feijão carioca, o que se pode consumir são frutas como banana, laranja maçã, suco, refrigerante, bolacha de sal e peixe, leite também não pode, chá de açúcar é liberado e arroz cozido que pode ser consumido com um pouco de sal, e ter a talheres separados como o copo, pratos, colheres, panela somente para o uso dela.

A menina pode comer apenas o peixe lambari (*pikytĩ*) e nada de outros peixes. Quando a menina kaiowá vem para a escola com esse ritual da casa geralmente já é avisado ao diretor e coordenador, aos professores, inclusive as merendeiras da cozinha, para que elas tenham consciência de que essa aluna não pode comer nada na escola, somente frutas ou bolacha de sal. Esse procedimento restringi os alimentos da menina kaiowá e é necessário a restrição alimentar até ela completar o seu primeiro ciclo menstrual. Enquanto ela estiver no ciclo menstrual ela não deve comer nada do que foi citado no texto, e não deve comer escondida da mãe, porque caso contrário ela corre o risco de passar mal, ter problemas de saúde. Esse ritual da cultura do povo kaiowá a menina deve realizar tudo que a mãe manda para ela. Ela acredita e respeita o que ela faz.

Quando começar o ciclo menstrual da menina, primeiramente ela deve contar para mãe, e a mãe coloca ela para dentro da casa onde ela deve permanecer durante 5 dias da semana, o local deve ser fechado, tudo com forro de lençol, a menina não pode sair para fora, nem para tomar banho, e quando ela vai fazer suas necessidades ela deve sair com um cobertor cobrindo todo o seu corpo, a mãe vai junto e depois de fazer a suas necessidades ela volta para dentro, dorme na cama ou na rede, e também a menina não pode dormir no chão, porque na terra existe uma cobra cega que pode *ojepota* na menina, um encantamento que faz com que a menina veja a cobra como gente, devido a isso tudo ela não pode dormir no chão. Se não cobrir quando sai para fora tem muitos espíritos querendo ver ela, tem o arco-íris, que é o *jy'y* e o *ma'êtîrõ*, o espírito que você não vê e outros mal que pode chegar perto da menina kaiowá. Para tomar banho a mãe leva água fervida junto com uma planta que é um remédio caseiro tradicional, como casca de cedro, ou folha, e também *ysy*, queima embaixo da rede onde ela dorme para espantar o mal. Só a mãe entra onde a menina dorme, isso é feito durante os cinco dias, quando já vai se comunicar com o cacique, o *nhãnderu*, avisando e marcando as horas para levar a menina durante a madrugada, saindo às 2 horas da manhã, pra ir na casa do *nhãnderu*, o cacique rezador.

Como no Panambizinho ainda temos dois caciques rezadores que realizam o ritual de benzer a menina, apenas um cacique ainda permanece na aldeia indígena e outro cacique rezador se mudou para outra aldeia. Então nesse caso, a mãe escolhe o rezador, se escolher o cacique que mora em outra aldeia, a mãe chama o carro frentista (que faz transporte da aldeia para a cidade) mais ou menos às duas horas da madrugada e leva na casa do *nhãnderu*. Se preferir o cacique que ainda mora na aldeia a mãe leva durante o mesmo horário da madrugada na sua casa. Assim que ela já vai saindo de dentro da casa a mãe já prepara antes a tesoura, para fazer o corte no cabelo da menina, o corte depende da mãe, algumas preferem o corte curto outras mães optam por raspar o cabelo da sua filha e coloca um lenço na cabeça da menina.

A menina não deve tirar o lenço até passar pelo ritual do rezador. A menina chega na casa do cacique toda coberta, após passar pelo ritual, a mãe passa *yruku* pintando o rosto e perna, também os seus braços. Mesmo com o *jehovasa* do *nhãnderu*, não pode comer os alimentos que são considerados ruins para essa fase da menina. Esse *jehovasa* o cacique faz para ela não ter dores de cabeça, e *teohã* que é uma doença que causa desmaio, tontura, então é importante o rezador realizar o *jehovasa* na menina quando vem o primeiro ciclo menstrual. Para Lopes (2016, p. 5), "*Nhênmondy'a* chama-se o ritual que é realizado quando desce a primeira menstruação na menina, depois ela passa a ser *kunhãntaí* e já pode ser chamado de moça".

Com o segundo ciclo menstrual, a mãe isola a filha dentro de casa durante 3 dias da semana. A menina depois desse tempo sai para fora e não precisa ir novamente para a casa do rezador *(nhãnderu)*, para passar pela reza. Ela deve sair pela manhã sem consumir aqueles alimentos que são ruins para essa etapa. Para que ela volte a se alimentar como antes, deve esperar o seu cabelo crescer, então já é permitido que ela coma novamente carne de animal e de aves, porém a um procedimento antes, a carne deve ser levada ao *nhãnderu* para benzer antes de ser consumida. Existem remédios caseiros tradicionais, atualmente na aldeia usa-se muito o *ysy*, ele deve ser queimado debaixo da rede e depois de derretido deve ser passado na face e no corpo todo. Esse *ysy* é um remédio do mato, ele é usado para afastar o mau, e usa-se diariamente. Mesmo voltando a sua alimentação anterior, ainda há restrições, caso ela queira comer carne de tatu galinha, deve ser esperado quatro anos após esse período de transição e se for o tatu-amarelo mais conhecido como peba é necessário esperar cinco anos para comer. Os cabelos que foram cortados, a mãe leva para o *ytu* (cachoeira), que são jogados sobre a água da cachoeira isso feito para que a menina não tenha dores de cabeça. Ver imagens abaixo (obtidas pela autora).

Figura 12.1 – Seiva de Ysy

Fonte das imagens: Tânia Fátima Aquino

Figura 12.2 – Casca de *Ysy*

Com a segunda menstruação a menina volta a se isolar dentro de casa durante três dias, depois desse período já não precisando passar mais pela reza do *nhãnderu*, é só esperar o cabelo crescer, para comer alimentos que eram de sua preferência. Após todos esses procedimentos ela passa a ser *kunhãtaí* e já pode ser considerada moça. Quando ela volta para escola o seu comportamento será diferente, passa a não participar das brincadeiras e passa a usar roupas que não expõe muito suas partes íntimas evitando usar roupas curtas. Eu entrevistei a *nhãndesy* Rosely Jorge, que ela conta realmente ela passou por esse processo que a mãe dela fazia com ela. Ela conta que para ter a menina kaiowá saudável, ela precisa contar para a sua mãe da sua primeira menstruação, para que a mãe colocasse dentro da casa por cinco dias. Ela conta que principalmente o remédio tradicional ela utiliza era o *mba'egua*. Este remédio é uma mistura com farinha de milho que joga na comida da menina para que ela possa consumir.

Figura 12.3 – Pó de mbae gua, remédio utilizado na comida da neófita

Conforme a *nhandesy*, só se pode comer mandioca branca para não rachar os pés, e com a fala dela da *nhandesy* este é um ritual do povo kaiowá e que é marcado pela lua. Com a segunda lua volta a mãe por quatro dias, dentro da casa da menina, ela fica num canto do quarto que chamamos de *okypy*, fecha-se tudo. Antigamente só usava rede, mas agora alguns usam cama porque as tem. O *ysy* é um remédio tradicional caseiro que usa no dia a dia e que é extraído da árvore, quando é rachada no meio e sai um líquido que se coloca no recipiente ou como chamamos *ry'a*, para carregar o líquido. Ela é utilizada para passar onde sente dor no corpo, e queima dentro da casa e ferve para o banho, isso o povo kaiowá usa para a saúde. A casca de cedro é utilizada para lavar a cabeça, para não sentir dores, forte, ferver para tomar banho e fazer gargarejo na garganta. A pimenta vermelha é utilizada para o banho e também ferve a folha e coloca na água morna para o banho. *Mbaeégua* é um tipo de batata que é socado no pilão e vira pó, para misturar com alimento para comer. *Yrucu* serve para pintar o rosto e corpo inteiro.

Figura 12.4 – *Nhandesy* Rosely

    Sempre é a mãe quem prepara os remédios caseiros, tradicionais, para utilizar com a família. A *nhandesy* conta também que se ela utilizar os talheres que já usa para colocar gordura, carne, cozinhar, a menina não pode pegar estes talheres, porque senão ela pode estar pegando doença de tontura, de desmaio. Quando a menina já vai entrar para ficar cinco dias no canto da casa, a mãe pega o pilão e pede para ela socar. Isso significa para que esta menina seja bonita, esperta e não fique preguiçosa e que goste de trabalhar. E também durante o resguardo, a menina não pode conversar com ninguém porque senão o *ma´etirõ* pode ouvi-la.

    Para tomar banho também é preciso utilizar as folhas de pimentas e a menina tem que ser cuidada no dia quando iniciar o seu ciclo menstrual. O *nhanderu* benze até no cabelo que foi cortado, depois, quando volta da casa do *nhanderu*, a mãe leva a filha no rio para lavar roupa e tomar banho gelado. Depois do banho, quando chegar em casa a mãe pede para ela fazer o serviço, lavar roupa, limpar casa, cuidar do quintal, fazer tudo para que ela não fique preguiçosa ou desanimada. Antigamente as meninas kaiowá tinham medo de pegar esta doença e isto existe até hoje em nosso *tekoha* Panambizinho.

Figura 12.5 – Pimenta

Em conversa com a Cleide Pedro, moradora de Panambizinho e merendeira da escola onde atuo como professora, ela observou muitas meninas alunas que estão passando por este momento. Ela conta que essa aluna vem para escola preparada para buscar a merenda escolar e ela não come carne, ela pede fruta, banana, bolacha de água e sal ou suco de fruta e avisa a merendeira ou a própria vem e avisa na cozinha que sua filha está começando o *ikoty*. Pois daí ela já dá a fruta para a menina comer, mas se a menina contar para a cozinheira, ela já prepara os talheres só para aquela menina e não come carne de boi. Assim ela faz com as alunas da escola Pai Chiquito.

Conforme a atual diretora da escola, Maria Regina de Souza, guarani moradora da aldeia Jaguapiru, em Dourados, conta que a mãe de nossas alunas avisa ela que sua filha está entrando no ciclo da menstruação. Quando a menina fica em resguardo por cinco dias, a mãe volta a informar a diretora que ela não vem para escola, avisa os professores, que ela está vivenciando este momento ritual, trancada dentro do quarto.

Figura 12.6 – Pátio da Escola Pai Chiquito

Quando a menina volta para a escola a mãe informa normalmente a direção da escola que ela ainda não pode comer nada, que ela só vem para estudar, a diretora sabe que é porque o cacique ainda não a abençoou para que ela possa comer a carne, mas depois que o cacique abençoar, ela volta a comer a carne de vaca, aí se torna liberado para que ela coma a merenda. Maria Regina conta que se sente muito bem com os alunos kaiowá e que tem aprendido muito com eles. Ela conta que esta cultura existe na aldeia Panambizinho, e é muito respeitada. Contou que ainda vai fazer a compra de merenda escolar, ela já sabe o que as meninas devem comer, quando a menina volta na escola, ela já vem com um comportamento diferente, não é mais criancinha, já é moça madura, ela já não pula mais de qualquer jeito, e afirma que é muito importante para a menina kaiowá.

Em Panambizinho, o rezador seu Nelson Concianza é recorrentemente procurado para cuidar das meninas, benzer as meninas kaiowá quando chega neste ciclo. Ele conta que a mãe da menina avisa ele antes que vai precisar de seus serviços, para que ele possa esperar a menina. Ele já benzeu muitas meninas e as mães acreditam muito nesta reza que ele tem, que é importante para a menina. Ele explica que essa reza é para que a menina nunca tenha desmaio, tontura e outras doenças. Ele avisa a mãe para que a mãe não chegasse na casa dele sem coberta, pois senão o *ma'etirõ*, com a mesma reza ela pode cair senão tiver coberta com tudo até chegar na casa de reza, pois o "mal" já a vê, ele sente seu cheiro. Ele diz que essa nossa cultura é muito usada em nosso *tekoha* e que existe esse ritual.

O cacique seu Jairo Barbosa é rezador e benze a menina quando está nesse período do ciclo menstrual. O *Nhãnderu* seu Jairo conta quais os tipos de *ma'entirõ* que pode se aproximar das meninas e das mulheres que acabavam de ganhar seu bebê. Elas também devem tomar cuidado com o que chamamos *ojepota*. O *ma'entinrõ* pode ser cobra-cega, sapo, onça, cobra, *anhãy* e *pytumbory* esse é um espírito maligno que vive a noite e ninguém vê e também existe o *xatere* (Saci), erva mate que é *Ka'a*. Ele conta que esse é um dos principais do *ma'entirõ* e explica, porque é importante benzer a menina antes de sair do centro da casa. Eu busquei sobre o *jepota* com o rezador que só cura e é rezador que benze tanto a menina como o adulto. Esse *jepota* fica na mente, no corpo na alma, no ser humano.

Através da minha pesquisa, eu mesma ouvia da minha vó falecida Balbina Francisca Aquino quando ela falava que tem mulher às vezes que tem um fluxo menstrual forte, que é chamado de *tuguy-guasu*. Isso acontece nas mulheres kaiowá, quando comiam a carne de animais como a de capivara, a carne desse animal a mulher a não pode consumir. Existe um remédio tradicional para esse problema com esse tipo de sangue, forte chamamos de *nhãnpe'usãkuã* e outro *pohã-roysã* (remédios-gelada), uma gelatina debaixo da água da correnteza. Isso é bom para mulher não sentir dores e cólicas forte, até hoje mulher kaiowá usa e a busca estes remédios.

Menstruada, a mulher não pode passar perto da roça e nem no meio das plantações, caso isso ocorra a plantação pode morrer. Para isso não acontecer a mulher nessas condições já deve estar consciente de suas atitudes.

Esse ritual é considerado uma tradição e que acontece sendo usado dia a dia para o povo kaiowá. Existe para o indígena kaiowá, homem ou mulher, que para ter sangue bem forte, primeiro é preciso pegar uma formiga vermelha cabeçuda, dar uma picada na perna da batata, e depois soltar a formiga e será forte no sangue.

Conclusão

As meninas indígenas kaiowá tem essa convivência na sua aldeia Panambizinho sobre o ritual do *mitã ikoty ñemomdy´a*, que é um modo de viver na sua comunidade e valorizar sua cultura e tradição. Para isso eu entrevistei os rezadores e as mulheres sobre o processo e a importância deste ritual e pesquisei a vida das meninas na minha comunidade kaiowá que é considerado um momento de cultura e tradição.

Eu realizei conversas com os rezadores, aprendi mais sobre este tema, eu conhecia já pois passei por este processo quando eu era menina e fui cuidada pela minha mãe. Durante a pesquisa de campo eu fui dialogar mais com os mais velhos para saber mais do tema que estava interessada, pois usamos até hoje este ritual e percebo as meninas se valorizando em nossa cultura, e as mães novas também realizam este ritual com as suas filhas que vão entrar neste processo do ciclo menstrual e as mães já sabem o que tem que fazer. Para concluir meu trabalho eu tive que conversar e anotar com os rezadores que falaram, eu me senti tranquila para finalizar o trabalho neste tema.

Referências Bibliográficas

LOPES, A. F. *O sangue entre as mulheres Guarani e kaiowá em Amambai*. 2016. Trabalho de Conclusão de Curso (Graduação em Ciências Sociais) - Universidade Estadual de Mato Grosso do Sul, Amambai, 2016.

SERAGUZA, L. *Cosmos, corpos e mulheres Kaiowá e Guarani de Aña à Kuña*. 2013. Dissertação (Mestrado em Antropologia) - Universidade Federal da Grande Dourados, Dourados, 2013.

CAPÍTULO 13

A IMPORTÂNCIA DO PROJETO SABOR DA TERRA PARA O ENSINO DA ARTE INDÍGENA NA ESCOLA EXTENSÃO LOIDE BONFIM ANDRADE[35]

Cilene Gonçalves

Introdução

Este trabalho irá abordar o Projeto *Sabor da Terra*, que foi desenvolvido na Escola Indígena Extensão Loide Bonfim Andrade, que fica na Aldeia Te'yikue, localizada no município de Caarapó, Mato Grosso do Sul. Nessa escola, trabalhei por cinco anos e nesse período (2013 a 2018) participei do Projeto *Sabor da Terra* como professora indígena. Assim, a origem da minha pesquisa foi a minha vivência como professora indígena na Aldeia Te'yikue, por isso quero começar falando sobre minha formação cultural nesta comunidade.

Eu nasci na região Jaicha Syry, dentro da Aldeia Te'yikue. Mas, quando eu nasci, a região já era conhecida como Igreja Evangélica Missão Caiuá, e o nome Jaicha Syry ficou esquecido. Eu nasci em uma família de evangélicos, por isso em casa eu não conhecia muito da cultura tradicional Guarani/Kaiowá. A minha família deixou muito cedo a cultura Guarani-Kaiowá, porque a igreja entrou na nossa aldeia e acabou desvalorizando a cultura tradicional e, por causa disso, eu não conhecia a minha própria cultura, e foi na escola indígena que aprendi a valorizar e reconhecer a minha identidade de ser Guarani-Kaiowá.

A minha relação com a arte indígena vem de muito cedo, desde que eu comecei a estudar no Ensino Fundamental. No ano de 2005, pude fazer aulas de Artes com o professor Rogerio Vilhalva Mota, formado no Curso de Licenciatura Indígena Teko Arandu. Desde então, comecei a aprender a fazer

---

[35] Este trabalho foi apresentado como requisito parcial para a obtenção do título de Licenciada na área de Linguagens no Curso de Licenciatura Intercultural Indígena – Teko Arandu, da FAIND - Faculdade Intercultural Indígena da UFGD - Universidade Federal da Grande Dourados. Dourados, 2021. O trabalho foi orientado por Júnia Cristina Pereira, do Curso de Artes Cênicas da Faculdade de Comunicação, Artes e Letras - FALE/UFGD.

desenho, produzir pulseira, colar e cocar. Também aprendi a produzir roupa típica, brinco de pena, a fazer pintura, e conheci o grafismo indígena onde o corpo é pintado tanto nas crianças como nos adultos, marcando a identidade da pessoa e dos povos indígenas. Aprendi que as pessoas usam o grafismo para marcar ou homenagear seus filhos, porque cada desenho e pintura tem o seu significado. Aprendi que através da criatividade em forma de pintura, de produção de artesanato como pulseira e cocar, são trazidos significados que caracterizam uma origem cultural como uma fonte de renovação espiritual, onde podemos usar como forma de expressar o nosso sentimento.

Refletindo sobre minha trajetória de vida, percebi a importância da educação escolar indígena, pois foi através dela que eu pude retomar práticas da minha cultura Guarani-Kaiowá, enquanto ainda era estudante. E depois, como professora, pude voltar para a escola para trabalhar com cultura e arte indígena, dentro do Projeto *Sabor da Terra*, realizado na Escola Indígena Extensão Loide Bonfim Andrade, que é uma extensão da Escola Municipal Indígena Ñandejara – Polo, sendo que as duas estão localizadas na Aldeia Te'yikue. A Escola Indígena Extensão Loide Bonfim Andrade atende estudantes do pré-escolar ao quinto ano, no período matutino e vespertino, totalizando cerca de 240 crianças Guarani/Kaiowá. A ideia de realizar esse trabalho surgiu porque eu queria saber como começou o Projeto *Sabor da Terra* aqui na Aldeia Te'yikue, e como a equipe conseguiu desenvolver o Projeto junto com os alunos, dentro da escola Indígena, além de ensinar principalmente arte com grafismo. Eu tinha o desejo de ouvir o relato de cada professor e professora que já trabalhou na realização do Projeto *Sabor da Terra*, pois é um projeto que surgiu em 2004 e no qual eu comecei a participar somente após 2013.

Durante a realização do meu Trabalho de Conclusão de Curso, tivemos uma interrupção das atividades escolares tanto na Universidade onde estudo quanto na Escola Indígena onde trabalho na minha comunidade. Isso aconteceu por causa da pandemia de COVID-19, cuja medida de prevenção principal é o distanciamento social, pois o contágio se dá no contato entre pessoas. Por isso, nossas atividades escolares e de pesquisa tiveram que se adaptar a um formato remoto, via tecnologias de informação e comunicação. Isso dificultou bastante a realização da minha pesquisa, pois para realizar as entrevistas nem sempre pude encontrar as pessoas, algumas vezes falei pelo aplicativo *Whatsapp* ou por videoconferência. Também fiz algumas entrevistas presenciais, com todas as medidas de segurança, utilizando álcool em gel e máscaras de proteção.

A Arte Indígena na Aldeia Te'yikue

A Aldeia Te'yikue foi demarcada em 1924, com 3.600 hectares. A história da Reserva Indígena Te'yikue, assim como outras reservas demarcadas nesse período na região sul do Mato Grosso do Sul, é a de um projeto de confinamento da população Guarani-Kaiowá e de aculturação, no qual as políticas públicas atuavam para que a população indígena abandonasse suas práticas culturais tradicionais. Ao longo dos anos, o desmatamento, a superpopulação e a proximidade com a sociedade não indígena impactaram muito a cultura Guarani-Kaiowá tradicional na Aldeia Te'yikue, conforme análise do professor Eliel Benites:

> A área natural se encontra bastante modificada pelo aumento significativo da população nas últimas décadas e as explorações madeireiras impostas pela política de desenvolvimento da região. [...] Com a perda dos territórios tradicionais e a sobreposição das famílias extensa (que é a base da organização social e política) em um espaço reduzido, (segundo alguns autores chamam de confinamentos), diminuição drástica dos recursos naturais e com a relação cada vez mais próxima com a sociedade envolvente, vivemos numa grande mudança na nossa realidade e nesta mudança foi construída as famílias e as gerações. Neste processo estabeleceram mentalidades e visão de mundo filtrado pela política e pela lógica ocidental de desenvolvimento dificultando muitas vezes a reconstrução da sustentabilidade e protagonismo na perspectiva indígena. (BENITES, 2012, p. 66-68).

O professor Eliel Benites nos traz essa reflexão, ele relata que ocorreu a perda dos territórios das famílias e as mudanças nas novas gerações. Realmente, eu vejo isso na nossa Aldeia, em que a maior parte das pessoas são evangélicas e pouco valorizam seu modo de ser Guarani-Kaiowá. Mas, graças à Escola Indígena com educação diferenciada, está tendo incentivo para os alunos voltarem a resgatar a nossa cultura tradicional, através de professores que já foram formados nos Cursos Ara Verá e Teko Arandu. Muitas pessoas da comunidade começaram a entender o grafismo através da Escola Indígena, onde os alunos começaram a reaprender a cultura Guarani/Kaiowá e levaram para casa para ensinar seus pais e parentes, através disso o conhecimento foi se expandindo e as pessoas da aldeia começaram novamente a usar, começaram a pintar os braços e corpos. Por isso o papel da Escola aqui na nossa aldeia é muito importante.

Hoje, o grafismo na aldeia Te'yikue na maioria das vezes é usado quando são realizados eventos como reza, reunião ou batismo na região Jakaira, onde mora o Ñanderu Lídio Sanches. Lá, as pessoas se pintam, tantos os homens quanto as mulheres. Antes, a comunidade tinha vergonha de se pintar, porque tinha sentimento de que outras pessoas iriam rir deles, por isso que a escola foi instrumento fundamental para quebrar essa barreira, ensinando aos alunos o valor e a riqueza da nossa cultura. Hoje a maioria usa a pintura e se sente orgulhosa com o corpo ou braços pintados com as imagens que eles escolhem. Até porque cada desenho e trançado tem o seu significado. Aqui, tanto as mulheres quanto os homens podem se pintar, para usar a tinta para se pintar é usada a fruta do jenipapo porque a tinta retirada dela dura aproximadamente vinte dias no corpo. Apesar da pintura ser bastante usada, aqui na nossa Aldeia Te'yikue, tem poucas pessoas da comunidade que ainda produzem artesanato indígena, porque falta apoio e estrutura para fazer coleta, fazer o artesanato indígena e vender.

A Educação Escolar Indígena na Escola Indígena Extensão Loide Bonfim Andrade – Aldeia Te'yikue

A educação escolar no Brasil foi imposta aos povos originários desde os primórdios da colonização com o intuito de catequização e destruição dos valores da cultura originária. Somente no Século XX, devido à luta dos povos indígenas, é que surge o reconhecimento de uma educação diferenciada para os povos indígenas: a Educação Escolar Indígena. A Educação Escolar Indígena é um tipo de educação voltada para os povos indígenas, porque esse tipo de educação irá respeitar suas especificidades culturais e também poderá preservar suas culturas tradicionais. A educação indígena tem se tornado relevante nos vários países que foram colonizados e onde ainda existem habitantes originários. O direito à educação indígena está assegurado na Constituição Federal Brasileira de 1988, no 2º parágrafo do artigo 210: "O ensino fundamental regular será ministrado em língua portuguesa, assegurada às comunidades indígenas também a utilização de suas línguas maternas e processos próprios de aprendizagem" (BRASIL, 1988, s/p).

O movimento indígena reivindicou o direito à autodeterminação em relação à educação escolar e exigiu que as práticas educativas formais desenvolvidas em áreas indígenas fossem definidas pelos indígenas, assim como as concepções de educação, processos de socialização e estratégias de ensino. A Educação Escolar Indígena é assegurada por lei no Brasil e seus objetivos são:

recuperar e fortalecer a memória histórica, reafirmar as identidades étnicas indígenas e valorizar os conhecimentos dos povos, dentre outros. A partir do ano 1988, com a nova Constituição, os povos indígenas conquistaram o direito a uma educação escolar intercultural bilingue/multilíngue e comunitária, direito à transmissão de conhecimentos tradicionais dentro da escola e direito à participação das comunidades nas decisões dos objetivos da escola.

De acordo com Teresinha Batista (2005), até 1997 o modelo de escola indígena na Aldeia Te'yikue era de uma escola que não ensinava a língua materna e além disso a desvalorizava, incentivando os alunos a falarem somente a língua portuguesa, uma escola onde a cultura indígena não era valorizada e os professores eram não indígenas, o que fazia com que a maioria dos alunos desistissem de frequentar a escola. A partir de 1997, a Prefeitura de Caarapó resolveu implementar o projeto de Educação Escolar Indígena bilíngue e diferenciada, a partir de parceria com a Universidade Católica Dom Bosco e com o CIMI. Os primeiros professores contratados foram Eliel Benites e Ládio Verón, que foram trabalhar na Escola Municipal Indígena Ñandejara Pólo, e aos poucos a proposta de Educação Indígena diferenciada foi ganhando força na comunidade e em toda a região, dando origem, em 1999, à criação do Curso de Magistério Específico Ara Verá, que foi para melhorar a formação dos professores indígenas que começaram a atuar nas escolas. De acordo com a autora:

> Pelo trabalho desenvolvido na escola, os professores e as professoras foram adquirindo confiança da comunidade. Os pais e mães foram sendo envolvidos nas atividades escolares, as reuniões, nos fóruns, nos mutirões de reflorestamento, na reflexão de temas significativos para a comunidade em especial: educação indígena, educação escolar indígena, valor da língua materna, projeto de recuperação ambiental, fogo, construção das represas e outros. Dessa forma, a comunidade não só aceitou a educação escolar diferenciada, os professores indígenas, como passaram a ajudar a construir esse novo modelo de escola. (BATISTA, 2005, p. 92).

Pela minha experiência como professora indígena desde 2013 na Aldeia Te'yikue, onde trabalhei na Escola Indígena Extensão Loide Bonfim Andrade durante cinco anos e atualmente estou trabalhando na Escola Indígena Ñandejara Pólo, vejo que a Escola Indígena na Aldeia Te'yikue busca ensinar aos alunos a produzirem arte indígena e a valorizar nossa cultura, a escola quer fazê-los entender a riqueza da cultura da nossa comunidade. A Escola sempre busca conscientizar e oferecer alternativas através do conteúdo aplicado em sala de aula, preparando o aluno para ser autônomo e saber construir, refletir e ser crítico.

Projeto *Sabor da Terra*, da Escola Indígena Extensão Loide Bonfim Andrade

O projeto *Sabor da Terra* teve como objetivo mostrar os artesanatos da microrregião da Jaicha Syry (conhecido atualmente como Missão), de forma teórica e prática dentro da sala de aula, e revelar também a resistência da cultura indígena através da escola e do professor indígena, juntamente com liderança e Ñanderu.

Imagem 13.1 – Da direita para a esquerda: Ñanderu Cícero, Ñanderu Iídio e alunas do sexto ano, durante apresentação no Projeto Sabor da Terra. Ano de 2017

Fonte: acervo da Escola Indígena Extensão Loide Bonfim Andrade

O projeto *Sabor da Terra* foi iniciado na Escola Extensão Loide Bonfim Andrade, no ano de 2004, e conseguiu resgatar a nossa arte Guarani/Kaiowá como a pintura corporal, focando em trazer de volta o que foi um pouco esquecido em nosso Tekoha Aldeia Te'yikue. O projeto teve como finalidade mostrar o processo de artesanato, com produção de colar (po'y), grafismo na pulseira (jyva rehegua), pintura corporal, arapuca, cocar, mbaraka, armadilha, desenho de grafismo em roupa típica, jehasaha (roupa tradicional do menino), brinco de pena.

Figura 13.2 – Roupa tradicional de menino com cocar, jehasaha e ku'akuaha, em exposição no Projeto Sabor da Terra

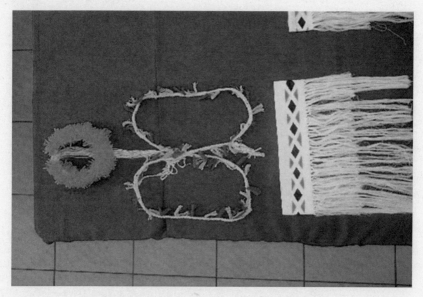

Fonte: arquivo da Escola Indígena Extensão Loide Bonfim Andrade

Figura 13.3 – Colares (po'y) e pulseiras em exposição no Projeto Sabor da Terra

Fonte: arquivo da Escola Indígena Extensão Loide Bonfim Andrade

Além disso, o Projeto *Sabor da Terra* também realizou exposição de comida tradicional com: mandioca, milho verde, abóbora, batata doce, amendoim, cana de açúcar, peixe, tatu, cará, maracujá, entre outros, e também comida não tradicional: beijinho de mandioca, cará, doce de abóbora, cricri de amendoim, bolo de mandioca, bolo de milho, doce de batata, pudim de mandioca, batata, mousse de maracujá. Para sua realização, Projeto *Sabor da Terra* envolveu professores, alunos, comunidade local e gestores das escolas, além do apoio da secretaria de educação da prefeitura.

Figura 13.4 – Equipe da Escola junto à exposição de comidas tradicionais. Ano de 2017

Fonte: acervo da Escola Indígena Extensão Loide Bonfim Andrade

Figura 13.5 – Da direita para a esquerda: Prof.ª Arlete Sarate, Prof.ª Marilene Vilhalva, Prof.ª Ruth Gonçalves, Marileide da Silva e Cilene Gonçalves junto à exposição de comidas tradicionais e não tradicionais no Projeto Sabor da Terra. Ano de 2017

Fonte: acervo da Escola Indígena Extensão Loide Bonfim Andrade

O projeto foi ao campo com alunos e professores para buscar sementes, e pais também forneceram matéria-prima para a escola. Após a coleta, as turmas foram organizadas em grupos e foram feitos os artesanatos. Em seguida, os artesanatos foram levados para as aulas como tema de escrita, leitura, oralidade e gramática. Também foram abordados de forma interdisciplinar.

Figura 13.6 – Alunos do 5º ano fazendo produção de mbaraka para exposição no Projeto Sabor da Terra. Ano de 2016

Fonte: acervo da Escola Indígena Extensão Loide Bonfim Andrade

Figura 13.7 – Alunos do 4º ano fazendo produção de brincos para exposição. Ano de 2016

Fonte: acervo da Escola Indígena Extensão Loide Bonfim Andrade

Figura 13.8 – Alunos ralando milho para fazer chicha e bolo para exposição no Projeto Sabor da Terra. Ano de 2017

Fonte: acervo da Escola Indígena Extensão Loide Bonfim Andrade

Figura 13.9 – Alunos e funcionária da escola descascando mandioca para produção de alimento para exposição no Projeto Sabor da Terra

Fonte: acervo da Escola Indígena Extensão Loide Bonfim Andrade

Histórico do Projeto Sabor da Terra

O motivo de se criar o Projeto *Sabor da Terra* foi valorizar a cultura tradicional, pois, no dia a dia da Escola Indígena, quando os alunos iam fazer a pesquisa de campo com a família na Aldeia, havia muita resistência dos próprios alunos, que não queriam saber e nem aprender as comidas típicas e nem a produção de artesanatos, não queriam pintar os corpos. Então, em 2004, a professora Marluce Ribeiro sugeriu para a equipe de professores indígenas a implementação do projeto *Sabor da Terra* juntos com os alunos, professores, liderança e Ñanderu. Toda a equipe que trabalhava na Escola Loide Bonfim Andrade concordou, a liderança também e o Projeto começou através da coletividade e da união de todos, envolvendo as famílias, alunos e professores, Ñanderu e lideranças também.

Com a aposentadoria da professora Marluce Ribeiro, a professora Rosileide C. Barbosa que era coordenadora da Escola nesse período continuou o Projeto a partir de 2007, junto com a equipe de gestores, professores, lideranças e Ñanderu. E, a partir de 2015, o projeto *Sabor da Terra* continuou com o coordenador Eliezer Benites, porque ele assumiu o papel de coordenador na Escola Indígena Extensão Loide Bonfim Andrade, e assim o Projeto vem caminhando. De acordo com o relato dos professores da Escola Extensão Loide Bonfim Andrade que se envolveram nesse projeto, o trabalho é feito em coletivo dentro da Educação Escolar Indígena, pensando no futuro de nossos alunos, procurando superar as dificuldades que a comunidade enfrenta. O tema e o conteúdo da escola indígena são diferenciados e o enfoque é semear autonomia e sustentabilidade e desenvolver competências e habilidades, resgatar o conhecimento tradicional e a própria identidade.

Relatos de Participantes do Projeto Sabor da Terra

Para refletir sobre a importância do Projeto *Sabor da Terra*, entrevistei o professor Genildo Ramires, a professora Renata Castelão e Valdileia Garcia, mãe de um aluno da comunidade, para poder ter outras visões além da minha própria experiência. Eu gostaria de ter entrevistado o Ñanderu Lídio Sanches, mas por causa da pandemia de COVID-19 não foi possível, porque ele não estava recebendo visita.

Eu entrevistei primeiro o professor Genildo Ramires, que trabalhou a partir de 2001 com os alunos da Escola Extensão Loide Bonfim Andrade, ele falou sobre realizar pesquisa com Ñanderu para poder ensinar aos alunos dele.

Ele comentou sobre o início do projeto, quando foi realizado o planejamento, para depois ir para a aula prática. De acordo com o relato do professor:

> É muito cansativo fazer projeto, mas vale a pena, porque eu vejo que meu aluno quer aprender artesanato da sua cultura, ali que eu vejo o interesse dos alunos. Então, se nós professores indígenas não ensinar na aula prática, o aluno nunca vai aprender, eu vejo também que meu aluno pouco sabe a importância da cultura, mas mesmo assim chamei ñanderu para falar desta importância, trouxe a fala do ñanderu para os alunos dentro da sala de aula, depois disso nós começamos a fazer a nossa aula junto com ñanderu Cícero e os alunos. Eu aprendi com ele e consegui produzir tinta tradicional com jenipapo para fazer pintura corporal durante o projeto, então ali que iniciamos a nossa aula prática. No começo, tivemos dificuldade para encontrar matéria prima para ser utilizada no projeto, graças à ajuda da família do ñanderu e dos alunos que contribuíram bastante, conseguimos matéria prima que são sementes tradicionais, para trazer para dentro da escola indígena. Os alunos achavam que as plantas que tinham na própria casa não tinham importância, mas essas crianças aprenderam na escola sobre essa importância. Esse projeto ajudou muito aos alunos e à comunidade a valorizar a sua cultura e resgatar o que já foi extinto. Agora, os alunos conseguem trazer matéria prima, trazem suas próprias plantas, porque valorizam muito a pintura corporal, ente outros artesanatos indígenas Guarani/Kaiowá. Durante a pandemia, esse projeto continua incentivando os alunos através de atividades remotas. (entrevista com Genildo Ramires, 2021)

Entrevistei também a professora Renata Castelão, que acompanhou o projeto *Sabor da Terra* desde 2016. Segundo a fala da professora, o projeto tinha sempre o objetivo de mostrar a cultura e a riqueza da nossa comunidade, como comidas típicas e produção de artesanato indígena produzido na Escola Indígena Extensão Loide Bonfim Andrade. Para ela, este projeto poderia ter uma permanência maior no dia a dia, porque este projeto só acontece uma vez por ano, e é algo que deveria acontecer o ano inteiro, para que os envolvidos possam produzir e ensinar os alunos o ano inteiro:

> [...] o ensino da arte indígena é muito importante, é possível perceber isso no momento de produzir os artesanatos como Mbaraka, colar, cocar, arapuca, roupa típica, pulseira, pintura corporal, pintura, roupa típica, entre outros. Os alunos fizeram

a coleta dos materiais que seriam utilizados para produzir os artesanatos, os alunos trouxeram esses materiais na escola e se interessaram pela aula prática, eu senti que isso depende do interesse dos professores. No início deste projeto eu vi interesse da comunidade também, como professora eu me senti orgulhosa porque os alunos aprendem rápido. Ali os alunos percebem o nosso artesanato indígena e a importância de valorizar as matérias primas, isso é preservar o nosso meio ambiente e a semente tradicional. Eu aprendi a produzir artesanato através de pesquisas junto com meus alunos da classe, procurei também os mais velhos, aprendi a produzir cestaria, cocar, colar, pulseira trançado, roupa típica das meninas, ku'akuaha. Eu acredito que os alunos também continuaram a fazer nas suas casas o tipo de artesanato que eles aprenderam na Escola Indígena Extensão Loide Bonfim Andrade, principalmente hoje, durante a quarentena, eu continuei a produzir artesanato indígena aqui em casa. (entrevista com Renata Castelão, 2021).

A professora Renata Castelão também destacou que através deste projeto os alunos aprenderam a fazer comida típica e artesanato e que isso também pode ser utilizado como uma forma de sustento e de ter uma renda através da sua produção. Por último, a entrevistada disse que tem um sonho de criar um grupo de mulheres, onde ela sonha em ensinar às mulheres donas de casa a produzir o seu próprio sustento, como, por exemplo, vendendo todos os tipos de artesanato indígenas e não indígenas.

Figura 13.10 – Equipe da Escola produzindo roupas tradicionais para exposição no Projeto Sabor da Terra. Ao centro, a professora Renata Castelão

Fonte: acervo da Escola Indígena Extensão Loide Bonfim Andrade

A minha experiência no projeto *Sabor da Terra* começou em 2013. No primeiro dia, eu não acreditava que eu conseguiria produzir artesanato com meus alunos, mas muitas coisas boas eu aprendi junto com meus alunos e com a equipe também, até hoje eu não consegui esquecer o que eu aprendi com a equipe, com meus alunos e com Ñanderu: a valorização da cultura, a preservação do meio ambiente, a produção de artesanato Guarani-/Kaiowá, a produção de comida tradicional e não tradicional. Em cada edição do Projeto que foi realizada, a criatividade dos professores e dos alunos conseguiu produzir e realizar esse Projeto e eu aprendi através dessa experiência que tive de ensinar os alunos. A minha experiência com o Projeto levou a incentivar os alunos a aprender e valorizar mais a arte indígena e, para mim, esse aprendizado foi em dobro. Além disso, eu sempre incentivei os alunos a seguir em frente através da produção de artes, pois se eles adquirirem habilidades eles terão uma renda através dos artesanatos que fizerem, poderão vender e ajudar os outros também.

Desde que eu comecei a trabalhar na educação como professora indígena, eu queria ensinar aos meus alunos o grafismo com a linha encerada, eu consegui realizar isso no Projeto *Sabor da Terra*, então eu contribuí nesse Projeto com o conhecimento sobre artesanato indígena, e quero contar para os meus alunos a minha história que já aconteceu comigo, o que me motivou muito a realizar esta pesquisa com os outros professores que como eu já trabalharam nesse Projeto, para mostrar a importância do projeto *Sabor da Terra*, que ensina arte e cultura na Escola Indígena Extensão Loide Bonfim Andrade, na Aldeia Te´yikue.

Figura 13.11 – Professora Cilene Gonçalves com colar produzido para exposição no Projeto Sabor da Terra. Ano de 2017

Fonte: acervo da Escola Indígena Extensão Loide Bonfim Andrade

Figura 13.12 – Professora Cilene Gonçalves com alunos do 5º ano, produzindo brincos de pena. Ano de 2017

Fonte: acervo da Escola Indígena Extensão Loide Bonfim Andrade

Também entrevistei uma mãe de um aluno que já participou do Projeto *Sabor da Terra*, para saber qual era a importância do ensino da arte indígena na visão de uma mãe. Entrevistei Valdineia Garcia, que mora na microrregião conhecido como missão Jaicha Syry, ela tem 34 anos e é da etnia kaiowá. Ela falou da importância do Projeto *Sabor da Terra* na produção de artesanato porque através dos professores os filhos conseguiram produzir artesanato e valorizar também a pintura corporal, que pertence à nossa cultura. Para ela, o filho conseguiu valorizar e fortalecer a cultura praticando na sua casa o que aprendeu, de acordo com a fala dela o Projeto ajudou muito cada família, é um Projeto muito importante, que não pode parar, é preciso continuar esse Projeto através de atividades remotas.

Esse projeto valoriza muito o ensino de artesanato e amplia a nossa visão sobre as várias atividades que exercemos em nosso cotidiano, como o manejo de terra para garantir a sustentabilidade e a autonomia, a preservação do meio ambiente, o cultivo das sementes tradicionais, a produção do artesanato e da culinária. Através desse projeto, foi valorizada também a pintura corporal com grafismo e a semente tradicional que está em extinção, por isso é necessário resgatar e arrecadar sementes.

Por tudo isso, vejo como é importante o professor indígena ensinar aos alunos a cultura tradicional na aula de Arte, é importante levar para os alunos o que aprendemos na nossa formação de professores indígenas de uma educação diferenciada. Porque os nossos alunos dependem da escola e dos professores. Durante a pandemia, foi necessário mudar a metodologia de ensino e conseguimos fazer atividades através de aulas remotas, porque não podemos parar esse Projeto, até hoje equipe de professores está conseguindo caminhar juntos com atividades remotas. O importante é continuar, pois a Escola Indígena é capaz de resgatar o artesanato indígena, através da coletividade da equipe no nosso tekoha Te 'yikue.

Figura 13.13 – Professora Marileide da Silva, pintando murais para exposição no Projeto Sabor da Terra. Ano de 2018

Fonte: acervo da Escola Indígena Extensão Loide Bonfim Andrade

Figura 13.14 – Alunos do 5º ano fazendo pintura corporal com jenipapo e utilizando grafismos. Ano de 2018

Fonte: acervo da Escola Indígena Extensão Loide Bonfim Andrade

Considerações finais

Realizar esta pesquisa foi muito prazeroso, porque pude falar um pouco da realidade do meu povo e de como produzimos artesanato dentro da Escola Indígena Extensão Loide Bonfim Andrade, aplicando planejamento na aula prática com os alunos e fazendo o ensino da aula prática junto com Ñanderu. Também pude refletir sobre o enfraquecimento da cultura tradicional Guarani/Kaiowá no nosso Tekoha Aldeia Te 'yikue, mas através da Escola Indígena e do papel do professor indígena os alunos conseguem valorizar a sua própria a identidade de ser Guarani/Kaiowá.

Neste trabalho, pude refletir também sobre a minha relação com a arte, o grafismo, e a desvalorização da cultura Indígena na minha comunidade. E conheci um pouco mais da realidade do nosso tekoha Aldeia Te 'yikue. Como professora indígena, acredito que é necessário que a escola sempre trabalhe valorizando a riqueza que o nosso povo deixou para nós, e sempre se mantenha valorizando os saberes tradicionais como artesanato indígena da nossa Aldeia na Escola Indígena. Por isso, sempre vou levar na minha memória que nós indígenas e professores devemos valorizar a nossa cultura tradicional, porque o professor é um espelho para comunidade.

Referências Bibliográficas

BATISTA, T. A. S. *A luta por uma escola indígena em Te'yikue, Caarapó/MS*. 2005. Dissertação (Mestrado em Educação) - Universidade Católica Dom Bosco, Campo Grande, 2005.

BENITES, E. A educação escolar indígena na Aldeia Te'yikue. *In:* CARRION, D; BENITES, E. (org.). *Olhares Cruzados Guarani Kaiowá*: Pay Tavytera: Brasil Paraguai. São Paulo: Reflexo Texto e Foto, 2012.

BRASIL. *Constituição da República Federativa do Brasil*. Brasília, 1988. Disponível em: http://www.planalto.gov.br/ccivil_03/constituicao/constituicao.htm. Acesso em: 26 maio 2021.

CASTELÃO, Renata. [Entrevista concedida a] Cilene Gonçalves. Aldeia Te'yikue, Caarapó/MS, 2021.

GARCIA, Valdileia. [Entrevista concedida a] Cilene Gonçalves. Aldeia Te'yikue, Caarapó/MS, 2021.

RAMIRES, Genildo. [Entrevista concedida a] Cilene Gonçalves. Aldeia Te'yikue, Caarapó/MS, 2021.

CAPÍTULO 14

ETNOMATEMÁTICA DE TEMPO/ESPAÇO (ÁRA) NA CONDIÇÃO DE RESERVA ENTRE OS GUARANI E KAIOWÁ[36]

Issias Sanches Martins
Maria Aparecida Mendes de Oliveira

Introdução

O tempo trouxe transformações nos *tekoha* (territórios Guarani e Kaiowá) que impôs interferência nos modos de produção do *teko* (cultura), causando diferentes formas de ocupação do espaço para os povos indígenas. Apesar destas transformações persistem diferentes formas de marcar o tempo na cosmologia de cada povo indígena e na relação que estes estabelecem com seu entorno. Considerando estas novas configurações como as Reservas Indígenas criadas pelo estado brasileiro, em que os Guarani e Kaiowá se organizam em terras reservadas desde o início do Século XX, buscamos a partir da escuta dos mais antigos, entender em que consistem alguns marcadores de tempo dentro da cultura Guarani e Kaiowá.

Ao pensar o tempo e o espaço como medidas, no campo da etnomatemática, buscamos entender como estes são organizados e difundidos a partir do modo de ser e viver dos Guarani e Kaiowá. Na condição da vida em Reserva[37], a ideia de tempo e espaço (*ára*) em grande medida se contrapõe à logica em que o tempo e o espaço são considerados objetos de medida linear, definido dentro do conhecimento ocidental, físico e matemático. Ao observar os diferentes modos de se relacionar com o *ára* propomos, a partir de uma

---

[36] Uma primeira versão do texto foi anteriormente publicada em 2021 na revista *Revista Interdisicplinar em Ensino de Ciências e Matemática RIEcim*, v. 1, n. 2, p. 142-153.

[37] Para um melhor entendimento do tema da vida na Reserva de Amambai, remetemos a Valiente (2019), em que o autor, entre outros aspectos discute como a configuração de parentelas, recolhidas na reserva se conectam com agências do Estado e da sociedade nacional.

pesquisa realizada, como quesito para a conclusão do curso de matemática na Licenciatura Intercultural Indígena – Teko Arandu uma reflexão sobre o tempo a partir de outra perspectiva: A do Guarani da Reserva Indígena Amambai (*Guapo'y*).

Procuramos desta forma, ao considerarmos as diferentes concepções de tempo, entender como os marcadores de tempo guarani estão presentes nas diferentes situações de lidar e viver no tempo e espaço da reserva. Assim, este trabalho objetiva identificar quais marcadores de tempo ainda são utilizados na perspectiva cultural entre os Guarani. Buscamos refletir sobre as formas de conceber o tempo a partir de marcadores presentes na cultura Guarani na Reserva Indígena Amambai (*Guapo'y*) que permanecem presentes nas atividades realizadas no dia a dia e em que tempo e espaço que elas são mobilizadas

O trabalho de pesquisa na comunidade na qual a primeira autora está inserida nos leva a mobilizar instrumentos muito presentes nos trabalhos etnográficos. Iniciamos este texto informando que a escrita em terceira pessoa, perpassa por uma escolha entre autora e coautora, entre a pesquisadora indígena e a pesquisadora não indígena. Essa escrita, nas palavras de Bruce Albert, em "A queda do céu", "carrega um duplo eu", é um "texto escrito/falado a dois". Longe de estarmos comparando este texto com a grande obra etnográfica produzida por Kopenawa e Albert (2015, p. 537), é inspirado na necessidade de estabelecermos um lugar de escrita, de um trabalho em colaboração entre pesquisadora indígena, "que carrega a voz" e a escrita no português como segunda língua e a orientadora não indígena, que toma parte nesta redação.

Trata-se da produção de uma pesquisa realizada pela pesquisadora nativa (falante da língua) e moradora desta comunidade que, se implicou em uma etnobiografia segundo (GONÇALVES *et al.*, 2012), produzindo uma dimensão metanarrativa da etnografia, em que o lugar de agência da própria narrativa etnográfica torna-se objeto etnográfico. As entrevistas/conversas foram feitas na língua materna deste povo que é o Guarani. Através de conversas livres com pessoas mais velhas, que possuem relação de parentesco com a primeira autora, possibilitou que elas pudessem falar sobre seus conhecimentos em momentos propícios revelando a especificidade própria da concepção Guarani, ou seja, sem hora marcada no tempo cronológico.³⁸ Assim, as conversas foram realizadas a cada final de semana, cada final de um dia ou na manhã de qualquer dia tentando sempre deixar o interlocutor à vontade para que o trabalho venha a fluir de forma natural sem causar constrangimento para as pessoas, como destacado por Batista (2006), que podemos considerar como uma metodologia nativa no campo da pesquisa junto aos povos indígenas. O autor traça elementos importantes para a realização de pesquisa com seu próprio povo, o que considera como uma "reconciliação", pois propicia uma aproximação com caciques, idosos e os mais novos da comunidade. Barreto (2022), também traz uma importante contribuição para as pesquisas realizadas com seu próprio povo, apresenta como uma metodologia nativa a ideia da "etnografia de casa", pois o pesquisador nativo se propõe a dialogar com os anciões, crianças, adolescentes, pais lideranças e moradores da aldeia.

Para Smith (2028), ao tratar as possibilidades de construção de metodologias próprias, desenvolvidas pelos pesquisadores indígenas. Como as pesquisas centradas no próprio povo, ao trazê-lo ao centro e privilegiar os valores indígenas, suas atitudes e práticas, mais que os distinguir de rótulos ocidentalizados, como a "pesquisa colaborativa" (SMITH, 2028, p. 145). Portanto, ainda que esteja em fase de apropriação destas leituras para uma melhor delimitação da metodologia, talvez uma "pesquisa centrada nos Guarani e Kaiowá", em contra curso da "ideia de que a pesquisa é uma prática altamente especializada, que por definição 'tem que ser' desenvolvida e mantida a distância da comunidade" (SMITH, 2018, p. 146).

Tempo Cronológico versus Tempo Guarani

O passar do tempo trouxe mudanças dentro dos *tekoha*³⁹ nos modos de produção o *teko* (cultura). As formas de ocupação do espaço ao longo do tempo trouxeram muitas transformações para o povo Guarani, mas, ainda que o tempo haja de forma veloz, promovendo transformações na vida dos

---

[38] Estamos entendendo aqui o tempo cronológico como o tempo dos relógios e dos calendários não indígena, um tempo é medido em frações exatas e constantes de tempo (segundos, minutos, horas, dias, meses, anos etc.), o tempo como objeto.

[39] *Tekoha* para os Guarani e Kaiowá é o Território, lugar em que vivem de acordo com seus costumes, mais que um espaço físico é o espaço que se transforma de acordo com a cultura do grupo de seus conhecimentos e tecnologias. É o lugar (*ha*) onde se realiza a cultura (*teko*). A destruição dos *tekoha*, produzida pela perda da terra, inviabiliza a vivência cultural, religiosa e social, fazendo todo o sistema guarani (*teko*) entrar em crise, colocando em risco à própria sobrevivência do grupo, principalmente porque sem terra não há condições de exercer a economia de reciprocidade (*teko joja*), característica do sistema de cooperação da família extensa, unidade básica da organização social dos Guarani e Kaiowá (UFGD/FAIND, 2012, p. 15-16)

indígenas, é possível observar que os traços culturais permanecem nos detalhes presentes nas ações da comunidade dentro do *tekoha*. A relação com o tempo, as diferentes formas de marcar o tempo na cosmologia Guarani ainda são muito presentes nas práticas vividas por estes povos indígenas. Diante dos processos de transformação, provocados pela diminuição de seus territórios tradicionais e sendo forçados a se reorganizarem em Reservas Indígenas, os Guaranis e Kaiowá o que os levou a lidar com diferentes formas de ocupação do espaço, e de organização de suas vidas a partir de outras lógicas de organização do tempo. Passaram a vivenciar com uma mistura entre o modo de vida e de percepção do tempo e espaço dos antigos "Teko'yma" (MOTA, 2012) e a imposição de um calendário ocidental, por meio de processos de colonialidade.

De cordo com Quijano (1992, p. 12), os processos de colonialidade estão pautados na relação entre cultura europeia, chamada também de ocidental, e as outras, que segue ainda numa relação de dominação colonial. Ainda de acordo com o autor a colonialidade consiste, em uma colonização do imaginário dos dominados e atua na interioridade desse imaginário, e em certa medida é parte dele. É calcada num processo dominação que se iniciou com uma sistemática repressão não só de crenças, ideias, imagens, símbolos ou conhecimentos, mas também

> [...] recaio sobre tudo, sobre os modos de conhecer, de produzir conhecimento, de produzir perspectivas, imagens e sistemas de imagens, símbolos, modos de significação; sobre os recursos, padrões e instrumentos de expressão formalizada e objetivada, intelectual ou visual. (QUIJANO, 1992, p. 12).

A imposição de outras formas de organização do tempo e espaço com a outro calendário, que passa a assumir outros tempos, o tempo da escola, o tempo da vacinação, o da entrega de cestas, o tempo da plantação de acordo com o calendário da Fundação Nacional do Índio (FUNAI), entre outros. Esta imposição de um calendário não indígena gerou um novo modo de viver *Tekopyahu* (MOTA, 2012). Este processo que leva os Guarani e Kaiowá a lidar com outras formas de se relacionar com o tempo e o espaço também interfere na cosmologia indígena.

Para os Guarani e Kaiowá o tempo e o espaço são designados por uma única categoria indígena *Ará*, a noção de tempo está atrelada a noção de espaço, assim como em outras culturas indígenas. De acordo com Smith (2018), os conceitos de tempo e espaço nas línguas indígenas não assumem significados diferentes e em algumas línguas indígenas, não se encontra uma clara distinção entre estes dois conceitos, assim como para os Guarani e Kaiowá. A autora menciona que para os Maori a palavra para tempo e espaço é a mesma. Ainda de acordo com a autora "existem posições no tempo e no espaço em que os eventos e as pessoas são situados, mas estas não podem necessariamente ser descritas como categorias distintas do pensamento" (SMITH, 2018, p. 66). As ideias a respeito do tempo e espaço, para a ciência ocidental, estão codificadas na linguagem, na filosofia e nas ciências físicas e matemática.

A noção de tempo e espaço é objeto de preocupação tanto nas ciências humanas, enquanto categorias ou na física e na matemática enquanto medidas. A matemática tem construído uma linguagem que tenta definir com absoluta exatidão os parâmetros, dimensões, qualidades e possibilidades de espaço e tempo.

> Esta linguagem espacial influencia a forma como o Ocidente pensa a respeito do mundo além da Terra (cosmologia), a forma como a sociedade é vista (espaço público/privado, espaço da cidade/país), os modos como os papéis de gênero foram definidos (público/doméstico, casa/trabalho) um mundo compartimentalizado pode ser melhor definido e medido. (SMITH, 2018, p. 67).

As formas de imposição de organização do tempo e espaço estabelece uma relação particular, Ocidental, da relação entre as pessoas e as paisagens, o que significou uma transformação radical a partir de uma imagem espaço-temporal do Ocidente na visão do mundo indígena, de suas terras e pessoas, ou seja, o espaço indígena foi colonizado (SMITH, 2018, p. 67-68).

O Tempo no Espaço da Reserva Indígena

A aldeia Amambai está localizada no munícipio de Amambai, BR 384 km 5. Ocupa uma área de 2.432 hectares, com população estimada em mais de 10.000 habitantes. A Reserva Indígena de Amambai foi registrada oficialmente pelo governo no ano de 1928, com o nome de Benjamim Constante, junto com outras reservas demarcadas na época do Serviço de Proteção ao Índio

(SPI)[40]. No entanto, diferentemente das outras reservas, essa teve a sua área reduzida de 3.600 hectares para 2.432, que mais tarde por reivindicações organizadas pelos indígenas o governo demarcaria outro pedaço de terra, hoje denominada aldeia Limão Verde para totalizar os 3.600 no município.

Dentro da Reserva de Amambai há uma subdivisão em quatro localidades, o Posto, o Fundo da Aldeia (denominada Pandui), o Sertão e a Invernada. Tem uma liderança bem definida e uma equipe que comanda a aldeia teoricamente, escolhida no modo voto dos membros da comunidade. Tem três pontos de atendimento à saúde, localizados em diferentes regiões. Também possui duas escolas polos municipais com suas extensões, que atende da Educação Infantil às séries Finais do Ensino Fundamental e uma escola estadual que atende o Ensino Médio. Foi na reserva de Amambai que esta pesquisa foi desenvolvida, num trabalho etnográfico junto pessoas mais antigas da aldeia ainda preservam elementos da cultura Guarani relacionada à forma como se localizam no tempo, neste espaço.

O *tekoha* para Guarani Kaiowá é onde, o lugar, o espaço em que se desenvolve e produz o *teko* (cultura) no decorrer do tempo. Por isso o *tekoha* é essencial para a sobrevivência desse povo. O *tekoha* ideal é o lugar de liberdade onde não tem fronteira para viver conforme o *nhnadereko*, (nosso jeito de ser, nosso jeito de construir, relacionar falar a língua e ensinar nossas crianças). A educação indígena desenvolvida no *tekoha* é fortemente pautada na prática com a experiência (AQUINO, 2012), através dos afazeres cotidianos da vida como o trabalho na roça, a construção de uma casa, no lazer que envolve o esporte, até as menores tarefas do dia a dia como preparar o alimento. O passar do tempo trouxe mudanças e transformações dentro dos *tekoha* na forma de construir o *teko* (cultura). É relevante, para os Guaranis tratarem sobre essas mudanças, pois ainda que o tempo aja de forma veloz, promovendo transformações na vida dos indígenas, conseguimos observar que os traços culturais permanecem nos detalhes presentes nas ações dos jovens. A relação com o tempo, as diferentes formas de marcar o tempo ainda são muito presentes nestas práticas vividas. E é a partir destas experiências que

---

[40] As reservas dos Kaiowá e Guarani foram delimitadas no século passado através de projeto do governo federal. Elas foram criadas pelo Serviço de Proteção aos Índios (SPI) entre 1915 e 1928, nos atuais municípios de Dourados, Caarapó, Amambai, Tacuru, Paranhos, Japorã e Coronel Sapucaia. Nesses municípios criaram-se as reservas e, desse modo, agregaram no mesmo espaço uma heterogeneidade de grupos indígenas espalhados pelo Estado de Mato Grosso do Sul, expulsando-os de suas terras tradicionais. Para as reservas deslocou-se parte da população Guarani e Kaiowá, o que serviu para a liberação de terras no então Estado de Mato Grosso. A condição de territorialização nas reservas alterou profundamente os modos de produção e reprodução social, cultural e política entre estes povos (VALIENTE, 2019).

pretendemos identificar como alguns marcadores de tempo, presentes no modo de viver e de se organizar no tempo e espaço da reserva, ainda estão presentes nas práticas dentro da comunidade.

A proposta desta pesquisa surgiu a partir de um diálogo informal com Dona Epifânia Sanches Adjala, matriarca da família e contemporânea da reserva Amambai. Em uma conversa ao compartilhar um mate vespertino ela relatava, enquanto observava os céus, as suas histórias sobre as gaivotas e o ritual que elas realizavam sempre que migravam para as bandas da aldeia com o intuito de procriarem e que isso marcava um período de chuvas, o início da época de guaviras[41], plantio de ramas de mandioca etc.

Nessas conversas, ficou evidente que existiam ainda conhecimentos e saberes em relação às formas de se marcar ou se localizar no tempo na concepção Guarani e elas não consistiam apenas nas medidas de tempo linear ensinada na escola através da matemática convencional e que não se tratava em simplesmente marcar o tempo encontrado no calendário, mas envolvia questão de sobrevivência cultural. No intuito de aprofundar sobre a forma de conceber e de marcar o tempo, se é que é possível e, tendo como ponto inicial a história das gaivotas, iniciou-se uma série de visitas para ouvir suas histórias. Foi possível perceber que na perspectiva dos Guarani o tempo existe a partir do espaço físico (*tekoha*). Se não houver espaço não tem como se localizar no tempo, o que é representado em uma única palavra na língua guarani, *ará* (tempo/espaço). De acordo com Eliel Benites com a chegada do branco o tempo dos Guarani e Kaiowá foi acabando, para ele, *maguare*, o tempo dos antigos, o passado é a construção do tempo presente.

> O tempo para o Guara Kaiowá é a duração de um determinado sentido a partir da relação que ele estabelece no seu *tekoha*. Quando é mais denso, prevalece o sentido no próprio tempo, e o sentido da produção do espaço. Busca reproduzir um outro tempo. Com a nova conexão se cria outros sentidos. O tempo é uma sequência de sentidos que vai demarcando o território. Agora, de acordo com as lideranças, estamos no tempo do direito, legalmente temos o direito, mas não é concedido pelo estado plenamente. (entrevista com o pesquisador e professor indígena Eliel Benites, 2020).

Esta percepção apresentada por Eliel Benites nos remete ao que Norbet Elias (1998) afirma sobre o tempo ser uma criação relacionada a determi-

---

[41] Fruta típica do cerrado encontrada nos territórios Guarani e Kaiowá

nadas intenções e tarefas específicas do homem, e que foram impostas a outras sociedades e em específico às sociedades indígenas, que passaram e passam por processos de colonialidade, de acordo com os interesses da modernidade. Esta sequenciação do tempo não é vivida da mesma forma em todas as sociedades, "e nem todas as sociedades têm no controle do relógio ou do calendário as mesmas formas de perceber a realidade" (ELIAS, 1998, p. 15) dessa forma de colocar outra lógica de tempo, diferente do tempo *manguare* (tempo antigo), um tempo sequenciado e medido por relações com a sociedade não indígena. Concordando com Mota (2012), o tempo e espaço métrico cartesiano ocidental não é a única possibilidade de vivenciar a relação espaço temporal e entre os Guarani e Kaiowá não é possível pensar o tempo e o espaço separados. E é sobre as formas de marcação desse tempo no espaço da reserva, que ainda resistem na cultura Guarani e Kaiowá, que apresentamos neste texto.

Considerações sobre a Percepção de "Tempo"

Os mais antigos da aldeia, como são chamados os mais velhos pelos mais jovens, sentem prazer de repassar adiante seus saberes mais que poucos têm interesse em conhecer ou adquirir. É importante destacar que foi uma forma de sobrevivência desenvolvida por eles de manter o *tekoyma* e que atravessou gerações até os dias de hoje. Mediada por cada diálogo, levando em conta cada revelação dos entrevistados, iniciei as observações no comportamento de algumas espécies de animais, o comportamento e ação das pessoas da comunidade e elementos da natureza. Muitos desses elementos citados foram possíveis de serem encontrados, observados na fauna e na flora do *tekoha*. No entanto, infelizmente, muitos destes elementos estão em extinção e ficarão apenas na memória ou substituídos por outros conhecimentos que o próprio tempo traz consigo.

As discussões sobre tempo assumem diferentes configurações em diferentes sociedades. No entanto, na escola indígena seguimos um tempo do calendário dos não indígenas, a noção de tempo é ensinada como uma medida matematizada, e entra no currículo da disciplina de matemática como uma unidade de medida sequenciada em milésimos de segundos, segundos, minutos, horas, dias, semanas, meses, anos etc. Em resumo o tempo é tratado na escola como uma grandeza física. Na cosmologia Guarani Ñandeva o princípio de medida de tempo parte do Tempo dia e do Tempo noite, que na mitologia representa o sol e a lua. A concepção de Tempo na cosmologia

Guarani Ñandeva parte do Espaço Físico (*tekoha*). De acordo com Domingues (2017) é complexa a cosmovisão desse povo, quando se refere a medição do tempo, pois na cosmovisão do povo Guarani, o tempo

> Se coordena a partir das observações astronômicas e também sobre as observações nos fenômenos naturais e sobrenaturais, sempre regida sobre a sua religiosidade que ultrapassa as dimensões terrestres, naturalmente não vista pela visão comum (na determinação Guarani, *tesá já'o'ỹ*), pelas pessoas que não tem vínculo com os dons do sagrado para a interpretação apresentada na religião deste povo. (DOMINGUES, 2017, p. 8).

Ainda de acordo com o autor não se pode descartar também o calendário cristão que já é uma realidade entre os povos indígenas, uma vez que apresentar a contagem na cultura tradicional, na sua originalidade sem influência é muito complexa, pois em muitas partes um se difere do outro, mas em muitos momentos da vida na reserva eles coincidem. O espaço físico ocidental conforme Linda Smith (2018), ao citar Henry Lefebvere afirma que a organização espacial é importante parte da vida social. As classificações ocidentais de espaço incluem noções como espaço arquitetural, espaço físico, espaço psicológico, espaço teórico e outros. Nessa perspectiva o Tempo está muito além de simplesmente um indivíduo marcar ou se localizar dentro do tempo. Para o professor Eliel Benites (entrevista mencionada acima), "os elementos da natureza que se encontram dentro das Reservas são os instrumentos cruciais para se medir o tempo".

As medidas de tempo ensinadas nas aulas de matemática convencional são, apenas parte do tempo para identificar um momento da vida. Para os Guarani ela representa forma de vida e sobrevivência. Pensar em marcadores do tempo nessa perspectiva nos remete a não somente se uma ideia de se localizar ou medir o tempo, mas, se encontrar no tempo mediante os elementos da natureza, ver e sentir um fenômeno ou um acontecimento que se aproxima. O que nos leva a tomar atitudes muitas vezes repentinas como adotar um estilo de vida diferente do qual estava vivendo ou acostumado a viver:

> Os calendários sintetizam o conhecimento e o comportamento necessários para o sucesso de plantio, colheita e armazenamento. Os calendários são obviamente associados as mitos e

> cultos, dirigidos as entidades responsáveis por esse sucesso, que garante a sobrevivência da comunidade. Portanto, os calendários são locais. (D'AMBROSIO, 2005, p. 21).

A necessidade de desenvolver mecanismos de marcar o tempo evidencia que um acontecimento se aproxima, tempo de plantar, tempo de colher, tempo de nascer etc. Isso remete a uma atitude que deve ser tomada para garantir a vida e a sobrevivência, como no caso da agricultura e outras atividades que garantem a vida. Estes conhecimentos são locais, como afirma D'Ambrósio (2005) e estas diferentes formas de marcar e registrar o tempo, são um excelente exemplo de etnomatemática. Isso tem grande importância na educação, e na educação matemática, pois no cotidiano das comunidades, os conhecimentos produzidos localmente estão impregnados da cultura.

As famílias criam ou fazem seu tempo de acordo com sua necessidade. Por exemplo, para os não indígenas tem um horário padrão, medido pelo relógio para as refeições, enquanto para os guarani e kaiowá o tempo para as refeições é quando sente fome. O tempo trouxe transformações neste costume para aqueles que, por exemplo, atuam como funcionários nas instituições externas, seja como servidor público seja como trabalhadores de instituições privadas. Normalmente as famílias que não fazem parte do grupo de funcionários tem suas refeições acontecendo na parte da manhã e a outra na parte da tarde. Enquanto o grupo de funcionários seguem o sistema de horário padrão do não indígena devido à sua rotina de trabalho que precisa ser cumprida. Portanto, nas reservas indígenas nos deparamos com dois tempos, dois modos de se organizar em relação ao tempo.

O grupo de agricultores organiza seu horário de acordo com o calor do sol. Quando ainda está escuro e fresco na madrugada (*ko'éjupota*) aproveitam para tomar mate preparar sua marmita e seguem para sua roça. Enquanto o sol não esquentar a ponto de não aguentar mais tanto calor é também chegada a hora da segunda refeição do dia (*zia puku*). Então retorna para sua residência para descansar e fazer sua segunda refeição do dia (*karusena*). Ou seja, eles utilizam o dia em duas partes, mas em horários diferentes dos padronizados pelo relógio. Assim também as mulheres utilizam seu tempo para realizar suas atividades. Para visitar um parente ainda escuro, sair para passear ou ir para sua roça. Na língua guarani utiliza-se alguns termos ao referirem-se as unidades de medida do tempo, já de acordo com o conhecimento ocidental, segundo a fala do Seu Zé Bino em entrevista:[42]

---
[42] Zé Bino é morador da reserva e um dos colaboradores desta pesquisa.

Tesa piri para segundo;
Petei ndyvu para minuto;
Kuarahy jere para hora;
Peteipy para rápido.

Existem várias formas de se pensar, se localizar e medir o tempo se é que é possível medi-lo. A natureza, a constelação, os animais, as pessoas, ou seja, todas as formas de vida na terra têm por natureza, em seu comportamento, sinais de que o tempo de um determinado acontecimento se aproxima. Citamos abaixo algumas dessas formas observadas e relatadas de acordo com a fala da Dona Epifânia, Dona Jonas e seu esposo Zébino e Dona Inocência Souza[43], parteira da comunidade há mais de 40 anos.

O Tempo dos Pássaros: A Importância dos Pássaros na Cosmologia Guarani

Para os não indígenas os pássaros cantam, para os indígenas Guarani e Kaiowá os pássaros falam. Podemos ver isso claramente no mito da Origem onde os protagonistas são o sol e a lua e os pássaros conversavam com a lua relatando para ele sobre a morte de sua mãe pelos *jaguaretês* (onças) e quando falam definem tempo e espaço. Tem espécies de pássaros que vivem na beira dos rios, córregos ou lagoas através disso pode se localizar o espaço. Segundo D. Epifânia antes do sol e da lua subirem aos céus para tomarem seus postos todos os animais eram pessoas, só depois que eles deixaram a terra cada animal foi se transformado em um animalzinho que conhecemos hoje e cada um recebeu sua forma como consequência de algum delito ou comportamento errado.

Ainda de acordo com a fala da D. Jonas e seu esposo José Bino, em períodos longos de seca, quando se ouvem o canto de aves como *gwyru'u* (guarani), Joao de barro (*Alonso*) anunciam que brevemente a chuva chegará. No mais tardar na virada da fase da lua. O barulho do pica pau batendo seu bico no tronco da arvore indica que haverá morte, pois, os antigos fazem relação desse barulho com a construção de um caixão que eles ao cortarem e derrubarem a arvore faz o mesmo barulho no tronco. Quando é assim o

---
[43] Moradores da aldeia que colaboraram com a pesquisa.

líder da família faz o *jehovasa*[44] ("abençoar" ou "batizar") ao mesmo tempo em que responde declarando que ele é sozinho e que não tem parentes para que a maldição não chegue até seus entes queridos.

Logo no início do ano quando se ouve o canto de um Urutau indica que haverá um inverno intenso e os agricultores se preparam desde cedo para guardar sementes para que elas não venham a se perder, declara seu Zébino. Dona Jonas revela que o Urutau começa a rodear as casas procurando construir seu ninho nas frestas das casas onde tem fogo o que mostra o desespero dela em se esconder do frio intenso. Através do canto do pássaro *Kuiavu* pode se concluir que o frio está chegando ao fim. Antes da chegada do período de frio se ouvir o canto deste pássaro indica que o ano será de verão intenso e não haverá inverno (fala de Dona Jonas).

O Tempo das Pessoas

Podemos deduzir que um temporal se aproxima estando em casa, na escola ou em qualquer outro local desde que estejamos atentos. Na escola quando as crianças estão muito agitadas, além do normal, é sinal de que uma torrente de chuva se aproxima rapidamente e não será uma chuva longa. Aqui o tempo é apresentado como um fenômeno climático, como a chegada do tempo das chuvas. Segundo a fala do Seu José Bino na época de inverno a ponta dos dedos começa a sentir uma sensação de agulhadas e isso é sinal de que haverá uma grande geada. Pode-se identificar a chegada do inverno através do barulho das galinhas no galinheiro incomodando umas com a outras por não gostarem de dormir apertado.

Na época das flores do *jukeri* (um tipo de cipó com espinhos) e *palozevino* é tempo da garoa, também conhecida como chuva de verão, que tem como característica trovão e descarga elétrica constante. As pessoas e as crianças precisam se comportar evitando brincar, pular. Precisam ficar quietas em um lugar evitando assim correr risco de cair sobre ele alguma descarga elétrica.

O Tempo da Vida

Segundo a fala da D. Inocência as pessoas que têm bom coração conseguem ter uma vida longa, mas as que são amarguradas interrompe a vida

---

[44] Um ritual realizado pelos Guarani e pelos Kaiowá para abençoar o início ou o final do dia, consiste no movimento com os braços para afastar os maus espíritos e energias negativas.

devido à amargura e a maldade em seu coração causa doenças, tristezas profundas e o corpo não suporta. Pessoas que gostam de dormir muito não vivem e não aproveitam a vida são doentes, pois perdem o melhor do dia, pois segundo ela, aquela brisa suave produzida pela natureza que vem com a madrugada traz saúde, disposição e alegria, por isso aquelas pessoas que acordam e levantam de madrugada são mais saudáveis, animadas, alegres e conseguem viver o dia em seu todo e consegue realizar suas atividades com mais disposição.

O Tempo da Gestação

Em seu relato D. Inocência descreveu o tempo da gestação contando seu desenvolvimento do início passando por todo o processo. De acordo com esta anciã a gestação se observada através do olhar, sonhos, toques, alimentação, sinais que aparecem no corpo e o comportamento da mulher. Quando um integrante de uma família sonha com uma ave que na mitologia Guarani representa Alma (*Guyra*) indica o início da gravidez para uma mulher da família e todos começam a ficar apreensivos e cuidadosos. Quando é o pai que vê essa ave dizem os sábios que o espírito da criança desceu através do pai o mesmo acontece quando é pela mãe. Esse sonho está indicando que esta criança terá um relacionamento mais íntimo com essa pessoa que sonhou com o seu *guyra*. A partir desse momento uma nova vida começa no meio da família. As fases da lua têm uma influência muito grande para definir o sexo da criança. Se o início da gestação foi na lua cheia ou crescente será menino. Se a gestação iniciou na lua minguante ou nova nascerá uma menina.

O tempo da gestação é medido pelo movimento da criança. Quando dentro da barriga da mãe a criança começa a se movimentar só no quarto mês de gestação indica que é uma criança do sexo masculino. O indício do tempo da gravidez de uma menina é observado pela face da mãe, pois ela começa a ficar com a pele mais bonita. E depois de dois meses de gestação manchinhas pretas começam a aparecer no nariz e no rosto da mãe. A contagem do período da gestação é medida de acordo com a listra preta que aparece na barriga da mãe. Ela começa do ventre e com o passar dos dias vai subindo. Quando a ponta dessa listra preta chegar até o umbigo indicando penúltimo mês da gestação, o umbigo começa a ficar reto. Assim que o umbigo se encontrar reto seguindo o formato da barriga indica que a gestação não passará de uma semana. As mães e as parteiras começam a observar o formato da barriga e o umbigo da mãe, quando se faz massagem e a parte do estômago estiver vazia do tamanho da palma da mão são os sinais vitais para identificar que o bebê já está prestes a nascer.

O momento do parto é delicado e requer muita prática e experiência para segurar o bebê para que ele não sofra nenhum dano. O tamanho do umbigo da criança precisa ser minuciosamente medido antes de ser cortado. E a medida utilizada pelas parteiras é o tamanho do dedo indicador. Essa medida não deverá ser maior e nem menor que o dedo indicador. Caso a medida seja menor que a medida padrão a criança corre sérios riscos de danos como o *puru'ãmbó* (pode ser traduzido para o português como hérnia umbilical) ou até mesmo de morte caso esta venha a se desatar. O comportamento da mãe durante o período da gestação define o caráter da criança que nascerá.

Considerações finais

A descrição das diferentes formas de marcar o tempo a partir da percepção e da produção do corpo, da natureza, da fala dos pássaros, presentes entre os marcadores de tempo dos Guarani e Kaiowá, nos remete a uma análise sobre como estas diferentes percepções de tempo podem estar presentes também na educação escolar, dando lugar a diferentes formas de perceber o tempo e espaço, diante de um tempo e espaço imposto por um calendário ocidental. Considerando a pesquisa realizada na reserva, os calendários e os marcadores de tempo apresentados na escola na sua forma de organização e nas formas de medir matematicamente o tempo se constituem em dispositivos de colonialidade, pois interferem na organização social, nas formas de circulação dos corpos, na organização de seu tempo e espaço.

O ensino da matemática nas escolas da aldeia, ao tratarem de apenas uma perspectiva de percepção de tempo e espaço contribui para os processos de colonialidade, pois o uso do tempo e espaço de forma tradicional com o passar do tempo vai perdendo seu lugar pela transformação que a influência das organizações do Estado (com seus mecanismos de colonialidade) provocaram. Partindo do pressuposto, que a escola indígena enquanto território (OLIVEIRA; BERNAL, 2020) articula- se de forma transgressora nas comunidades indígenas a partir da presença de professores indígenas, com pesquisas em sua própria comunidade para reconhecer e perceber que, mesmo com a força que os processos de colonialidade exercem dentro das reservas, o ensino de conteúdos matemáticos que busquem o diálogo intercultural entre diferentes formas de se perceber no tempo e no espaço, assumem um papel importante no processo de valorização dos conhecimentos tradicionais indígenas na escola.

    Trazer para a escola, nas aulas de matemática, outras formas de percepção do tempo e espaço possibilita a valorização de conhecimentos dos mais antigos, dos conhecimentos produzidos no meio cultural e na vivência das crianças. Pensar estas outras matemáticas, ou como nos coloca D'Ambrosio (2005) uma etnomatemática, uma forma própria de se organizar no tempo e no espaço, possibilita um ensinamento onde as crianças se reconhecem no que é trabalhado na escola, em que é possível colocar em evidência conhecimentos que historicamente foram subalternizados.

    Aliar a necessidade de ensinar matemática dominante, àquele presente no currículo das escolas e também das escolas indígenas da reserva de Amambai e ao mesmo tempo dar o reconhecimento para a etnomatemática presente nas diferentes formas de marcar o tempo é o grande desafio para os educadores indígenas.

Referências Bibliográficas

AQUINO, E. V. *Educação escolar indígena e os processos próprios de aprendizagens:* espaços de inter-relação de conhecimentos na infância Guarani/Kaiowá, antes da escola, na comunidade indígena de Amambai, Amambai – MS. 2012. Dissertação (Mestrado de Educação) - UCDB, Campo Grande, 2012.

BATISTA, E. Fazendo pesquisa com meu povo. *Tellus*, n. 10, 2006. Disponível em: http://www.gpec.ucdb.br/projetos/tellus/index.php/tellus/article/view/125/0. Acesso em: 10 jan. 2021.

D'AMBROSIO, U. *Etnomatemática:* elo entre as contradições e a modernidade. 2. ed. Belo Horizonte: Autêntica, 2005.

DOMINGUES, V. R. *Paĩ Tavyterã ára jepapa ro'y pukukueja:* "Calendário do povo Paĩ Tavyterã". 2017. Monografia (Graduação em História) - Universidade Estadual de Mato Grosso do Sul, Amambai, 2017.

ELIAS, N. *Sobre o tempo*. Tradução de V. Ribeiro. Rio de Janeiro, Zahar, 1998.

KOPENAWA, D.; ALBERT, B. *A queda do céu:* palavras de um xamã Yanomami. São Paulo: Companhia das Letras, 2015.

MOTA, J. G. B. Relação espaço-temporal Guarani e Kaiowá: entre os modos de viver dos antigos (Tekoyma) e os novos modos de viver (Tekopyahu). *Entrelaçando Revista Eletronica de Culturas e Educação*, n. 05, jan/abr, 2012.

OLIVEIRA, M. A. M.; BERNAL, J. I. O. A escol(h)a indígena: um olhar – etnomatemático (?) – a respeito dos/junto aos Guarani e Kaiowá. *In*: VALE, J. C. A.; CPMRADO, A. L; COPPE, C. (org.). *O florescer da Grumixama*: raízes, sementes e frutos das pesquisas em etnomatemática em 20 anos de GEPEm/Feusp. Jundiaí: Paco, 2020.

PEREIRA, L. M. A Reserva Indígena de Dourados: a atuação do Estado brasileiro e o surgimento de figurações indígenas multiétnicas. *In*: CHAMORRO. G.; COMBÈS, I. (org.). *Povos indígenas em Mato Grosso do Sul*: história, cultura e transformações sociais. Dourados: Ed. UFGD, 2015.

QUIJANO, A. "colonialidad y modernidad/racionalidad". *Perú Indígena* (Lima), v. 13, n. 29, 1992.

SMITH, L. T. *Decolonizando metodologias*: pesquisa e povos indígenas. Tradução de R. G. Barbosa. Curitiba: Ed. UFRP, 2018.

VALIENTE, C. A. *Modos de produção de coletivos Kaiowá na situação atual da Reserva de Amambai, MS*. 2019. Dissertação (Mestrado de Antropologia) - UFGD, Dourados, 2019.

Entrevistas (Referências do Conhecimento Indígena):

AJALA, Epfania Sanches-idade 101 anos.

MARTINS, Jose Bino-idade 65 anos

SANCHES, Jonas-idade 60 anos

SOUZA, Inocência-idade 79 anos

CAPÍTULO 15

TRAJETÓRIAS DOCENTES NA RESERVA INDÍGENA DE DOURADOS: ÉDINA DE SOUZA GUARANI

Marta Coelho Castro Troquez
Édina de Souza Guarani

Introdução

A possibilidade de contribuir com esta obra sobre os/as Guarani e Kaiowá no sul do Mato Grosso do Sul, levou-nos a revisitar um lugar de nossas investigações, a pesquisa de mestrado sobre os/as professores indígenas de Dourados (TROQUEZ, 2006, 2015). Através deste trabalho, foi possível investigar trajetórias de professores e professoras, refletir sobre elas e analisar as condições em que estes/as atores/as sociais se tornaram professores/as em contextos bastante adversos.

Para este capítulo, fizemos um exercício de rememorar as trajetórias da pesquisa feita entre os anos de 2005 e 2006 na Reserva Indígena de Dourados, MS (RID), contexto multiétnico, partilhado por pessoas Kaiowá, Guarani e Terena. De modo que reproduzimos aqui, com algumas atualizações, alguns trechos do texto resultado desta pesquisa e trazemos um excerto novo, escrito de próprio punho, recentemente, para este fim, da professora Édina Silva de Souza, cujo nome de batismo é *"Cunhã Apyka Rendy'i"* (Pessoa que Leva a Luz do Saber), aqui referenciada como Édina de Souza Guarani. Professora que nasceu, viveu sua infância, constitui-se professora, trabalhou até aposentar-se neste território indígena. As primeiras professoras indígenas que assumiram aulas na RID (em meados da década de 60) foram Édina de Souza e sua irmã Leni de Souza.

A educação escolar vem sendo desenvolvida na RID desde, pelo menos, 1931, sendo influenciada por políticas indigenistas diversas – antes, integração/homogeneização/colonialidade e, agora, sinalizando respeito às diferenças, onde predomina a ideia de interculturalidade (SOUZA, 2013; NASCIMENTO; TROQUEZ, 2020). Conforme registrado por (SOUZA, 2021, p. 52) em 2021, as escolas de ensino fundamental da RID atendiam "4.790 alunos" das três etnias, Guarani, Kaiowá e Terena. Instituições escolares instaladas dentro e fora da área indígena têm atendido alunos da RID em diversas modalidades do ensino, que vão desde a Educação Infantil até o Ensino Superior, o que inclui cursos de formação específica de professores indígenas, cursos técnicos, entre outros. Ainda, segundo Souza (2021, p. 52): "Não existe escola específica para cada etnia, todas as escolas recebem os alunos oriundos desta comunidade indígena".

A inserção de professores indígenas na educação escolar indígena (EEI), no Brasil, começou a ganhar corpo a partir do final dos anos 80. Contudo, na RID, a presença de professores indígenas atuando no processo de escolarização já é notada desde meados dos anos 60. Na pesquisa de mestrado da primeira autora (TROQUEZ, 2006, 2015), foi realizado um estudo da especificidade dos professores indígenas da RID, no período correspondente entre 1960 e 2005. Este recorte abrangia o período de inserção de professores indígenas no processo de EEI em Dourados; o período de mobilização dos povos indígenas que levaram às conquistas da Constituição de 1988; bem como, o período posterior à Constituição, quando houve um aumento crescente de professores indígenas no processo, especialmente na RID.

Para os povos indígenas, este período representa uma transição entre o "novo" e o "velho" no que se refere às lutas e conquistas legais em relação a seus direitos territoriais, valorização de suas línguas, tradições e respeito a seus processos *próprios de aprendizagem*. A escola indígena conquistou a garantia legal para ser *específica, diferenciada, intercultural e bilíngue/multilíngue*, na qual o professor indígena passou ter um papel de destaque nas decisões, na construção e condução dos processos escolares juntamente com os demais membros da comunidade. Pesquisamos o papel do professor indígena da RID enquanto categoria social diferenciada, a partir do momento em que os/as professores indígenas foram assumindo este papel (de professor/a) e foram construindo esta possibilidade. Buscamos, especialmente, os/as professores/as mais antigos, ou seja, os/as primeiros/as a assumirem este papel na reserva e, também, aqueles/as que foram gestados/as neste período de transição.

Os/as professores/as foram pensados/as enquanto categoria social, na medida em que através do seu trabalho, buscavam e buscam estabelecer a mediação entre os elementos da tradição indígena e os novos desafios que a comunidade enfrenta nas suas demandas com a sociedade nacional e/ou o entorno regional. No caso da escola, como instituição vinda de fora, a mediação se faz entre os elementos da ação pedagógica tradicional[45] e os da educação escolar formal. Uma vez que a escola vem de fora, os/as professores/as indígenas constituem uma categoria criada com esta instituição. Portanto, ao mesmo tempo em que são indivíduos considerados autóctones e/ou porta-vozes de seus grupos étnicos ou familiares, tornam-se, também, representantes de uma instituição externa gerenciada pelo Estado (FUNAI, estado, prefeitura ou agências missionárias).

Muitas foram as questões que orientaram o trabalho, entre elas: Como se constituíram professores/as no contexto das políticas indigenistas anteriores à Constituição Federal de 1988 (as quais visavam à assimilação e integração do indígena à sociedade nacional e lhe negavam o direito à autonomia sobre seus processos escolares e à afirmação da diferença)? Que instituições os ajudaram a desempenhar tal função? Qual foi sua caminhada histórica neste processo? Que espaços conquistaram? Que interferências realizaram na comunidade? Que relações estabeleceram com o poder público municipal? Com as instituições religiosas? Com a FUNAI? Dentre outras com os quais se relacionaram?

E, entre os objetivos, procuramos: verificar a construção histórica do papel de professor/a na RID através do levantamento das suas experiências e trajetórias; analisar que relações estabeleceram com as instituições com as quais se relacionaram considerando seu *protagonismo histórico* e seu papel de ator social; verificar que espaços internos e externos eles/elas conquistaram e que interferências realizaram na comunidade enquanto professores/as apontando para os novos desafios enfrentados e para as transformações socioculturais mediadas. À época (entre 2005 a 2006), recorremos a fontes escritas e orais, a anotações de caderno de campo; foram realizadas análises de documentos; foram gravadas 15 entrevistas: 11 com professores/as, sendo 06 professoras Kaiowá, três professoras Terena, uma Guarani, um professor Kaiowá; 03 com idosos (uma Kaiowá, dona Júlia Souza, tia de Édina de Souza; um senhor Kaiowá e uma senhora Terena); e 01 com uma linguista da Sociedade Internacional de Linguística (SIL); além de conversas infor-

---

[45] Meliá (1979) faz uma distinção entre a Educação Indígena que corresponde à educação pedagógica tradicional relacionada à própria vida do grupo, na qual todos desempenham papéis de professores, sem um local específico para acontecer e a Educação para o Indígena que é representada pela instrução formal, com escola, especialistas em Educação, entre outros.

mais com servidores, pais de alunos e professores/as, entre elas a professora Édina de Souza.

Foi importante recuperar e descrever um pouco do histórico do contexto multiétnico da RID, constituída por pessoas de três povos, por isso a escuta dos mais velhos. Este contexto, desde então vem sendo amplamente descrito em outros trabalhos (MOTA; CAVACANTE, 2019; TROQUEZ, 2019) por isso, este capítulo não aprofundará esta temática, mas dedica-se à temática da educação escolar indígena e aos/as professores/as, bem como às suas trajetórias e às transformações socioculturais mais relacionadas à educação escolar.

A Educação Escolar Indígena no Brasil e os/as Professores/as Indígenas

A história da EEI nos mostra que, em período anterior às conquistas da Constituição Federal de 1988, os professores indígenas eram escassos e, na maioria das vezes, eram monitores de professores não indígenas, para atender às dificuldades na educação por conta dos entraves nos processos de ensino e aprendizagem relacionados às línguas indígenas. No Período Imperial, a educação para os indígenas tinha caráter civilizatório e "permaneceu a cargo de missionários católicos de diversas ordens" (SILVA; AZEVEDO, 1995, p. 150); no período Republicano, a partir de 1910, passou ao Serviço de Proteção aos Índios (SPI) que a realizou em colaboração com as missões religiosas. A educação do órgão indigenista também tinha fins civilizatórios e integracionistas. Seu objetivo era transformar os indígenas em trabalhadores nacionais. Com a extinção do SPI e a criação da FUNAI em 1967, houve algumas modificações na execução da política de educação escolar.

Em princípio, a FUNAI seguiu as mesmas orientações do SPI, contudo, havia acusações internacionais contra o Brasil, quanto ao extermínio cultural dos povos indígenas (KINDELL *apud* MELIÁ, 1979, p. 50). A FUNAI, que, desejava instituir uma política indigenista com boa aceitação internacional, procurou instaurar um ensino bilíngue com a ajuda de linguistas ligados às missões evangélicas. Contudo era um bilinguismo de transição, cujo objetivo era alfabetizar na língua indígena para, posteriormente, fazer a transição para a língua portuguesa, sem muita preocupação com o universo sociocultural e religioso indígena. Conforme Troquez (2012, p. 55): "Com o Estatuto do Índio (Lei 6.001 de 1973), o ensino das línguas indígenas nas escolas tornou-se obrigatório e a alfabetização indígena deveria ser feita na língua do grupo (Artigo 49)". Entre os anos de 1970 e 1980 houve ampla mobilização de grupos indígenas e indigenistas em defesa de várias causas indígenas, entre elas, a garantia de processos de educação escolar diferenciados, com escolas comunitárias e específicas, geridas pelos próprios indígenas, com a presença de professores indígenas.

Essa mobilização contribuiu para as garantias legais da Constituição de 1988 que, no seu artigo 231, reconhece "aos índios sua organização social, costumes, línguas, crenças, tradições, e os direitos originários sobre as terras que tradicionalmente ocupam". E, no artigo 210 (parágrafo 2º), assegura às comunidades indígenas "a utilização de suas línguas maternas e processos próprios de aprendizagem" no ensino fundamental. Esta conquista legal aponta para um "novo" modelo de escola, pautado pelo paradigma do respeito às "diferenças". O mesmo preceito foi contemplado na nova Lei de Diretrizes e Bases da Educação Nacional (LDBEN) – Lei nº. 9394/96, artigo 32. A mesma Lei, no artigo 78, define que a EEI deve ser diferenciada das demais pela "oferta de educação escolar bilíngue e intercultural aos indígenas".

A partir da Constituição de 1988, outros documentos legais foram criados no sentido de garantir aos indígenas uma educação escolar específica e diferenciada onde o professor indígena passou a ser categoria necessária ao novo modelo de escola que se delineava. Através do Decreto nº 26 de 04/02/1991, retirou-se da Fundação Nacional do Índio (FUNAI) a incumbência exclusiva de conduzir processos de educação escolar junto às comunidades indígenas e atribuiu-se ao Ministério da Educação e do Desporto (MEC) a coordenação das ações referentes à educação escolar indígena, bem como a sua execução junto a estados e municípios.

Em consequência, com a Portaria Interministerial nº 559/91, as Portarias 60/92 e 490/93, foram criados no MEC a Coordenação Geral de Apoio às Escolas Indígenas e o Comitê de Educação Escolar Indígena. Este comitê, composto por pesquisadores, assessores e representantes dos professores indígenas, elaborou e publicou as *Diretrizes para a Política Nacional de Educação Escolar Indígena* em 1993. De acordo com este documento, os princípios gerais para a EEI no país deveriam contemplar: a especificidade e a diferença das sociedades indígenas brasileiras, a especificidade e a diferença das escolas indígenas, a interculturalidade, os conceitos de língua materna e bilinguismo e a globalidade do processo de aprendizagem. Desta forma, enfatizava a necessidade da EEI ser necessariamente *específica e diferenciada, intercultural e bilíngue* (p. 12). A necessidade de professores indígenas para atender melhor às especificidades das escolas indígenas foi destacada nas Diretrizes de 1993 e reforçada mais tarde em diversos documentos. Neste sentido, o *Plano Nacional de Educação* (PNE - Lei 10.172 de 2001), estabeleceu em seus *Objetivos e Metas* a "criação da categoria de professores indígenas como carreira específica do magistério, com concurso de provas e títulos adequados às particularidades linguísticas e culturais das sociedades indígenas" (p. 33). O PNE (2001-2011) previu, também, a implementação de "programas especiais para a formação de professores indígenas em nível superior" (p. 33).

O *Referencial Curricular Nacional para as escolas Indígenas* (RCNEI) publicado pelo MEC, em 1998, é um documento importante que traz esclarecimentos sobre as características e os novos parâmetros para a EEI no Brasil, como, orientações curriculares e procedimentos pedagógicos em diferentes áreas do saber. Discute a atuação, a formação e a profissionalização dos professores indígenas e enfatiza a importância da instituição e regulamentação, no âmbito das Secretarias de Educação, da "carreira do magistério indígena" através de "concurso público específico" (RCNEI, 1988, p. 42).

O professor-indígena, como conhecedor e vivenciado da dinâmica interna do seu grupo, emerge como protagonista importante na efetivação do novo modelo de escola que deveria estar a serviço dos ideais de futuro de cada povo indígena. As principais características reivindicadas para este modelo de escola eram (e, ainda hoje, são): gestão da escola com participação ativa da comunidade indígena na condução dos processos escolares (escolha de professores, de funcionários, decisões administrativas e curriculares, entre outras); ensino nas línguas maternas dos alunos (em alguns casos esta língua é a Língua Portuguesa) que respeite as pedagogias indígenas; currículo intercultural que combine as epistemologias e/ou os conhecimentos próprios de cada povo com os conhecimentos escolares; produção de material didático específico para cada realidade indígena (contexto sociocultural e linguístico); calendário diferenciado do sistema oficial que respeite as datas festivas, bem como, os períodos de colheita, entre outros, das comunidades onde a escola se encontra.

Cabe lembrar que, no período anterior à Constituição de 1988, mesmo que a FUNAI permitisse a inclusão de indígenas no processo escolar, principalmente, como monitores de professores não-indígenas (SILVA; AZEVEDO, 1995, p. 151-152), não havia uma política oficial clara de inserção de indígenas na condução da EEI. A partir de 88, desencadeou-se um processo de "apropriação" da escola por indígenas no país tendo como uma de suas principais características o aumento crescente de professores indígenas assumindo as aulas e despontando no cenário político através de movimentos sociais como as organizações de professores que se criaram pelo Brasil afora. Neste período, foi organizado o *Movimento de Professores Guarani/Kaiowá de Mato Grosso do Sul*. Passaram a atuar nas escolas indígenas um número cada vez mais significativo e crescente de professores indígenas ocupando lugares antes, na maioria das vezes, preenchidos por professores não-indígenas que estavam a serviço do órgão indigenista oficial ou das missões religiosas. De acordo com o Censo Escolar do MEC, em 2002 existia no Brasil um total de 1.392 escolas funcionando em áreas indígenas, com 93.037 alunos. Dentre os 3.998 professores que atuavam nestas escolas, 3.059 eram indígenas (FREIRE, 2002).

No cenário nacional contemporâneo, o professor indígena emerge como um importante mediador nas lutas em prol dos direitos indígenas, mais particularmente, dos direitos ligados a uma escola "específica" e "diferenciada" enquanto "um lugar do e para o exercício indígena da autonomia" (SILVA, 2001, p. 10). Assim, como em outras localidades do país, em Dourados, houve um aumento expressivo de professores indígenas atuando na EEI após os anos 80. Em 2002, já havia cerca de 50 professores indígenas atuando nas escolas municipais que atendiam alunos indígenas da RID. Em 2005, havia 115 professores, sendo 76 indígenas (18 Kaiowá, 28 Guarani, 29 Terena, e 01 Kadiwéu) e 39 não indígenas. Estas escolas atendiam 2.639 alunos matriculados na Educação Infantil e no Ensino Fundamental. Registramos aqui a necessidade de uma atualização geral destes dados. Em 2019, somente em uma escola da RID havia 60 professores/as, sendo: 05 Kaiowá; 21 Guarani; 27 Terena; e 07 não indígenas para atender 924 alunos/as (TROQUEZ; NASCIMENTO, 2020, p. 8).

As Escolas e os Professores indígenas na Reserva Indígena de Dourados (RID)

Desde o surgimento das primeiras escolas, até o início dos anos noventa, a educação escolar na RID - assim como no restante do país -, serviu às políticas assimilacionistas e integracionistas do órgão indigenista oficial. Inicialmente, esteve oficialmente a cargo do SPI, passando posteriormente, a partir de 1967, às orientações da FUNAI. A criação de escolas nos postos indígenas foi vista como um importante instrumento de nacionalização de espaços e fronteiras pela nação brasileira. As primeiras atividades escolares realizadas no Posto do SPI, na reserva, foram desenvolvidas por missionários da Missão Evangélica Caiuá. A partir de 1938, a Missão construiu sua própria escola na sede da instituição; mesmo assim, continuou a realizar atividades escolares dentro da RID apoiada pelo SPI.

Construíram na RID, uma a escola de ensino primário (1ª a 4ª séries) *Escola Rural Mista Farinha Seca*, também chamada de "Escola do Raul", onde atuou incialmente a missionária da Missão, a professora Maria Luiza. A escola ficava na aldeia Bororó[46], no pátio da casa do seu Raul (indígena Guarani, braçal do SPI), onde posteriormente ficou sediado o "Campo do Raul". Em princípio (1954), a professora Maria Luiza realizava as atividades escolares em um barracão de sapé onde a Missão realizava também suas atividades religiosas. Depois foi construído um prédio de tábuas e telhas de madeira. A escola era mantida pelo SPI com ajudas da Prefeitura de Dourados e da Missão. Na época, a única escola na aldeia era a do "Campo do Raul" e as escolas mais próximas à aldeia eram: a Escola Municipal Pedro Palhano, situada à beira da rodovia Dourados-Itaporã e a "Escola da Missão".

A partir de 1966, as professoras Guarani Edina de Souza [47] e Leni de Souza iniciaram atividades docentes na reserva trabalhando em salas improvisadas (barracão na aldeia Bororó que também era usado para cultos da Missão). Posteriormente, com a construção de um prédio da FUNAI na aldeia Jaguapiru (1976), a "Escola do Raul" foi transferida para perto do posto se tornando na escola de Ensino Primário da FUNAI "Francisco Ibiapina"[48] (início em 1977). Na ocasião da construção da escola Francisco Ibiapina, a FUNAI construiu também a escola *Ara Porã* de ensino primário, na aldeia Bororó, onde trabalharam, primeiramente, as professoras Édina e Leni de Souza (Guarani) e, uns dois anos depois, João Machado (Kaiowá), em 84, como funcionários da FUNAI. O número de professores indígenas na RID, em princípio, era bem reduzido. Em meados da década de 60 (1966) havia duas (02) professoras indígenas Guarani – filhas de Marçal de Souza *Tupã'i*[49] - atuando nas escolas e/ou salas multisseriadas (dentro da reserva) mantidas pelo antigo SPI em convênios com a Missão Caiuá. A partir da década de 70, gradativamente, outros indígenas foram sendo inseridos na EEI na RID.

---

[46] A RID é subdividida em duas grandes aldeias: Bororó e Jaguapiru.

[47] De acordo com Edna de Souza (2003), ela teria iniciado suas atividades no SPI como funcionária de serviços gerais aos 15 anos de idade, posteriormente, passou a substituir D. Loca em atividades docentes na "Escola do Raul" e mais tarde, foi contratada para ser professora (SPI/FUNAI).

[48] Nome de um chefe de posto do SPI que teria trabalhado na RID na década de 50.

[49] Grande liderança Guarani Ñadeva assassinado em 25 de novembro de 1983, no município de Antônio João (MS).

Os dados coletados nos mostraram que as/os professores indígenas que conseguiram se formar e obter aulas no período entre as décadas de 60 a 80 na RID, tiveram uma história de contato mais intenso com as instituições não-índias que atuavam na reserva e no entorno, como: a Missão Caiuá, o Colégio Imaculada Conceição e o próprio órgão indigenista oficial (SPI, depois FUNAI). Alguns professores que conseguiram aulas, neste período, foram indicados pela direção da Missão à prefeitura ou ao SPI/FUNAI, outros tinham alguma relação de parentesco ou proximidade com funcionários do SPI (ou da FUNAI) o que facilitou sua contratação.

No ano de 1990, a FUNAI possuía 03 "escolas" funcionado na RID: Agustinho (01 sala), *Ara Porã* (02 salas) e Francisco Hibiapina (04 salas). Atuavam nestas escolas 08 professores indígenas e alguns não indígenas. O SPI e, posteriormente, a FUNAI manteve escolas na reserva (em acordos com a Missão e a Prefeitura de Dourados[50]) até que, em 1991, retirou-se da FUNAI a incumbência exclusiva de conduzir processos de educação escolar junto às comunidades indígenas. Desde então, atribuiu-se ao MEC a coordenação das ações referentes à EEI, bem como a sua execução junto a estados e municípios.

A partir de 1991, por conta da legislação nacional (Decreto 26/91; Portaria Interministerial 559/91), o Estado (MS) e o Município (Dourados), também, tiveram que assumir oficialmente esta responsabilidade. A EEI na RID foi assumida, em princípio, pela Prefeitura de Dourados em convênios com a FUNAI e a Missão até final dos anos 90, quando o Estado de MS passou a assumir processos de formação de professores indígenas (1999) em parcerias com as universidades (UFMS, UFGD, UCDB, UEMS), a prefeitura e o CIMI, entre outras instituições. Desde então, a Prefeitura de Dourados assumiu a educação escolar referente às séries iniciais do Ensino Fundamental dentro da reserva. A prefeitura construiu a sede da Escola Municipal *Tengatuí Marangatu*-Polo (em português, Local de Ensino Eterno), criada em 1992, pelo Decreto Municipal 013 de 13/02/1992. Na ocasião, as salas de aulas e/ou escolas existentes na RID e no Panambizinho tornaram-se extensões desta escola. Em princípio, eram cinco extensões: Agustinho (salas no Bororó), *Ará Porã* (salas no Bororó), Francisco Ibiapina (antiga escola da FUNAI na Jaguapiru), *Y Verá* (uma sala multisseriada na Jaguapiru) e Panambizinho (antiga "Escola da Missão" na Aldeia Panambizinho).

---

[50] De acordo com relatos de professores, a prefeitura ajudava no fornecimento de material e merenda escolar e no pagamento dos professores que não eram funcionários do SPI ou da FUNAI.

Entre os anos de 1997 e 1998, os professores indígenas da EM *Tengatuí Marangatu* juntamente com assessores da SEMED, UFMS e UCDB elaboraram um *Projeto de Ensino Diferenciado*. A partir de 1999, a escola passou a desenvolver o projeto que visava realizar programas integrados de ensino e pesquisa com o objetivo de fortalecer a língua materna e as práticas socioculturais da comunidade indígena através do ensino bilíngue e intercultural. Consta no programa de Ensino Diferenciado o ensino na língua materna indígena (aos falantes dela) na Educação Infantil, na 1ª e na 2ª série e o ensino bilíngue na 3ª e na 4ª série. Para viabilizar a realização deste projeto, as turmas eram organizadas por etnia. Em princípio a escola contava com 06 salas de ensino diferenciado para os alunos Kaiowá e Guarani (01 na sede e 05 nas extensões). O projeto foi desenvolvido nas extensões da EM *Tengatuí Marangatu* e nas demais escolas indígenas da RID criadas posteriormente. Os professores a atuarem no projeto deveriam ser das etnias Guarani ou Kaiowá e ser falantes da língua guarani. Estes professores recebem um acréscimo na sua carga horária para dedicarem-se a estudos e pesquisas na comunidade a fim de prepararem as aulas que devem estar voltadas para a realidade indígena (história, cultura, dinâmica social, dentre outros fatores). Infelizmente, na atualidade, o projeto encontra-se desativado nas escolas e extensões.

Em 2002, a SEMED criou o cargo de gestor de processos da EEI, ocupado por uma professora Guarani da RID. Desde aquela época, a SEMED conta com gestores indígenas responsáveis pela mediação entre a secretaria e as escolas indígenas. Em 2004, a Prefeitura de Dourados criou no município a categoria de *Escola Indígena* através do Decreto Nº 2442 de 16/01/2004 de acordo com as normas legais instituídas em nível nacional (Resolução CNE/CEB nº 3/99) e estadual para esta categoria de escola e de acordo com a Indicação COMED Nº 001/2003. As extensões Agustinho, *Ará Porã* e Panambizinho, tiveram seus prédios ampliados pela prefeitura e, a partir de 2004, tornaram-se *Escolas Indígenas* autônomas, tornando-se independentes da Escola Municipal Tengatuí Marangatu. Desta forma, seus nomes foram alterados para, respectivamente: "Escola Municipal Indígena Agustinho"[51]; "Escola Municipal Indígena *Ará Porã*" (em português, casa bonita); "Escola

---

[51] Agustinho é o nome do indígena Kaiowá que cedeu o local junto a sua casa onde a Missão começou seus trabalhos de culto e, posteriormente, de alfabetização. Em princípio (década de 80), o barracão de cultos era o mesmo para a escola. Posteriormente, com a construção da igreja, o barracão ficou só para as atividades da escola. Com a construção do prédio novo da escola pela prefeitura o barracão foi desativado e mais tarde desmanchado para ampliação do prédio da escola.

Municipal Indígena *Pai Chiquito* – Chiquito Pedro" em homenagem ao *xamã* e líder indígena Kaiowá *Pa'i Chiquito* que é considerado o "fundador" da Aldeia Panambizinho (MACIEL, 2005). Em julho de 2005, o estado de MS implantou na RID, uma escola de Ensino Médio Intercultural. E, posteriormente, a prefeitura criou mais duas escolas municipais de ensino fundamental a Escola Municipal Indígena Ramão Martins e a Escola Municipal Indígena Lacuí Roque Isnardi. De modo geral, os/as professores/as que atuam nas escolas são indígenas e boa parte deles/as passaram por processos de formação específica/diferenciada, em curso de magistério ou de licenciatura. Os/As primeiros/as professores/as indígenas a atuarem na EEI, seja na RID – nas "escolas do posto" -, seja na "Escola da Missão", foram aqueles/as que primeiro conseguiram se escolarizar (TROQUEZ, 2006, 2015).

    Essas pessoas ou suas famílias mantiveram algum tipo de relação de aliança com as agências não indígenas importantes no contexto da época (SPI, FUNAI, Missão Evangélica Caiuá, Escola Imaculada Conceição). Estas agências deram-lhes apoio para se formarem ou para conseguirem o espaço profissional, pois não havia, ainda, políticas públicas específicas de inclusão de professores indígenas antes de 1988.Ressaltamos que o fato de estes/as professores/as receberem apoio das agências ou instituições não-indígenas não lhes priva de serem sujeitos do seu processo de formação e profissionalização, pois souberam fazer as alianças necessárias e se apropriar dos recursos disponíveis na época a fim de atingirem seus objetivos. Lembramos que o processo de formação e a conquista do espaço como atores no processo de EEI não foi nada fácil para elas/eles, pois tiveram que enfrentar grandes adversidades que vão, desde as dificuldades em relação ao trajeto até as instituições onde se formaram, até as manifestações racistas de discriminações e/ou preconceitos que tiveram que enfrentar cotidianamente nos veículos de transportes, nos trajetos, nos espaços fora da reserva, nas salas de aulas. O relato de uma professora evidencia as dificuldades enfrentadas com o trajeto nos primeiros anos de estudos (1ª a 4ª séries):

> [...] na Missão, a gente estudava, a **gente ia a pé todos os dias**. Ia e voltava a pé, tempo de **frio, né, tempo de geada, foi difícil**, mas, nós íamos, tinha que ir, né. Que **o estudo é um bem que a gente ia tê,** né. E de quinta a oitava, também, eu e a minha irmã, né. Começou eu e a minha irmã a estudar. A gente saía muito cedo a pé. Tinha vez que a gente ia de bicicleta também. Então, era mais a pé ou de bicicleta que a gente ia. (*apud* TROQUEZ, 2006, p. 92; ênfase no original).

Como só a partir de 1980 a Missão passou a oferecer o ensino ginasial (5ª a 8ª séries), os professores que concluíam a 4ª série, em período anterior, tinham que continuar os estudos na cidade. Sobre os preconceitos enfrentados para se formar para o magistério na cidade, a mesma professora explica:

> E, quando eu comecei a fazer o magistério, o **meu trajeto, assim, não foi fácil,** né. Que num tinha condução pra ir. Aí, à noite, quando começou, é, aí, na época passava o **ônibus que vinha de Itaporã,** aí, eu fui tentar, né, ver se conseguia, é, ir junto, né. Eu sei que o **pessoal não gostava muito não de levar.** O pessoal que vinha de lá, né. A gente sofreu um pouquinho com esse, eu falo, assim, **preconceito.** Porque, uma vez a gente chegou até, até a discutir no ônibus. Daí, começou a ir outros colegas, né, que ia dali da vila, aí, um dia começou a fazer gozações, aí, as meninas cobrava também, né, aí, teve que falar as coisas também. Eu sei que não foi fácil. [...] Era ônibus de estudante. Eu pagava. [...] Mesmo assim, eles num queriam. Os próprios estudantes, né. Só que eu fui lá, conversei com, **a gente teve que conversar lá com o prefeito.** É, é, inclusive, até, até, num me lembro se foi, eu acho que **o chefe [de posto da FUNAI] daqui até andou escrevendo,** pedindo uma carta de, assim, que pedindo pra eles, pra eles cedê a gente no ônibus, pra gente ir. [...]Na época, só começou eu e minha irmã, só. Aí, depois que foi, aí nos próximos anos que foi juntando mais, né. (*apud* TROQUEZ, 2006, p. 92, ênfase no original).

Esta professora, ao concluir o estudo ginasial (5ª a 8ª), foi convidada, em 1981, pelo chefe de posto da FUNAI para dar aulas na escola do posto e por isso precisava estudar à noite na cidade para fazer o curso de magistério. Além dos preconceitos enfrentados no ônibus, alguns professores reclamaram dos preconceitos enfrentados nas escolas da cidade por parte de alunos e professores não indígenas.

Importante destacar que, apesar de todas as adversidades enfrentadas, estes/as primeiros/as professores/as (cerca de 10 em 1991) foram persistentes e continuaram seus estudos até chegar à universidade. De modo geral, fizeram o curso superior à noite e trabalhavam durante o dia nas escolas da aldeia ou na Missão. Alguns que estudaram em instituições particulares, como a UNIGRAN, pagaram seus próprios estudos, outros receberam ajuda financeira da Missão. Aqueles que não eram funcionários efetivos da FUNAI, fizeram concurso público e, a partir de 1992, se tornaram professores efetivos nas escolas municipais da RID. Destes professores, a maioria, em 2006, ocupava os cargos de liderança na EM *Tengatuí Marangatu* (direção, coordenação) e duas professoras trabalhavam na SEMED.

Em relação aos professores indígenas que assumiram aulas em período mais recente, verificamos que as conquistas legais (decorrentes dos movimentos sociais) consubstanciadas na Constituição de 1988 e as políticas públicas implementadas no Estado (MS) através da SEE/MS e no município (Dourados) através do COMED e da SEMED foram fundamentais para que a categoria de professores indígenas se constituísse. Édina de Souza Guarani é uma das professoras que primeiro assumiram aulas na RID. A partir de agora, nos deteremos um pouco sobre sua história particular.

Édina de Souza Guarani

Para enfatizar algumas questões discutidas no trabalho, traremos para a cena, os depoimentos de Édina de Souza Guarani, professora Guarani que à época da pesquisa aqui mencionada (TROQUEZ, 2006, 2015), prestou colaborações informais (não gravamos entrevistas). Ao receber o convite para o livro, no sentido de "escrever com", entre outras importantes professoras Guarani da minha convivência, lembrei de Édina de Souza Guarani (Édina Silva de Souza), uma das professoras mais antigas da RID (início já na década de 1960). Conheci Édina nos eventos de formação docente, quando eu dava aulas na Escola Municipal Francisco Meireles e Édina de Souza dava aulas na escola indígena.[52] Édina não tinha receio para falar em público, sobretudo, quando o assunto eram os direitos indígenas, principalmente, a educação escolar indígena.

Édina de Souza Guarani teve uma trajetória árdua até formar-se professora, com curso superior em História pela UFMS (1992), Campus de Dourados. Quando menina, para estudar na escola da Missão, morou no internato *Nhande Roga*[53] (Nossa Casa), estudou em instituições públicas e privadas em Dourados; ingressou por mais de uma vez no ensino superior e desistiu inicialmente por dificuldades de subsistência e por ser vítima de manifestações de racismo e/ou preconceitos. Souza começou a trabalhar para o SPI aos 14 anos (limpeza, escriturária, monitoria na escola, professora); trabalhou em Campo Grande como Subsecretária para Assuntos Indígenas

---

[52] Escola Municipal Tengatuí Marangatu – extensão Francisco Ibiapina.

[53] Criado em 1938 por missionárias da Missão para acolher crianças indígenas que ficaram órfãs em decorrência de uma epidemia de febre amarela na reserva.

(Governo Estadual, MS); trabalhou a maior parte do tempo na Francisco Ibiapina, que, antes de 1992, era uma escola do posto da FUNAI e depois de 1992, tornou-se uma extensão da Escola Municipal Tengatuí Marangatu. Nesta escola, ela coordenou o Projeto de Ensino Diferenciado no início dos anos de 1990. Em sua trajetória, participou ativamente de fóruns de discussão da questão indígena.

Uma das constatações da pesquisa, em 2005, (TROQUEZ, 2006, p. 37) foi que "boa parcela dos professores indígenas que atuavam em Dourados pertencia à família Souza" (parentela de Édina de Souza) ou mantinham relações de parentesco com pessoas desta família. Ainda, destacavam-se nas relações políticas internas da RID e, também, nas relacionadas ao entorno assumindo cargos considerados de liderança ou chefia, como: professores, missionários da Missão Evangélica Caiuá (MECA); chefe de posto da FUNAI, capitão, entre outros. As irmãs Édina de Souza e Leni Souza foram as primeiras indígenas a assumirem aulas na RID na década de 1960.

Sabendo do desejo de Édina de Souza de registar sua história de luta pela educação diferenciada nas escolas indígenas, fiz o convite para uma escrita em parceria neste capítulo. As constantes chuvas e o tempo escasso atrapalharam minhas idas até Édina e ela fez registros de próprio punho que me encaminhou por *watts app*, em 10 folhas fotografadas, as quais eu digitei e reproduzo, a seguir, em itálico, neste texto fielmente[54], pois reconheço a necessidade de que as palavras desta senhora guarani ganhem este lugar e tomem seu rumo. Minhas considerações sobre elas são apenas uma leitura possível. Édina de Souza Guarani, como seu pai, líder indígena Marçal de Souza (Marçal Guarani), tem uma fala potente e o seu papel também grita. Com a Édina, a palavra:

Édina de Souza Guarani: Dados Autobiográficos[55]

Na década de 1950, o espaço territorial do Posto Indígena Francisco Horta Barbosa[56], destinado aos G/K, ainda era ocupado por uma densa floresta com uma diversidade de animais e plantas, elementos primordiais de permanência da espiritualidade e da vida. Foi nesse ano que nasci, num pequeno [grande] mundo Guarani.

---

[54] Fiz pouquíssimas inserções/correções no texto de Édina, pois Édina escreve muito bem e corretamente em língua portuguesa e algumas expressões entre colchetes '[ ]' para esclarecer algum termo ou acrescentar informação.

[55] Esta seção, registrada em itálico, é composta de texto digitalizado, na íntegra, a partir de manuscritos de Édina de Souza Guarani para este trabalho. Entregue em 18 de março de 2023.

[56] Nome do posto indígena localizado na Reserva Indígena de Dourados (RID).

Cresci como toda criança Guarani: Participando de todas as atividades familiares e brincando em meio à natureza e de todas as práticas culturais nas famílias extensas. Na educação tradicional, diálogo constante com a natureza, adquirindo um saber místico de compreensão e respeito a tudo que ela nos representa como afirmação da identidade étnica.

Aos sete anos, fui para a Missão Evangélica Caiuá, para estudar, aprender o português na "Escola General Rondon". Fiquei por determinado tempo em regime de semi-internato na casa denominada "Ñande Roga" (Nossa Casa) com outras crianças e adolescentes da aldeia. Período muito difícil, porque tinha que deixar de falar a nossa língua indígena para apender a ouvir e consequentemente aprender a ler e escrever em português.

Concluindo o ensino fundamental (antigo primário), a Missão concedeu uma bolsa de estudos na Escola Presbiteriana Erasmo Braga para eu cursar o quinto ano (Curso de Admissão), espécie de cursinho para entrar no antigo ginásio. Esse ano foi o mais difícil da trajetória escolar: adaptar a essa nova realidade, sair da aldeia para a cidade.

Durante o curso, os trabalhos escolares eram feitos com livros emprestados dos colegas. E, para poder usá-los, eu teria que fazer os trabalhos escolares deles primeiro, para poder depois usar os livros. Meu pai não tinha condição de comprar todos os livros. Mesmo sofrendo discriminação, fome, e com muitas dificuldades, consegui vencer esta etapa e fui para o Colégio Estadual Presidente Vargas, considerado pelos douradenses, à época, um colégio da elite, onde estudavam os filhos dos médicos, fazendeiros e comerciantes locais, entre outros... Também, nesse período, estudei com livros emprestados, e fazendo os trabalhos dos colegas para ter o direito de usá-los.

Novamente, com a intervenção da D. Loide Bonfim Andrade, consegui, mais uma vez, uma bolsa de estudos, através do então deputado estadual Ivo Cerzózimo, no colégio Imaculada Conceição para eu cursar Escola Normal, que formava professores. Assim que iniciei o magistério, também comecei a trabalhar como auxiliar de sala de aula da professora Cleide Moura e Souza, na Escola Rural Mista Farinha Seca [aldeia Bororó], com a qual muito aprendi. Fui contratada pelo município como professora leiga, assumindo uma sala de aula na aldeia Bororó. A partir daí, descobri a alegria de ensinar as crianças Kaiowá e Guarani a aprender a ver o mundo através das letras. "Aprender ler, vendo na mente". Contando nossas histórias e estórias, faziam-nas viajar no seu imaginário e fazê-las compreender que se podiam representar através de símbolos que eram as letras e desenho. A comunicação era totalmente na língua materna.

Em 1971, fui contratada pela FUNAI para dar aula na aldeia Tey'Kue, no município de Caarapó. Fiquei dois anos nessa aldeia e foi a melhor época da minha vida profissional. Porque as famílias ainda mantinham totalmente sua organização tradicional, só um grupo étnico, e todos [são] falantes da língua materna.

Para facilitar a alfabetização, iniciei com palavras que tinham [letras com] o mesmo som nas duas línguas (Guarani/português). Ex.; nhandu – aranha. Mas essa inciativa foi interrompida com a chegada inesperada da supervisora da FUNAI, que vendo as escritas na língua indígena no quadro, ficou possessa e proibiu veemente essa didática de ensino, sob ameaça de transferência.

Em 1973, retornei para minha aldeia de Dourados, pois com a implantação do Ensino Superior, era a chance de buscar mais conhecimento da cultura do outro.

Fiz vestibular (UFMS, 1976) e passei no Curso de História. Mas não fiquei muito tempo devido a dificuldades de deslocamento da aldeia até à faculdade. Mas, a dificuldade maior foi a discriminação sofrida, não conseguia dialogar com os membros da turma para realizar os trabalhos. Os professores davam os textos para serem lidos em grupos e eu sempre ficava fora da roda do grupo. Lutei por um ano e meio e depois desisti.

Neste período estava dando aula na Escola Bororó, em um barracão de sapé do lado da casa do capitão Ireno Isnard que nos finais de semana era igreja. Este barracão foi construído pelos indígenas com ajuda da Missão Caiuá; funcionava como igreja aos domingos. Durante o dia era escola e a noite servia de curral para ovelhas [durante a semana]. Nesta escola já tinha mais livros didáticos e a fiscalização da FUNAI era mais constante. A escrita era em português, mas o ensino, a oralidade toda era na língua Guarani.

Em 1980, prestei novamente o vestibular, agora para o curso de Letras, também não fiquei muito tempo, devido às mesmas dificuldades de discriminação, entender a linguística e também tinha uma filha pequena para amamentar.

Minha vontade de ter um curso superior era tanta que, mesmo com todos esses enfrentamentos, voltei em 1982 no antigo curso de Licenciatura Curta em Estudos Sociais. Cheguei até no último semestre, mas não conclui, pois fui acometida de meningite e fiquei afastada do trabalho e dos estudos por um longo período. Retornado em 1988, após um novo vestibular, no curso de História, que conclui em 1992.

Durante essa trajetória, fiz muitos amigos, entre eles alguns professores que, daquela época, já demostrava uma sensibilidade para ver o que era diferente dentro da sociedade envolvente. O estudo ajudou muito no meu crescimento, no conhecimento de uma sociedade tão diferente daquela que vivia e sentia.

Um dos principais desafios, que talvez encontrei, foi no enfrentamento da vida escolar, um mundo totalmente diferente em que vivia. Uma dificuldade imensa para entender o que os mestres queriam transmitir, daí ficar de dois a três anos nas séries iniciais. Desmontar a estrutura da língua falada e montar uma nova estrutura de uma nova língua.

E no transcorrer de toda minha formação, sofri preconceito, fui muito discriminada com chamamentos de "bugre" e palavras de deboche, mas mesmo formada, e tendo qualificação, não acreditavam na minha capacidade de atuação.

Até hoje, um dos maiores desafios é a minha dificuldade de transcrever para o papel o que penso e o que vai na minha mente, pois sou muito da oralidade.

Quanto ao desafio para uma educação escolar indígena... É importante pensar na formação dos professores indígenas, fortalecer meios de desconstruir a estrutura da educação ocidental como está posta e construir uma nova estrutura de educação, alicerçada no conhecimento e forma da organização de cada povo indígena. Partir sempre dos conhecimentos já adquiridos através da oralidade no âmbito familiar e social da comunidade que vive.

Mas isso é apenas um sonho, pois demanda muitos estudos, pesquisas e pessoas com idealismo de querer mudança para se ter uma educação indígena escolar de fato. E implica na compreensão e aceitação política e administrativa do sistema. Não totalmente, pois há muito para que se fazer ainda. Apesar de hoje muitas escolas indígenas já terem em seu corpo docente professores formados na faculdade específica para professores indígenas "Teko Arandu", a mudança, na prática, não tem acontecido. Acompanho à distância, na minha aldeia, não sei das outras aldeias do Cone Sul, se o aprendido na faculdade é aplicado nas escolas indígenas.

Instrumentos para propor mudanças foi oferecido com o Programa de Saberes Indígenas na Escola. Um programa par valorizar e retomar conhecimentos tradicionais adormecidos ou sobrepujados pelos conhecimentos ocidentais.

Mas essa mudança depende muito da sensibilidade e compromisso dos docentes em se organizar, propor e querer mudança, que demanda muito estudo e pesquisa, até chegar ao resultado, para oferecer e pôr em prática em sala de aula.

Tenho conhecimento que crianças Kaiowá e Guarani (em número maior), e até mesmo Terenas e outros que são falantes só da língua portuguesa, chegam no 3º e 4º anos sem dominar a leitura e escrita.

De 1999 a 2009 fui coordenadora do projeto de Ensino Diferenciado na Escola Francisco Hibiapina com um grupo de professores Kaiowá e Guarani, todos falantes [da língua indígena], da Educação infantil à quarta série do ensino fundamental. Foi um período muito significativo para as crianças Kaiowá e Guarani, pois todas eram falantes da sua língua materna. Os professores pesquisavam na comunidade os conhecimentos tradicionais e questões e acontecimentos do cotidiano local para discutir nas oficinas pedagógicas e ressignificá-los nos processos de ensino e aprendizagem.

A alfabetização ocorria em cima do que a criança conhecia, de sua vivência, e traduzia e retratava através de desenhos e símbolos (letras). Assim, palavras aprendidas tinham significado e vida para elas.

Hoje, pelas informações que obtenho, que todo aquele estudo sobre Saberes Indígenas na Escola, é lembrando esporadicamente. Alguns professores ainda lutam pela permanência do conhecimento tradicional na escola, mas a maioria prefere o comodismo: - "pega o livro, abre na página tal e responde o questionário ou resolva as questões".

É muito triste, porque entre tantos problemas sociais que as crianças vivem, a escola deveria ser mais acolhedora, ter o prazer de ir e estar no espaço escolar.

Considerações finais

A narrativa de Édina inicia-se com um retorno à sua infância, num território antigo, permeado por densa mata e habitado por inúmeras espécies de animais. Cenário descrito nas entrevistas que fizemos e nos registros feitos por feitos por Meihy (1991), que corresponde ao cenário da RID no início do processo de redução das áreas indígenas. Os relatos revelam o violento processo de desmatamento pelo qual passou a região da RID, especialmente, no início da segunda metade do Século XX. Sua narrativa revela o protagonismo da mulher Guarani que cresceu em meio a um processo de transformações territoriais e socioculturais intensas. Édina soube ser dona de sua história, para além do lugar de vítima, comumente reservado aos indígenas. Construiu uma trajetória docente tecendo redes de relações sociais e políticas com as instituições que a acolheram e/ou estavam no seu entorno e mesmo para além dele. Trilhou caminhos difíceis, mas não desistiu de seus objetivos, entre eles, fazer um curso superior.

Sua persistência na defesa da cultura indígena, do ensino diferenciado e bilíngue é bem conhecida de quem a conhece de perto. Em certo sentido, vejo em Édina um tipo de Marçal de Souza, uma Guarani que "não se cala". É preciso destacar sua destreza na escrita, a clareza de ideias e a facilidade com que avalia o seu processo de formação pessoal e o processo de educação escolar indígena na RID e no seu entorno. Pensar os/as professore/as indígenas de Dourados enquanto atores sociais no cenário multiétnico da RID nos leva a considerar a sua historicidade e a dinâmica sociocultural dos três povos (Kaiowá, Guarani e Terena) que compõem esta comunidade; a complexidade das relações estabelecidas entre eles/elas e o seu entorno.

Entender o processo histórico da Educação Escolar Indígena na RID, desde seu início, é fundamental para entendermos como o grupo de professores indígenas foi se constituindo; a atuação das agências externas e a atuação dos/das professores/as frente a estas agências. Os professores indígenas, ao se posicionarem ou tomarem decisões junto às agências indigenista, são protagonistas de sua própria história. Não são meras "vítimas" ou "dominados" pelas agências, mas, enquanto atores sociais, tomam partidos ou pactuam de acordo com seus interesses (políticos, familiares, entre outros) e buscam alternativas para as novas situações surgidas de acordo com o contexto histórico vivido.

Em relação aos professores que atuaram no período anterior às garantias legais inauguradas com a Constituição de 1988, as relações e as alianças estabelecidas com as agências indigenistas da época foram fundamentais para que se constituíssem como tal. Embora, o projeto de sociedade que permeava as ações do Estado e das instituições que atuavam na educação escolar, naquele período, visasse à integração ou à assimilação à "sociedade nacional", Édina de Souza Guarani e os/as demais professores/as atravessaram este período superando-o e, atualmente, participam da construção de um novo processo histórico. O novo momento, inaugurado a partir do final dos anos 80, traz para a atuação um número cada vez maior e mais diversos de professores/as. Enquanto grupo possui similaridades e diferenças, relacionadas a posturas ou opções políticas, formação escolar, etnia, língua materna, grupo familiar, opção religiosa, opção por modelos de escola, entre outros fatores. Neste sentido, evitamos a representação do grupo de professores indígenas de Dourados como um grupo coeso e/ou homogêneo. De acordo com Ferreira Neto (1997, p. 324): *"Compreender os outros é, certamente, não idealizá-los".*

No contexto da RID, as prerrogativas legais em torno da Educação Escolar Indígena tornam-se verdadeiros desafios para estes sujeitos. Como construir uma escola indígena específica, diferenciada, intercultural e bilíngue num contexto multicultural e multilinguístico permeado por diversas relações Interétnicas e entendimentos "díspares" em torno dos modelos de escola?

Como conciliar a ideia de "autonomia indígena" a uma escola vinculada ao Estado com um modelo de gestão pré-estabelecido que nem sempre condiz com os processos de decisão "tradicionais" dos grupos étnicos envolvidos? Como ser um representante da "tradição" de seu grupo e ao mesmo tempo representante da instituição escolar externa à tradição indígena ligada aos sistemas de ensino?

Assim, instaura-se uma situação "de fronteiras" entre as instituições externas representadas pela escola e a comunidade indígena onde o professor fica num "entre-lugar" (BHABHA, 2003) caracterizado por novos desafios para os quais nem sempre há prescrições ou respostas fáceis de vivenciar. Estes desafios os levam a dar respostas que efetivam inovações ou transformações socioculturais importantes no seio da "comunidade indígena" de Dourados. Neste sentido, "gravitam" entre os interesses diversos das agências externas e os interesses da comunidade indígena da qual fazem parte. E buscam corresponder ao que se espera deles, num espaço 'movediço' caracterizado pela presença de um campo político 'intersocietário' (OLIVEIRA, 1999) marcado pela polifonia dos discursos.

> Hesitam, muitas vezes, entre a lealdade às regras burocráticas e homogeneizadas que regem sua inserção profissional como funcionários. E a lealdade às regras e códigos éticos, sociais, culturais e educacionais de sua comunidade... (BRASIL, 2002, p. 21).

Ainda, precisam lidar com a complicada tarefa de definir o currículo para suas escolas e refletir sobre os tipos de conhecimentos a serem *estudados, interpretados e reconstruídos na escola*. Nesta direção, precisam dar conta dos conhecimentos *transmitidos pela instituição escolar*. Mas também, e principalmente, precisam valorizar os Saberes Indígenas na Escola, os conhecimentos próprios, as histórias, as culturas e as línguas de sua comunidade. Pudemos evidenciar a preocupação em dar respostas às novas situações históricas vividas e aos desafios postos para a escola enquanto seu espaço privilegiado de atuação. As respostas a estes desafios nem sempre são consensuais entre os/as professores/as e, sobretudo, não são definitivas. Assim, como posto por Sahlins, "em maior ou menor grau, os significados são reavaliados quando realizados na prática" (SAHLINS, 2003, p. 7).

Referências Bibliográficas

BHABHA, H. K. *O local da cultura*. Belo Horizonte: Ed. UFMG, 2003.

BRASIL. *Constituição da República Federativa do Brasil*. Brasília: Senado, 1988.

BRASIL. *Diretrizes para a política nacional de educação escolar indígena*. Brasília: Ministério da Educação e do Desporto, 1993.

BRASIL. *Lei das Diretrizes e Bases da Educação Nacional*. Brasília: Ministério da Educação e do Desporto, 1996.

BRASIL. *Referencial Curricular Nacional para as Escolas Indígenas*. Brasília: Ministério da Educação e do Desporto, 1998.

BRASIL. *Plano Nacional de Educação. Lei nº 10.172*. Brasília: Congresso Nacional, 2001.

BRASIL. *Referenciais para Formação de Professores Indígenas*. Brasília: Ministério da Educação e do Desporto, 2002.

FERREIRA NETO, E. História e etnia. *In*: CARDOSO, C. F. S.; VAINFAS, R. (org.). *Domínios da história:* ensaios de teoria e metodologia. Rio de Janeiro: Campus, 1997. p. 313-328.

FREIRE, J. R. B. Fontes históricas para a avaliação da escola indígena no Brasil. *Tellus*, n. 3, p. 87-98, out. 2002.

MEIHY, J. C. S. B. *Canto de morte Kaiowá*: história oral de vida. São Paulo: Loyola, 1991.

MELIÁ, B. *Educação indígena e alfabetização*. São Paulo: Loyola, 1979.

MOTA, J. G. B; CAVALCANTE, T. L. V. (org.). *Reserva Indígena de Dourados Histórias e Desafios Contemporâneos*. São Leopoldo: Editora Karywa, 2019.

OLIVEIRA FILHO, J. P. *Ensaios de Antropologia Histórica*. Rio de Janeiro: Ed. UFRJ, 1999.

SAHLINS, M. *Ilhas de história*. Tradução de B. Sette. Rio de Janeiro: Jorge Zahar, 2003.

SILVA, A. L. A educação indígena entre diálogos interculturais e multidisciplinares: introdução. *In*: SILVA, A. L., FERREIRA, M. K. L. F. (org.). *Antropologia, história e educação:* a questão indígena na escola. São Paulo: Global, 2001. p. 9-25.

SILVA, M. F; AZEVEDO, M. M. Pensando as escolas dos povos indígenas no Brasil: o Movimento dos Professores Indígenas do Amazonas, Roraima e Acre. *In*: SILVA,

A. L.; GRUPIONI, L. D. (org.). *A temática indígena na escola*: novos subsídios para professores de 1º e 2º graus. Brasília: MEC/MARI/UNESCO, 1995. p. 148-164.

SOUZA, A. *Tenondê porãrã*: sabedoria indígena para a boa educação das crianças na Reserva Indígena de Dourados (RID)-MS. 2021. Dissertação (Mestrado em Educação e Territorialidade) - Universidade Federal da Grande Dourados (UFGD), Dourados, 2021.

SOUZA, T. *Educação escolar indígena e as políticas públicas no município de Dourados (2001 – 2010)*. 2013. Dissertação (Mestrado em Educação) - Universidade Católica Dom Bosco, Campo Grande, 2013.

TROQUEZ, M. C. C. *Professores índios e transformações socioculturais em um cenário multiétnico*: a Reserva Indígena de Dourados (1960-2005). 2006. Dissertação (Mestrado em História) - Universidade Federal da Grande Dourados (UFGD), Dourados, 2006.

TROQUEZ, M. C. C. *Documentos curriculares para a educação escolar indígena:* da prescrição às possibilidades da diferenciação. 2012. Tese (Doutorado em Educação) - UFMS, Campo Grande, 2012.

TROQUEZ, M. C. C. *Professores índios e transformações socioculturais em um cenário multiétnico:* a Reserva Indígena de Dourados (1960-2005). Dourados: Ed. UFGD, 2015.

TROQUEZ, M. C. C. Reserva Indígena de Dourados (1917-2017): Composição multiétnica, apropriações culturais e desafios da subsistência. *In*: MOTA, J. G. B; CAVALCANTE, T. L. V. (org.). *Reserva Indígena de Dourados Histórias e Desafios Contemporâneos*. São Leopoldo: Editora Karywa, 2019. p. 43-58.

TROQUEZ, M. C. C.; NASCIMENTO, A. C. (Des)colonização, interculturalidade crítica e escola indígena na contemporaneidade. *Educação Unisinos*, v. 24, 2020. Disponível em: http://revistas.unisinos.br/index.php/educacao/article/view/edu.2020.241.15/60747811. Acesso em: 1 jan. 2023.

CAPÍTULO 16

MULHERES KAIOWÁ E GUARANI: APRENDIZAGENS, LUTAS E SONHOS

Bárbara Marques Rodrigues
Bárbara Battistotti Vieira
Júlia Medeiros Pereira
Cátia Paranhos Martins

Quem Somos, Nossos Sonhos e Pesquisas

Este capítulo apresenta uma escrita produzida a partir dos diálogos, aprendizados e atividades de ensino, pesquisas e extensão com as mulheres Kaiowá e Guarani, com destaque para a apresentação que realizamos na Semana Guarani e Kaiowá, organizada pela Faculdade Intercultural Indígena (FAIND) da Universidade Federal da Grande Dourados (UFGD), em fevereiro de 2023. As considerações aqui entrelaçadas são tecidas por uma mulher Guarani, nascida e criada na Reserva Indígena de Dourados (RID), psicóloga e estudante do Programa de Pós-Graduação em Psicologia da UFGD, que discute as violências contra as mulheres da RID a partir de sua atuação no Centro de Referência da Assistência Social (CRAS Indígena); por duas estudantes de Psicologia da UFGD, que participaram do Programa de Iniciação Científica[57], com o plano de trabalho "Kuñangue Aty Guasu: mulheres Kaiowá e Guarani em movimento"; e, ainda, pela orientadora dos trabalhos citados, cuja pesquisa docente "Por outras saúdes, políticas e poéticas: uma cartografia da terra vermelha", almeja repensar modos de cuidar, de negociar e de (re)criar a vida a partir dos desafios e das riquezas da região de Dourados.

---

[57] Nosso agradecimento ao CNPq pela bolsa de Iniciação Científica à Júlia Medeiros Pereira, no período de setembro a janeiro de 2023.

Habitar as terras vermelhas, o *tekoha guasu* tal como os povos Kaiowá e Guarani nos ensinam, produziu deslocamentos significativos em nossos modos de pensar e sonhar a atuação em Psicologia. Muitas 'desaprendizagens' são necessárias para o trabalho em respeito aos saberes tradicionais, na busca por construir enfrentamentos às práticas de assujeitamento da vida, reaprendendo a viver com esses coletivos (MARTINS, 2021). Em trabalho desenvolvido em conjunto com Faria (2020), problematizamos os impactos da realidade colonial vivida pelos/as Kaiowá e Guarani do Mato Grosso do Sul, a partir das narrativas da *Aty Guasu*, o movimento étnico-social destes povos (PEREIRA, 2003). Realizamos a leitura das notas publicadas no *blog* do movimento, de 2011 a 2013, para compreender as denúncias e as reivindicações, em especial sobre três dimensões: saúde, violência e resistência. Deste importante mergulho, inspirado e diálogo com Ignácio Martin-Baró[58], Paulo Freire e Walter Mignolo, nas narrativas indígenas destacamos:

> [...] as desobediências indígenas, expressas pelos múltiplos modos de organização e práticas, configuram a resistência e (re)existência ancestral em direção a outros mundos possíveis, outras relações, outras psicologias e outras saúdes (FARIA, 2020, p. 10).

Cientes que o projeto desenvolvimentista e as políticas indigenistas são promotores de violências e de desorganização do modo próprio das/dos Kaiowá e Guarani, temos nos orientado para ações e iniciativas de respeito e compreensão do modo de organização social e recuperação de narrativas e memórias. Entendemos que

> [...] libertar-se das amarras é desobedecer a cartilha colonizadora, e, mais ainda, ir contra ela. Para nós, esta é uma das tarefas urgentes da Psicologia no que diz respeito às alteridades negadas e encobertas pelos processos coloniais a fim de colaborar para emergência e reorganização das subjetividades e cosmologias ainda colonizadas (FARIA; MARTINS, 2020, p. 40).

---

[58] No trabalho de Faria (2020) há o compromisso com a desideologização, sendo fundamental a recusa do lugar de colonizador/dominador. Embora as assimetrias estejam postas, é necessário buscar compreender e enfrentar as desigualdades ao colocar-se ao lado e/ou dos povos originários. Temos nos questionado se nosso lugar ético-político não seria dar um passo atrás, questionando o lugar de saber o que é melhor, e acompanhar esses coletivos em sua resistência ancestral, que escapa às compreensões karai (FARIA; MARTINS, 2020, 2022, 2023).

Na sequência dos trabalhos, estamos empenhadas em nos aproximar e dialogar com as mulheres Kaiowá e Guarani, em especial a partir das experiências da primeira autora, que é uma mulher Guarani e psicóloga, e na sequência, a partir de nossos aprendizados com a Kuñangue Aty Guasu, a Grande Assembleia de Mulheres Kaiowá e Guarani.

Vozes silenciadas das mulheres Kaiowá e Guarani e os desafios da Psicologia

> Não existe a possibilidade de falar sobre violência contra mulheres indígenas sem me envolver emocionalmente. Colocar-me como pesquisadora, uma pessoa neutra é muito difícil, pois nasci nessas terras chamadas Reserva Indígena de Dourados (RID), filha de pai e mãe do povo Guarani. Escrever sobre mulheres indígenas e violência tem sido uma atividade desafiadora, levantar conceitos e sentimentos e percepção não é uma tarefa fácil, também me levou a pensar qual o meu papel neste momento, uma pesquisadora? Uma mulher da comunidade? Uma profissional? Qual papel seria? Respostas estas que talvez jamais sejam respondidas.

É com essa narrativa da primeira autora (Bárbara Marques Rodrigues) que iniciamos esta seção. Em cena, o desafio ético de pesquisar as violências que nos tocam profundamente, mas de formas diferentes, quando se é Guarani ou karai. Tal como Bárbara Marques Rodrigues destaca, a sua condição de ser parte da comunidade estudada, e também uma profissional do SUAS e pesquisadora da temática, traz muitos questionamentos. Embora nossas dúvidas sejam muitas, nossa premissa é sonhar com uma atuação da psicologia em respeito às comunidades, não causando mais violências. Neste recorte da pesquisa, especificamente realizada pela primeira autora, buscamos traçar caminhos para compreender e identificar práticas e desafios da psicologia no atendimento às mulheres Kaiowá e Guarani da RID e que vivem em situação de violência. A metodologia proposta é a autoetnografia, sendo a experiência pessoal e profissional tomada como o fio condutor da pesquisa, o que torna desafiador escrever não apenas as narrativas, mas sentir, ver e presenciar essas dores.

A Referência Técnica para a Atuação do(a) Psicólogo(a) Junto aos Povos Indígenas, elaborado pelo Centro de Referência Técnica em Psicologia e Políticas Públicas-CREPOP, aponta a necessidade de um novo olhar para a história dos povos originários e que essa história precisa ser recontada pelas vozes indígenas, esse processo histórico que vem produzindo violências e traumas (CONSELHO FEDERAL DE PSICOLOGIA, 2022). Das várias situações de violências que discutimos na pesquisa, observamos que as mulheres indígenas são silenciadas de muitas formas e também pelas próprias pessoas da comunidade. A luta por igualdade de direitos, reconhecimento da capacidade intelectual e capacidade de ocupar lugares importantes na tomada de decisões são desafios enfrentados no cotidiano.

As mulheres são silenciadas, julgadas, menosprezadas, assim como diz a nota de repúdio publicada na rede social pelas mulheres da Kuñangue, movimento das mulheres Kaiowá e Guarani que será melhor abordado abaixo, no qual lutam por equidade e paridade de gênero nos cargos públicos, por exemplo nos espaços de gestão da Secretaria Especial de Saúde Indígena (SESAI).

Desde 2006, as mulheres estão se organizando num movimento intitulado de "Kuñangue Aty Guasu". Notas, relatórios e denúncias feitas pela Kuñangue citam casos que ocorrem frequentemente com as mulheres dentro do seu lar, no local de trabalho, nas aldeias e serviços públicos. As mulheres indígenas precisam, constantemente, provar a sua capacidade e enfrentar desafios e, muitas vezes, em espaços formados por lideranças homens. As mulheres possuem diversas contribuições na comunidade indígena, conhecimentos tradicionais, acadêmicos, profissionais e não se intimidam com os desafios que precisam enfrentar, mesmo tendo suas casas queimadas, cabelos arrancados e ainda chamadas de bruxas feiticeiras.[59] Concordamos com Carvajal, onde ela cita que:

> Devem-se retribuir às mulheres indígenas duplamente, porque corresponde-lhes devolver, primeiro, como comunidades indígenas de mulheres e homens o que o colonialismo e o racismo lhes roubaram e por estarem as mulheres indígenas mais empobrecidas que os homens em sua comunidade; deve-

---

[59] As participantes da Kuñangue Aty Guasu vieram a público denunciar o crime de intolerância religiosa praticada contra as mulheres anciãs Kaiowá e Guarani. As mulheres Kaiowá e Guarani violentadas e abusadas têm seus corpos cortados com ponta de facas, carregando em suas costas marcas de chicotes de couro. Ainda, essas mulheres têm seus cabelos cortados por faca, carregam hematomas físicos profundos em suas cabeças e em muitas outras partes do corpo, suas casas são queimadas, elas são expulsas das comunidades e carregam consigo traumas de violência psicológica brutal, temendo serem queimadas vivas, enforcadas e mortas. São insultadas e xingadas de bruxas e de feiticeiras. Essas são denúncias feitas e encaminhadas ao Ministério Público Federal, Estadual e DPU. Ver mais informações em: https://redeindigena.ip.usp.br/wp-content/uploads/sites/776/2021/01/Kunangue-ATY-guASU-DENUNCIA-o-Crime-de-intolerancia-religiosa_Tortura-contra-as-nhandesys-1.pdf.

> -se devolver-lhes em justiça o que o patriarcado lhes arrancou, por isso dizemos que é preciso devolver duas vezes, uma pelos indígenas e outra pelas mulheres (CARVAJAL, 2020, p. 11).

Precisamos olhar para as mulheres indígenas que estão empobrecidas de cuidado adequado, de atendimento humanizado, falta de moradia, alimentação, políticas públicas e falta de oportunidades em cargos públicos para fazer justiça e no enfrentamento das violências contra as mulheres. As mulheres têm seus trabalhos realizados pela comunidade e destacar essas contribuições é de suma importância para que elas nunca sejam esquecidas, em seus serviços domésticos, na política, entre outros. As mulheres enfrentam diversas situações de violência e neste combate elas têm, cada vez mais, solicitado intervenção de profissionais da Saúde e Assistência Social, em especial de Psicologia. O que isso nos diz? Como podemos trabalhar para fortalecer os mecanismos internos de organização da vida cotidiana? Como sonhar que a nossa atuação em políticas públicas é pela valorização dos saberes e práticas tradicionais e não na imposição dos modos karai de tocar a vida?

Nossa pesquisa está em andamento e já podemos afirmar que consideramos fundamental que profissionais das políticas públicas tenham conhecimentos das pautas indígenas e das lutas das mulheres, promovendo o diálogo dos saberes tradicionais com a Psicologia para cuidar das vítimas de violência sem violá-las novamente. Na sequência, vamos apresentar um pouco mais de nossos diálogos a partir dos aprendizados com a Kuñangue.

Aprendizagens, denúncias e reivindicações da Kuñangue Aty Guasu

Uma busca pelo descritor "mulheres indígenas", quando associado com "Psicologia"', apresenta três resultados na plataforma SCIELO. Em comparação com outros temas, os estudos que se debruçam em compreender e colaborar com a realidade das mulheres Kaiowá e Guarani são escassos. Assim, procuramos nos aprofundar na temática para a construção de outros modos de fazer e pensar a Psicologia. Buscar compreender o complexo mundo de cada coletivo étnico é essencial para que a Psicologia possa se aproximar da construção de uma saúde que seja feita "com" e não "para" os povos tradicionais. A partir da reflexão do papel da/o psicóloga/o, entendemos que a prática da Psicologia karai (não indígena/branca) é centrada na concepção eurocêntrica de saúde e saúde mental, que nos parece limitada para o trabalho junto aos povos indígenas.

Por isso, consideramos que é preciso desaprender teorias que não comportam a realidade à qual nos propomos a mudar, para nos aproximarmos de outros modos de produzir saúde. Como observa Martín-Baró (2006, p. 12, mantida a língua original), *"No se trata de que nosotros pensemos por ellos, de que les transmitamos nuestros esquemas o de que les resolvamos sus problemas; se trata de que pensemos y teoricemos con ellos y desde ellos"*. Além disso, entendemos que, ao aproximarmos do estudo sobre mulheres Kaiowá e Guarani, nos cabe o cuidado de não analisar suas realidades de maneira etnocêntrica e não universalizar a opressão sofrida por todas as mulheres (SOUZA, 2013), visto que, como apontado por Pereira (2011), o papel da mulher é imprescindível para a organização da parentela (família extensa) e para o dia a dia da comunidade. Sobre o trabalho da Psicologia junto aos povos indígenas, Kuña Aranduhá, jovem liderança indígena, nos mostra o caminho:

> [...] novamente a Kuñangue ela vem dizer para a Sesai que a partir do momento que os profissionais de saúde entram em campo eles precisam entender que lidam com povo, que tem uma cultura, uma cor de pele, uma tradição, costumes diferentes. Sendo assim, não levem para a aldeia aquilo que você aprendeu na universidade, na academia. Isso pode ser útil sim, claro, mas antes de tudo respeite a cultura de um povo porque é uma violação tudo que vem de cima, tudo que vem de fora, pronto já para ser implantado na aldeia e não ser construído com eles, com o nosso povo. E não funciona (*apud* NICHING; SAMPAIO, 2020, p. 215)

Nesse sentido, buscando sair dessa lógica, nos aproximamos da Kuñangue Aty Guasu (Grande Assembleia das mulheres Guarani e Kaiowá), grupo que surgiu em 2006, a partir da inquietação das mulheres que buscaram construir outros espaços de construção coletivas, para além dos já existentes, como a Aty Guasu (Assembleia Geral do Povo Guarani e Kaiowá). As precursoras da Kuñangue Aty Guasu foram Dona Alda, Dona Helena, Dona Clementina, Dona Áurea e professora Leia, todas moradoras da reserva Limão Verde, no município de Amambai/MS. Os primeiros temas discutidos foram a demarcação de terras indígenas, saúde, educação, segurança, sustentabilidade, questões de gênero, violência doméstica e adoção de crianças indígenas por famílias não indígenas (ANZOATEGUI, 2018).

Acompanhamos, na qualidade de apoiadoras/espectadoras, esse movimento das mulheres Kaiowá e Guarani. Anzoategui (2018) identifica dois motivos principais para compreensão do movimento, a saber: considerando que a principal pauta da luta do movimento indígena é a demarcação dos territórios tradicionais, muitas mulheres já se sentem representadas pela Aty Guasu, além disso, as mulheres líderes indígenas vivenciam um processo atual de compreensão das especificidades de seu próprio movimento (ANZOATEGUI, 2018, p. 16). Nas palavras de Alda Silva, Nhandesy Guarani-Kaiowá:

> *Nosotras, las mujeres guaraní kaiowá, vivíamos como una crisálida, presa al tronco de los árboles. Durante mucho tiempo permanecimos calladas y sin voz. Pero hoy, vamos despertando nuestra consciencia hacia el camino de transformación hasta llegar a la suavidad y libertad de la mariposa. Y, como la mariposa, que se alimenta del néctar de las flores, procuramos fortalecernos para enfrentar el mundo y buscar nuestros derechos* (apud PACHECO, 2013, p. 23)

Sendo assim, objetivamos realizar uma análise documental das publicações da Kuñangue Aty Guasu, no período entre 2017 e 2022. A análise documental configura-se como uma metodologia que, a partir do uso cauteloso de técnicas específicas, objetiva apreender e compreender diversos tipos de documentos, por meio da coleta, análise e interpretação dos dados acessados (LIMA JUNIOR *et al.*, 2021), nos permitindo contextualizar os fatos em determinado momento histórico-cultural.

Vinte e quatro (24) documentos foram selecionados e analisados na pesquisa de Iniciação Científica, todos produzidos e publicados em ambiente on-line (como Facebook, Instagram e no site https://www.kunangue.com), e em plataformas de entidades apoiadoras do movimento indígena que veiculam as manifestações da Kuñangue Aty Guasu, tais como a Articulação dos Povos Indígenas do Brasil e Federação das Organizações Sindicalistas Revolucionárias do Brasil. Assim, mapeamos e sintetizamos as principais reivindicações do coletivo e denúncias das constantes violações de direitos nos documentos publicados entre 2017 e 2022.

Ao analisar os documentos produzidos, a partir de discussões feitas pelas mulheres ao longo de seis anos e de seis Assembleias, é possível perceber que algumas denúncias e reivindicações se repetem, mas a principal delas gira em torno da necessidade urgente de demarcação de terras indígenas e do arquivamento da tese do Marco Temporal. Dos analisados, seis (Relatório Final Kuñangue Aty Guasu V, VI, VII, VIII, IX e X) são relatórios finais de Assembleias anuais do coletivo, que apresentam a síntese das principais reivindicações, assim como denúncias de constantes violações de direito sofridas por mulheres Guarani e Kaiowá.

No âmbito da educação, reivindicam construção de escolas em áreas de retomada e exigem respeito do curso de Licenciatura Intercultural Teko Arandu da UFGD, pontuando a necessidade das/dos docentes compreenderem o processo histórico do movimento indígena e serem falantes do idioma Guarani. Na área da saúde pública, destacam a necessidade de se contratar profissionais indígenas para atuar na área da saúde, denunciam a violência obstétrica e reivindicam o respeito e valorização da medicina Guarani e Kaiowá (com ênfase para valorização das parteiras) pela Secretaria Especial de Saúde Indígena (SESAI), a implementação de rede de urgência e emergência, a construção de um Distrito Sanitário Especial Indígena (DSEI) no Cone Sul do Mato Grosso do Sul (MS), além da contratação de intérpretes em todos os serviços de saúde.

Cinco documentos ("Denúncia de intolerância religiosa praticada contra as mulheres anciãs Kaiowá e Guarani", "Incêndio em Casa de Cura", "Violência contra mulheres do nosso povo", "Intolerância religiosa, racismo religioso e casa de rezas incendiadas em comunidades Kaiowá e Guarani" e "Nota da Kuñangue Aty Guasu contra o patriarcado e racismo: violências medievais e extremismo religioso no MS") relatam situações de intolerância religiosa, que envolvem nove casos de perseguições, torturas, espancamentos, dentre tantas violências contra as anciãs Nhandesys (em sua maioria, mulheres idosas) praticadas por homens orientados por igrejas pentecostais. Os documentos também apresentam denúncias de incêndios criminosos nas Oga Psy (casas de cura/casas de reza). Além disso, reivindicam às autoridades competentes que as violências que ocorrem pela intolerância religiosa sejam investigadas e combatidas.

Quatro documentos apresentam relatos de descaso com a saúde pública indígena, enfatizando a destituição e contratação de funcionários do DSEI do MS sem consulta prévia à população indígena. Além disso, documentos denunciam o genocídio da população indígena durante a pandemia de Covid-19 e afirmam que o DSEI não possui recursos para atender às demandas de saúde das/dos Guarani e Kaiowá. Há um destaque, ainda, para a ata de um evento realizado em 2019 por mulheres que compõem o coletivo para discutir a violência obstétrica, que vulnerabiliza e vitimiza de forma intensa as mulheres indígenas. Durante a leitura dos documentos, percebemos que em todos os momentos em que se discute a saúde da mulher indígena, há uma forte reivindicação para que a medicina tradicional seja respeitada.

Dois documentos compõem uma série de relatórios intitulados "Corpos silenciados, vozes presentes: a violência no olhar das mulheres Guarani e Kaiowá", produzidos por integrantes do conselho da Kuñangue Aty Guasu, a partir de extensas pesquisas que têm como objetivo central mapear e denunciar as "categorias" de violências sofridas por mulheres Kaiowá e Guarani. As categorias apresentadas no documento são: (1) violência do Estado brasileiro no contexto da pandemia; (2) crimes de intolerância religiosa praticados por representantes de igrejas neopentecostais; (3) violência sexual contra crianças; (4) violência obstétrica; (5) violências derivadas do confinamento nas retomadas (violência de espancamentos, torturas psicológicas, violência física e violência moral); (6) não garantia dos direitos dos povos indígenas; (7) a tese do marco temporal e o judiciário brasileiro e a lei Maria da Penha (a lei não abrange as formas de violências sofridas por mulheres indígenas).

Quatro documentos ("Ataque de Fazendeiros com auxílio da Polícia Civil", "Ordem de despejo", "Nota em apoio à Retomada Jopará, do tekoha Takuapery, município de Coronel Sapucaia" e "Por trás do arrendamento vem o despejo, vem o grande latifundiário: o agronegócio contra Yvy Katu Potrerito") apresentam denúncias relacionadas aos conflitos em territórios, tais como: ordens de despejo/reintegração de posse, confrontos com latifundiários que resultaram em assassinatos de indígenas, denúncias de arrendamentos de terras indígenas etc.

Por fim, três documentos são cartas abertas endereçadas ao Estado brasileiro e/ou organismos internacionais, como o Presidente Luiz Inácio Lula da Silva, o então representante da Fundação Nacional dos Povos Indígenas (FUNAI) Franklinberg Ribeiro de Freitas, e a entidades como a Organização das Nações Unidas Mulheres (ONU Mulheres). As manifestações contidas nos documentos reivindicam, principalmente, a demarcação das terras tradicionais (posicionando-se contra a tese do Marco Temporal), a garantia de segurança de lideranças indígenas, o apoio ao coletivo Kuñangue Aty Guasu e o respeito às decisões encaminhadas pela Assembleia. A partir do mapeamento foi possível sintetizar, organizar e agrupar as denúncias e reivindicações que, em suma, abordam as seguintes temáticas: intolerância religiosa; descaso com a saúde indígena (principalmente durante a pandemia de Covid-19); conflitos territoriais; violências contra a mulher indígena; e a importância da medicina ancestral e tradicional dos povos Guarani e

Kaiowá. A principal reivindicação publicizada nos documentos analisados é a urgente necessidade de demarcação e homologação de terras indígenas e o forte posicionamento contra o Marco Temporal.

A análise de denúncias de constantes violências e violações de direitos, evidenciou que o fio que liga e conduz as denúncias feitas pelas mulheres é a busca pelo bem viver (teko porã). O bem viver rompe com o entendimento de vida individual e há uma íntima relação entre a saúde e natureza, sendo estes interdependentes. Por isso, violentar a natureza é, ao mesmo tempo, violentar os corpos também sagrados que habitam a terra, gerando desequilíbrio no cosmo.

Considerações finais: Desafios a outras Psicologias

Muito aprendemos no convívio com as mulheres Kaiowá e Guarani, seja na reserva, na universidade, bem como a auto-organização na Kuñangue Aty Guasu. Elas estão em movimento e são parte fundamental da luta pela vida digna e bela, pelo teko porã. Tal como apontado por Daniel Munduruku (2012), são "indígenas em movimento", são pessoas fazendo política e reinventando a vida. Neste cenário em disputa, marcado por lutas contra as violências e violações de direitos, nossa aposta ético-política é por caminhar e (des)aprender com os povos daqui na produção de outras psicologias. Habitar o Tekoha Guasu,

> [...] habitar o campo, em especial, os territórios Kaiowá e Guarani, nos apresenta a potência de coexistir com os povos originários e suas dimensões políticas, cosmológicas, espirituais, dentre outras, e nos proporciona/convoca (des)aprender pressupostos e paradigmas coloniais de desumanização, mesmo, e fundamentalmente, aqueles que instituem nosso lugar de formação. (FARIA; MARTINS, 2022, p. 101).

Não podemos esquecer que a nossa formação é colonizada, seja individual, coletiva e profissional, e por isso apostamos nos processos de de(s)colonização do sentir/pensar a partir dos encontros com as/os Kaiowá e Guarani (FARIA; MARTINS, 2023, 2022). Diante das inúmeras violências e reivindicações citadas, entendemos que o fio condutor que liga as manifestações e reivindicações do coletivo Kuñangue Aty Guasu é a busca pelo sonho do bem viver (teko porã). Tal como as mulheres nos ensinam, o bem viver precisa da demarcação de terras sagradas e do canto/reza. Através da

Kuñangue, as mulheres estão atualizando as categorias de violência e nos sinalizando que violência de gênero, violência obstétrica, racismo, dentre outras, são categorias coloniais e que não expressam as violências e os desafios da vida das mulheres Kaiowá e Guarani. Entendemos como grande inovação o mapeamento realizado pela organização e a atualização das categorias de violência e seguimos em nossos estudos.

A prática da psicologia karai (não indígena ou branca) é centrada na concepção de "saúde", "saúde mental", que é limitada para o trabalho com os povos indígenas. Por isso, seguimos desaprendendo e nos aproximando de outros modos de pensar, sentir e construir saúde. Nesse sentido, os próximos momentos de nossas pesquisas serão para aprofundar as leituras e concepções de bem viver, ou teko porã para as/os Kaiowá e Guarani, no exercício de continuar a repensar e sonhar outras psicologias.

Referências Bibliográficas

ANZOATEGUI, P. Kuñangue Aty Guasu: a grande assembleia das mulheres Guarani e Kaiowá. In: Encontro de História da ANPUH-MS, 16., 2018. *Anais* [...]. 2018.

BENITES, E.; KLEIN, T. Retomar o Teko: visões Kaiowá e Guarani de uma pandemia. *In*: PACHECO, R. (org.). *Fica na aldeia, parente* – povos indígenas e a pandemia de Covid-19. São Paulo: Editora Primata, 2021. p. 37-64.

CARVAJAL, J. P. Uma ruptura epistemológica com o feminismo ocidental. *In*: HOLLANDA, H. B. (org.). *Pensamento feminista hoje*: perspectivas decoloniais. Rio de Janeiro: Bazar do tempo, 2020.

CONSELHO FEDERAL DE PSICOLOGIA. *Referências técnicas para atuação do psicólogo junto aos povos indígenas*. Centro de Referência Técnica em Psicologia e Políticas Públicas (CREPOP). Disponível em: https://site.cfp.org.br/publicacao/referencias-tecnicas-para-atuacao-de-psicologasos-junto-aos-povos-indigenas. Acesso em: 1 nov. 2022.

FARIA, L. L. *Psicologia em movimento com os/as Kaiowá e Guarani*: diálogos fronteiriços e desobedientes. 2020. Dissertação (Mestrado em Psicologia - Universidade Federal da Grande Dourados, Dourados, 2020.

FARIA, L. L.; MARTINS, C. P. *"Terra é vida, despejo é morte"*: Saúde e luta Kaiowá e Guarani. *Psicologia: Ciência e Profissão*, n. 43, p. 1-17, 2023.

FARIA, L. L.; MARTINS, C. P. Autoetnografia e a potência do habitar e (des)aprender com territórios indígenas: contribuições para de(s)colonizar a Psicologia. *Teoria e Cultura*, Juiz de Fora, v. 17, n. 3, p. 91-107, dez. 2022.

FARIA, L. L.; MARTINS, C. P. Fronteiras coloniais, Psicologia da Libertação e a desobediência indígena. *Psicol. Am. Lat.*, México, n. 33, p. 33-42, jul. 2020.

LIMA JUNIOR, E. B. *et al.* Análise documental como percurso metodológico na pesquisa qualitativa. *Cadernos da FUCAMP*, v. 20, n. 44, 2021.

MARTÍN-BARÓ, I. Hacia una psicología de la liberación. *Psicología sin fronteras. Revista electrónica de intervención psicosocial y psicología comunitaria*, v. 1, n. 2, 2006.

MARTINS, C. P. "Desaprender oito horas por dia": psicologia e saúde indígena. *Fractal: Revista de Psicologia*, v. 33, n. 3, p. 192-198, set./dez. 2021.

MARTINS, C. P. (Des)Aprendizagens com as e os Kaiowá e Guarani: uma provisória cartografia da terra vermelha. *In*: DUTRA, M. L.; SATHLER C. N. (org.). *Psicologia, direitos humanos e psicologia*: ética e intervenções. Pedro e João Editores, 2022.

NICHNIG, C. R.; SAMPAIO, P. F. A luta dos (as) Guarani e Kaiowá em Mato Grosso do Sul por Kunã Aranduhá. *Fronteiras*: Revista de História, v. 22, n. 39, p. 212-224, 2020.

MUNDURUKU, D. *O caráter educativo do movimento indígena brasileiro (1970--1990)*. São Paulo: Paulinas, 2012.

PACHECO, I. S. La actuación de la mujer indígena guaraní kaiowá en las reinvindicaciones territoriales. *Íconos, Revista de Ciencias Sociales*, n. 45, p. 25-39, 2013.

PEREIRA, L. A importância da Mulher Kaiowá. Entrevista. *IHUONLINE*, 2011. Disponível em: http://www.ihuonline.unisinos.br/index.php?option=com_content&view=article&id=3810&secao=359. Acesso em: 1 fev. 2023.

PEREIRA, L. O movimento étnico-social pela demarcação das terras guarani em MS. *Tellus*, v.3 n. 4, p. 137-145, 2003.

SOUZA, L. S. O. *Cosmos, corpos e mulheres kaiowá e guarani de Anã à Kuña*. 2013. Dissertação (Mestrado em Antropologia) - Faculdade de Ciências Humanas, Universidade Federal da Grande Dourados, Dourados, 2013.

CAPÍTULO 17

TRABALHO DAS MULHERES INDÍGENAS NA COLHEITA DE MAÇÃ[60]

Dyna Vanessa Duarte Vera

Considerações Iniciais

A pesquisa foi realizada na aldeia Yvykuarussu/Takuaraty, conhecida como Paraguasu, com as mulheres que saem de suas aldeias para trabalharem em outros estados, como o Rio Grande do Sul e Santa Catarina, nas colheitas de maçã. As mulheres saem para o trabalho junto com os homens e largam os seus familiares para irem trabalhar na expectativa de conseguir recursos para uma vida melhor em suas aldeias, para acessar bens de consumo necessários nos dias de hoje.

A aldeia Paraguassu possui 609,09 hectares e 1.200 habitantes que são do povo Guarani e Kaiowá. Esta aldeia está localizada a 45Km do município de Paranhos em Mato Grosso do Sul e faz fronteira com o Paraguai. Esta aldeia foi demarcada em 1993, após muitos anos de luta e reivindicação de nossos parentes que foram expulsos 8 vezes de nosso *tekoha*, para onde retornamos e levantamos a aldeia. Eu nasci nessa terra retomada, assim como a maioria de minhas irmãs e meus sobrinhos. Entretanto, o tempo que ficou nas mãos dos fazendeiros, a terra foi bastante machucada e desmatada e quando conseguimos ela de volta, vimos que nossas florestas tinham virado pasto e nossos rios poluídos, bem como nossos animais assustados com o desmatamento foram embora, deixando para traz nossa terra machucada, hoje cercada por fazendas de pecuária e monocultura de soja, cana e milho.

A destruição de nosso ambiente e a presença dos não indígenas, seja através do Estado brasileiro – como escola, posto de saúde e assistência social,

---

[60] Texto apresentado a Licenciatura Intercultural Indígena *Teko Arandu*, da Faculdade Intercultural Indígena, da Universidade Federal da Grande Dourados, para obtenção de grau para conclusão de curso, 2021, sob orientação de Aline Castilho Crespe Lutti.

seja através dos missionários da Missão Alemã que existe desde a demarcação da Reserva Pirajuí em 1928 (para onde nossas famílias foram levadas quando expulsaram nossos antepassados de nossas terras) e que tanto interferiram no nossos modos de vida, bem como a diminuição de nossa terra disponível para nosso usufruto, hoje nos vemos dependentes do mundo do trabalho, tendo que disputar os poucos cargos disponíveis nas aldeias ou ir trabalhar para fora, como faziam os homens desde que o não indígena chegou.

No começo, quando os primeiros brancos chegaram, nossos avós contam que as mulheres iam cozinhar e limpar na época da exploração da erva mate ou mesmo nos fundos de fazendas, como alternativas para continuarmos vivendo em nossa terra em troca de nossa mão de obra, tempos depois, chegou o trabalho braçal nas plantações de cana e usinas, após os anos 2000, houve um aumento nos postos de trabalhos remunerados pelo estado e município dentro das aldeias e mais recentemente, o trabalho em indústrias e frigoríficos e a chegada das colheitas de maçãs e uvas, frutas típicas da região sul do Brasil, onde muitos homens e mulheres guarani e kaiowá trabalham para a garantia do sustento de suas famílias, num cenário de tanta escassez como o nosso. E neste cenário, as mulheres deixam seus fogos e saem em busca de recursos para sustentar a si mesmas, aos seus filhos e seus parentes mais velhos que dependem delas para a sobrevivência.

Para compreender melhor esta questão, busquei entrevistar mulheres trabalhadoras, realizar leituras sobre o tema e discutir tanto com minha orientadora, quanto com minha família e colegas de faculdade sobre esta questão que atinge as mulheres guarani e kaiowá de muitas aldeias em Mato Grosso do Sul.

Mulheres Trabalhadoras Guarani e Kaiowá e os Desafios Cotidianos

Dentro desse contexto, busquei conversar com algumas mulheres trabalhadoras que vão com frequência para o trabalho de colheita no sul do Brasil. Iniciei minhas entrevistas no final 2019 com a Angélica Benites que foi uma das primeiras mulheres desta aldeia que foi para a colheita em 2018. Fui entrevistá-la em sua casa e gravei a fala dela no áudio do *WhatsApp* e quando cheguei em casa transcrevi no caderno. A outra entrevistada foi a Evangelina Romero que vai para a colheita desde o ano de 2019. Com Evangelina, a entrevista se deu através do *WhatsApp* no início de 2021 depois que ela retornou da colheita de maçã, durante a pandemia do novo Coronavírus (covid-19) que chegou no Brasil desde março de 2020.

A minha curiosidade era sobre como foi ir para a colheita durante a pandemia e qual foi a sensação de estar lá sendo que nesse período de permanência no Rio Grande do Sul tinha-se muitas notícias sobre o grande número de contaminação de covid-19 na região. Cientes disto, qual era a necessidade de estar lá durante a pandemia, como eram os cuidados com a contaminação e trocamos muitos áudios de *WhatsApp* e seguimos conversando sobre o assunto, mesmo sem nos encontrarmos pessoalmente, seguindo as orientações de isolamento social necessárias durante a pandemia de covid-19.

Quando vão para as colheitas as mulheres permanecem de 45 até 60 dias fora de suas casas. Passam por várias dificuldades no trabalho longe da aldeia, mas também na própria aldeia por serem mulheres e muitas vezes solteiras e mães sozinhas e que tem dificuldade de acesso a recursos materiais, além da escassez de recursos naturais que tem na aldeia. Nos anos de 2020/2021, mesmo com a pandemia, não foi diferente. Além da dificuldade de todos os anos teve essa doença que dificultou mais ainda a vida dessas mulheres no trabalho colocando muitas vezes suas próprias vidas e de seus parentes em risco. Desde o ano de 2018 começou um aumento na ida dessas mulheres para as colheitas de maçã no sul do Brasil.

O que motivou e chamou a minha atenção sobre o tema foi que, ao observar essas mulheres que passam dias fora das suas casas e longe dos seus filhos, muitas vezes passam despercebidas na comunidade e fora dela também. Mas é novidade na aldeia a saída das mulheres para o trabalho braçal, porque é muito recente ainda e gera muita conversa sobre as saídas delas, principalmente no que se refere ao cuidado da casa e parentes que ficam quando as mulheres estão trabalhando fora. Para podermos refletir sobre as transformações dessas mulheres entre as idas e as vindas de lá para a sua família de volta e compreender as mudanças familiares e a dificuldades dessas mulheres durante este período longe da família, a ideia é refletir sobre os impactos na vida cotidiana quando é a mulher a provedora do dinheiro na família.

Desde que os homens iam trabalhar na colheita da erva mate nativa no final do Século XIX, ou mesmo na derrubada da mata para abertura de fazendas, ouvíamos dizer que eles iam pra *changa*. A *changa* é uma modalidade de trabalho praticada muito pelos homens, que consistia em saídas por pequenos períodos para trabalhos braçais fora de suas aldeias, sempre na expectativa de acessar bens de consumo, como alimentos, roupas, utensílios domésticos e agrados para as crianças. A *changa* foi muito registrada pelos estudiosos de meu povo, como Brand (1997), Pereira (2004), Crespe (2015), entre outros, estes registros mostram como ela foi uma estratégia importante para que continuássemos no usufruto de nosso território, porque a changa foi um meio de se manter circulando pelos territórios tradicionais. Com o acirramento dos conflitos fundiários entre indígenas e fazendeiros, as oportunidades de *changuear* dos homens vêm diminuindo e esta oportunidade aparece atualmente mais para o sul do Brasil e inclui as mulheres. Muitas vezes ouvimos que as mulheres conseguem lidar com mais destreza na colheita dos frutos.

Antes do reservamento de nossas famílias, que se deu através do SPI de 1915 a 1928 e das chegadas das frentes agropastoris, podíamos circular no nosso território com mais tranquilidade e acessar diferentes tipos de recursos presente nas florestas e rios. Tínhamos condições de viver num grande território, visitando nossos parentes, saindo para caçar ou coletar por longos períodos, ou mesmo participar das festas e rezas, como os *guaxiré* e *jerosy* realizados entre os meus parentes. Mas com a chegada das cercas das fazendas, a diminuição de nossas terras, e a própria divisão dos estados, como Brasil e Paraguai, dificultam nossa *oguata* (caminhada) que é tão importante para nós. Sem conseguir andar livremente com nossos parentes, encontramos como poucas possibilidades de circulação a via do trabalho.

Sobre este assunto, a pesquisadora Grasiela da Silva Motta (2020), reflete sobre migração e contratação de trabalhadores indígenas empregados pela economia do agronegócio. Ela conta sobre os trabalhadores na colheita de maçã e o deslocamento da própria pesquisadora até o local em 2017 e 2018, denunciando a precarização dos empregados no local no município de Vacaria, no Rio Grande do Sul. Com detalhes ela relata como é feito cada tipo de serviço na colheita como a seleção das frutas conforme a categoria de qualidade antes de destinar para o mercado. Esse tipo de trabalho é mais difícil de mecanizar e desde a década 1970 até o início do Século XXI continua sendo demandado. Os trabalhadores devem estar à disposição dos produtores assim que se inicia a safra. Dentro desse processo produtivo, os trabalhadores indígenas são contratados para o trabalho temporário no pomar, para o raleio e para a colheita juntamente com outros perfis de trabalhadores. Os produtores ainda classificam os trabalhadores por ser de diferentes culturas.

O contrato de trabalhadores indígenas é controlado pelo município de Vacaria, eles realizam um controle a respeito da quantitativo de trabalhadores que vão para a atividade da colheita de maçã, e tem um sistema eletrônico que monitora os trabalhadores sobre pendências com o sistema jurídico. Segundo Motta (2020) há cerca de12 a 15 mil contratados temporariamente, principalmente para o período de safra em Vacaria. Até os jornais locais comunicam a chegada dos trabalhadores de outros estados e a contração dos indígenas seria para ajudar a suprir a falta de mão de obra local na safra. A literatura sobre o deslocamento de trabalhadores em busca de trabalho demostra como a migração é um fenômeno complexo e heterogêneo. A liderança indígena que intermedia as relações entre os trabalhadores indígenas e o recrutador da empresa é conhecido como 'cabeçante'. Muitos trabalhadores encontram-se desamparado em Vacaria. Quando desistem do trabalho da colheita por não se adaptarem as difíceis condições de trabalho a empresa é responsável por trazer o empregado de volta para a casa, o que não acontece no tempo do trabalhador, mas da empresa.

A realidade por trás desses trabalhadores envolve muitas coisas e muitas pessoas no monitoramento do sistema jurídico para garantir a integridade dos trabalhadores, muito diferente do tempo que os indígenas iam trabalhar na cana. O que não mudou até hoje é que a mão de obra mais barata é a do povo indígena e no caso da colheita das frutas, a mão de obra na colheita não pode ser substituída por mecanizada. A ida das mulheres para o trabalho não é por acaso. Com a transformação do ambiente, a escassez de recursos naturais, a degradação do solo e avanço de agrotóxicos nas plantações de monocultura no entorno das aldeias e mesmo o assoreamento dos nossos rios, tem impossibilitado o plantio e as condições de vida favoráveis a reprodução da vida nas aldeias. Isto impacta diretamente as mulheres, que se vem diante da necessidade de alimentar seus filhos e parentes e atender principalmente os pedidos das crianças, com as compras de materiais, sapatos, mochila, itens entendidos como importante no dia a dia das crianças e em suas idas para as escolas.

As péssimas condições de vida nas aldeias aumentam a dependência das ações do estado, como recebimento de benefícios, como Bolsa Família e aposentadoria, ou mesmo o recebimento de cestas de alimentos. Quando estas faltam, as mulheres e homens guarani e kaiowá precisam dar um jeito para que possam sustentar suas parentelas. E então, a via do trabalho remunerado fora da aldeia é uma alternativa. Muitas mulheres com quem eu conversei entendem este trabalho mais como perigoso do que pesado, perigoso pois se está longe de casa, do cuidado dos seus familiares, e não tão pesado pois as mulheres guarani também trabalham nas roças, cortam lenhas, e outras atividades manuais. Muitas mulheres hoje, como já registrado por Seraguza (2013), deixam para se casar mais tarde, ou nem se casam, quando conseguem ocupar bons espaços de trabalhos remunerados, ou mesmo espaços escolares prestigiosos, como cursar a universidade e receber os auxílios próprios para isto, como bolsas de estudos. Assim, há um aumento de mulheres que são sustentadoras de seus lares também com o dinheiro, mas antes da chegada do dinheiro já sustentam os seus fogos através de fazer a comida, os remédios e demais cuidados necessários para levantar as pessoas (Seraguza, 2018).

A pesquisadora Sônia Grubits (2003) também trata do assunto. Ela reflete sobre as participações a partir do trabalho das mulheres indígenas Guarani e Kaiowá, Kadiweu e Terena no Mato Grosso do Sul e o impacto de suas atuações em suas comunidades. A autora investiga qual é a situação atual das mulheres nesses grupos, qual sua participação na política e economia das comunidades, na manutenção dos costumes e tradição, incluindo em suas análises a questão do gênero na interface com o trabalho, poder e política dentro e fora das suas comunidades. Sonia conta que, enquanto realizava sua investigação, pode participar de um momento em que as mulheres guarani e kaiowá se reuniram na aldeia Jaguapiru em Dourados no ano de 2012 com mais de 400 mulheres indígenas.

Neste encontro discutiram muitas questões importante para a vida das mulheres e registraram no documento final da II Kuña Aty Guasu falando sobre a saúde, políticas públicas, melhoria na educação e da importância em conquistar espaço nas escolas e universidades onde ganham força nos movimentos essas mulheres. O movimento indígena levantado pelas mulheres luta por vários direitos no grupo mais pobres dentre os pobres no país, porque os povos indígenas foram retirados de seus territórios, retirando deles as condições necessárias para a vida. A luta pelo território, segurança alimentar, a qualidade nas escolas, capacitação dos professores indígenas e a questão do bilinguismo também foram pautas deste encontro. Trata-se de uma luta estratégica de ação voltada para a resistência dessas mulheres indígena dentro e fora da sua comunidade, visando ajudar na renda familiar além de estimular os filhos aos estudos até a universidade. Grubits registra vários relatos dessas mulheres que apesar de muitos obstáculos por parte dos seus companheiros, como preconceito e traições, conseguem conquistar seus espaços e alcançar os seus objetivos.

A reflexão de Sônia Grubits em seu trabalho tem a ver com a questão dessas mulheres conquistar seus espaços no cotidiano de suas comunidades. Muitas mulheres indígenas no Mato Grosso do Sul precisam trabalhar fora para ajudar a renda familiar e são capazes de tudo para serem notadas pelas suas lutas de ser independente, mesmo tendo filhos para cuidar, assim como suas casas. As mulheres indígenas, atualmente, podem ter seus empregos, seus maridos, entre tantas outras coisas que nós mulheres conseguimos fazer ao mesmo tempo que cuidamos da família e da casa, como é possível perceber nas conversas realizadas com Evangelina e Angélica, trabalhadoras na colheita da maçã.

Experiências de Trabalhadoras Guarani e Kaiowá na Colheita de Maçã

Evangelina Romero é kaiowá, tem 20 anos, é nascida e criada na aldeia Paraguasu, Yvykuarussu/Takuaraty, tem 1 filho e é mãe solteira. Começou a ir para a colheita de maçã em 2019 no Rio grande do Sul, no município de Vacaria. No início conta que não sabia de nada quando foi parar lá na colheita, por indicação de uma amiga. Conta que chegando lá os fiscais do trabalho eram pacientes para ensinar e os Guarani e Kaiowá aprenderam muito rápido.

Evangelina conta que primeiro aprendeu a seleção da maçã e disse que depois que se aprende fica muito fácil de executar o trabalho. Também aprendeu a tarefa de fiscalizar os companheiros da colheita, mas eles no início não aceitavam a cobrança por serem feitas pelas mulheres e ficavam resmungando que o nosso lugar não era lá e sim em casa fazendo serviço de casa. Mas quando os comentários pesavam muito para as mulheres, comunicavam os superiores e então, os homens paravam. Os homens percebiam que as mulheres trabalhavam mais do que eles, sendo mais entusiasmadas para trabalhar quanto os homens pareciam não gostar muito. Na última ida para o Rio Grande do Sul, Evangelina conta que se desentendeu com o 'cabeçante' por ele menosprezar e fazer comentários desnecessários sobre as mulheres, mas que no fim ele pediu desculpas.

De acordo com Evangelina as mulheres têm se acostumado às situações que enfrentam nos trabalhos da colheita da maçã, pois entendem que necessitam disso para a criação dos filhos, pois precisam do dinheiro e precisam se manter, pois a necessidade suprir suas famílias através desse trabalho. Essa necessidade fez com que muitas mulheres participassem das atividades da colheita durante a pandemia, porque não há outro tipo de trabalho disponível para as mulheres nas aldeias, muito menos nos municípios ou em qualquer lugar do Mato Grosso do Sul. Poucas são as oportunidades de trabalho oferecidas aos indígenas guarani e kaiowá, e com a escassez de recursos naturais, as situações de penúria são muito encontradas, e também um esforço enorme das mulheres em superá-la. Segundo Evangelina, a necessidade dá força para ficar longe das suas famílias e suportar a saudade de casa.

Ela ainda conta que, quando começou a ir para a colheita da maçã, sentia muita vergonha, principalmente quando ia comer, achava que iriam 'tirar sarro' dela, porque era totalmente diferente da sua realidade. Se lembra da viagem cansativa, da comida diferente, afirmando que no início sua mãe não quis deixá-la ir, mas Evangelina insistiu, pois seu filho precisava e acabou se juntando ao grupo com seu pai. Para muitas outras mulheres as jornadas de trabalho em outros estados têm se tornado a alternativa de muitas famílias para conseguir recursos financeiros para aquisição de bens de consumo necessários ao cotidiano indígena, como destacou Evangelina.

Em 2021, em meio a alta de casos de covid-19 em todo Brasil, mais uma turma de homens e mulheres guarani e kaiowá foram ao sul do Brasil para o trabalho de colheita e seleção das maçãs. Evangelina narra que teve muito medo, e que foram parados pela fiscalização que os questionou se queriam mesmo ir para este trabalho e se não tinham medo de morrer. Conta que não tinham medo e que tinha que ir, pois o dinheiro iria chegar aos familiares. Apesar do momento, mesmo depois de 45 dias de labuta no sul do Brasil voltaram sem ninguém contaminado e com aprendizados novos aprendizados pela pandemia, frutos da utilização contínua de equipamentos de segurança de combate a covid-19 e as medidas de segurança durante o trabalho, como o distanciamento social, que faziam dos almoços demorados e as interações mais difíceis.

Outra entrevistada, Angélica Benites Acosta, kaiowá que tem 29 anos e é nascida e criada na aldeia Paraguassu Yvykuarussu/Takuaraty, me contou que foi uma das primeiras mulheres indígena da aldeia a ir para colheita de maçã e ficou no Rio grande do Sul durante 45 dias, de janeiro de 2018 até março 2018. Conta que conseguiu esse serviço através de um primo que fazia serviço de 'cabeçante', sendo o representante e responsável pelo grupo que leva os trabalhadores e trabalhadoras para o Rio grande do Sul em Vacaria. O responsável que leva o grupo se chama Lídio Rossate e foi ele quem levou elas para fazer teste para conseguir o trabalho. No caso elas foram para fazer o teste e se elas reprovassem não iam levar mais mulheres para essa colheita de maçã no Rio grande do Sul, mas elas conseguiram passar nesse teste e tiveram que enfrentar muito preconceito por parte de colegas homens do grupo, por serem mulheres eles tiravam sarro que elas não iam conseguir passar nesse teste porque era um trabalho pesado que as mulheres não aguentariam na visão desses homens, e que para eles, as mulheres deveriam ficar em casa, cuidar de casa, cuidar dos filhos. Outros homens trabalhadores pensavam diferente e defendiam que as mulheres tinham que trabalhar mesmo pois precisavam para correr atrás dos seus sonhos. Segundo Angélica, graças à habilidade delas e das companheiras de passarem nos primeiros testes de seleção para o trabalho, hoje, o caminho do trabalho das mulheres na maçã continuam abertos.

Naquela época, em 2018, foram 4 mulheres da mesma comunidade, sendo duas mulheres em um grupo e no segundo grupo foram outras duas mulheres também. E o teste que foi feito era com a mesma meta dos homens na colheita, elas precisavam conseguir alcançar a média dos homens que era 150 maçãs e elas conseguiram ultrapassar essa meta. Angélica Benites relatou que essa ida para o Rio Grande do Sul, na colheita da maçã, mudou a vida dela e a possibilitou ganhar um "dinheirinho bom", comprou o que ela queria, conseguiu suprir a necessidade da sua família naquele momento. Conta que ouviram muitas críticas, mas se mantiveram fortes, às vezes por parte da própria comunidade falando mal delas, pois não tinham clareza sobre o que elas foram fazer lá. Já Angélica, tinha clareza da necessidade de ir trabalhar lá para conseguir recursos e havia alguns comentários maldosos de que elas haviam ido para se prostituir. Conta que rebateu estes comentários, explicando que foram trabalhar como os homens que também ficam longe de suas famílias, trabalham o dia inteiro, chegam cansados no alojamento, jantam e vão dormir porque é um trabalho cansativo. E ainda sim, são muito criticadas por algumas das esposas destes homens trabalhadores que não os acompanham nessas empreitadas só pelo fato de serem mulheres e irem junto com os homens trabalhar.

Para Angélica, uma das questões mais difíceis no cotidiano do trabalho na colheita é a rigidez dos horários, tem que seguir as regras dos horários certinhos para tomar café, horário do almoço, a janta. Uma outra questão que ela aponta é que, segundo ela, o trabalho na colheita o serviço é perigoso, usam muito escadas e tem alguns homens que caem das escadas, se machucam. Mas conta que precisam muito do dinheiro, que nas aldeias lidam com a falta de emprego, nos municípios e este é o único trabalho que dá oportunidade de dar uma vida melhor para os filhos destas mulheres.

Angélica acha que foi muito gratificante o fato de terem sido as primeiras mulheres de conseguir a meta e abrir o caminho para as outras mulheres, dando essa oportunidade para muitas mulheres que vão e continuarão indo. Atualmente Angélica não quer mais ir para a colheita da maçã porque ela está estudando e tem o sonho de terminar os estudos primeiro, mas pensa em voltar para lá porque é o único trabalho que pode ganhar bem e que no momento é o que a apoia e a mantem. Conta que recebe o convite todos os anos para ir, mas vai esperar mais para frente, depois que terminar o estudo com certeza voltará. Insiste que com isso conseguiram mostrar para todo mundo da aldeia que as mulheres conseguem sim trabalhar pesado, mostrar para os homens que somos capazes de fazer as mesma coisas que eles também fazem e tem os desejos materiais que tem que suprir através do dinheiro que recebem, por que é muito pouco o dinheiro que recebem do bolsa família, não supri as necessidades dos parentes. Também afirma que as mulheres não dependem mais dos homens, são capazes, têm força de vontade e fazem as coisas bem feitas, correspondendo à confiança depositada.

Em uma das idas para a colheita da maçã, Angélica deixou o filho de um ano com a mãe e com marido, com a perna machucada que machucou jogando bola e mesmo assim foi. Chegando lá, teve sinusite, mas melhorou e continuou trabalhando. Lá tinha mais de 700 homens e 20 mulheres não indígenas e tomavam o café, almoçavam e jantavam todos juntos, mas um respeitando o outro. Ela disse que, com seu finado pai dizia, para conseguir alguma coisa tem que ir à luta, correr atrás, nada é impossível. Muitas vão com seus maridos, mas lá ficam separadas, em alojamentos diferentes e elas admitem que é muito difícil ficar longe dos seus parceiros, mas não tem outra opção a não ser se virar do jeito que podem.

A anciã e rezadora, com quem pude conversar sobre este trabalho realizado pelas mulheres, a senhora Euzébia Romero, relatou que esses trabalho pesado que os homens fazem não é só agora que as mulheres estão fazendo, isso vem dos antepassados, está no sangue. Ela relatou que as mulheres sempre trabalhavam nas roças, para plantar, carpir, colher além disso ainda tem os seus filhos pequenos, as suas casas, seu marido, tinha que produzir seu próprio alimento, caça e pesca sempre as mulheres estiveram presentes. E hoje em dia não é diferente as mulheres estão à frente de muitas coisas, nas universidades, nos cargos maiores nas escolas, dos postos de saúde, além disso também estão à frente de suas casas, filhos, roças, maridos e demais parentes.

Considerações finais

O tema da minha pesquisa foi sobre as mulheres que saem do estado para trabalhar na colheita da maçã no Sul do país, durante 45 dias a 60 dias fora da sua comunidade, longe da família dos filhos, do seu *tekoha*. No ano de 2021 não foi diferente, além de enfrentar as dificuldades de sempre, houve a doença da Covid-19. E muitas vezes vimos a desvalorização dessas mulheres que passam despercebidas na própria comunidade. Através deste trabalho quero mostrar que elas existem, estão sempre na luta, são mães, esposas que fazem parte da nossa comunidade e trabalhadoras. Meu objetivo foi o de mostrar a dificuldade que elas passam fora do seu *tekoha*.

A participação das mulheres na colheita e seleção de maçã junto com os homens no Rio Grande do Sul, demonstram uma grande mudança no nosso sistema social, enquanto povo guarani e kaiowá. As mulheres que sempre estiveram à frente de suas casas, hoje se veem obrigadas a sair em busca de recursos financeiros, pois não conseguem sobreviver de sua própria terra, na maioria das vezes destruída pelo agronegócio e pela ganância do não indígena. As condições de trabalho são pesadas, mas o que os não indígenas consideram trabalhos pesados, também são feitos pelas mulheres nas aldeias, como corte e transporte de lenha, ou mesmo roçado. A questão é a saída das mulheres de suas casas em busca destes recursos financeiros, onde a justificativa sempre aparece atrelada a necessidade de satisfazer os desejos materiais de filhos, parentes e os seus próprios.

As mulheres enfrentam muito preconceitos dentro de suas próprias aldeias e também no ambiente de trabalho, onde são vistas com desconfianças pelos homens, mas isto não as abala no objetivo que as leva ao trabalho. Acreditam que com acesso a recurso, podem oferecer mais oportunidades de acesso a bens materiais de seus filhos, em quem pensam em todo tempo que estão no trabalho, longe de suas casas, com certeza o que enfrentam de mais difícil neste trabalho.

Referências Bibliográficas

BRAND, A. J. *O impacto da perda da terra sobre a tradição Kaiowá/Guarani*: os difíceis caminhos da palavra. 1997. Tese (Doutorado em História) - Pontifícia Universidade Católica do Rio Grande do Sul, Porto Alegre, 1997.

CRESPE, A. C. *Mobilidade e temporalidade Kaiowá:* do tekoha à "reserva", do tekoharã ao tekoha. 2015. Tese (Doutorado em História) - Universidade Federal da Grande Dourados, Dourados, 2015.

GRUBITS, S. *Mulheres indígenas brasileiras:* educação e políticas públicas. Campo Grande: Universidade católica Dom Bosco, 2003.

MOTTA, G. S. Migração e contratação de trabalhadores indígena empregados pela economia do agronegócio. *Iluminuras*, Porto Alegre, v. 21, n. 52, 2020.

PEREIRA, L. M. *Imagens Kaiowá do Sistema Social e seu Entorno.* 2004. Tese (Doutorado em Antropologia Social) - Universidade de São Paulo, 2004.

SOUZA, L. S. O. *Cosmos, corpos e mulheres kaiowá e guarani de Anã à Kuña.* 2013. Dissertação (Mestrado em Antropologia) - Faculdade de Ciências Humanas, Universidade Federal da Grande Dourados, Dourados, 2013.

SOUZA, L. S. O. Mulheres em retomadas: sobre política e relações de gênero entre os Kaiowá e Guarani em Mato Grosso do Sul. *Tessituras*, Pelotas, v. 6, n. 2, p. 215-228, jul./dez. 2018.

CAPÍTULO 18

PIRAKUA: TERRITÓRIO SAGRADO E SÍMBOLO DA RESISTÊNCIA HISTÓRICA DO POVO KAIOWÁ[61]

Inair Gomes Lopes
Laura Jane Gisloti

Introdução

O assunto a ser abordado trata de um lugar/local denominado Pirakua, o qual é considerado de grande relevância para o povo Kaiowá e que, curiosamente, ficou de fora da área delimitada pela demarcação desta Terra Indígena. Esse local é um lugar no meio do Rio Apa e tem uma grande importância para esse povo que vive nessa região. Pirakua ainda resiste fortemente na memória coletiva e afetiva do povo Kaiowá. Esse local fica próximo à aldeia que leva o mesmo nome, ou seja, Pirakua, situada no município de Bela Vista, no Sudoeste do Estado de Mato Grosso do Sul. Os limites geográficos desse território atingem os municípios de Antônio João e Ponta Porã, além de fazer fronteira com o Paraguai.

Os Guarani são falantes da língua guarani pertencente ao tronco linguístico tupi-guarani com variações étnico-culturais. No Brasil encontram-se subdivididos em três povos: Guarani Ñandeva, Guarani Mby'a e Guarani Kaiowá. Esta pesquisa se refere aos Guarani Kaiowá. A população Kaiowá e Guarani é próxima a 50 mil indivíduos e está distribuída em oito reservas, além de quatorze terras indígenas, totalizando 22 áreas indígenas em de aproximadamente 183 km². Além dessas áreas, inúmeros territórios passam por processo de retomada de seus territórios ancestrais (PEREIRA, 2016).

---

[61] Esse capítulo compõe a dissertação de mestrado construída e defendida pela pesquisadora Inair Gomes Lopes (LOPES, 2022) em parceria com sua orientadora Laura Jane Gisloti, pelo Programa de Pós-Graduação em Educação e Territorialidade, Universidade Federal da Grande Dourados (PPGET/UFGD).

A Aldeia Pirakua fica localizada no Município de Bela Vista, Mato Grosso do Sul, próximo do Rio Apa, a 60 km de proximidade com a divisa com o Paraguai. Os grupos familiares encontrados nesta comunidade estavam desde muito antigamente nesta região. Este território foi uma conquista a partir de uma resistência contra os fazendeiros locais, que roubaram as terras ancestrais desse povo. Assim, desde o início da luta pela terra, no ano de 1980 em diante, os fazendeiros começaram a expulsar os Kaiowá de suas terras ou até mesmo assassinavam famílias inteiras. A partir daí os indígenas dessa região se agruparam em famílias mais ou menos de 10 a 15 pessoas e acamparam em lugar perto do rio, onde facilitava a caça, pesca e a coleta de frutas. Essa região específica é conhecida como Pirakua e foi fundamental para a resistência kaiowá.

Esse lugar é considerado sagrado para o povo Kaiowá, de forma que o nome na língua guarani é composto pela expressão *"pira"* que significa peixe e *"kua"* que significa buraco. Assim, esse povo ocupou este território e nele permaneceu resistindo aos ataques dos fazendeiros, da opressão e das ameaças para deixar este lugar. Nesta época alguns indígenas já prestavam serviços nas fazendas e em troca recebiam comida, roupas e onde morar. Neste meio já ocorria a escravidão trabalhista, desvalorizando e se aproveitando dos serviços braçais dos trabalhadores indígenas, e assim, alguns deles trabalhavam de forma precária nas fazendas para manter suas famílias. Sentindo a injustiça cometida pelos não indígenas, muitos deles se juntaram entre os indígenas que já lutavam pelas terras originárias.

Segundo Marçal Tupãi, grande liderança indígena, nos primórdios antes da invasão, a nação Guarani era uma grande nação, ou seja, cada povo vivia sem medo e os parentes moravam em lugares que achavam adequados para se morar. Com o passar dos anos e convivendo com a chamada 'civilização', esses povos passaram a viver em confinamento, ocasionado pelo cercamento de seu território. No entanto, os Kaiowá foram se juntando, cada grupo se uniu para se fortalecer e defender seu povo. Marçal já tinha essa idealização desde que se levantou em prol da luta indígena, de forma que ele dizia para os irmãos e irmãs indígenas para que ficassem juntos, que só assim estariam lutando pela mesma causa, que é a causa indígena. Ele sempre afirmava que só com a luta iríamos recuperar nossos territórios tradicionais. O que ele dizia era que queria ver os próprios indígenas se levantando, assim afirma o Tupa-y, a voz que nunca pode ser esquecida na luta indígena

Segundo a liderança Augusto Gomes, da aldeia Pirakua, Marçal foi uns dos grandes líderes que idealizou a permanência da luta pela terra em Pirakua, que surgiu aqui na aldeia visitando as famílias e sugeriando que se lutasse pela terra, afirma Augusto. A liderança relembra de forma bastante potente uma fala de Marçal:

> Marçal Tupãi dizia que em primeiro lugar, é preciso unir de novo povos indígenas. O nosso caminho não será de rosa. Talvez muitos de nós devemos escrever a nossa história indígena com o sangue, como tem acontecido a nossos irmãos. Temos o dever sagrado de defender o que é nosso (entrevista com Augusto Gomes, aldeia Pirakua, 2021).

E desde então, estimulados pela força de Marçal, os Kaiowá começaram a fazer suas casas e roças e mostrar que os indígenas estavam ocupando o território que o fazendeiro estava dizendo que era dele. É consenso entre as lideranças kaiowá de Pirakua que Marçal de Souza incentivou e teve o papel fundamental, marcando o início da luta pela terra. Dessa maneira os Kaiowá se organizam para se manter forte nesta aldeia e para não desistir. Se fortaleceram com a força dos rezadores através de suas rezas, ficaram firmes e lutaram contra a opressão. Por apresentar densas matas nesta aldeia os fazendeiros que diziam serem os donos não queriam desistir dessa riqueza para poder explorar e se enriquecer cada vez mais, mas o povo Kaiowá não desistiu e foi somando suas lutas com outros líderes que foram nascendo e, desde então, pela luta, um pedaço desse território foi devolvido através da homologação da demarcação.

Nesse sentido, o objetivo deste trabalho foi registrar e compreender a simbologia do espaço territorial Pirakua no processo de luta pela retomada do desse território ancestral. Assim, buscamos reviver através da escrita o modo como as famílias de Pirakua resistiram diante da violência dos fazendeiros, se sustentando de forma saudável e em harmonia com esse espaço territorial. Partimos do ponto de vista ancorado no fato de que, antes do período da invasão colonialista, esse povo consumia alimentos saudáveis, que eram oferecidos pela Mãe Terra, provenientes desse lugar de grande importância para os Guarani Kaiowá. Além disso, buscamos realizar uma reflexão sobre os vários fatores que acarretam a derrubada de parte da floresta que envolvia essa região e as consequências dessa destruição para a saúde da humanidade, visto que estamos enfrentando uma pandemia (Covid-19) ocasionada pela desarmonia das relações entre os entre os seres vivos.

Caminhos da Pesquisa: Aldeia Pirakua, o Buraco do Peixe

Esta pesquisa foi realizada na Aldeia Pirakua, aldeia onde nasceu e vive a primeira autora desse artigo. A aldeia se localiza na porção oeste do Estado do Mato Grosso do Sul, município de Bela Vista, e abriga uma área de 2.384 mil ha, com uma população de 537 habitantes (SIASI/SESAI, 2014) (Figura 18.1). Essa aldeia é composta basicamente por quatro regiões (Ponte, Palmeiras, Morro e Piri), de forma que cada uma das regiões apresenta características particulares na ocupação e na territorialização. A prática da caça e da pesca ainda é bastante utilizada na aldeia, complementando assim, o sustento das famílias (PRADO, 2013).

Figura 18.1 – Localização da Aldeia Pirakua, no sudoeste do estado do Mato Grosso do Sul

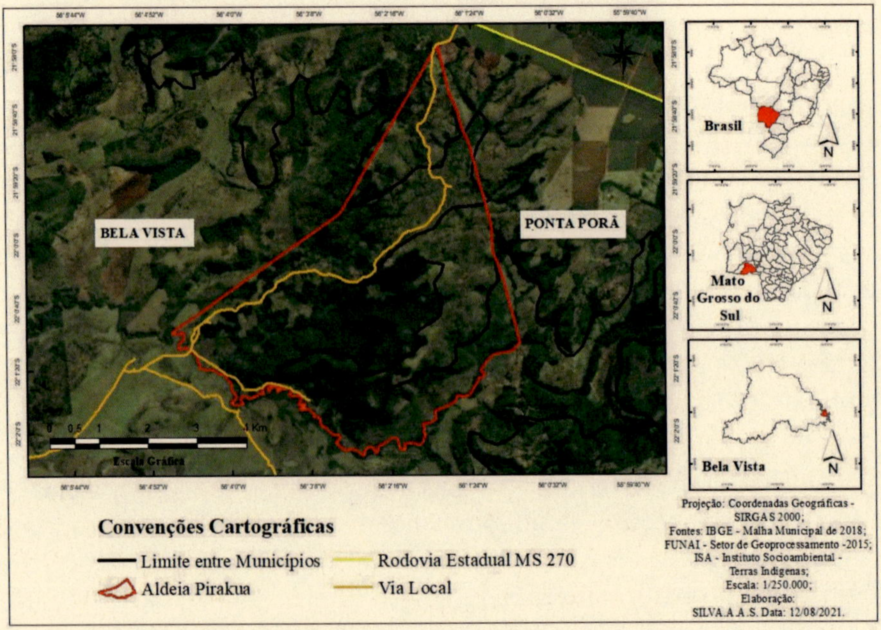

Fonte: SIASI/SESAI (2014)

Situado às margens do Rio Apa, esse território representa o extremo norte do território tradicional Kaiowá. Pirakua, pode ser interpretado como buraco do peixe, e é um lugar muito bonito e significativo, em uma região de montanhas e matas, povoado de natureza, biodiversidade e cosmologia. Por outro lado, a história do povo kaiowá da Aldeia Pirakua é repleta de lutas.

Esse tekoha foi identificado em 1985, demarcado em 1986 e homologado em 1992, sendo a primeira terra retomada desde 1925, época em que ocorria o processo de isolamento em pequenas áreas ou reservas, pelo Serviço de Proteção ao Índio (SPI).

Assim, esta comunidade conseguiu permanecer na parte de mata, no fundo da fazenda que roubou as terras, até início da década de 1980, quando receberam a visita de Marçal de Sousa, a grande liderança indígena, que na época trabalhava na FUNAI (Fundação Nacional dos Povos Indígenas) como enfermeiro, e morava na aldeia de Campestre. Marçal, junto a outras lideranças da aldeia, passaram a se organizar e resistir bravamente contra a pressão feita pelos fazendeiros, que pressionavam a comunidade a abandonar as terras, para que assim eles pudessem roubá-las. E, aos poucos, a comunidade foi se mobilizando e criando um consenso para defender com toda força a permanência no território.

Como fruto dessa luta, a Aldeia Pirakua manteve seu território e hoje é uma das poucas aldeias indígenas em Mato Grosso do Sul que ainda apresenta uma parte considerável de mata, rio limpo e terra fértil para a roça. Essa natureza conservada ainda possibilita as atividades de caça e a pesca e essas são características que possibilitam que as famílias permaneçam na aldeia, sem a necessidade de se afastem para trabalhar na cidade ou nas usinas de etanol.

Aportes Metodológicos

É imediatamente pertinente chamar a atenção para a particularidade metodológica que permeou esta investigação, que recorreu a uma variedade de metodologias e, além disso, combinou as reflexões de uma pesquisadora indígena do povo Kaiowá, que nasceu e vive na área de estudo, com a perspectiva não indígena da coautora, que experimentou um processo de caminhar e aprender ao lado das memórias bioculturais e conhecimentos tradicionais deste povo. Desta forma, o processo de estudo foi crítico, colaborativo e participativo em todos os momentos. Assim, para criar o que Rivera Cusicanqui (1993) descreve como um exercício coletivo de descolonização, tanto para a investigadora como para a/o interlocutor/a, é necessário construir uma síntese dialética entre os sujeitos que refletem em conjunto nas suas experiências. Essa proposta baseia-se no exercício coletivo da prática política e da aprendizagem em conjunto com as pessoas, a partir de metodologias participantes.

Dado que esta pesquisa apresenta a insurgência de obras cuja criação intelectual se centra em torno de uma dedicação aos seus coletivos e que reconhece o peso das circunstâncias históricas no seu trabalho, é crucial mostrar as potencialidades desta autodeterminação intelectual (MONFORT; GISLOTI, 2022). Nesse sentido, o trabalho de campo, se articulou em dois movimentos. No primeiro foi realizada a participação observante (ALBERT, 2014), onde tivemos a oportunidade de participar e vivenciar o dia a dia da comunidade e, em um segundo movimento tivemos o privilégio de poder contar com a grande sabedoria de lideranças políticas da aldeia, José Conceição Lopes Machado, Constância e Augusto Gomes (Figura 18.2), que de modo bastante generoso, nos concederam momentos de riquíssimo diálogo e aprendizagem.

Figura 18.2 – José Conceição Lopes Machado (meio), sua esposa Constância (à esquerda) e o senhor Augusto (à direita)

Fonte: foto de Inair Lopes, 2022, Aldeia Pirakua

José Conceição Lopes Machado, liderança da aldeia Pirakua, tem sempre ao seu lado sua esposa Constância e o senhor Augusto Gomes. No início da luta pela terra, José Conceição foi capitão durante muitos anos e até nos dias de hoje continua contribuindo muito com sua comunidade, juntamente sua esposa Constância e o senhor Augusto Gomes, liderança e parceiro de lutas. Nossos diálogos foram muito emocionantes, pois vivenciamos muitas memórias vivas, relembrando como foi conduzido todo o processo da luta histórica que resultou na demarcação do nosso *tekoha* (território).

Augusto Gomes, é filho de Oracilda Ramires e Cardoso Gomes, nascido em 30/08/1953, tem 70 anos, é uma grande liderança política que reside na aldeia e que sempre lutou pela sua terra tradicional Pirakua. Ele é umas das maiores inspirações para esta pesquisa, pois sempre que possível expõe sua preocupação com a mudanças contínuas que foram chegando na comunidade. Augusto demonstra grande interesse em compreender sobre fatos relacionados ao modo com que os jovens e as famílias vêm adotando a nova maneira de se alimentar, não praticando mais as roças tradicionais, deixando de praticar a caça e a pesca. Disse-me Augusto em uma ocasião "se continuar assim não restará mais kaiowá ancião e anciã para contar histórias para seus netos, como estou contando hoje para vocês". Isso nos fez refletir que os mais jovens estão se comportando de forma inadequada e isso é prejudicial à saúde, onde acarretará várias consequências de doenças e de desarmonia em suas vidas futuras. Essas reflexões nos incentivaram a desenvolver esse estudo inicial.

Nesse contexto, as entrevistas foram construídas na forma de conversas cotidianas como método gerador de dados, na qual se pede para a/o participante falar sobre o assunto pretendido, ou seja, o lugar sagrado na aldeia Pirakua. Os relatos foram anotados em caderno de campo logo após os encontros e as conversas. Também foram gravados áudios, vídeos e registrado imagens, quando era adequado e permitido pela/o participante da pesquisa. A entrevista é um procedimento específico que perpassa cada aspecto da construção das narrativas, dando sentido e significação às experiências pensadas, vividas e sentidas. A prática das entrevistas está intimamente relacionada a um processamento de encontros e diálogos em que a entrevistadora e a/o entrevistada/o, durante a entrevista, se reconhecem enquanto parceiros e colaboradores em um trabalho coletivo (POSEY, 1987).

Salientamos que cópias digitais, contendo as imagens, áudios e vídeos produzidos por esse estudo serão entregues às lideranças da aldeia e sua divulgação será ampla, tanto do aspecto científico quanto do aspecto comunitário, podendo ainda a comunidade requer acesso, a qualquer tempo, sobre materiais e informações produzidas nesta pesquisa. Isto posto, em observância aos Direitos destes Povos, à Legislação concernente ao tema e ao Compromisso Ético entre pesquisadores e Povos que colaboram neste intercâmbio científico. Esta metodologia que respeita os Povos, esquivando-se de abordagens etnocêntricas, está de acordo com o preconizado por Marques (2002) e Albuquerque *et al.* (2010), que versa sobre métodos de coleta e análise de dados em Etnobiologia e Etnoecologia, a partir da perspectiva ética.

O Bem Viver em Meio ao Desrespeito com a Natureza

> Roubaram nossas terras, destruíram a natureza, poluíram nossos rios, mancharam nosso chão com sangue do meu povo. Mas não conseguiram destruir nossa língua, nossa reza, nossa cultura, nossa história, nossa resistência e nossa esperança. (PERALTA, 2022, p. 89).

Este trabalho foi construído a partir de um local específico da aldeia Pirakua, que leva o mesmo nome da aldeia e significa buraco de peixes. Esse local de grande importância para a comunidade é localizado bem próximo à aldeia Pirakua e na época em que foi delimitado o território para a demarcação não foi incluído esse local, de forma que ficou fora da aldeia. É muito importante memorizar a partir dos relatos sobre este território tão importante para os Kaiowá que vivem nele, e que tem umas grandes histórias marcantes relacionadas ao modo de viver e de conviver com a natureza.

O ser humano desde o início vem explorando cada vez mais o planeta em que vive transformando-o de diferentes maneiras desrespeitando a natureza, ou seja, a Mãe Terra. Essas transformações muitas vezes acontecem de forma devastadora em meio aos territórios, transformando-o com mudanças avançadas e comprometendo o contexto histórico da etnicidade cultural e biológica de outros seres da Terra. As relações sociais com a natureza para os indígenas são muito mais importantes do que a matéria que se encontra no espaço, já que a forma com que esses povos se conectam com a natureza é simbólica, e essa forma de relação vai definindo cada cultura e sociedade. Assim, povos em diferentes territórios se apropriam dessas relações construídas no decorrer de gerações na busca de permanência dos seus espaços para garantir uma vida sustentável de alma e espírito. De acordo com o pesquisador kaiowá Eliel Benites (2021, p. 252), o ser humano mesmo não percebendo está inteiramente ligado com a natureza, de forma que:

> A pandemia ocasionada pelo novo coronavírus, SARS CoV-2, causador da doença Covid-19 revelou como a saúde humana é intimamente interligada com a forma como nos relacionamos com o ambiente. Toda essa dinâmica de doenças e saque à biodiversidade está relacionada a um amplo processo de expansão da devastação de habitats, territórios e ecossistemas diversos e saudáveis para avanço da fronteira extrativista.

Assim, a diminuição do território vem comprometendo a vida dos Guarani Kaiowá no estado de Mato Grosso do Sul, de forma que esse território está cada vez mais moldado devido ao desenvolvimento dos grandes projetos do agronegócio. Desse modo, os Guarani Kaiowá veem o entorno dos espaços ocupados pelo agronegócio e tudo que o cerca, como monocultura, contaminação do solo, da água e do ar e assassinatos de lideranças indígenas. Desse modo, esse território tradicional está bastante reduzido e esse povo se encontra resistindo em prol da sobrevivência.

Assim, a cada ano desse processo de desenvolvimento e globalização observamos que os espaços territoriais do povo Kaiowá acabam diminuindo e o que gera efeitos em diferentes escalas, dizimando as raízes, conhecimentos e os saberes que se encontravam nestes lugares, e que no momento atual vêm sendo substituídos por grandes lavouras de monoculturas no modo de ser dos não indígenas (*karai reko*) (Pavão et al., 2020). A pesquisadora kaiowá Sônia Pavão busca refletir que o mundo está doente e o modo de viver dos não indígenas tem espalhado doenças, devido ao grande desenvolvimento global.

> O predatismo colonial e capitalista tem devastado territórios de vida de diversas populações e tem esgotado habitats vitais inteiros colocando cada vez mais espécies em risco, incluindo a própria espécie humana. Assim, é possível refletir a possibilidade de que pandemias podem estar relacionadas a uma reação do planeta Terra, tão doente e maltratada diante das graves agressões desferidas pelas mentes e mãos das sociedades das mercadorias, cuja falta de sabedoria e de humanidade transformou a natureza em produto e recurso (PAVÃO et al., 2021, p. 7).

Nesse sentido, os territórios tradicionais guarani kaiowá estão modelados por um sistema de produção agrícola latifundiária e de monoculturas, com plantações de soja e milho. Nesse modelo de produção se usa muito veneno, ou agrotóxicos como dizem os não indígenas, com o intuito de espantar os seres que atacam as produções, mas em meio a isso os seres humanos, principalmente os indígenas, acabam sofrendo com intoxicação química que é inalada pelo ar e ingerida através da água e da alimentação. Essa contaminação faz com que as pessoas fiquem adoecidas e não tenham mais onde buscar recursos naturais, já que o veneno mata muitas outras plantas e assim, o cuidado com a saúde indígena através das plantas medicinais está sendo muito afetado com a diminuição dos remédios tradicionais.

Sabemos que os territórios em que ainda se encontram grande conservação da diversidade biológica são precisamente territórios em que estão os povos indígenas (GARNETT *et al.*, 2018). Essas relações definem a resistência política pela diversidade cultural e socioterritorial contra a racionalidade da monocultura das fronteiras do agronegócio. Nesse contexto, a aldeia Pirakua vem resistindo a essa imposição do desenvolvimento agrícola dentro da comunidade, de modo que esse tipo de produção agrícola não está nas características do modo de viver dos Kaiowá. A importância técnica no processo de construção das produções agrícolas e para consumir os alimentos juntamente com seus familiares e a reciprocidade entre os Kaiowá no espaço geográfico em que vivem ou viviam são partes fundamentais dessa tecnologia espiritual que orienta o modo de ser e viver do povo Kaiowá.

Desta maneira, até os dias de hoje os Kaiowá de Pirakua seguem resistindo e lutando pela preservação em meio a uma grande dificuldade de orientar as mentalidades e os novos cuidados das gerações mais novas para com a natureza. Neste sentido a aldeia Pirakua é muito importante para este povo que tem histórias de luta e resistência vividas desde muito antigamente. Nessa época se tinha densas florestas, animais, aves, plantas, frutas e entre outros seres existentes. A partir do momento em que foram se expandido a chamada civilização, muitos lugares foram modificados, principalmente as florestas. No entanto, a Aldeia Pirakua manteve suas estruturas nativas em parte do território e somente algumas estruturas não-indígenas foram levantadas, como a construção da escola, posto de saúde, poço artesiano, algumas casas com material de alvenaria, lavouras etc.

O senhor José Conceição, morador da aldeia usa a seguinte frase "a nossa farmácia está acabando". Ele deixa uma reflexão clara de que os espaços onde se encontrava determinados recursos naturais estão deixando de existir (*ñande jepo rekaha*). Assim, nos lugares onde se tem riquezas naturais, no entorno da aldeia Pirakua, ainda se encontram plantas medicinais, algumas frutas nativas e várias espécies de remédios tradicionais, mas a cada dia essas plantas estão se mostrando mais escassas. É nessa região específica que se encontra o lugar sagrado Pirakua. As plantas medicinais são encontradas exatamente nessa região específica da aldeia, no terreno alagado e antigamente as pessoas coletoras e conhecedoras de remédios se deslocavam para esse local em busca de remédios específicos para poder dar a seus familiares ou para pessoas a quem encomendou. Esse local sagrado era o único lugar que se encontrava aquelas espécies de plantas, já que essas plantas não são encontradas em lugares mais próximos.

O pesquisador kaiowá Marildo Pedro, destaca e reflete em sua dissertação de mestrado das memórias na luta pela defesa do território e de toda a biodiversidade ali presente como fatores essenciais para a existência plena e digna do povo Kaiowá

> A importância de fortalecer os processos de fortalecimento das memórias bioculturais, tão importantes para a restauração socioecológica que vem sendo construída pelas coletividades Kaiowá em seus territórios. Estas ações semeadas pelos povos são a esperança de fortalecimento da autonomia territorial e de recomposição ecológica, de modo que seja possível restaurar territórios de vida para os coletivos Kaiowá e para todas as outras formas de vida existentes na dimensão cosmo/biogeográfica (PEDRO, 2021, p. 48).

Em confluência, a pesquisadora kaiowá Sônia Pavão, em sua pesquisa de mestrado, aponta para o vasto conhecimento botânico acumulado ao longo de gerações pelo povo Kaiowá, além de refletir sobre os processos históricos que acarretaram a drástica perda da biodiversidade em territórios kaiowá

> Nossa análise demonstrou que há um número expressivo de espécies de plantas medicinais conhecidas nas culturas guarani e kaiowá e que há necessidade de estudos etnobotânicos adicionais sobre as várias espécies que são de importância fundamental para a proteção desses povos e para a manutenção dos seus modos de vidas, baseados no bem viver e no respeito incondicional a todos os seres vivos e à natureza. Por outro lado, nossas reflexões também apontam para a necessidade de

um exame detalhado dos processos políticos sociais que vem atuando de forma intensa e que tem tido como resultado a dizimação do restante da biodiversidade local dos territórios indígenas de todo o país e em especial o território guarani e kaiowá (PAVÃO, 2021, p. 60).

Infelizmente nos dias atuais Pirakua, este lugar tão sagrado e tão importante na luta pela resistência e para a demarcação total do território Kaiowá, está sendo destruído para dar espaço para a lavoura, que provavelmente irá prejudicar o Rio Apa, onde ainda se encontra peixes para o sustento das famílias e para o sustento de outras espécies de seres vivos. Segundo o senhor José, a partir do momento em que for se expandindo as lavouras e modificando o lugar sagrado Pirakua, os kaiowá ficarão sem recursos para se protegerem de várias doenças que estão se aproximando da humanidade. Isso porque a falta de árvores, que são essenciais na proteção contra as doenças invisíveis que existem desde a nossa existência, faz com que os seres invisíveis protetores e guardiões se afastem e assim esse povo estará sujeito a diversas doenças.

Nesse sentido, é de grande importância compartilhar as reflexões das memórias que os/as anciãs/ões relatam sobre as cosmovisões das vivências de famílias indígenas dentro de um território sagrado, como é o caso de Pirakua. Assim, é muito importante ouvir relatos das memórias de como era a forma de se organizar, quais eram as múltiplas estratégias de resistência da pressão da luta pela sobrevivência contra os fazendeiros em frente ao agronegócio e também pelo enfrentamento da doença do novo coronavírus da Covid 19. Mesmo porque em épocas passadas, doenças como varíola, sarampo, febre amarela ou mesmo a gripe estão entre as razões para o declínio das populações indígenas no território nacional.

Ao realizar esta pesquisa nos deparamos com uma grande luta permeada por inúmeras estratégias de resistência articuladas geracionalmente pelo povo Kaiowá. Também observamos que a dita civilização não indígena está tentando a todo custo dominar esse povo para que tenham um pensamento mais capitalista. Essa é uma estratégia que visa dificultar a maneira de lutar pelos direitos indígenas. Sob esse contexto o espaço sagrado Pirakua teve e tem extrema relevância para na luta pela demarcação da nossa Terra Indígena, permitindo que o povo Kaiowá acesse essas memórias da luta ancestral realizada por diversas gerações e em defesa do território e toda sua diversidade. Assim, ao refletir essa combinação entre a produção agrícola, o território e a pandemia no território Kaiowá de Pirakua, contada a partir do diálogo que os rezadores ou mais velhos da aldeia, é ressaltada o poder nocivo da destruição das vegetações nativas, do desrespeito à biodiversidade, da destruição das nascentes e rios e do uso contínuo de agrotóxico, que poluem o solo e adoecem os territórios. Esse conjunto de fatores geram a doença e o desequilíbrio que acabam com a harmonia territorial em razão do olhar capitalista em desenvolver mais produções de monoculturas.

Essa forma de governar em prol ao desenvolvimento econômico aumenta violentamente a degradação ecológica de ecossistemas através do uso dos seus poderes dentro de um sistema político-econômico que tem como objetivos a total desrespeito contra os grupos de pessoas que defende a política ecológica voltada para a preservação da natureza (KOPENAWA; ALBERT, 2015; KRENAK, 2019). O pesquisador kaiowá Anastácio Peralta, em sua dissertação de mestrado que aborda aspectos da tecnologia espiritual empregada pelos Kaiowá, nos apresenta uma potente reflexão que indica caminhos possíveis para uma reconstrução das relações humanos e não humanas.

> A natureza está em seu limite segundo cientistas e religiosos das mais diversas crenças, por isso já se pensa na ecoespiritualidade. Por isso, os rezadores e rezadoras são fundamentais, pois utilizam seus conhecimentos e suas tecnologias espirituais para o preparo do solo, o batismo das sementes, o plantio e a colheita de alimentos. Assim, ao mantermos os rituais sagrados do nosso povo, colocamos em prática aquilo que entendo como tecnologia espiritual, compreendendo que tudo está interligado e em harmonia com o cosmos. Dessa maneira estamos dando ao mundo respostas sustentáveis, levando as pessoas a se apropriarem de seus saberes e os colocar em prática. Esse movimento nos libertará dos grandes produtores da morte (PERALTA, 2022, p. 89).

Considerações finais

Compartilhar conhecimentos com culturas indígenas é de grande potência para a construção de conhecimentos pautados na vida e na realidade. A possibilidade de refletirmos o mundo natural a partir de outras visões do mundo faz com que alternativas possam ser encontradas para resolvermos os desafios da humanidade e aumentar a qualidade de vida das populações humanas. E este é um assunto urgente já que a vida no planeta tem sido pouco valorizada e os movimentos que eliminam a biodiversidade estão cada vez mais atuantes. Consequentemente, todos os diálogos, os momentos, as vivências foram de grande relevância para compreender aspectos culturais do povo Kaiowá e assim conseguimos chegar numa prévia conclusão: as narrativas revelaram a magnífica importância da espiritualidade, centrada na natureza, na construção da visão de mundo do povo Kaiowá.

Além disso, refletimos que tal leitura de mundo está intrinsecamente associada ao observar, compreender e sentir o mundo natural entrelaçado ao mundo espiritual. Para os Kaiowá, todos os seres vivos são dotados de grande relevância no mundo natural e espiritual, portanto devem ser conhecidos e respeitados. Desejamos que este estudo contribua com informações acerca dos conhecimentos tradicionais do povo indígena Kaiowá, para que assim possam ser utilizados na construção de processos que pautem a melhoria das relações dos seres humanos com os espaços sagrados, com os animais, com a Mãe Terra e com as economias referentes ao bem viver.

Neste sentido, almejamos que todas as pessoas tenham clareza sobre a necessidade e a importância do diálogo com os saberes indígenas visando o adiamento do fim do mundo. Acredito que a organização e solidariedade dentro das comunidades indígenas como ocorre em Pirakua seja exemplo de luta e resistência pela sobrevivência e como estratégia para manter e valorizar o bem viver Kaiowá, fortalecendo o modo de vida no seu contexto histórico de vida.

Agradecimentos

Agradecemos com coração cheio de alegria e esperança toda a aldeia Pirakua pela experiência adquirida nas vivências e compartilhamentos de saberes.

Referências Bibliográficas

ALBERT, B. "Situação etnográfica" e movimentos étnicos: notas sobre o trabalho de campo pós-malinowskiano. *Campos-Revista de Antropologia*, v. 15, n. 1, 2014.

ALBUQUERQUE, U. P.; LUCENA, R.; CUNHA, L. V. *Métodos e técnicas na pesquisa etnobiológica e etnoecológica*. Recife: Nupeea, 2010.

BENITES, E. A *busca do Teko Araguyje (jeito sagrado de ser) nas retomadas territoriais Guarani e Kaiowá*. 2021. Tese (Doutorado em Geografia) - Universidade Federal da Grande Dourados, Dourados, 2021.

GARNETT, S. T. et al. A spatial overview of the global importance of Indigenous lands for conservation. *Nature Sustainability*, v. 1, n. 7, p. 369-374, 2018.

KOPENAWA, D.; ALBERT, B. *A queda do céu:* palavras de um xamã Yanomami. São Paulo: Companhia das Letras, 2015.

KRENAK, A. Paisagens, territórios e pressão colonial. *Espaço Ameríndio*, v. 9, n. 3, p. 327, 2015.

LOPES, I. G. *Kaiowá rembi'u ypy*: alimentação tradicional como estratégia de etnoconservação da diversidade biocultural no tekoha Pirakua. 2022. Dissertação (Mestrado em Educação e Territorialidade) - Faculdade Intercultural Indígena, Universidade Federal da Grande Dourados, Dourados, 2022.

MARQUES, J.G.W. O olhar (des)multiplicado. O papel do interdisciplinar e do qualitativo na pesquisa etnobiológica e etnoecológica. *In*: AMOZORO, M.C.M.; MING, L.C., SILVA, S. M. P. (org.). *Métodos de coleta e análise de dados em etnobiologia, etnoecologia e disciplinas correlatas*. Rio Claro: UNESP/CNPq, 2002. p. 31-46.

MONFORT, G.; GISLOTI, L. J. A retomada epistemológica Kaiowá e Guarani: ciências indígenas, autonomias e lutas territoriais como eixos políticos. *Inter-Ação*, v. 47, n. 1, 2022.

PAVÃO, S. et al. Plantas medicinais dos povos kaiowá e guarani como possível prática complementar no enfrentamento dos sintomas da covid-19. *Revista Brasileira de Agroecologia*, v. 15, n. 4, p. 14, 2020.

PAVÃO, S. *Conhecimentos tradicionais Guarani e Kaiowá como fontes de autonomia, sustentabilidade e resistência*. 2021. Dissertação (Mestrado em Educação e Territorialidade) - Faculdade Intercultural Indígena, Universidade Federal da Grande Dourados, Dourados, 2021.

PEDRO, M. S. *Floresta, animais e insetos:* conhecimentos tradicionais do povo Kaiowá no Tekoha Panambizinho, Dourados, Mato Grosso do Sul. 2021. Dissertação (Mestrado em Entomologia e Conservação da Biodiversidade) - Universidade Federal da Grande Dourados, Dourados, 2021.

PERALTA, A. *Tecnologias espirituais:* reza, roça e sustentabilidade entre os Kaiowá e Guarani. 2022. Dissertação (Mestrado em Educação e Territorialidade) - Faculdade Intercultural Indígena, Universidade Federal da Grande Dourados, Dourados, 2022.

PEREIRA, L. M. O movimento étnico-social pela demarcação das terras guarani em MS. *Tellus*, p. 137-145, 2003.

PEREIRA, L.M. *Os kaiowá em Mato Grosso do Sul*: módulos organizacionais e humanização do espaço habitado. Dourados: Ed. UFGD, 2016.

POSEY, D. A. Etnobiologia: teoria e prática. *Suma Etnológica Brasileira*, v. 1, p. 15-25, 1987.

PRADO, J. H. *Através do prestígio*: atuação da chefia ameríndia entre os Kaiowá da Terra Indígena Pirakua. 2013. Tese (Doutorado em Etnologia Indígena) - Universidade Federal da Grande Dourados, Dourados, 2013.

Rivera Cusicanqui, S. La raíz: colonizadores y colonizados. *Violencias encubiertas en Bolivia*, v. 1, p. 25-139, 1993.

SOBRE AS AUTORAS E OS AUTORES

Equipe organizadora

Antônio Augusto Rossotto Ioris
Professor de geografia política e diretor do Programa de Pós-Graduação em Desenvolvimento e Ambiente (Cardiff University, País de Gales, Reino Unido).
E-mail: IorisA@cardiff.ac.uk

Lauriene Seraguza
Indigenista, antropóloga e professora na Faculdade Intercultural Indígena (Faind) e no Programa de Pós-Graduação em Antropologia (PPGANT) da UFGD.
E-mail: seraguzza@gmail.com

Elaine da Silva Ladeia
Professora e coordenadora da área de habilitação em Ciências da Natureza no curso de Licenciatura Intercultural *Teko Arandu* (Faind/UFGD).
E-mail: elaineladeia@ufgd.edu.br

Autoras e autores

Amanda Cristina Danaga
Professora de Antropologia na Universidade Estadual de Mato Grosso do Sul (UEMS) e no Programa de Pós-Graduação em Ciências Sociais (PPGCS) da Faculdade de Ciências e Letras da Unesp, campus de Araraquara.

Andréia Sangalli
Professora no curso de Licenciatura Intercultural *Teko Arandu* e do e do Programa de Pós-Graduação em Educação e Territorialidade (PPGET) (Faind/UFGD).

Bárbara Battistotti Vieira
Estudante da graduação em Psicologia na UFGD.

Bárbara Marques Rodrigues
Indígena guarani, psicóloga, especialista em impactos da violência na saúde e especialista em Psicologia Social e Antropologia; estudante do Programa de Pós-Graduação em Psicologia da UFGD.

Camila Rafaela Marques Moda
Graduada em Ciências Sociais pela Universidade Estadual de Mato Grosso do Sul (UEMS).

Cátia Paranhos Martins
Professora da graduação e da pós-graduação em psicologia e do programa de residência multiprofissional em saúde da UFGD.

Cilene Gonçalves
Licenciada na área de linguagens no curso de Licenciatura Intercultural *Teko Arandu* (Faind/UFGD).

Clara Barbosa Almeida
Indígena kaiowá da terra indígena Laranjeira Ñande Ru; graduada pelo curso de Licenciatura Intercultural *Teko Arandu* (Faind/UFGD); mestra em sociologia pela UNILA.

Diógenes Cariaga
Docente na UEMS, campus de Amambai e no Programa de Pós-Graduação em Antropologia (PPGANT) da UFGD.

Dyna Vanessa Duarte Vera
Pesquisadora guarani ñandeva da terra indígena Yvykuarusu/Takuaraty--Paraguasu; graduada pelo curso de Licenciatura Intercultural *Teko Arandu* (Faind/UFGD).

Édina de Souza Guarani

Indígena guarani, professora na Rede municipal de ensino de Dourados; integrante da INCOMINDIOS – Rede Internacional de Defesa dos Direitos dos Índios e outras etnias (sediada na Holanda).

Eduarda Canteiro

Professora indígena; graduada pelo curso de Licenciatura Intercultural Teko Arandu (Faind/UFGD) e mestranda em Educação e Territorialidade (PPGET) (Faind/UFGD).

Holanda Vera

Indígena guarani ñandeva da terra indígena Ypo í; graduada pelo curso de Licenciatura Intercultural *Teko Arandu* (Faind/UFGD).

Inair Gomes Lopes

Indígena da terra indígena Pirakuá; graduada pelo curso de Licenciatura Intercultural *Teko Arandu* (Faind/UFGD); docente na Escola Municipal Indígena da aldeia Pirakuá e doutoranda em geografia.

Inaye Gomes Lopes

Indígena kaiowá da terra indígena Ñanderu Marangatu; graduada pelo curso de Licenciatura Intercultural *Teko Arandu* (Faind/UFGD); mestre em história pela Faculdade de Ciências (UFGD) na linha da história indígena e do indigenismo. Vereadora na Câmara Municipal de Antônio João, Mato Grosso do Sul.

Issias Sanches Martins

Professora indígena da escola municipal indígena Mbo'erenda ypyendy da secretaria municipal de Amambai.

Júlia Medeiros Pereira

Psicóloga graduada pela UFGD e residente do programa de residência multiprofissional em saúde com ênfase materno-infantil no Hospital Universitário/UFGD.

Kelly Duarte Vera
Guarani ñandeva, da terra indígena Yvykuarusu/Takuaraty-Paraguasu; graduada pelo curso de Licenciatura Intercultural *Teko Arandu* (Faind/UFGD).

Laura Jane Gisloti
Docente adjunta da Faculdade Intercultural *Teko Arandu* (Faind/UFGD) e dos Programas de Pós-Graduação em Entomologia e Conservação da Biodiversidade (PPGECB) e em Educação e Territorialidade (PPGET).

Lúcia Pereira
Graduada em Ciências Sociais pela UEMS, campus de Amambai; mestra em Antropologia pela UFGD.

Maria Aparecida Mendes de Oliveira
Professora do curso de Licenciatura Intercultural *Teko Arandu* (Faind/UFGD) e do Programa de Pós-Graduação em Educação e Territorialidade (PPGET).

Marlene Souza
Graduada pelo curso de Licenciatura Intercultural *Teko Arandu* (Faind/UFGD).

Marta Coelho Castro Troquez
Docente da Faculdade de Educação (UFGD); líder do Grupo de Estudos e Pesquisas sobre Educação Escolar Indígena, Interculturalidade e Inclusão (GEPEEIN) e do Laboratório sobre Relações Étnicos-Raciais (LAPRAFE)

Priscila Anzoategui
Antropóloga, mestra em Antropologia pela UFGD.

Regiani Magalhães de Oliveira Yamazaki
Professora de Ciências da Natureza no curso de Licenciatura Intercultural *Teko Arandu* (Faind/UFGD).

Tânia Fátima Aquino

Indígena kaiowá da terra indígena Panambizinho, graduada pelo curso de Licenciatura Intercultural *Teko Arandu* (Faind/UFGD) e mestranda em Geografia.

Tatiane Pires Medina

Indígena guarani ñandeva da reserva indígena Pirajuí; graduada pelo curso de Licenciatura Intercultural *Teko Arandu* (Faind/UFGD).